Título original:
*Cosa Nostra*



Tradução:
Caps. 1 a 9: Jaime Araújo
Caps. 10 e 11: João Reis Nunes
Actualização (pp. 463-468) Marcelino Amaral

Revisão da Tradução: Fátima Costa

Capa de Mark Read

Depósito Legal nº 313243/10

***Biblioteca Nacional de Portugal - Catalogação na Publicação***

DICKIE, John

Cosa nostra : história da máfia siciliana. - (Extra-colecção ; 111)
ISBN 978-972-44-1378-5

CDU 061
343

Impressão, paginação e acabamento:
Pentaedro
para
EDIÇÕES 70, LDA.
Abril de 2016

ISBN: 978-972-44-1621-2
ISBN da 1ª edição: 978-972-44-1288-7



EDIÇÕES 70, Lda.
Avenida Engenheiro Arantes e Oliveira, 11 - 3.º C – 1900-221 Lisboa / Portugal
Telefs.: 213 190240 – Fax: 213 190249
e-mail: geral@edicoes70.pt

**www.edicoes70.pt**

HISTÓRIA DA MÁFIA SICILIANA

# COSA NOSTRA

JOHN DICKIE

70

# Índice

# ITÁLIA

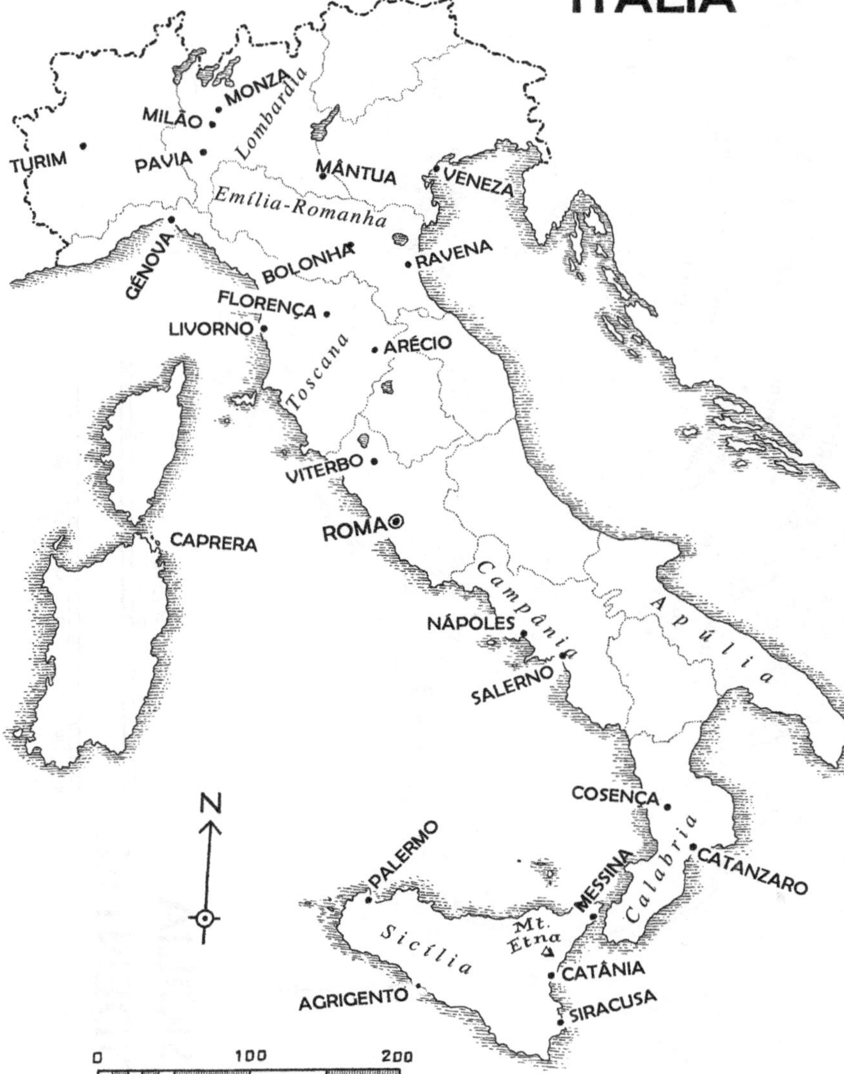

TURIM
MILÃO
MONZA
PAVIA
Lombardia
MÂNTUA
VENEZA
Emília-Romanha
GÉNOVA
BOLONHA
RAVENA
FLORENÇA
LIVORNO
ARÉCIO
Toscana
VITERBO
ROMA
CAPRERA
Campânia
Apúlia
NÁPOLES
SALERNO
COSENÇA
CATANZARO
Calabria
PALERMO
MESSINA
Sicília
Mt. Etna
CATÂNIA
AGRIGENTO
SIRACUSA
N
0
100
200
0
160
320

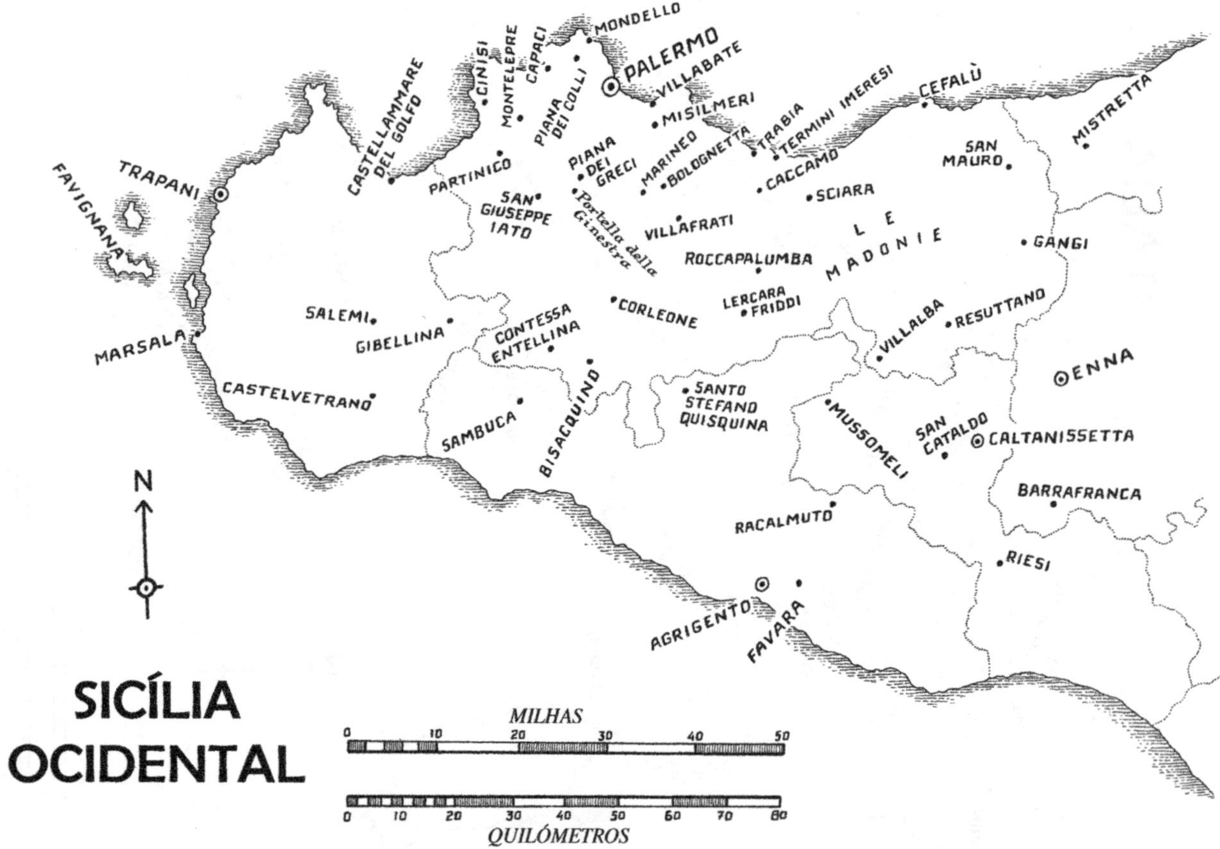
SICÍLIA
OCIDENTAL
N
MILHAS
0
10
20
30
40
50
QUILÓMETROS
0
10
20
30
40
50
60
70
80
FAVIGNANA
TRAPANI
MARSALA
CASTELVETRANO
SALEMI
GIBELLINA
CASTELLAMMARE
DEL GOLFO
PARTINICO
CINISI
MONTELEPRE
CAPACI
PIANA
DEI COLLI
MONDELLO
PALERMO
VILLABATE
MISILMERI
SAN
GIUSEPPE
IATO
PIANA
DEI
GRECI
Portella della
Ginestra
MARINEO
BOLOGNETTA
TRABIA
TERMINI IMERESI
CACCAMO
SCIARA
CEFALÙ
SAN
MAURO
MISTRETTA
VILLAFRATI
ROCCAPALUMBA
LE
MADONIE
GANGI
CORLEONE
LERCARA
FRIDDI
CONTESSA
ENTELLINA
SAMBUCA
BISACQUINO
SANTO
STEFANO
QUISQUINA
VILLALBA
RESUTTANO
ENNA
MUSSOMELI
SAN
CATALDO
CALTANISSETTA
BARRAFRANCA
RACALMUTO
RIESI
AGRIGENTO
FAVARA

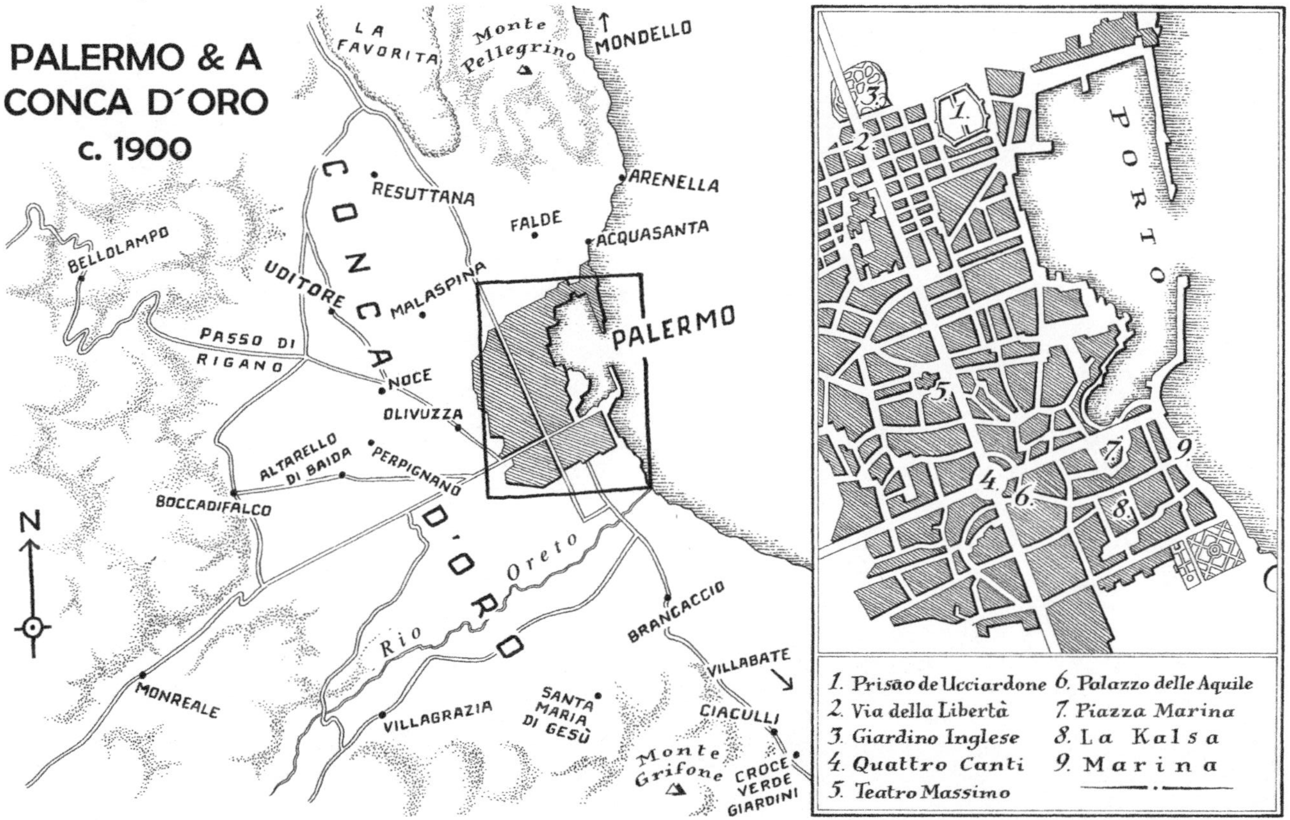
PALERMO & A
CONCA D'ORO
c. 1900
LA FAVORITA
Monte Pellegrino
MONDELLO
ARENELLA
ACQUASANTA
FALDE
RESUTTANA
CONCA D'ORO
UDITORE
MALASPINA
PALERMO
BELLOLAMPO
PASSO DI RIGANO
NOCE
OLIVUZZA
ALTARELLO DI BAIDA
PERPIGNANO
BOCCADIFALCO
N
Oreto
Rio
BRANCACCIO
VILLABATE
MONREALE
VILLAGRAZIA
SANTA MARIA DI GESÙ
CIACULLI
Monte Grifone
CROCE VERDE GIARDINI
PORTO
1. Prisão de Ucciardone
2. Via della Libertà
3. Giardino Inglese
4. Quattro Canti
5. Teatro Massimo
6. Palazzo delle Aquile
7. Piazza Marina
8. La Kalsa
9. Marina

# Advertência

Como depressa se perceberá, estas páginas referem-se inevitavelmente a alegações graves relativas a determinados indivíduos. É por isso fundamental que ninguém leia o livro sem ter em atenção as seguintes premissas.

As Famílias da Máfia e as famílias de sangue são entidades distintas. O facto de um ou vários membros de uma família de sangue referida neste livro serem iniciados na máfia não implica de modo algum que os seus parentes de sangue ou por afinidade sejam membros da máfia, sirvam os seus interesses, ou tenham sequer conhecimento de que os parentes são ou foram filiados. Na verdade, porque a Cosa Nostra é uma sociedade secreta, ela proíbe os seus membros de revelar aos seus parentes de sangue o que quer que seja sobre os seus assuntos. Pela mesma razão, não se deve inferir que os descendentes de indivíduos já falecidos e sobre os quais são levantadas suspeitas de cumplicidade com a máfia neste livro sejam eles próprios de alguma forma coniventes.

Ao longo de toda a sua história, as máfias siciliana e americana estabeleceram relações com homens de negócios, políticos e membros de organizações como os sindicatos. Da mesma forma, tanto a máfia siciliana como a americana mantiveram relações com empresas, sindicatos, partidos políticos ou facções desses mesmos partidos. Os dados históricos disponíveis sugerem de forma consistente que uma das principais características dessas relações é a sua diversidade. Por exemplo, nos casos de pagamentos à máfia em troca de protecção, as organizações e os indivíduos envolvidos podem ser ou vítimas completamente inocentes de extorsão ou colaboradores voluntários do crime organizado. Os comentários sobre tais organizações ou indivíduos neste livro não pretendem de modo algum formar juízos antecipados sobre a natureza específica de casos concretos. Nem tão-pouco se deve inferir que organizações e indivíduos que mantiveram, em determinada altura, alguma relação com a máfia continuem a mantê-la. Além disso, não deve ser retirada qualquer ilação do que se escreve neste livro sobre organizações e indivíduos cujos nomes, por mera coincidência, sejam idênticos aos que aqui são citados.

Este livro, como muitos outros estudos sobre a máfia, identifica um longo padrão histórico segundo o qual os membros da máfia tendem a escapar à justiça com maior frequência do que aquela que se esperaria. Dentro deste amplo padrão, existem casos individuais com características muito variadas; não há razão para suspeitar de quaisquer más práticas ou incompetência por parte de quaisquer agentes da autoridade, membros da magistratura, testemunhas ou jurados. Assim, não devem ser retiradas quaisquer conclusões sobre tais práticas ou incompetências salvo se explicitamente declaradas.

Ao longo da História muitas pessoas negaram a existência da máfia ou procuraram relativizar a sua influência. Muitas dessas pessoas falaram e agiram de boa-fé. De igual modo, muitas outras pessoas exprimiram dúvidas sinceras, razoáveis e por vezes perfeitamente justificadas sobre a veracidade dos testemunhos dos *pentiti* da máfia. Na falta de afirmações explícitas em contrário nestas páginas, não deve ser retirada qualquer ilação sobre a cumplicidade de uma pessoa com a máfia apenas a partir do facto de ela ter negado ou minimizado a existência da máfia ou exprimido dúvidas acerca dos depoimentos dos *pentiti*.

Nos casos em que, como os relatados neste livro, membros da máfia se reuniram em hotéis, restaurantes, lojas ou outros estabelecimentos públicos, não se deve inferir que os proprietários, a gerência ou o pessoal dos lugares citados fossem de alguma forma coniventes com a máfia, ou tivessem conhecimento da reunião, do carácter criminoso dos participantes na reunião ou da natureza criminosa do assunto discutido na reunião.

Por razões de ordem prática não foi possível entrevistar todas as pessoas ainda vivas cujas palavras são aqui citadas a partir de fontes escritas, como entrevistas em livros e jornais. Em todos estes casos o autor presume que as palavras tenham sido transcritas com exactidão e boa-fé.

# Prólogo

Dois episódios, dois dias em Maio, separados por um século de história. Ambos os episódios – o primeiro uma obra de ficção melodramática, o segundo um trágico facto real – revelam algo importante sobre a máfia siciliana, além da razão por que, finalmente, a história da máfia pode hoje ser escrita e contada.

O primeiro episódio foi apresentado ao mundo a 17 de Maio de 1890 no Teatro Costanzi, em Roma, naquela que muitas pessoas acreditam ter sido a estreia mais famosa da história da ópera. A *Cavalleria rusticana* («Cavalheirismo rústico») colocou a melodia lacrimosa ao serviço de uma simples história de ciúme, honra e vingança passada entre os camponeses da Sicília. Foi recebida com delirante entusiasmo. Houve 30 chamadas ao palco; a rainha da Itália estava presente e terá aplaudido a noite inteira. A *Cavalleria* transformou-se rapidamente num êxito internacional. Poucos meses depois dessa noite em Roma, Mascagni escreveu a um amigo dizendo que a sua ópera de um acto tornara-o, aos 26 anos, rico para toda a vida.

Toda a gente conhece pelo menos algum trecho da *Cavalleria rusticana*, assim como todos reconhecem as suas ligações à Sicília. O seu *intermezzo* acompanha a famosa sequência inicial em câmara lenta de *Touro Enraivecido*, a análise de Martin Scorsese do machismo, orgulho e ciúme italo-americanos. A ópera atravessa também *O Padrinho III* de Francis Ford Coppola. Na cena do clímax, um assassino da máfia disfarçado de padre persegue a sua vítima através do sumptuoso Teatro Massimo de Palermo enquanto a *Cavalleria* se desenrola no palco. O filho de Don Michael Corleone é o tenor que interpreta o papel principal de Turiddu. No fim do filme, o *intermezzo* volta para acompanhar a morte solitária do velho «Don» representado por Al Pacino.

O que se sabe menos sobre a *Cavalleria* é que a sua intriga é a forma mais pura e anódina de um mito acerca da Sicília e da máfia; mito que de certo modo se assemelha à ideologia oficial da máfia siciliana durante quase século e meio. A máfia não era uma organização, dizia-se, mas um sentido de honra e orgulho desafiante, profundamente arraigado na identidade de todos os Sicilianos. A noção de «cavalheirismo rústico» rejeitava completamente a ideia de que a máfia pudesse sequer ter uma história digna desse nome. Actualmente não é possível contar a história da máfia sem ter em conta o poder desse mito.

O segundo episódio transporta-nos para uma colina sobre a estrada que liga Palermo ao aeroporto da cidade. São quase seis horas da tarde do dia 23 de Maio de 1992 e Giovanni Brusca, um homem de honra jovem, entroncado e barbudo, vigia um pequeno troço de auto-estrada junto à saída para a pequena vila de Capaci. Nesse ponto os homens de Brusca usaram um skate para encher um cano de esgoto com 13 pequenos barris comportando quase 400 quilos de explosivos.

Alguns metros atrás de Brusca, outro mafioso, mais velho, está a fumar e a falar ao telemóvel. De repente, interrompe a conversa e inclina-se para olhar para a estrada através de um telescópio apoiado num banco. Quando vê um comboio de três carros a aproximar-se do lugar, diz entre dentes: «*Vai!*» («Vá!»). Nada acontece. «*Vai!*», volta ele a insistir.

Brusca reparou que os automóveis seguiam mais devagar do que o esperado. Aguarda mais uns segundos, que parecem intermináveis, deixando mesmo os carros passar por um velho frigorífico que ele colocara na berma da estrada para servir de indicador. Só quando ouve um terceiro e aflito «*Vai!*» atrás de si é que Brusca carrega no interruptor.

Segue-se um forte e trepidante rufar de detonações. Uma explosão colossal irrompe através do asfalto, lançando o primeiro carro para o ar. Vai cair a sessenta ou setenta metros de distância num olival. O segundo carro é um *Fiat Croma* branco à prova de bala; o motor explode e o carro cai, despedaçado, numa cratera profunda. O terceiro sofre alguns danos mas permanece inteiro.

As vítimas da explosão foram o principal juiz investigador contra a máfia, Giovanni Falcone, e a sua mulher (no *Fiat Croma* branco), e três membros da sua escolta (no carro da frente). Ao assassinar Falcone, a máfia siciliana livrava-se do seu inimigo mais perigoso, o símbolo da luta contra si mesma.

A bomba de Capaci paralisou a Itália. A maioria das pessoas lembra-se exactamente onde estava quando ouviu a notícia, e depois do acontecimento várias figuras públicas declararam-se envergonhadas de ser italianas. Para alguns, a tragédia de Capaci foi a demonstração extrema da arrogância e do poder da máfia. No entanto, o ataque assinalou também o fim do mito fixado na *Cavalleria rusticana*; a ideologia oficial da máfia estava agora oficialmente falida. Não é coincidência que a primeira história credível da máfia escrita em italiano tenha sido publicada depois de Capaci.

A pequena história de um triângulo amoroso que constitui a *Cavalleria rusticana* atinge o seu auge na praça de uma cidade siciliana quando o robusto carroceiro, Alfio, recusa uma bebida oferecida por um jovem soldado, Turiddu. Não há qualquer troca explícita de acusações, mas ambos sabem que aquela pequena desfeita terá consequências fatais, visto que Alfio foi informado de que Turiddu tem intenções pouco honestas para com a sua mulher. Todo um antigo sistema de valores se consubstancia naquele breve encontro. Os dois homens reconhecem que houve ofensa à honra, que a vingança é um direito e que um duelo é a única maneira de resolver o assunto. Como dita a tradição, os dois abraçam-se e Turiddu morde a orelha direita de Alfio em sinal de que o desafio foi aceite. Turiddu despede-se chorosamente da mãe e abandona o palco para se encontrar com Alfio num pomar próximo. Depois, ao longe, surge o grito de uma mulher: «Turiddu foi morto!» O pano cai enquanto os camponeses choram consternados.

Mascagni, que era da Toscana, nunca havia estado na Sicília quando musicou a história da *Cavalleria*. Num dos ensaios, o tenor trocou as palavras da sua ária de abertura porque os autores do libreto, ambos da terra natal de Mascagni, não tinham conseguido dar-lhe um tom suficientemente siciliano. Mas isso pouco importava. A Sicília – ou pelo menos uma certa imagem da dela – estava na moda em 1890. O que o público do Teatro Costanzi esperava – e recebeu – era a ilha pitoresca tal como lhes era apresentada nas suas revistas ilustradas: uma terra exótica de sol e paixão habitada por camponeses morenos e melancólicos.

Em 1890 a máfia era já uma organização criminosa mortífera e sofisticada com fortes ligações políticas e alcance internacional. Na capital siciliana, Palermo, alguns políticos locais dedicavam-se à fraude bancária e financeira e furtavam os fundos de reforma urbana atribuídos ao governo municipal; entre eles havia mafiosos. No entanto, a imagem generalizada da máfia era bastante diferente. O público de Mascagni teria visto Turiddu, e em particular o carroceiro Alfio – apesar da simplicidade rústica da sua história – não só como Sicilianos típicos mas também como mafiosos típicos. Porque a palavra «mafia» era tida como se referindo não a uma organização mas a uma mistura de paixão violenta e orgulho «árabe» que supostamente determinava o comportamento siciliano. A *mafia*, na opinião de muitos, era um primitivo conceito de honra, um código de cavalheirismo rudimentar seguido pelo povo atrasado do interior siciliano.

E isto não era apenas uma interpretação errónea difundida pelos italianos arrogantes do Norte. Sete anos após o retumbante êxito da ópera de Mascagni, um «sociólogo» siciliano, Alfredo Niceforo, escreveu *Os Bárbaros da Itália Contemporânea*, um estudo sobre as «raças atrasadas» do Sul da Itália. Niceforo conferiu um sentido pejorativo a alguns lugares-comuns sobre o «cavalheirismo» siciliano: «O homem siciliano... possui eternamente a rebelião e a paixão desenfreada do seu ego no sangue – o *mafioso*, em suma». Niceforo, a *Cavalleria rusticana* e grande parte da cultura italiana da época confundiam invariavelmente os Sicilianos com a máfia. Desde então, várias gerações de observadores, sicilianos, italianos ou estrangeiros, têm cometido o mesmo erro, ofuscando qualquer distinção clara entre a máfia e aquilo que um escritor e viajante inglês dos anos 60 do século XX chamou a «mentalidade primitiva» do «subconsciente siciliano».

A cultura siciliana foi durante muito tempo confundida com a *mafiosità* («mafiosidade») e essa confusão serviu os interesses do crime organizado. Escusado será dizer que o facto de as pessoas não acreditarem na sua existência constituiu uma grande ajuda para a organização ilegal conhecida por máfia. «Não há qualquer sociedade secreta criminosa», afirmava-se; «isso não passa de uma teoria da conspiração inventada por pessoas que não compreendem o modo de pensar dos Sicilianos». Inúmeros escritores têm repetido, sob novas formas, o mesmo argumento equivocado: que séculos de invasões tornaram os Sicilianos desconfiados de pessoas estranhas e que por isso preferem naturalmente resolver as disputas entre si sem envolver a polícia ou os tribunais.

A ocultação da linha divisória entre a máfia e os Sicilianos podia também contribuir para que as medidas legais contra o crime organizado parecessem inúteis. Se a culpa era da supostamente primitiva mentalidade siciliana, como poderia a máfia ser julgada, excepto levando toda a ilha a tribunal? «*Tutti colpevoli, nessuno colpevole*», como diz o provérbio italiano: «Se todos são culpados, ninguém é culpado».

A máfia foi muito bem sucedida na divulgação desse conjunto de falsidades durante um século e meio. O resultado mais insidioso foi apenas o semear da confusão e da dúvida. Assim, a existência da máfia permaneceu pouco mais do que uma suspeita, uma teoria, um ponto de vista – até há surpreendentemente bem pouco tempo. E a ideia de escrever uma história da «mentalidade mafiosa» pareceu muitas vezes despropositada, tanto quanto escrever a história do *chic* gaulês ou da fleuma britânica.

Se o mito do cavalheirismo rústico está hoje finalmente dissipado, devêmo-lo a Falcone e aos seus colegas. A história da bomba de Capaci teve início na primeira metade da década de 80 do século passado quando, em menos de dois anos, mais de 1 000 pessoas foram assassinadas – homens de honra, seus parentes e amigos, polícias e inocentes. Houve pessoas que foram baleadas no meio da rua, ou levadas para locais isolados para serem estranguladas; os seus corpos foram dissolvidos em ácido, enterrados em betão, deitados ao mar ou retalhados e atirados aos porcos. Foi o conflito mais sangrento da história da máfia, mas não foi uma guerra; foi uma campanha de extermínio. Os seus perpetradores constituíam uma aliança de mafiosos agrupados em torno da chefia da máfia de Corleone. Usaram esquadrões da morte secretos para perseguir e abater os seus inimigos e tentar impor um poder quase ditatorial sobre a máfia em toda a Sicília.

Entre as vítimas da chacina estavam dois filhos, um irmão, um sobrinho, um cunhado e um genro de Tommaso Buscetta, homem de honra muito bem relacionado. Os jornais apelidavam-no de «chefe de dois mundos», por causa dos seus interesses em ambos os lados do Atlântico. Quando os *corleonesi* lançaram o seu assalto já nenhum dos dois mundos era seguro para ele. Buscetta foi preso no Brasil. Quando foi extraditado para a Itália tentou suicidar-se engolindo a estricnina que levava sempre consigo. Sobreviveu à tentativa – por pouco. Quando recuperou, Buscetta decidiu contar o que sabia sobre a sociedade secreta na qual fora iniciado quando tinha 17 anos. E era com Giovanni Falcone, e com ele apenas, que Buscetta queria falar.

Falcone era o filho inteligente de uma família de classe média do então degradado bairro de la Kalsa do centro de Palermo. Ele disse uma vez que tinha respirado o cheiro da máfia desde a infância. No clube da juventude católica do bairro jogou ténis de mesa com Tommaso Spadaro, que se havia de tornar mais tarde um conhecido mafioso e traficante de heroína. A família de Falcone manteve-o afastado dessas influências, educando-o sob um código de dever, igreja e patriotismo.

Os primeiros anos da carreira de Falcone como juiz investigador foram passados no tribunal de falências, onde ele desenvolveu a sua grande habilidade para detectar registos financeiros obscuros. Essa capacidade tornou-se o primeiro ingrediente daquele que veio a ser conhecido por o «método Falcone» de investigações sobre a máfia. Foi aplicado pela primeira vez a um importante caso de contrabando de heroína em 1980 depois de Falcone ter sido transferido para o departamento de investigação criminal de Palermo. Em 1982 Falcone conseguiu 74 condenações nesse processo da heroína; um êxito extraordinário numa ilha onde a intimidação de testemunhas, juízes e jurados já provocara o insucesso de inúmeros julgamentos anteriores.

Buscetta proporcionou a Falcone o primeiro acesso ao interior da máfia siciliana. «Para nós ele era como um professor de línguas, que nos permite ir à Turquia sem ter de comunicar com as mãos»(1), disse Falcone. Em muitas horas de entrevistas com Buscetta, Falcone e a sua equipa aperfeiçoaram o seu conhecimento da organização, traçando pacientemente um mapa de ligação entre rostos, nomes e crimes. Compuseram assim um quadro inteiramente novo da estrutura de comando, métodos e modos de pensar da máfia.

É difícil hoje perceber o quanto *não* se sabia acerca da máfia antes de Tommaso Buscetta decidir falar com Giovanni Falcone.

A primeira revelação foi o nome dado à organização pelos seus membros: Cosa Nostra – «coisa nossa». Até então, mesmo os poucos investigadores e polícias que haviam tomado esse nome a sério presumiram que o mesmo só se aplicava à máfia americana.

Buscetta informou também Falcone da estrutura de comando piramidal da Cosa Nostra. Os soldados do escalão mais baixo são comandados em grupos de cerca de dez por um *capodecina* (chefe de dez). Cada *capodecina* responde perante o chefe eleito de uma quadrilha local ou «Família», que é apoiado por um subchefe e um ou mais *consiglieri* (conselheiros). Três famílias com territórios adjacentes constituem um *mandamento* (distrito). O chefe de cada *mandamento* é membro da Comissão, o parlamento ou direcção da Cosa Nostra para a província de Palermo. Em teoria, acima deste nível provincial existe um órgão regional composto pelos chefes da máfia de toda a Sicília. Mas na prática Palermo domina a máfia siciliana: quase 50 por cento das cerca de 100 Famílias da Sicília têm o seu território em Palermo e na sua província, e o chefe da Comissão de Palermo assume o comando da máfia siciliana como um todo.

À época das revelações de Buscetta, aproximadamente 5000 homens de honra eram membros de uma única organização criminosa. Os assassínios importantes – de polícias, políticos ou outros mafiosos – tinham de ser aprovados e planeados ao mais alto nível, para garantir que os mesmos eram compatíveis com a estratégia global da organização. Para promover a estabilidade, a Comissão também tomava decisões sobre disputas no seio das Famílias e dos *mandamenti* que supervisionava. Este grau de disciplina interna espantou os investigadores.

---

(1) Falcone e Padovani, p. 41.

«O chefe de dois mundos» também conhecia bem a Cosa Nostra americana. Ele revelou a Falcone que a máfia siciliana e a máfia americana, que a primeira havia gerado, tinham uma estrutura semelhante. Mas eram organizações independentes; pertencer à máfia da Sicília não significava ser também membro da máfia nos Estados Unidos. Os fortes laços que as uniam eram de sangue e de negócios e não estruturais.

Outros homens de honra seguiram o exemplo de Buscetta, voltando-se para o Estado em troca de protecção contra os *corleonesi* e os esquadrões da morte. Com a ajuda do seu colega Paolo Borsellino, Falcone confirmou meticulosamente todos os depoimentos e reuniu 8607 páginas de provas – o processo para o famoso «megajulgamento», realizado num tribunal subterrâneo à prova de bomba construído especialmente para o efeito em Palermo.

A 16 de Dezembro de 1987, depois de um processo que durou 22 meses, o juiz do megajulgamento declarou culpados 342 mafiosos e condenou-os a um total de 2665 anos de prisão. Igualmente importante, o que os cépticos haviam desconsiderado como o «teorema de Buscetta» sobre a estrutura da Cosa Nostra tinha passado pelo crivo de um rigoroso exame judicial.

A confirmação legal definitiva do teorema de Buscetta teria de esperar por Janeiro de 1992 quando, contrariando as esperanças e expectativas da Cosa Nostra, o Tribunal de Cassação – o Supremo Tribunal da Itália – validou os veredictos iniciais. Foi a pior derrota judicial que a máfia siciliana alguma vez sofreu. Em resposta, os *corleonesi* puseram os seus esquadrões da morte no encalço dos juízes investigadores. Falcone foi assassinado poucos meses depois da leitura da sentença. Menos de dois meses após a morte de Falcone, a incredulidade e a indignação varreram de novo a Itália quando Paolo Borsellino e cinco membros da sua escolta foram mortos por uma poderosa bomba à porta da casa de sua mãe.

As trágicas mortes de Falcone e Borsellino tiveram consequências profundas que ainda hoje se fazem sentir. A primeira dessas consequências foi o reforço do facto de os juízes antimáfia terem conseguido uma portentosa vitória; a existência de uma organização criminosa centralizada chamada Cosa Nostra deixou de ser apenas uma teoria.

Se a Cosa Nostra existe, então tem uma história; e se tem uma história então, como dizia muitas vezes Falcone, teve um início e terá um fim. Graças ao trabalho de Falcone, Borsellino e seus colegas, assim como à falência do conjunto de falsidades em torno da noção de «cavalheirismo rústico», os historiadores podem hoje investigar a história da máfia com mais confiança e conhecimento do que alguma vez foi possível.

Quando a verdade acerca da Cosa Nostra começou a surgir com o depoimento de Buscetta e o megajulgamento, alguns historiadores, a maioria sicilianos, seguiram o exemplo dos juízes investigadores: começaram a reexaminar registos esquecidos e a trazer à luz novos factos. Todo um novo campo de investigação começava lentamente a despontar. Depois, em 1992, quando a sentença do Tribunal de Cassação confirmou o teorema de Buscetta – e ao fazê-lo provocou os assassinatos de Falcone e Borsellino – escrever a história da máfia tornou-se de repente muito mais do que uma mera actividade académica: fazia agora parte do imperativo urgente de compreender um perigo mortal para a sociedade e mostrar aos restantes juízes antimáfia que não estavam sozinhos na sua luta.

Uma história pioneira da máfia siciliana foi publicada em italiano no ano seguinte. Foi actualizada em 1996 e desde então têm sido feitas mais descobertas. A vontade de contar a história da máfia tem acompanhado o esforço de combater a Cosa Nostra no seguimento das atrocidades de 1992. Na Sicília, a história conta.

Poderá contar ainda mais se a verdade sobre a máfia for revelada ao mundo além da Itália. Este livro é a primeira história da máfia siciliana, das suas origens à actualidade, escrita noutra língua que não a italiana. Apresenta as descobertas das investigações mais recentes e conta a história da máfia como os especialistas italianos agora o fazem. Inclui também algumas revelações completamente novas. Aquilo que tem surgido nos últimos anos é uma descrição histórica da máfia siciliana muito mais completa do que ainda há pouco tempo era considerado possível. Um quadro anteriormente traçado com as linhas imprecisas da gíria sociológica – «mentalidades», «funções paraestatais», «intermediários violentos» – contém agora pessoas, lugares, datas e crimes reais. E quanto mais claro se torna o quadro, mais perturbantes são as suas implicações: uma sociedade secreta que tem o assassínio como razão de ser tem sido parte integrante do modo como a Itália tem sido governada desde meados do século XIX.

# Introdução

*Mafia* é hoje uma de muitas palavras – como *pizza*, *spaghetti*, *opera* e *disastro* – que o italiano emprestou a várias outras línguas em todo o mundo. É aplicada vulgarmente a criminosos muito além da Sicília e dos Estados Unidos, os lugares onde a máfia, no sentido rigoroso do termo, tem as suas bases. O termo *mafia* tornou-se um rótulo para toda uma panóplia mundial de quadrilhas – chinesas, japonesas, russas, chechenas, albanesas, turcas, etc. – que pouco ou nada têm a ver com o modelo siciliano original.

Existem outras organizações criminosas baseadas noutras regiões do Sul da Itália, todas elas por vezes apelidadas de *mafia*: a Sacra Corona Unita, na Apúlia (o tacão da bota italiana); a 'Ndrangheta, na Calábria (a biqueira); e a Camorra, na cidade de Nápoles e arredores (situada na caneleira da bota). Estas outras associações têm todas uma história fascinante e própria – uma delas, a Camorra, é um pouco mais antiga do que a máfia – mas só serão abordadas neste livro quando relevantes para a história da Cosa Nostra siciliana; pela simples razão que nenhuma outra associação ilegal italiana é tão poderosa, tão bem organizada ou tão bem sucedida como a máfia. Não é por acaso que esta palavra siciliana se tornou a mais generalizada.

Este livro é selectivo na medida em que se restringe a uma história da máfia da Sicília. Alguns dos mafiosos americanos mais conhecidos, homens como Lucky Luciano e Al Capone, também figuram nestas páginas porque a história da máfia siciliana não pode ser contada sem também referir a história da máfia americana, que aliás foi uma criação sua. Os Estados Unidos proporcionaram um terreno fértil para o crime organizado durante os últimos dois séculos, mas apenas parte desse crime foi perpetrado pela máfia. Assim, a máfia americana é aqui referida na sua perspectiva devida e mais esclarecedora. Só quando observada a partir da costa de uma pequena ilha triangular no Mediterrâneo é que a história da máfia nos EUA, pelo menos na sua fase inicial, pode começar a fazer sentido.

A máfia da Sicília busca o poder e o dinheiro cultivando a arte de matar pessoas impunemente. Organiza-se de uma forma original combinando os atributos de um Estado-sombra, de uma empresa ilegal e de uma sociedade secreta como a Maçonaria.

A Cosa Nostra assemelha-se a um Estado porque tem como objectivo o domínio territorial. Com o consentimento da máfia como um todo, cada Família (a palavra italiana mais usada durante grande parte da história da máfia é *cosca*) exerce um governo-sombra sobre as pessoas dentro do seu território. O dinheiro proveniente da extorsão representa para uma Família da máfia o que os impostos representam para um governo legítimo. Existe uma diferença, na medida em que a máfia procura «taxar» toda a actividade económica, quer seja legal ou ilegal: tanto os comerciantes como os ladrões pagam o que é conhecido por *pizzo*. Um mafioso pode muito bem acabar por proteger não só o dono de um *stand* de automóveis como o bando de ladrões de carros que o assalta. Assim, a única parte com a garantia absoluta de beneficiar de qualquer negócio de protecção é a máfia. Como um Estado, a máfia também se arroga o poder de vida e de morte sobre os seus súbditos. Mas a máfia não é um governo alternativo; subsiste infiltrando-se no Estado legítimo e manobrando-o para conseguir os seus próprios fins.

A Cosa Nostra é um negócio porque procura obter lucros – se bem que por intimidação. Mas raramente consegue boas margens das suas actividades «governamentais». A maior parte do dinheiro dos esquemas de extorsão acaba por ser reinvestido na manutenção da sua capacidade assassina: serve para comprar advogados, juízes, polícias, jornalistas, políticos e mão-de-obra temporária, e para apoiar os mafiosos que tiveram o azar de ir parar à prisão.

A Casa Nostra paga estas despesas gerais com o fim de construir o que alguns estudiosos da máfia consideram uma marca de intimidação. A marca da máfia pode ser usada em todo o tipo de mercados, como a fraude na construção ou o contrabando de tabaco. Em regra, quanto mais traiçoeiro, violento e lucrativo for um mercado – o caso mais evidente é o tráfico e venda de droga – mais os mafiosos que entram nesse mercado beneficiam do facto de terem por trás deles uma terrível marca de intimidação, de inteira confiança e conhecida em todo o mundo.

A Cosa Nostra é uma sociedade secreta exclusiva porque precisa de escolher os seus membros com muito cuidado e impor-lhes restrições de comportamento em troca dos benefícios de associação. As principais exigências que a Cosa Nostra faz aos seus membros são que sejam discretos, obedientes e implacavelmente violentos.

A história desta organização é por si só fascinante. Mas a história da máfia não poder ser *apenas* sobre a máfia, sobre os actos de homens de honra. Antes de Falcone e Borsellino, muitas outras pessoas morreram a combater a máfia. Algumas delas são personagens do drama aqui narrado, porque parte da história da máfia é constituída pela sua guerra contra os Sicilianos e outros se lhe opuseram desde o início. A história da máfia inclui também as pessoas que, por variadíssimas razões, desde o medo racional e cinismo político à cumplicidade descarada, favoreceram a causa da organização.

Mas mesmo uma história da máfia que incluísse todas estas coisas deixaria ainda muitas perguntas por responder. Porque toda a gente fora da Itália sabe o que é a máfia, ou pelo menos pensa que sabe, continua a parecer desconcertante que tenha sido preciso esperar por 1992 para que toda a verdade sobre a máfia siciliana fosse confirmada. Como foi possível que uma organização ilegal permanecesse tão poderosa e imperscrutável durante tanto tempo? Parte da explicação está na falta de provas. A máfia sobreviveu e prosperou porque intimidava testemunhas e perturbava ou corrompia a polícia e os tribunais. Demasiadas vezes no passado, as autoridades (e por conseguinte, depois deles, os historiadores) limitavam-se a contar os cadáveres e a interrogar-se que estranha lógica poderia estar por trás de todo aquele derramamento de sangue.

O problema tinha raízes ainda mais profundas; na verdade, ia ao coração do sistema de governo italiano. No mínimo, o Estado italiano foi extremamente negligente quanto à máfia siciliana durante o último século ou mais. Nas poucas ocasiões em que algum conhecimento da máfia conseguiu penetrar nas instituições governamentais, foi rapidamente esquecido. E mesmo quando lembrado durante algum tempo, não foi empregue de forma correcta. A Itália perdeu várias oportunidades de conhecer algumas das verdades que os juízes Falcone e Borsellino finalmente pagaram com as suas vidas para provar. A máfia era um segredo escondido à vista desarmada. Por essa razão, a permanente incapacidade da Itália em compreender a máfia proporciona-nos uma história muito mais rica do que seria se tudo se resumisse a uma conspiração de capa e espada de alguns indivíduos decididos a ocultar a verdade. Por essa mesma razão, além de uma história da máfia, este livro é uma história da incapacidade italiana em compreender e combater aquilo que sempre foi visível.

Existem muitos exemplos actuais que sugerem que o problema da máfia italiana, profundamente arraigado, continua bem vivo. No momento em que escrevo, o senador vitalício Giulio Andreotti, sete vezes primeiro-ministro de Itália, foi condenado por ter encomendado à máfia o assassínio de um jornalista que o estava a chantagear. (O superdelator Tommaso Buscetta, antigo «chefe de dois mundos», foi uma das testemunhas principais.) Andreotti interpôs recurso para o Tribunal de Cassação. Outro importante processo ligado à máfia implica o executivo publicitário que em 1993 fundou a Forza Italia, o partido político do actual primeiro-ministro e grande magnata da comunicação social, Silvio Berlusconi. Um desertor recente da máfia alegou que existiram encontros ao mais alto nível para selar um pacto entre a Cosa Nostra e a Forza Italia. As alegações são categoricamente desmentidas e não nos devemos precipitar a tirar conclusões sobre estes processos específicos, uma vez que nenhum deles conheceu ainda um desfecho definitivo. Mas além de levantar suspeitas, levantam também interrogações históricas sobre a forma como a Itália conseguiu meter-se numa situação destas.

Os historiadores que após o depoimento de Buscetta tentaram pela primeira vez responder a essas questões depressa descobriram algo espantoso que só veio adensar o mistério da razão por que a Itália nunca conseguiu compreender devidamente a máfia. Na verdade, Buscetta estava longe de ser o primeiro homem de honra a quebrar o famoso código de silêncio da máfia conhecido por *omertà*; nem sequer foi o primeiro que ao fazê-lo mereceu o crédito das autoridades. Existem informadores da máfia há quase tanto tempo como existem mafiosos. Além disso, existiu desde o início um diálogo furtivo e muitas vezes íntimo entre os homens de honra e os poderes vigentes – polícias, juízes, políticos. Os historiadores podem agora escutar trechos desse diálogo; trata-se de uma audição fascinante e inquietante porque revela o grau de cumplicidade do Estado italiano para com assassinos.

Mesmo após a descoberta dos primeiros desertores da máfia, havia ainda o grande problema de saber como interpretar o que eles diziam; a polícia e os juízes têm-se debatido com isso desde o início da história da máfia, até ao megajulgamento de Falcone e Borsellino. Porque haveria alguém de acreditar em criminosos profissionais com um sem número de razões para mentir? Os depoimentos dos informadores da máfia muitas vezes não eram considerados suficientemente fidedignos para serem usados em tribunal – ou num livro de história. Os depoimentos dos homens de honra, mesmo os dos *pentiti*, são sempre de leitura difícil. Na verdade, a palavra *pentito* é enganadora: o verdadeiro arrependimento num homem de honra é bastante raro. Durante toda a história da organização, os membros da máfia, de uma maneira geral, forneceram os seus depoimentos ao Estado como forma de se vingarem de outros mafiosos que os traíram e derrotaram numa guerra. As confissões surgem quando os derrotados já não têm outras armas. Buscetta era um derrotado e, como o de outros *pentiti*, o seu depoimento é por isso parcialmente enviesado.

Mas existe outra coisa no depoimento de Buscetta, algo que fez dele mais do que apenas uma versão subjectiva dos factos e que o transformou em vez disso na Pedra de Roseta dos depoimentos da máfia. Buscetta explicou exactamente como os homens de honra *pensavam*, expondo não só as estranhas regras a que eles obedecem mas também as razões por que muitas vezes as infringem.

O próprio «chefe de dois mundos» sentia ainda o poder dessas regras, negando sempre ter-se tornado um *pentito* em vez de um homem de honra. A grande lição de Buscetta, tanto para os juízes como para os historiadores, é que as regras da máfia têm de ser levadas a sério – o que não é de modo algum a mesma coisa que supor que elas sejam sempre cumpridas.

Tommaso Buscetta nunca deixou de realçar a importância de uma determinada regra no seio da Cosa Nostra. Tem a ver com a verdade. Graças a Buscetta sabemos hoje que a verdade é um bem singularmente precioso e perigoso para os mafiosos. Quando um homem de honra é iniciado na máfia siciliana, um dos juramentos que faz é nunca mentir a outros «homens feitos», quer sejam ou não da mesma Família. A partir desse momento, qualquer homem de honra que minta a outro pode facilmente descobrir que tomou o atalho mais rápido para um banho de ácido. Mas, ao mesmo tempo, uma mentira bem disfarçada pode também ser uma arma bastante poderosa na luta permanente pelo poder dentro da Cosa Nostra. A consequência é simples: paranóia grave. Como explicou Buscetta: «Um mafioso vive no terror de ser julgado – não pelas leis dos homens, mas pelo rumor malicioso no seio da Cosa Nostra. O medo de que alguém poderá estar a falar mal dele é constante»(2).

Nestas circunstâncias, não é de admirar que todos os homens de honra sejam extraordinariamente parcos em palavras. Antes de se tornar testemunha do Estado, Buscetta convivera três anos na mesma cela de prisão com um homem de honra que tinha recentemente cumprido uma ordem para matar um terceiro mafioso – um amigo chegado de Buscetta. Durante esses três anos os dois inimigos não trocaram uma palavra hostil, partilhando até a ceia de Natal. Buscetta sabia que o seu companheiro de cela já tinha sido condenado à morte pela Cosa Nostra; não se sabe se o companheiro de cela também sabia que havia sido condenado. Como era de esperar, foi prontamente assassinado após a sua libertação.

Os homens de honra preferem não dizer nada a alguém que já não saiba do que é que estão a falar; eles comunicam através de códigos, alusões veladas, fragmentos de frases, olhares fixos e frios, silêncios significativos. Na Cosa Nostra, ninguém pergunta nem diz mais do que o estritamente necessário; nunca ninguém se põe a pensar em voz alta. O juiz Falcone comentou que «a interpretação de sinais, gestos, mensagens e silêncios é uma das principais actividades de um homem de honra»(3). Buscetta foi particularmente eloquente ao explicar como era viver nesse mundo:

---

(2) Buscetta e Arlacchi, p. 20.
(3) Falcone e Padovani, p. 49.

> Na Cosa Nostra existe a obrigação de dizer a verdade, mas existe também uma grande reserva. E essa reserva, as coisas que não são ditas, reina como uma maldição irrevogável sobre todos os homens de honra. Torna todas as relações profundamente falsas, absurdas.(4)

Pela mesma razão que são tão avessos a falar abertamente, quando os homens de honra efectivamente falam uns aos outros, o que dizem nunca é fútil. Por exemplo, se o mafioso A informa o mafioso B que matou o empresário X ou que o político Y está na folha de pagamentos da Cosa Nostra, o que ele diz é provavelmente verdade; se não for, então é uma mentira estratégica tão importante, à sua maneira, como a verdade. Assim, depois de Buscetta, os mafiosos deixaram de ser considerados testemunhas intrinsecamente duvidosas. A interpretação dos depoimentos dos mafiosos, «arrependidos» ou não, é hoje encarada como um meio de distinguir um padrão entre as verdades e as mentiras estratégicas, e de encontrar outras provas que corroborem esse mesmo padrão. Isso tem consequências importantes para a história da máfia, construída a partir de todas as fontes de informações habituais – arquivos da polícia, inquéritos governamentais, reportagens jornalísticas, memórias, confissões, etc. Mas, como uma marca de água tingida de sangue, nas entrelinhas de muitos desses documentos, quer reproduzam directamente as palavras de homens de honra ou contenham apenas os seus traços indistintos, encontram-se os sinais do mortífero jogo da verdade que é a vida no seio da máfia.

Uma vez que em qualquer história acaba sempre por permanecer um elemento de incerteza, para não falar de uma história que se aventura no mundo tortuoso da máfia siciliana, este livro não se pode arrogar como a derradeira palavra sobre a culpa ou a inocência das personagens cujas vidas são aqui apresentadas; a história da máfia não é um julgamento retrospectivo. Mas também não é simples conjectura. Sendo errado, além de fútil, tentar encarcerar figuras históricas há muito falecidas numa prisão imaginária, o que podemos fazer é tentar sentir o forte «cheiro da máfia» – como diz a expressão italiana – que elas ainda exalam.

A história da máfia tem portanto muitas personagens e muitas camadas. Por conseguinte, os diferentes capítulos deste livro con-

---

(4) Buscetta e Arlacchi, p. 155.

tam diferentes tipos de histórias. Movem-se entre os soldados e os chefes, mas também penetram na sombra da máfia para falar das suas vítimas, amigos e inimigos – do mais pobre na sociedade ao mais poderoso. Nalguns destes capítulos, devido à falta de provas históricas, a máfia tem de permanecer o que ela muitas vezes parecia ser na altura: uma presença malévola e espectral.

Antes de se debruçar sobre as origens da máfia, esta história apresenta um relato de como é a vida no seio da Cosa Nostra dos dias de hoje, com o seu código de honra acatado pelos homens que a ela pertencem. Os desertores mais recentes deram-nos a compreender o modo como pensam e o que sentem os mafiosos de hoje, algo simplesmente impossível para as épocas anteriores. Seria obviamente simplista usar o que sabemos hoje sobre assuntos como o código de honra para preencher os inevitáveis espaços vazios da história da máfia. Ainda assim, à medida que a história da máfia se desenrola, o que se torna evidente e surpreendente é que a famosa associação criminosa da Sicília mudou muito pouco desde que nasceu há cerca de 140 anos. Nunca houve uma máfia boa que em determinado momento se tornou corrupta e violenta. Nunca houve uma máfia tradicional que depois se tornou moderna, organizada e virada para os negócios. O mundo mudou mas a máfia siciliana apenas se adaptou; ela é hoje o que sempre foi desde que nasceu: uma sociedade secreta que busca o poder e o dinheiro cultivando a arte de matar pessoas impunemente.

# Homens de Honra

Vários filmes e romances têm ajudado a conferir um fascínio sinistro à máfia. Essas histórias da máfia são tão cativantes porque dramatizam o quotidiano acrescentando-lhe o arrepio de emoção que surge quando o perigo se mistura com a astúcia sem escrúpulos. O mundo da máfia cinematográfica é um mundo em que os conflitos que todos nós sentimos – entre as exigências concorrentes da ambição, responsabilidade e família – se tornam questões de vida ou morte.

Seria ao mesmo tempo presunçoso e incorrecto dizer que a máfia apresentada em obras de ficção é pura e simplesmente falsa – ela é estilizada. E os mafiosos são como todas as outras pessoas, na medida em que gostam de ver televisão e ir ao cinema assistir a uma versão estilizada dos seus dramas quotidianos. Tommaso Buscetta era fã de *O Padrinho*, embora achasse a cena final, em que os outros mafiosos beijam a mão de Michael Corleone, pouco realista. As exigências inconciliáveis por trás da motivação de uma personagem fictícia como o Michael Corleone de Al Pacino – ambição, responsabilidade, família – são efectivamente as mesmas que dominam a vida dos verdadeiros mafiosos.

Obviamente diferente é o facto de o *glamour* do cinema não conseguir sobreviver a um confronto com a terrível realidade da

Cosa Nostra. Outra diferença menos óbvia, mas no fundo mais importante, é que enquanto a história de Michael Corleone lida com os perigos morais do poder ilimitado, os verdadeiros mafiosos sicilianos preocupam-se obsessivamente com as regras de honra que restringem as suas acções. Um homem de honra pode iludir, manipular e rescrever essas regras, mas está sempre ciente de que elas determinam o modo como ele é visto pelos seus pares. Isso não quer dizer que os valores da honra mafiosa possuam o que quer que seja de convencionalmente «honrado». A honra tem um sentido específico dentro da Cosa Nostra que anima até os actos mais execráveis dos seus membros, como demonstrou o caso inquietante de Giovanni Brusca, o homem que premiu o detonador da bomba de Capaci.

Brusca era conhecido nos círculos da Cosa Nostra por *lo scannacristiani*, «o esgana-cristãos». Na Sicília, «cristão» significa «ser humano»; na máfia, significa «homem de honra». Brusca fazia parte de um esquadrão da morte sob o comando directo do chefe dos chefes, o líder dos *corleonesi*, Totò Riina, o *Baixo*. Depois da bomba de Capaci Giovanni Brusca não ficou parado. Matou o chefe da Família de Alcano, que começara a desrespeitar a autoridade de Riina. Alguns dias depois, membros do grupo de Brusca estrangularam a companheira grávida do mesmo homem. Brusca matou depois um homem de honra e empresário muito rico que se esquivara a usar os seus contactos políticos para proteger a máfia no megajulgamento.

Mas pior estava para vir. *Lo scannacristiani* era amigo de outro homem de honra, Santino Di Matteo, cujo pequeno filho, Giuseppe, costumava brincar com Brusca no jardim da família. Tudo isso foi antes de Santino Di Matteo ter decidido revelar os segredos da Cosa Nostra ao Estado; foi o primeiro mafioso a contar às autoridades como tinha sido planeado e efectuado o assassinato de Falcone. A resposta de Brusca foi raptar o pequeno Giuseppe Di Matteo numa gincana e prendê-lo numa cave durante 26 meses. Finalmente, em Janeiro de 1996, quando Giuseppe tinha catorze anos, Brusca ordenou que o estrangulassem e dissolvessem o corpo em ácido.

*Lo scannacristiani* foi capturado a 20 de Maio de 1996 nos arredores de Agrigento. Quatrocentos polícias cercaram a casa quadrada de dois andares onde ele estava escondido. Por volta das nove horas da manhã, um grupo de 30 arrombou as portas e as janelas e encontrou Brusca e a família à mesa assistindo a um programa de televisão sobre Giovanni Falcone – faltavam apenas dois dias para o quarto aniversário da morte do famoso juiz. No quarto de dormir a polícia encontrou um guarda-roupa repleto de peças Versace e Armani, um saco grande e vermelho contendo cerca de 15 000 dólares em dinheiro italiano e americano, dois telemóveis GSM e jóias, incluindo relógios Cartier. Na mesa da sala de jantar encontraram uma pistola de canos curtos; era feita de plástico e pertencia ao jovem filho de Brusca, Davide.

Brusca está agora a colaborar com a justiça. Segundo a sua própria confissão, perturbadoramente imprecisa, ele assassinou «muito mais do que 100 mas menos do que 200 pessoas». Segue-se o que ele diz sobre o assassínio de Giuseppe Di Matteo:

> Se tivesse tido mais tempo para reflectir, um pouco mais de calma para pensar, como fiz com outros crimes, então talvez houvesse uma pequeníssima réstia de esperança de que a criança ainda estivesse viva. Mas hoje seria inútil tentar justificá-la. Eu simplesmente não meditei no assunto na altura.([5])

O mais terrível acerca da máfia siciliana é que homens como *lo scannacristiani* não se sentem transtornados. Na perspectiva da Cosa Nostra, as suas acções não são incompatíveis com o código de honra nem, efectivamente, com o facto de serem maridos ou pais. Até ao dia em que decidiu tornar-se testemunha do Estado e contar a sua história, nada do que Brusca fez, incluindo o assassínio de uma criança pouco mais velha do que o seu filho, era considerado pelos mafiosos intrinsecamente desonroso.

A seguir à bomba de Capaci, mais mafiosos tornaram-se testemunhas do Estado. Alguns desses «arrependidos» justificaram a sua decisão dizendo que assassinos como *lo scannacristiani* haviam traído os valores tradicionais, o código de honra. Tommaso Buscetta utilizara o mesmo argumento, dizendo qualquer coisa do género: «Eu não abandonei a Cosa Nostra, foi a Cosa Nostra que me abandonou». Era um argumento pouco sólido, historicamente, porque na máfia a traição e a brutalidade têm sido compatíveis com a hon-

---

([5]) *La Repubblica*, 15 de Setembro de 1998.

ra desde o princípio. Giovanni Brusca é mais típico do que alguns desertores da máfia nos querem fazer crer.

Esta nova vaga de *pentiti* pós-Capaci tem permitido aos investigadores enriquecer os dados sobre a cultura interna da máfia fornecidos pela anterior geração de desertores, incluindo Buscetta. O que é hoje evidente é que o código de honra é muito mais do que uma lista de regras. Ser homem de honra significa assumir toda uma nova identidade, entrar num universo moral diferente. A honra de um mafioso é a marca dessa nova identidade, dessa nova sensibilidade moral.

Tommaso Buscetta explicou pela primeira vez o código de honra da máfia a Falcone em 1984. Falou do ritual de iniciação em que o candidato a mafioso segura uma imagem em chamas – por norma de Nossa Senhora ou da Anunciação – ao mesmo tempo que jura fidelidade e silêncio até à morte. Vários boatos sobre este curioso ritual já antes haviam sido rejeitados e considerados folclore, e esta parte do depoimento de Buscetta continua a ser a que mais parece contrariar o senso comum. No entanto, ficou bem claro a partir dos depoimentos de Buscetta, *lo scannacristiani*, e de outros, que os mafiosos levam essas coisas muito a sério, como questões de honra.

O ritual de iniciação mostra que a honra é uma condição que tem de ser merecida. Antes de se tornar homem de honra, o aspirante a mafioso é cuidadosamente vigiado, orientado, posto à prova; executar um assassínio é quase sempre um pré-requisito para a admissão. Durante este período de preparação, ele é constantemente lembrado de que antes de passar pelo ritual de filiação ele é uma nulidade, «um zero à esquerda». E quando chega a iniciação, esta é quase sempre o momento mais importante da vida de um mafioso. A destruição da imagem sagrada pelo fogo simboliza a morte do candidato como homem vulgar e o seu renascimento como homem de honra.

Durante a iniciação, o novo mafioso jura obediência – o primeiro fundamento do código de honra. Um homem «feito» obedece sempre ao seu *capo*; nunca pergunta «Porquê?» Uma maneira de entender as implicações desta obrigação envolve aquela que é também uma prova crucial para o código de honra como um todo: o assassínio de mulheres e crianças. Este foi sempre um assunto algo delicado para a máfia siciliana; efectivamente, os mafiosos têm muitas vezes afirmado que nunca tocam em mulheres e crianças. Tem de se reconhecer que muitos homens de honra cumprem esse princípio sempre que podem. É verdade que a Cosa Nostra não assassina bebés indiscriminadamente, quanto mais não fosse porque ao fazê-lo prejudicaria a sua imagem e afastaria alguns dos seus mais próximos apoiantes.

No entanto, Giuseppe Di Matteo não foi nem de longe a primeira criança cuja vida foi deliberadamente ceifada por homens de honra. Porque eliminar mulheres e crianças só é considerado desonroso se for desnecessário; pode tornar-se necessário quando a sobrevivência de um mafioso está em jogo; e o simples facto de ser membro da Cosa Nostra coloca muitas vezes a vida do mafioso em perigo.

Como quase todas as matanças da máfia, o homicídio de Giuseppe Di Matteo só foi praticado após uma decisão colectiva de que o mesmo era necessário. A morte do rapaz fazia parte de uma estratégia adoptada por alguns chefes da Cosa Nostra contra as famílias dos desertores da máfia que estavam a colocar toda a organização em perigo. Depois de uma decisão destas ter sido tomada, teria sido considerado desonroso não executá-la.

E é aqui que entra a obediência. O mafioso que executou de facto essa decisão e estrangulou Giuseppe Di Matteo à ordem de Brusca explicou mais tarde o seu raciocínio a um tribunal:

> Se alguém quiser fazer uma boa carreira [na Cosa Nostra] deve estar sempre disponível... Eu queria uma carreira, e aceitara isso desde o início, porque estava entusiasmado. Naquela altura era um soldado da Cosa Nostra, obedecia a ordens, e sabia que ao estrangular o rapazinho iria garantir a minha carreira. Andava entusiasmado.([6])

A honra acumula-se através da obediência: em troca daquilo a que chamam «disponibilidade», os mafiosos podem aumentar individualmente a sua reserva de honra e assim conseguir acesso a mais dinheiro, informações e poder. Pertencer à Cosa Nostra proporciona as mesmas vantagens que se obtêm pertencendo a outras organizações, incluindo a concretização de ambições, um exultante sentido de importância e camaradagem, além da possibilidade de transferir responsabilidades, morais e não só, para os chefes. Todas estas coisas são ingredientes da honra da máfia.

---

([6]) Dino, *Mutazioni*, p. 78.

A honra implica também a obrigação de dizer a verdade a outros homens de honra – daí a famosa maneira elíptica de falar dos mafiosos. Giovanni Brusca conta que quando foi visitar mafiosos americanos a New Jersey ficou chocado com os modos faladores dos seus anfitriões. Foi organizado um jantar para lhe dar as boas-vindas mas ao entrar no restaurante Brusca ficou espantado por ver que os mafiosos tinham todos trazido as suas amantes e que falavam abertamente sobre as Famílias a que pertenciam alguns *gangsters*. «Na Sicília, nenhum de nós sonharia em falar daquela maneira em público. Ou mesmo em privado. Toda a gente sabe o que é preciso saber»([7]). Brusca confessa que se sentiu tão envergonhado que pediu desculpas e foi-se embora. «É uma mentalidade diferente», concluiu ele sobre a sua experiência americana. «Eles vivem à luz do dia. Só praticam o assassínio em circunstâncias excepcionais. Nunca cometem massacres como os que temos na Sicília».

O dever de contar a verdade é em parte uma maneira de promover o tipo de confiança recíproca que raramente existe entre os fora-de-lei. Essa necessidade de confiança explica também os elementos da honra mafiosa relacionados com o sexo e o casamento. Os mafiosos recém-iniciados juram não receber dinheiro da prostituição, e se dormirem com a mulher de outro mafioso enfrentam uma pena de morte. Além disso, se um mafioso se meter no jogo, andar atrás de mulheres e ostentar a sua riqueza, muito provavelmente será considerado de pouca confiança e por conseguinte dispensável. Cumprir estas regras é uma maneira importante de mostrar aos outros homens de honra que se é de confiança. Pela mesma razão, a direcção da máfia faz do crime uma virtude, e o machismo patriarcal da velha escola é fundamental para a cultura da organização. Por exemplo, realizam-se reuniões sociais de trabalho que incluem normalmente actividades viris como a caça e banquetes.

A honra significa acima de tudo lealdade. Pertencer àquela que os mafiosos chamam a «sociedade honrada» traz novas lealdades que são mais importantes do que os laços de sangue. A honra significa que um mafioso deve pôr os interesses da Cosa Nostra acima dos interesses da sua família. Enzo Brusca, irmão do *scannacristiani*,

---

([7]) Brusca e Lodato, p. 84.

trabalhou para a organização, participou em matanças, mas nunca foi convertido em homem de honra. Como era esperado, ele não fazia perguntas. O que sabia acerca dos seus parentes na Cosa Nostra ele vislumbrava apenas por ouvir dizer, e pela comunicação social; durante muito tempo não soube que o pai era o chefe do *mandamento* (distrito) local. Assim, embora Enzo Brusca fizesse parte das operações da máfia e pertencesse a uma *família* de homens de honra, isso não lhe dava o direito de conhecer os negócios da *Família*.

O oposto não é verdadeiro, uma vez que um chefe da máfia tem o direito absoluto de vigiar as vidas pessoais dos seus homens.

Por exemplo, muitas vezes o mafioso tem de pedir autorização ao seu *capo* para casar. É fundamental que os mafiosos escolham bem a sua parceira conjugal e que se comportem de forma honrada dentro do casamento. Os mafiosos, ainda mais do que os outros maridos, precisavam de manter as suas esposas satisfeitas, pela simples razão de que uma mulher da máfia insatisfeita poderia prejudicar seriamente toda a *Família* se falasse à polícia. Os membros da Cosa Nostra têm de ter o cuidado de preservar o prestígio das suas mulheres; uma das principais razões para a proibição do proxenetismo é assegurar que as esposas dos homens de honra, como explicou o juiz Falcone, «não sejam humilhadas no seu próprio meio social». Os mafiosos casam frequentemente com as irmãs e filhas de outros homens de honra, mulheres que viveram no meio da máfia toda a vida e que terão por isso o tipo de discrição e/ou submissão que a organização delas exige. As mulheres podem também apoiar activamente o trabalho dos maridos, se bem que num papel subalterno. As mulheres não podem ser admitidas formalmente na máfia e a honra é uma qualidade exclusivamente masculina. No entanto, a honra de um mafioso traz prestígio à sua esposa, e o bom comportamento da mulher enriquece-lhe por sua vez a honra.

O juiz Falcone comparou uma vez a admissão na máfia à conversão religiosa: «Nunca se deixa de ser padre. Nem mafioso». As semelhanças entre a religião e a máfia não terminam aqui, em grande parte porque muitos homens de honra são crentes. O chefe de Catânia, Nitto Santapaola, mandou construir um altar e uma pequena capela na sua mansão; uma vez, segundo um *pentito*, mandou também garrotar quatro miúdos e atirá-los a um poço por terem assaltado e agredido a mãe dele. O actual chefe dos chefes, Bernardo Provenzano, o *Tractor*, comunica a partir do seu esconderijo através de pequenos bilhetes, alguns recentemente interceptados; incluem sempre bênçãos e pedidos de protecção divina – «Pela vontade de Deus quero ser um servo». Um dos antigos chefes que dirigia um esquadrão da morte, como *lo scannacristiani*, rezava antes de qualquer operação: «Deus sabe que são eles que querem morrer e que eu não tenho culpa nenhuma».

Sentimentos deste tipo são em parte consequência da tolerância para com a máfia demonstrada durante muito tempo pela Igreja Católica. Os sacerdotes muitas vezes trataram homens cujo poder se baseava no assassínio regular como se estes fossem pecadores do mesmo calibre que todas as outras pessoas. Ignoraram a influência malévola da máfia porque esta parecia partilhar dos mesmos valores de deferência, humildade, tradição e família que a própria Igreja. Aceitaram donativos de origem criminosa para procissões e caridade. Permitiram que *cosche* (plural de *cosca*) se disfarçassem de confrarias religiosas e entregaram a administração de fundos de caridade a dignitários com sangue nas mãos. Alguns padres foram mesmo assassinos. A história das relações da Igreja com a máfia está cheia deste género de episódios.

Mas a questão não é, como alguns gostariam de afirmar, que a máfia seja pouco mais do que um ramo da Igreja Católica. A religião de um mafioso nada tem a ver com a Igreja como instituição. Na verdade, o segredo da religião mafiosa é que ela serve os mesmos fins que o seu código de honra; apenas exprime as mesmas coisas numa linguagem diferente. A religião da máfia gera um sentimento de pertença, confiança e um conjunto de regras flexíveis utilizando palavras que vai buscar à crença católica; tal como o código de honra imita as expressões cavalheirescas ainda usadas pela nobreza no tempo em que a máfia foi criada.

Tal como a honra, a religião da máfia ajuda os mafiosos a justificar as suas acções – perante si, perante os outros e perante as suas famílias. Os mafiosos gostam muitas vezes de pensar que estão a matar em nome de algo mais nobre do que o dinheiro ou o poder, e as duas palavras a que normalmente recorrem são «honra» e «Deus». Na verdade, a religião professada pelos mafiosos e suas famílias é como quase tudo no universo moral da honra da máfia: é difícil perceber onde termina a fé genuína – embora iludida – e começa a hipocrisia. Compreender o modo de pensar da máfia é compreender que as regras da honra se misturam com o logro calculado e a selvajaria mais cruel na mente de cada um dos seus membros.

«Honra» significa portanto um sentido de valor profissional, um sistema de valores e um totem de identidade de grupo para uma associação que se considera para além do bem e do mal. Como tal, não tem nada a ver com tradições sicilianas, cavalheirismo ou catolicismo. Quer seja expresso em termos religiosos, quer na linguagem pseudo-aristocrática da «honra», o código existe para garantir que todos os aspectos da vida do mafioso sejam completamente subordinados aos interesses da «coisa nossa».

Quando funciona bem, o código produz um orgulhoso sentido de camaradagem. Antonino Calderone, mafioso de Catânia, falou por toda a organização quando disse: «Nós somos mafiosos, todos os outros são apenas homens». Mas por essa mesma razão um mafioso sem honra não é ninguém; é um homem morto. Para um membro da Cosa Nostra, perder a honra ou ser derrotado numa das guerras fratricidas da organização pode significar exactamente a mesma coisa.

Não é de admirar, portanto, que a decisão de quebrar o código de honra e tornar-se testemunha do Estado seja bastante traumática para alguns mafiosos. Significa abandonar não só uma identidade mas também uma densa teia de amizades e laços familiares; significa tentar encontrar uma maneira de lidar com uma vida alicerçada no assassínio; significa incorrer numa pena de morte automática. Giovanni Brusca afirma que precisou de mais coragem para se tornar testemunha do Estado do que para matar.

Nino Gioè foi o mafioso que gritou «*Vai!*» a Brusca quando este premiu o detonador da bomba de Capaci. Pouco depois de ser capturado e colocado em prisão solitária no Verão de 1993, Gioè começou a sentir a pressão acumulada de vários anos vividos de acordo com as regras da Cosa Nostra. Ele sabia que algumas das suas conversas haviam sido gravadas pela polícia, e que provavelmente fornecera pistas que incriminariam outros homens de honra; sem querer, ele infringira o mais sagrado dos princípios da Cosa Nostra. Começou a sentir a crescente desconfiança dos mafiosos presos nas celas da mesma ala. À medida que a pressão aumentava esta começava também a tornar-se evidente – ele deixou de fazer a barba e de tratar da roupa. Como os homens de honra têm de manter a dignidade e a postura na prisão, a deterioração na sua aparência só aumentou o receio dos outros presos de que ele estava prestes a ceder e a contar tudo o que sabia ao Estado. Em vez disso, a 28 de Julho de 1993, Gioè usou os atacadores dos seus ténis para se enforcar na cela. Embora seja muito raro os homens de honra acabarem com a própria vida, o bilhete de suicídio de Gioè pode servir de palavra final sobre o que significa viver e morrer pelo código de honra:

> Esta noite voltarei a encontrar a paz e a serenidade que perdi há cerca de 17 anos [na iniciação na Cosa Nostra]. Quando as perdi, tornei-me um monstro. Fui um monstro até pegar na caneta para escrever estas linhas... Antes de ir, peço perdão à minha mãe e a Deus, porque o seu amor não tem limites. Todo o resto do mundo nunca será capaz de me perdoar.([8])

A questão histórica suscitada por este retrato da vida dentro da Cosa Nostra é simples: «Foi sempre assim?» A resposta, igualmente simples, é que ninguém alguma vez saberá. Os *pentiti* podem ter respondido à polícia em muitas ocasiões, mas quando o fizeram, falaram mais de crimes específicos e não de como era ser mafioso. No entanto, os testemunhos recolhidos sugerem de facto que algo parecido com o código de honra sempre existiu, desde o princípio. Afinal, se não tivesse existido, a máfia não teria sobrevivido durante tanto tempo; na verdade, talvez nem sequer tivesse nascido.

---

([8]) Bianconi e Savatteri, pp. 280-284.

1

# As Origens da Máfia 1860–1876

# As Duas Cores da Sicília

Palermo tornou-se uma cidade italiana a 7 de Junho de 1860 quando, nos termos de um cessar-fogo, duas longas colunas de tropas derrotadas saíram das suas orlas orientais e deram a volta às muralhas para aguardar os barcos que as transportariam de volta a Nápoles. Esta retirada foi o culminar de uma das façanhas militares mais célebres do século, um feito de heroísmo patriótico que espantou o resto da Europa. Até àquele dia, a Sicília fora governada a partir de Nápoles integrada no reino dos Bourbon que compreendia a maior parte do Sul da Itália. Em Maio de 1860, Giuseppe Garibaldi e cerca de 1000 voluntários – os famosos Camisas Vermelhas – invadiram a ilha com o intuito de a unir à nova nação italiana. Sob o comando de Garibaldi esta força maltrapilha mas determinada desorientou e derrotou um exército napolitano muito mais numeroso. Palermo foi conquistada após três dias de intensos combates de rua durante os quais a marinha dos Bourbon bombardeou a cidade.

Após a libertação de Palermo, Garibaldi conduziu os seus homens – agora cada vez mais e transformando-se num verdadeiro exército – para leste, em direcção ao continente italiano. No dia 6 de Setembro o herói foi recebido em Nápoles por multidões entusiasmadas. No mês seguinte entregou as suas conquistas ao rei da Itália. Recusou qualquer recompensa e voltou para a sua ilha natal de

Caprera com pouco mais do que o seu poncho, alguns mantimentos básicos e sementes para o seu jardim. Um plebiscito depressa confirmou que Garibaldi tinha tornado a Sicília e o Sul da Itália partes integrantes da nova nação italiana.

Até mesmo os seus contemporâneos achavam que os feitos de Garibaldi haviam sido «épicos» e «lendários». Contudo, tão atormentada e violenta se tornaria a relação da Sicília com o reino da Itália que esses feitos depressa se transformaram em pouco mais do que um sonho. A ilha montanhosa tinha uma longa reputação de barril de pólvora revolucionário. Garibaldi conseguira dominar a Sicília em grande parte porque a sua expedição tinha desencadeado outra revolta, e em face disso o regime Bourbon caiu rapidamente. Tornou-se então evidente que a revolta de 1860 fora apenas o início do problema. A integração de 2,5 milhões de Sicilianos na nova nação italiana trouxe no seu encalço uma praga de conspiração, roubo, assassínio e ajustes de contas.

Os ministros do rei, na sua maioria do Norte da Itália, esperavam encontrar parceiros de governo entre os escalões mais altos da população siciliana, pessoas que se parecessem com eles: proprietários rurais conservadores com noção de boa governação e anseio pelo progresso económico ordenado. O que encontraram em vez disso – queixaram-se eles com frequência – assemelhava-se ao rosto da própria anarquia: revolucionários republicanos com fortes ligações a quadrilhas semicriminosas; aristocratas e clérigos saudosos do antigo regime dos Bourbon ou desejosos da autonomia da Sicília; políticos locais que assassinavam e raptavam numa luta pelo poder com adversários igualmente sem escrúpulos. Houve uma resistência popular encolerizada e generalizada à introdução do serviço militar obrigatório, que a Sicília nunca tivera. Muitas pessoas pareciam também pensar que a revolução patriótica lhes conferira o direito de não pagar impostos.

Os Sicilianos que tinham investido as suas ambições políticas na revolução patriótica ficaram furiosos com o que consideravam ser a recusa arrogante do governo de lhes permitir acesso ao poder – o poder de que precisavam para tratar dos problemas da ilha. Em 1862, o próprio Garibaldi irritou-se tanto com o estado da nova Itália que saiu do seu retiro e usou a Sicília como base para lançar nova invasão ao continente. O seu objectivo era conquistar Roma, que permanecia ainda sob a autoridade do Papa. Mas um exército italiano deteve-o nas montanhas da Calábria e ele foi mesmo ferido num pé por uma bala. (Roma só viria a ser capital da Itália em 1870.)

O governo italiano reagiu à crise provocada pela nova invasão de Garibaldi declarando a lei marcial na Sicília. Ao fazê-lo estabelecia um padrão para os anos que se seguiram. Não querendo ou não conseguindo encontrar apoios para pacificar a Sicília pela via política, o governo tentou várias vezes a solução militar: colunas de tropas em marcha, cercos a cidades inteiras, detenções em massa, prisões sem julgamento. Mas a situação não melhorou. Em 1866 houve outra revolta em Palermo, semelhante em alguns aspectos à que derrubara os Bourbon. Como tinham feito quando Garibaldi lançou o seu ataque em 1860, os bandos revolucionários caíram sobre a cidade a partir das colinas circundantes. Surgiram boatos infundados de canibalismo e de que os rebeldes bebiam sangue; a lei marcial foi mais uma vez a resposta. A revolta de 1866 foi contida, mas só ao fim de mais dez anos de tumultos e repressão é que a Sicília acalmou e se estabeleceu como parte da Itália. Em 1876, pela primeira vez, políticos da ilha entraram numa nova coligação governamental em Roma.

Um contraponto permanente aos conflitos na Sicília entre 1860 e 1876 era o impacto que os esplendores da ilha tinham nos visitantes que começaram a chegar depois da unificação italiana. O panorama extraordinariamente belo de Palermo não podia deixar de impressionar os recém-chegados. Um *garibaldino* que abordou Palermo pela primeira vez a partir do mar disse que ela se assemelhava a uma cidade construída para corresponder à visão poética de uma criança. As suas muralhas eram ladeadas por uma faixa de oliveiras e limoeiros, com um anfiteatro de colinas e montanhas ao fundo. Notava-se a mesma simplicidade no seu traçado: Palermo tinha duas ruas principais direitas e perpendiculares que se cruzavam nos Quattro Canti («Quatro Esquinas»), uma praça construída no século XVII. Em cada esquina dos Quattro Canti, fachadas intrincadas com varandas, cornijas e nichos simbolizavam os quatro bairros da cidade.

Apesar dos estragos causados pelo bombardeamento dos Bourbon, a Palermo dos anos 60 do século XIX oferecia várias atracções tanto aos residentes como aos visitantes; a principal talvez fosse a famosa avenida marginal junto ao mar. Durante os verões aparentemente intermináveis, quando o intenso calor do dia já se havia dissipado, os nobres de Palermo passeavam-se de carruagem ao luar na marina, perfumada pelas suas árvores em flor; ou saboreavam gelados e sorvetes enquanto deambulavam ao som de conhecidas árias de ópera tocadas pela banda da cidade.

Nos becos estreitos e sinuosos afastados das ruas principais e da marina, palácios aristocratas competiam pelo espaço com mercados, oficinas de artesãos, pequenas casas e mais de 194 locais de culto. Os visitantes do início da década de 60 do século XIX ficavam muitas vezes surpreendidos com o número de frades e freiras nas ruas. Palermo parecia também um palimpsesto de pedra de culturas com muitas centenas de anos. Como o resto da ilha, possuía várias camadas de monumentos deixados por inúmeros invasores, pois desde os Gregos da antiguidade, quase todas as potências mediterrânicas, dos Romanos aos Bourbon, haviam conquistado a Sicília. A ilha parecia a muitos uma fabulosa montra de anfiteatros e templos gregos, mansões romanas, jardins e mesquitas árabes, catedrais normandas, palácios renascentistas, igrejas barrocas...

A Sicília era também imaginada a duas cores. Outrora havia sido o celeiro da Roma antiga. Durante centenas de anos depois disso, o trigo plantado em vastas herdades coloriu de amarelo dourado as imponentes montanhas do interior. A outra cor da ilha tinha origens mais recentes. Quando os árabes conquistaram a Sicília no século IX, trouxeram novas técnicas de irrigação e introduziram os pomares de citrinos que tingiram de verde-escuro a faixa costeira do Norte e do Leste.

Foi durante a conturbada década de 60 do século XIX que a classe dirigente do reino da Itália ouviu falar pela primeira vez da máfia da Sicília. Sem uma ideia clara do que se tratava, as primeiras pessoas a estudar o problema presumiram que ela fosse algo arcaico, um vestígio da Idade Média, algum sintoma de séculos de má governação estrangeira que havia mantido a ilha numa condição de atraso. Assim, o seu primeiro instinto foi procurar as origens da máfia no amarelo dourado das terras altas do interior, entre as antigas herdades produtoras de cereais. Apesar da sua beleza desértica, o interior da Sicília era uma metáfora de tudo o que a Itália queria deixar para trás. Os grandes latifúndios eram trabalhados por hordas de camponeses famintos explorados por chefes cruéis. Muitos Italianos esperavam e acreditavam que a máfia fosse um sintoma desse tipo de atraso e pobreza, destinada a desaparecer assim que a Sicília saísse do seu isolamento e apanhasse o comboio da modernidade. Um optimista chegou mesmo a afirmar que a máfia desapareceria «com o apito da locomotiva». Este tipo de crença na antiguidade da máfia nunca desapareceu completamente, quanto mais não seja porque muitos homens de honra continuam a ressuscitá-la. Também Tommaso Buscetta achava que a máfia surgira na Idade Média como forma de resistir a invasores franceses.

Mas as origens da máfia não são tão antigas. A máfia surgiu mais ou menos na mesma altura em que os assediados funcionários do Estado italiano ouviram falar dela pela primeira vez. A máfia e a nova nação da Itália nasceram ao mesmo tempo. Na verdade, a maneira como a palavra «máfia» surgiu e se tornou tão comum é um assunto curioso, quanto mais não seja porque o governo italiano que descobriu o nome contribuiu também para fomentar a organização.

Como talvez convenha à astúcia demoníaca da própria máfia, a sua formação envolve não só uma história, mas um enredo delas. Desenredar esses fios narrativos e expô-los nos capítulos seguintes exige alguma destreza cronológica; implica saltar para trás e para a frente no período turbulento entre 1860 e 1876, e um curto desvio pelo meio século precedente. Significa também recorrer aos testemunhos das pessoas enredadas na própria história, pessoas que participaram e assistiram aos princípios da máfia.

É melhor começar não com a palavra «máfia» – por razões que se tornarão claras – mas com o que a máfia dos primeiros tempos fazia e, de igual importância, onde o fazia. Pois se a máfia não era antiga, também o amarelo dourado do interior não foi o local onde nasceu. A máfia surgiu numa região que continua a ser o seu feudo: desenvolveu-se onde a riqueza da Sicília estava concentrada, na faixa costeira verde-escura, entre as modernas firmas de exportação capitalistas sedeadas nos idílicos pomares de laranjeiras e limoeiros dos arredores de Palermo.

# O Dr. Galati e o Jardim de Limoeiros

Os métodos da máfia foram apurados durante um período de crescimento rápido na indústria dos citrinos. Os limões foram pela primeira vez valorizados como artigo de exportação no final do século XVIII. Um pouco mais tarde, em meados do século XIX, um longo *boom* no comércio de citrinos fez aumentar a faixa verde-escura da Sicília. Dois pilares do modo de vida britânico desempenharam um importante papel nesse crescimento. A partir de 1795, a Real Marinha britânica obrigou as suas tripulações a consumir limões como remédio para o escorbuto. Numa escala muito menor, o óleo de bergamota, outro citrino, era usado para aromatizar o chá Earl Grey; a produção comercial começou na década de 40 do século XIX.

As laranjas e os limões da Sicília eram enviados para Nova Iorque e Londres por via marítima quando eram ainda praticamente desconhecidos nas montanhas do interior siciliano. Em 1834 foram exportados mais de 400 000 caixotes de limões. Em 1850 eram já 750 000. Em meados da década de 80 chegava a Nova Iorque, todos os anos, a espantosa quantidade de 2,5 milhões de caixotes de citrinos italianos, a maior parte da zona de Palermo. Em 1860, ano da expedição de Garibaldi, calculava-se que os pomares de limoeiros da Sicília fossem a terra agrícola mais lucrativa da Europa, ultrapassando mesmo os pomares dos arredores de Paris. Em

1876, o cultivo de citrinos rendeu mais de sessenta vezes o lucro médio por hectare do resto da ilha.

Os pomares de citrinos do século XIX eram empresas modernas que exigiam um investimento inicial muito elevado. Era preciso retirar as pedras dos terrenos e levantar socalcos; construir armazéns e estradas; erguer os muros à volta do terreno para proteger o cultivo contra o vento e os ladrões; fazer canais de irrigação e instalar comportas. Além disso, depois de plantadas as árvores levavam cerca de oito anos para começar a dar fruto. O lucro chegava vários anos depois disso.

Além de exigirem um grande investimento, os limoeiros são também muito vulneráveis. Mesmo uma pequena interrupção no abastecimento de água pode ter um efeito devastador. O vandalismo, exercido sobre as árvores ou o fruto, é um risco constante. Foi esta combinação de vulnerabilidade e lucros elevados que criou o ambiente perfeito para os esquemas de extorsão da máfia.

Embora existissem e existam pomares de limoeiros em muitas regiões costeiras da Sicília, a máfia foi, até muito recentemente, um fenómeno sobretudo da Sicília Ocidental. As suas origens estão na zona circundante da cidade de Palermo. Com perto de 200 000 habitantes em 1861, Palermo era o centro político, jurídico e banqueiro da Sicília Ocidental. Circulava mais dinheiro nos sectores imobiliário e do arrendamento do que em qualquer outro lugar na ilha. Palermo era o centro dos mercados grossista e de consumo, além de ser o porto principal. Era lá que grande parte das terras da província circundante e mais longínqua eram compradas, vendidas e arrendadas. Palermo ditava também a agenda política. A máfia nasceu não da pobreza e do isolamento, mas do poder e da riqueza.

Os pomares de limoeiros nos arredores de Palermo são o cenário para a história da primeira pessoa perseguida pela máfia a deixar um relato pormenorizado dos seus infortúnios. A vítima foi um médico respeitado, Gaspare Galati. Quase tudo o que se sabe acerca do Dr. Galati como pessoa – a sua coragem, em especial – deduz-se do depoimento que ele mais tarde entregaria às autoridades; as quais vieram depois a confirmar a veracidade do que ele escreveu.

Em 1872, o Dr. Galati passou a administrar uma herança em nome das suas filhas e da sua cunhada. A jóia da herança era o *Fondo* Riella, um pomar ou «jardim» de limoeiros e tangerineiras de quatro hectares em Malaspina, que ficava apenas a quinze minutos de caminho da orla de Palermo. O *fondo* era uma empresa-modelo: as suas árvores eram regadas por meio de uma moderna bomba a vapor de três cavalos que exigia um operador especializado. Mas quando assumiu a direcção da quinta, Gaspare Galati já sabia que o enorme investimento na empresa se encontrava em perigo.

O anterior proprietário do *Fondo* Riella, o cunhado do Dr. Galati, morrera de um ataque de coração em consequência de uma série de cartas ameaçadoras. Dois meses antes da sua morte, ele ficara a saber através do operador da bomba a vapor que o remetente das cartas era o caseiro do *fondo*, Benedetto Carollo, que as ditara a alguém que sabia ler e escrever. Carollo pode ter sido analfabeto, mas tinha prosápia: Galati descreve-o a pavonear-se pela quinta como se fosse seu dono. Era também do conhecimento comum que ele ficava com 20 a 25 por cento do preço de venda dos seus produtos; chegava mesmo a roubar o carvão destinado à máquina a vapor. Mas era o modo como Carollo roubava que mais preocupava o cunhado do Dr. Galati, mostrando que ele compreendia muito bem o negócio dos citrinos e que estava decidido a arruinar o *Fondo* Riella.

Entre os pomares sicilianos onde cresciam os limoeiros e as lojas no Norte da Europa e na América onde os consumidores os compravam, uma série de agentes, grossistas, embaladores e transportadores fazia o seu negócio. A especulação financeira oleava todas as etapas do processo, começando quando os limões ainda se encontravam nas árvores; como forma de compensar os elevados custos iniciais e cobrir o risco de uma má produção, as empresas de citrinos costumavam vender a colheita muito antes de os frutos estarem maduros.

O cunhado do Dr. Galati seguira esta prática comum no *Fondo* Riella. No entanto, quando no início da década de 70 do século XIX os corretores compraram os direitos sobre o produto da quinta, descobriram que os limões e as tangerinas que já tinham pago estavam a desaparecer das árvores. O *Fondo* Riella depressa adquiriu uma péssima reputação comercial. Parecia não haver dúvidas de que o caseiro Carollo era o responsável pelos roubos, e que a intenção do jovem era fazer descer o valor da empresa para depois poder comprá-la.

Quando assumiu a gerência do *Fondo* Riella após a morte do cunhado, o Dr. Galati decidiu poupar-se ao trabalho e arrendar a quinta a outra pessoa. Mas Carollo tinha outros planos. Quando os potenciais rendeiros vinham ver o *fondo*, ele tornava-lhes muito clara a sua opinião enquanto lhes mostrava o lugar: «Pelo sangue de Judas, este jardim nunca será arrendado ou vendido». Foi a gota de água para o Dr. Galati; despediu Carollo e contratou um substituto.

Mas o médico depressa veio a saber o que o jovem caseiro achava de lhe terem «tirado o pão da boca», como tinham ouvido Carollo dizer. Estranhamente, alguns dos amigos chegados do Dr. Galati, homens que não tinham qualquer motivo para saber fosse o que fosse acerca da quinta, foram ter com ele e aconselharam-no, confidencialmente, a voltar a admitir Carollo. O Dr. Galati não cedeu.

Por volta das dez da manhã do dia 2 de Julho de 1874, o homem que o Dr. Galati contratara para substituir Carollo como caseiro do *Fondo* Riella foi baleado várias vezes nas costas enquanto seguia por um dos caminhos estreitos entre os pomares de limoeiros. Os atacantes tinham feito uma plataforma de pedras dentro de outro pomar para que pudessem disparar por detrás do muro exterior – método usado em muitos dos primeiros atentados da máfia. A vítima faleceu num hospital de Palermo algumas horas mais tarde.

O filho do Dr. Galati foi à esquadra da polícia local para declarar a suspeita da família de que Carollo estava por trás do homicídio. Um inspector ignorou essa pista e deteve dois homens que não tinham qualquer ligação com a vítima. Foram libertados mais tarde quando não se encontraram provas que os comprometessem.

Apesar desta falta de apoio da parte da polícia, o Dr. Galati contratou outro caseiro. Ele e a família receberam então uma série de cartas que diziam que o médico fizera mal em despedir um «homem de honra» como Carollo e contratar um «espião abjecto» no seu lugar. Ameaçavam que se ele não voltasse a empregar Carollo teria o mesmo fim que o seu caseiro – só que «de uma forma mais bárbara». Um ano mais tarde, depois de ficar a saber exactamente com quem estava a lidar, o Dr. Galati já era capaz de explicar essa nova terminologia: «Na linguagem da máfia, um ladrão e assassino é um "homem de honra"; uma vítima é um "espião abjecto"»([9]).

O médico voltou à polícia com as cartas ameaçadoras – sete ao todo. Recebeu a promessa de que Carollo e seus parceiros, incluin-

([9]) Carbone e Grispo, vol. 2, p. 1002.

do um seu filho adoptivo, seriam presos. Mas o inspector – o mesmo homem que já antes conduzira a investigação pela pista falsa – não mostrou muito entusiasmo. Só três semanas depois é que deteve Carollo e o filho, e mesmo então estes foram libertados passadas duas horas com a justificação de que nada tinham a ver com o crime. Galati convenceu-se de que o inspector estava conluiado com os criminosos.

Na sua luta para salvar a quinta o Dr. Galati começou a fazer uma ideia de como funcionava a máfia local. A *cosca* tinha a sua base na aldeia vizinha de Uditore e agia a coberto da fachada de uma organização religiosa. Um padre e antigo monge capuchinho conhecido por Padre Rosario dirigia uma pequena confraria na aldeia, a «Ordem Terceira de São Francisco de Assis», aparentemente dedicada à caridade e à assistência da Igreja na sua obra. O Padre Rosario, homem com fama de espião da polícia durante o antigo regime dos Bourbon, era também capelão da prisão e tirava partido da sua posição para entregar e receber mensagens dos presos.

Mas o Padre Rosario não era o chefe da quadrilha. O presidente da «Ordem Terceira de S. Francisco de Assis» e chefe da máfia de Uditore era Antonino Giammona. Este nascera no seio de uma família de camponeses muito pobres e iniciara a sua vida de trabalhado como operário. A sua ascensão ao poder e à riqueza coincidira com as revoluções que acompanharam a integração da Sicília na nação italiana. As revoltas de 1848 e 1860 deram-lhe a oportunidade que precisava para mostrar o que valia e fazer amigos importantes. Em 1875, aos 55 anos de idade, Giammona era já um homem de prestígio; com património avaliado em cerca de 150 000 liras, segundo o comandante da polícia de Palermo. Havia fortes suspeitas de que ele executara vários foragidos da justiça a quem inicialmente dera abrigo. As mortes tornavam-se necessárias, segundo a polícia, quando os foragidos começavam a roubar as propriedades da região estando ainda sob a protecção de Giammona. Outro boato diz que Giammona terá recebido uma avultada soma de dinheiro e instruções para realizar um misterioso negócio em nome de um criminoso de Corleone que tinha fugido para os Estados Unidos para escapar à justiça.

O Dr. Galati resumiu o carácter de Antonino Giammona como «taciturno, pomposo e matreiro». Há boas razões para acreditar nele porque os dois homens conheciam-se; vários membros da família Giammona eram pacientes do Dr. Galati, que, numa ocasião, teve de extrair duas balas de mosquete da coxa do irmão de Giammona.

A máfia de Uditore baseava o seu poder na gestão de esquemas de extorsão e protecção aos pomares de limoeiros. Podiam obrigar os proprietários a aceitar os seus homens como mordomos, caseiros e corretores. A sua rede de contactos com carroceiros, grossistas e estivadores podia ou ameaçar a produção de uma quinta ou garantir que ela chegasse em segurança ao mercado; quando aplicada com astúcia, a violência permitia à máfia estabelecer pequenos cartéis e monopólios. Uma vez em poder de um *fondo*, os mafiosos podiam roubar quanto quisessem, quer com o objectivo de conseguir algum «imposto» confortável e parasita, quer para comprá-lo a um preço artificialmente baixo. Giammona não estava só a implicar com o Dr. Galati; estava a orquestrar uma campanha concertada para dominar a indústria dos citrinos em toda a região de Uditore.

Uma vez consciente do facto de que a máfia também exercia influência sobre a polícia local, o Dr. Galati decidiu apresentar as suas provas do assassínio directamente a um juiz investigador. O seu propósito foi reforçado quando a polícia lhe devolveu apenas seis das sete cartas com as ameaças – a mais comprometedora «perdera-se». Do juiz investigador o Dr. Galati ficou a saber que tal «incompetência» era comum naquela esquadra da polícia.

Entretanto chegaram novas cartas com ameaças: era dada uma semana ao Dr. Galati para substituir o novo caseiro por um «homem de honra». Mas o médico sentiu-se encorajado com a notícia de que as suas queixas tinham levado ao afastamento do inspector da polícia de quem ele suspeitara estar de conluio com a máfia. O Dr. Galati achou também pouco provável que a máfia corresse o risco de matar um homem de posses e prestígio como ele próprio e decidiu ignorar o ultimato. Logo após expirar o prazo, em Janeiro de 1875, o novo caseiro foi atingido com três tiros em plena luz do dia. Benedetto Carollo e dois outros antigos trabalhadores do *fondo* foram detidos sob suspeita.

O atentado trouxe o primeiro golpe de sorte do Dr. Galati. Antes de desmaiar devido aos seus ferimentos o caseiro conseguiu ver e identificar os seus agressores. A princípio, no hospital, ele não respondeu às perguntas da polícia. Depois, quando a sua febre aumentou e a morte lhe pareceu mais próxima, chamou o juiz investigador e fez um depoimento: os homens que haviam atirado sobre ele eram de facto os três que tinham sido presos.

Encorajado pelo juiz, o Dr. Galati tratou ele próprio do caseiro ferido, vigiando-o noite e dia. Nunca saía sem o seu revólver e manteve a mulher e as filhas em casa. O bem-estar da família começara a ressentir-se à medida que as cartas ameaçadoras continuavam a chegar. O Dr. Galati foi informado de que ele, a mulher e as filhas seriam apunhalados, provavelmente à saída do teatro; era evidente que os chantagistas sabiam que o Dr. Galati tinha uma assinatura para a temporada. O médico descobriu também que havia um espião da máfia no gabinete do juiz, uma vez que os mafiosos fizeram saber que tinham acesso aos pormenores dos seus depoimentos. No entanto, parecia haver um sinal de desespero naquelas últimas cartas de chantagem. Com o processo em andamento e uma testemunha pronta a depor, o Dr. Galati ficou com mais esperanças de que Benedetto Carollo tivesse finalmente sido encurralado.

Mas então o caseiro ferido ao cuidado do médico resolveu ele próprio tratar do assunto. Assim que se sentiu em condições de andar, foi ter com Antonino Giammona e pediu-lhe para fazerem as pazes. Depois foi convidado a celebrar o acordo num banquete, alterou o seu depoimento e o processo contra Carollo foi por água abaixo.

Sem sequer esperar para se despedir dos seus parentes e amigos, o Dr. Galati pegou na família e fugiu para Nápoles, deixando para trás a sua propriedade e uma lista de clientes que levara um quarto de século a conseguir. A única coisa que ele pôde fazer então foi enviar um memorando ao ministro do Interior em Roma em Agosto de 1875. Nele contava que Uditore era uma aldeia de apenas 800 almas e que no entanto, só em 1874, ele soubera de pelo menos 23 pessoas que tinham sido assassinadas – entre as vítimas contavam-se duas mulheres e duas crianças – e de mais dez que tinham ficado gravemente feridas. Nada havia sido feito para investigar esses crimes. Enquanto na região se travava uma guerra para controlar a indústria dos citrinos a polícia continuava impassível.

O ministro do Interior ordenou ao comandante da polícia de Palermo que investigasse o caso. Um agente jovem e competente foi designado para tratar do processo Galati. Veio a saber-se que o segundo caseiro substituto, tal como o seu predecessor assassinado, era uma figura temível. Embora o Dr. Galati não soubesse ou não o admitisse, o mais provável é que *ambos* os caseiros que ele contratara fossem também membros da máfia. O médico esteve provavelmente a ser usado desde o início numa guerra entre *cosche* mafiosas rivais.

A máfia de Uditore reagiu à nova investigação ostentando as suas amizades. Benedetto Carollo fez um pedido de autorização para ir caçar no *Fondo* Riella; o seu parceiro para a caçada de um dia seria um juiz do Tribunal de Apelação de Palermo. Uma série de latifundiários e políticos mostrou o seu apoio a Antonino Giammona. Alguns advogados prepararam uma declaração dizendo que Giammona e o filho tinham sido alvo de perseguição apenas porque «viviam do seu próprio trabalho e não se deixavam roubar nem intimidar». No final, um aviso da polícia e o aumento da vigilância foram a única resposta que as autoridades puderam dar.

É evidente que os problemas do Dr. Galati não foram provocados apenas por um bando de criminosos; eles surgiram em grande parte porque o médico não pôde confiar na polícia, na justiça e nem mesmo nos proprietários rurais da sua classe. Assim, a história do Dr. Galati aponta para outro fio importante na narrativa das origens da máfia. Como se verá mais adiante, as origens da máfia estão intimamente ligadas às origens de um Estado em que ninguém podia confiar – o Estado italiano.

Extorsão, assassínio, domínio territorial, concorrência e colaboração entre quadrilhas e até mesmo a sugestão de um código de «honra»: existem indícios suficientes nas memórias do Dr. Galati que nos permitem chegar à conclusão de que muitos dos componentes essenciais do método da máfia eram já usados nos pomares de limoeiros no início da década de 70 do século XIX. O processo judicial também nos deixou provas do elemento mais distintivo da máfia: o ritual de iniciação.

# A Iniciação

Embora a polícia não conseguisse levar os mafiosos de Uditore à justiça no seguimento do memorando do Dr. Galati sobre os seus infelizes contactos com a *cosca* de Antonino Giammona, o caso trouxe à luz do dia os primeiros indícios de que máfia era uma associação secreta unida por um juramento de sangue. Significativo é também o facto de os homens sob o comando de Antonino Giammona terem passado por uma iniciação ritual praticamente idêntica àquela a que os homens de honra ainda hoje se submetem.

Quando o Dr. Giuseppe Galati enviou o seu memorando ao Ministério do Interior em 1875, ele levou o ministro a pedir um relatório ao comandante da polícia de Palermo. É nesse relatório que o comandante revela pela primeira vez o ritual de iniciação da máfia. A sua fonte para esta descoberta era de confiança; como se deduz da história do Dr. Galati, era a própria polícia que, desde o início, mantinha uma relação íntima e ambígua com a máfia.

Segundo o relatório do comandante da polícia, na máfia da década de 70 do século XIX o homem de honra prestes a ser iniciado era conduzido à presença de um grupo de chefes e subchefes. Um destes homens fazia então um pequeno corte no braço ou na mão do candidato a mafioso e mandava-o espalhar o sangue da ferida sobre uma imagem sagrada. Depois o iniciado fazia o juramento de fidelidade enquanto a imagem era queimada e as cinzas dispersas, simbolizando assim o aniquilamento de todos os traidores.

Um enviado especial do governo à Sicília respondeu ao comandante da polícia em nome do ministro: «Parabéns! A partir de agora abre-se para as autoridades um enorme e intrincado campo de investigação». O enviado especial teria certamente ficado espantado se soubesse que o seu «campo de investigação» seria ainda enorme e intrincado um século mais tarde, em Maio de 1976, quando Giovanni Brusca, *lo scannacristiani*, se tornou um homem «feito». (A expressão que o próprio Brusca utiliza é *combinato*, palavra italiana imprecisa e vulgar que significa «combinado» ou «arranjado».) O ritual a que Brusca se submeteu fornece-nos um excelente termo de comparação com a versão de 1875, e essa comparação ajuda-nos a perceber de que modo e por que razão fazia sentido que a máfia fosse uma organização secreta logo desde o início.

O homem que mais tarde faria explodir o carro do juiz Falcone em Capaci foi iniciado ainda jovem, aos 19 anos. O facto de o pai ser chefe da máfia contribuíra para acelerar a sua carreira; com aquela idade já havia cometido o seu primeiro assassínio. Um dia Brusca foi levado para uma casa no campo pensando que iria participar num dos banquetes periódicos da organização. Muitos homens de honra estavam presentes, incluindo o superchefe, Totò Riina, a quem o jovem já chamava *padrino* (padrinho). Alguns dos homens presentes começaram a fazer perguntas a Brusca: «Como te sentirias se tivesses de matar um homem? De cometer crimes?» Aquilo pareceu-lhe bastante estranho; ele já tinha assassinado e no entanto perguntavam-lhe como se *sentiria*. Brusca não sabia que a iniciação já tinha começado.

A determinada altura os outros reuniram-se numa sala, deixando Brusca lá fora. Quando o mandaram chamar pouco depois, ele reparou que o pai se havia retirado e que os outros mafiosos estavam sentados em volta de uma grande mesa redonda com uma pistola, um punhal e uma pequena imagem de um santo no centro. Os homens de honra começaram a disparar perguntas a Brusca: «Se fores parar à cadeia serás fiel e não um traidor? Queres fazer parte de uma associação chamada Cosa Nostra?»

À medida que ia ganhando confiança, Brusca começava a responder com entusiasmo: «Eu gosto dessas amizades, gosto dos crimes»([10]).

Um dos homens de honra pegou então no dedo dele e picou-o com um alfinete; Brusca espalhou o sangue na imagem do santo, que depois segurou nas mãos em concha enquanto o próprio Riina a incendiava. Colocando as mãos em concha sobre a chama, para impedir que o iniciado a deixasse cair, o padrinho proferiu as seguintes palavras: «Se traíres a Cosa Nostra, o teu corpo arderá como este santo».

Entre as regras da organização que Riina ditou a Brusca naquele dia havia uma, hoje bastante famosa, que se referia às apresentações. Ninguém pode apresentar-se como mafioso, nem mesmo a outro homem de honra. Em vez disso, uma terceira pessoa, que também já foi iniciada, tem de apresentar um ao outro utilizando expressões como «É um amigo nosso» ou «Sois o mesmo que eu». Esta última foi mesmo a expressão que Riina usou quando, depois de o pai de Brusca ter regressado à sala para o felicitar, «apresentou» pai e filho como homens de honra.

As regras das apresentações tal como foram explicadas a Brusca evidenciam algumas diferenças interessantes relativamente à versão mais antiga incluída no relatório do comandante da polícia de 1875. Um século antes da iniciação de Brusca, os mafiosos utilizavam um sistema de reconhecimento muito mais elaborado, um diálogo codificado que começava com uma conversa sobre «dores de dentes»:

A: Por Deus! Dói-me o dente! (*apontando para um dos caninos superiores*)
B: A mim também.
A: Quando é que te doeu o teu?
B: No dia da Nossa Senhora da Anunciação.
A: Onde estavas?
B: Passo di Rigano.
A: E quem estava presente?
B: Boas pessoas.

---

([10]) Brusca e Lodato, p. 33.

A: Quem eram?
B: Antonino Giammona, número 1. Alfonso Spatola, número 2, etc.
A: E como fizeram a má acção?
B: Tiraram à sorte e Alfonso Spatola ganhou. Ele pegou num santo, coloriu-o com o meu sangue, pô-lo na palma da minha mão e queimou-o. Atirou as cinzas para o ar.
A: Quem te mandaram adorar?
B: O sol e a lua.
A: E quem é o teu deus?
B: Um «Ar».
A: A que reino pertences?
B: Ao dedo indicador.([11])

Passo di Rigano, referida acima, é outra vila dos arredores de Palermo. As referências ao «sol» e à «lua», ao «Ar» e ao «dedo indicador» são claramente designações da Família da máfia na qual o mafioso B foi iniciado.

Este antigo ritual de reconhecimento é mais complicado e menos seguro do que a versão contemporânea explicada a Giovanni Brusca. (Perguntamo-nos como é que os mafiosos sabiam qual dos dois devia tomar a iniciativa.) Não obstante, este estranho diálogo vem confirmar pela primeira vez algo muito simples e importante em relação à máfia dos primeiros tempos: era uma organização tão ampla que os seus membros nem sempre se conheciam. A palavra «máfia» era já mais do que um nome para bandos locais isolados ou para uma pequena rede de criminosos.

Mais do que qualquer outra coisa relacionada com a máfia, o ritual de iniciação reforça o mito generalizado da antiguidade da organização. Na realidade, ele é tão moderno como tudo o resto acerca da máfia. Foi quase de certeza inspirado no ritual da Maçonaria. As sociedades secretas maçónicas, originárias da França e introduzidas na Sicília via Nápoles por volta de 1820, depressa se tornaram populares entre os ambiciosos opositores burgueses do regime dos Bourbon. As sociedades tinham cerimónias de iniciação, claro, e algumas das suas salas de reunião eram decoradas

([11]) Crisantino, pp. 85-86.

com punhais ensanguentados que serviam de aviso a potenciais traidores. Uma seita maçónica chamada *carbonari* («carvoeiros») tinha também a revolução patriótica como objectivo. Na Sicília estes novos grupos transformavam-se por vezes em facções políticas ou até mesmo em organizações criminosas; um relatório oficial de 1830 alude a um círculo de *carbonari* implicado no monopólio de contratos do governo local.

A sua transformação numa associação exclusiva e secreta com ritos ao estilo maçónico proporcionava muitas vantagens à máfia. A criação de uma cerimónia sinistra e uma constituição que incluía o castigo dos traidores no seu primeiro artigo ajudavam a gerar confiança. A importância dada a esse castigo era uma maneira sensata de reforçar o valor da traição entre criminosos que normalmente se traíam sem a menor hesitação. Dessa forma, o risco elevado que a exploração de esquemas de extorsão implicava seria reduzido para todos os que se filiassem. O ritual talvez fosse especialmente eficaz em controlar os ânimos dos jovens mais ambiciosos e agressivos.

A sociedade secreta oferecia também um sistema de garantias recíprocas com quadrilhas vizinhas que permitia a cada *cosca* operar com relativo à-vontade no seu próprio território. Existiam também grandes vantagens relativamente a criminosos fora da associação, que teriam de obter a aprovação da máfia para poder actuar – ou enfrentar a sua oposição unida. Muitas actividades ilegais, como o roubo e contrabando de gado, implicavam não só atravessar territórios dominados por outras quadrilhas mas também encontrar parceiros comerciais de confiança ao longo de todo o trajecto. A filiação na organização oferecia as garantias necessárias a todas as partes envolvidas nessas actividades.

Quando o ministro do Interior tomou conhecimento da questão do Dr. Galati com a *cosca* de Uditore em 1875, a história da criação da máfia estava praticamente concluída. No entanto, falta ainda explicar as suas origens. Há mais por descobrir sobre o «taciturno, pomposo e matreiro» Antonino Giammona, e isso implica recuar um pouco à década que antecede a história do *Fondo* Riella.

# O Barão Turrisi Colonna e a «Seita»

No início do Verão de 1863 – três anos depois da expedição de Garibaldi – um nobre siciliano que mais tarde viria a escrever o primeiro estudo sobre a máfia foi alvo de uma bem planeada tentativa de homicídio. Nicolò Turrisi Colonna, barão de Buonvicino, regressava à noite a Palermo vindo de uma das suas propriedades. A estrada por onde viajava, ladeada de limoeiros, atravessava a próspera zona rural nas imediações das muralhas da cidade. Em determinado local entre as aldeias de Noce e Olivuzza, cinco homens disparando de diferentes pontos na berma da estrada abateram os cavalos da carruagem antes de apontarem as armas ao viajante. Turrisi Colonna e o cocheiro sacaram rapidamente dos seus revólveres e responderam ao fogo enquanto corriam para se esconder. O barulho tinha atraído um dos caseiros do próprio Turrisi Colonna. Ao estrondo da sua caçadeira seguiu-se um grito de dor entre os arbustos à beira da estrada. Os potenciais assassinos desistiram e fugiram, arrastando o companheiro ferido com eles.

Turrisi Colonna escreveu o ensaio intitulado *Segurança Pública na Sicília* um ano depois deste ataque. Foi o primeiro de muitos livros publicados após a unificação da Itália com a máfia siciliana como tema de análise, controvérsia e confusão. Com a vantagem da retrospecção proporcionada pela obra do juiz Falcone, os historiadores conseguem hoje fazer uma boa ideia de quais os participantes nos primeiros debates sobre a máfia que são dignos de confiança. Turrisi Colonna parece ter fornecido um relato particularmente bem informado e credível.

A razão por que Turrisi Colonna é hoje considerado tão boa testemunha resulta em parte do seu prestígio e do importante papel que desempenhou nos dramas do início da década de 60 daquele século. O barão possuía uma reputação impecável como patriota italiano. Em 1860, através dos seus esforços como um dos chefes da nova Guarda Nacional de Palermo, Turrisi Colonna deu a sua pequena contribuição para assegurar que a revolução não conduzisse à anarquia. Era já membro do parlamento italiano quando escreveu o seu pequeno livro sobre o problema do crime em 1864. Muito mais tarde, na década de 80, Turrisi Colonna seria duas vezes presidente da câmara de Palermo. Ainda hoje ele é homenageado com um busto de mármore na sala da comissão do Palazzo delle Aquile, sede do conselho municipal de Palermo. As suas feições austeras são adornadas por uma daquelas barbas – parece bem colada por baixo do nariz – que significavam «augusto» e «estadista» para os seus contemporâneos, mais do que as medalhas que exibe ao peito.

Turrisi Colonna possuía uma equanimidade idêntica ao seu prestígio. A ordem pública era um assunto político candente quando ele escreveu o seu panfleto em 1864. O governo tentava provar que a oposição conspirava contra o novo Estado italiano e que estava decidida a provocar a desordem para prosseguir os seus objectivos. Os políticos da oposição afirmavam que o governo estava a empolar o problema da ordem pública num esforço para rotulá-los de criminosos. Turrisi Colonna adoptou uma posição cuidadosa que não teria agradado a nenhuma das partes: asseverou que o crime organizado constituía uma força poderosa na Sicília, há já muitos anos, mas concluiu também que as medidas duras do novo governo só tinham piorado a situação.

O estudo de Turrisi Colonna baseava-se numa constatação sombria: os jornais estavam cheios de extorsões, assaltos e assassínios, explicava ele, mas apenas uma pequena fracção dos crimes praticados em Palermo e arredores era noticiada, porque o problema ia muito além do vulgar banditismo.

> Não podemos continuar a iludir-nos. Na Sicília existe uma seita de ladrões com ligações em toda a ilha... A seita protege e é protegida por

toda a gente que tem de viver no campo, como os agricultores rendeiros e os pastores. Oferece protecção e recebe ajuda de comerciantes. A polícia incute-lhe pouco ou nenhum receio, porque a seita tem a certeza de que não terá qualquer problema em esquivar-se a qualquer perseguição policial. Também os tribunais pouco a assustam: ela orgulha-se do facto de as provas da acusação raramente serem apresentadas devido à pressão que exerce sobre as testemunhas.([12])

Esta seita, calculou Turrisi Colonna, tinha cerca de 20 anos. Em todas as regiões ela recrutava os seus filiados entre os camponeses mais espertos, os caseiros que vigiavam as quintas em redor de Palermo e as legiões de contrabandistas que faziam passar cereais e outros produtos fortemente taxados pelos postos aduaneiros de que a cidade dependia para o seu rendimento. Os membros da seita tinham sinais específicos que usavam para se reconhecerem quando transportavam gado roubado através do interior para os marchantes da cidade. Alguns dos membros da seita especializavam-se em roubar gado, outros em transportar os animais e em remover as marcas de identificação, outros ainda em abates ilegais. Nalguns lugares a seita estava tão bem organizada, recebendo protecção política das facções corruptas que dominavam o governo local, que podia intimidar qualquer cidadão. Até alguns homens honestos davam por si a recorrer à seita na esperança de que ela pudesse trazer alguma aparência de segurança às regiões rurais.

Movida pelo seu ódio à corrupta e violenta polícia dos Bourbon, a seita oferecera os seus serviços às revoluções de 1848 e 1860. Como muitos homens violentos, os membros da seita tinham interesse na revolução porque esta oferecia-lhes a oportunidade de abrir prisões, queimar registos policiais e eliminar polícias e informadores no meio da confusão. Um governo revolucionário concederia – a seita esperava – uma amnistia a pessoas «perseguidas» pelo antigo regime; formaria novas milícias que precisariam de recrutas rudes e fortes, e daria empregos aos heróis da luta contra a velha ordem. Mas a revolução de 1860 trouxera poucos destes benefícios e a reacção dura e indiscriminada do novo governo italiano à onda de crime que se seguira só contribuiu para tornar a seita ainda mais desejosa de causar problemas.

---

([12]) Turrisi Colonna, p. 43.

Só quatro meses depois da publicação do relatório de Turrisi Colonna é que a seita receberia o seu nome; quando a palavra «máfia» foi registada pela primeira vez. E dado o que hoje sabemos sobre a máfia, a descrição da seita feita por Turrisi Colonna é impressionantemente familiar. Ele refere os simulacros de julgamentos que se encontram em muitas histórias posteriores sobre a máfia; os membros da seita reúnem-se para decidir a sorte de qualquer dos seus que tenha infringido as regras – sendo a pena de morte um resultado frequente. Turrisi Colonna descreve também o código de silêncio e de lealdade da seita em termos que rimam de forma bastante arrepiante com os nossos conhecimentos actuais:

> Nas suas regras, esta seita perversa considera qualquer cidadão que se aproxime de um *carabinieri* [guarda nacional] e fale com ele, ou que troque apenas uma palavra ou um cumprimento, um vilão que deve ser castigado com a morte. Esse cidadão é culpado de um crime horrendo contra a «humildade».
>
> A «humildade» implica respeito e devoção à seita. Ninguém deve praticar qualquer acto que possa directa ou indirectamente prejudicar os interesses dos membros. Ninguém deve fornecer à polícia ou à justiça factos que ajudem a descobrir qualquer tipo de crime.([13])

Humildade – *umiltà* em italiano e *umirtà* em siciliano – é uma palavra que nos salta à vista. É hoje tida como a origem mais provável da palavra *omertà*. *Omertà* é o código de silêncio da máfia, a obrigação de não falar à polícia que ela impõe aos que se encontram dentro da sua esfera de influência. Evidentemente, *omertà* foi no início um código de submissão.

Turrisi Colonna aconselhava o governo a não responder à seita «com o cadafalso e o carrasco». Propunha em vez disso reformas de policiamento bem estudadas que iriam, esperava ele, alterar o comportamento do povo da Sicília, dando-lhe «segundo baptismo civil». A ponderação, astúcia e sinceridade que Turrisi Colonna demonstrava no seu relatório sobre a seita eram acompanhadas de uma reserva cavalheiresca. O barão era demasiado modesto para citar sequer a tentativa de assassinato de que ele próprio fora alvo no ano anterior; afinal tratava-se apenas de um dos muitos episó-

([13]) Turrisi Colonna, p. 47.

dios violentos que ocorreram na zona rural em redor de Palermo nos anos difíceis que se seguiram à expedição de Garibaldi. A discrição de Turrisi Colonna significa que nunca saberemos quem tentou matá-lo e porquê, nem o que aconteceu mais tarde aos seus atacantes. Mas existem hoje razões para acreditar que eles poderão não ter vivido durante muito mais tempo.

Uma dúzia de anos mais tarde, a 1 de Março de 1876, Leopoldo Franchetti e Sidney Sonnino, dois jovens judeus da Toscana, ricos, intelectuais e de nobres sentimentos, chegaram a Palermo com um amigo e um criado para levar a cabo uma investigação privada à condição da sociedade siciliana. Nesta altura – um ano depois do Dr. Galati ter escrito o seu memorando – já a palavra «máfia» andava na boca de toda a gente há uma década, mas havia grande confusão relativamente ao seu significado, se é que de facto ela significava alguma coisa. (Existiam até dúvidas quanto à sua grafia: no século XIX, *mafia* era umas vezes escrita com um F, outras com dois, sem qualquer diferença no sentido.) Franchetti e Sonnino não tinham quaisquer dúvidas de que a máfia era uma forma perigosa de criminalidade, e tencionavam dissipar o nevoeiro de opiniões divergentes que parecia envolvê-la.

No dia seguinte à sua chegada a Sicília, Sonnino escreveu a uma amiga pedindo-lhe que lhes arranjasse cartas de apresentação a Nicolò Turrisi Colonna, barão de Buonvicino e perito na seita:

> Aqui dizem que ele tem ligações à máfia. Mas isso não nos importa. Queremos ouvir o que ele tem para dizer... Mas não repitas a *ninguém* o que eu te disse sobre o barão Turrisi Colonna e as suas supostas ligações à máfia. Algum amigo dele podia escrever-lhe a contar-lhe e isso iria prejudicar-nos.([14])

Existem vários indícios para nos levar a pensar que Turrisi Colonna, o autor do estudo sobre a seita, era de facto o protector político e estratégico do mafioso mais importante e implacável de Palermo. Os boatos das suas ligações à máfia eram comuns; até

([14]) Sonnino, *Lettere* p. 231.

mesmo membros do seu próprio agrupamento político exprimiam as suas reservas sobre o barão na corte em Roma.

Em 1860 Turrisi Colonna nomeara um importante membro da seita capitão da sua unidade da Guarda Nacional. O homem foi escolhido devido à sua autoridade e experiência militar; tinha chefiado um dos bandos revolucionários que atacaram Palermo a partir dos campos vizinhos quando a revolução patriótica se alastrara. O homem em questão era um rufia astuto chamado Antonino Giammona – o mesmo Antonino Giammona que mais tarde iria orquestrar a aquisição do *Fondo* Riella do Dr. Galati. Turrisi Colonna foi um dos proprietários rurais que apoiaram Giammona quando o Ministério do Interior investigou as alegações do Dr. Galati; foram os advogados de Turrisi Colonna que prepararam a defesa de Giammona. Segundo o relatório de 1875 do comandante da polícia, os rituais de iniciação da máfia realizavam-se numa das herdades de Turrisi Colonna.

Nas três entrevistas separadas que concedeu a Franchetti e Sonnino em 1876, Turrisi Colonna mostrou-se como sempre bastante lúcido em matérias de economia. Além de especialista na seita, era um agricultor progressista e um agrónomo com uma longa lista de publicações académicas sobre o negócio dos citrinos. Mas era invulgarmente ambíguo sobre o problema do crime. Dois anos antes, quatro dos seus homens tinham sido presos na sua herdade perto de Cefalù. A Franchetti e Sonnino ele afirmou a inocência dos homens, como aliás já fizera na altura da detenção dos mesmos. Os proprietários rurais como ele eram as vítimas, queixava-se Turrisi Colonna; os que viviam nas suas herdades eram obrigados a lidar com bandidos porque de outro modo não seriam capazes de proteger as suas árvores e preciosas colheitas. Não fez qualquer referência a uma seita.

Quando Franchetti e Sonnino mais tarde entrevistaram o comandante da polícia de Palermo acharam-no pessimista quanto à condenação dos homens de Turrisi Colonna, porque este tinha contactos políticos para subverter o julgamento. Outros entrevistados mudavam rapidamente de assunto quando lhes era pedida uma opinião sobre o barão.

Turrisi Colonna personifica as contradições dos anos violentos que assistiram ao aparecimento da máfia. É provável que ele tenha baseado o seu relatório de 1864 sobre a seita em informações internas – talvez até mesmo no que o próprio Antonino Giammona lhe havia contado. Quando o escreveu, é também possível que estivesse genuinamente esperançado de que a unificação com a Itália pudesse normalizar a Sicília. Pode ter sido vítima de intimidação da máfia, ansiando por um Estado novo, poderoso e eficaz que ajudasse os latifundiários como ele a pôr os mafiosos no seu lugar. Talvez se tenha visto a colaborar relutante e momentaneamente com homens como Giammona numa perspectiva de curto prazo, enquanto aguardava que o governo italiano extirpasse a violência da sociedade siciliana. Se de facto assim foi, então já tinha perdido muito antes de ser entrevistado por Franchetti e Sonnino em 1876.

Uma interpretação menos generosa sugere que Turrisi Colonna nunca foi uma vítima. É possível que ligação de Giammona ao barão se tivesse baseado mais na deferência no que na intimidação. Talvez Turrisi Colonna tivesse sido simplesmente o primeiro de muitos políticos italianos cujas declarações sobre a máfia não coincidiam com os seus actos. Apesar da sofisticação da sua estrutura e do poder insidioso do seu código de honra, a máfia siciliana nada seria sem as suas ligações a políticos como Turrisi Colonna. Em última análise, haveria poucos motivos para a máfia corromper polícias e juízes se os dignitários perante quem esses funcionários têm de responder permanecessem decididos a assegurar o cumprimento imparcial da lei e da ordem pública. E no livro de valores da máfia, um político amigo torna-se mais útil quanto mais credibilidade tiver. Se essa credibilidade tiver de ser comprada com discursos inflamados contra o crime, ou com diagnósticos eruditos sobre o estado da lei e da ordem na Sicília, então que assim seja.

A máfia lida com os políticos numa linguagem que raramente aparece impressa no papel das actas parlamentares ou dos livros de direito. Aparece antes gravada no ouro sólido dos pequenos favores: fugas de informação sobre contratos governamentais ou vendas de terras, investigadores incómodos obrigados a prosseguir as suas carreiras longe da ilha, empregos na administração local concedidos a amigos. Assim, em público, Turrisi Colonna podia mostrar um interesse distanciado e científico pela seita, contemplando-a a partir do pedestal do seu prestígio intelectual e social. Em privado, longe da esfera do debate público, era essencial uma relação próxima com homens como Giammona para os seus interesses comerciais e apoios políticos.

O que quer que fosse que existisse entre Giammona, o chefe da máfia, e Turrisi Colonna, o político, intelectual e proprietário rural, a revolta de Palermo que teve lugar dois anos após a publicação do panfleto de Turrisi Colonna constituiu provavelmente uma importante fase da sua relação. Em Setembro de 1866, bandos armados vindos das aldeias circundantes dirigiram-se novamente para a cidade. A Guarda Nacional de Turrisi Colonna, chefiada por Antonino Giammona, opôs-se à revolta. Embora Giammona, como muitos outros homens de violência, tivesse aproveitado as revoltas do passado para a especulação comercial, percebia agora que o Estado italiano era uma entidade com a qual podia fazer negócio. Membros importantes da seita como Giammona começavam a esquecer o seu passado revolucionário e, com isso, a seita começava a infiltrar-se na corrente sanguínea da nova Itália. Como outros importantes defensores da ordem, Turrisi Colonna foi interrogado no âmbito de um inquérito governamental aos distúrbios de 1866, e não hesitou em empregar a nova palavra «máfia» para descrever alguns dos desordeiros que provocaram a revolta: «Os julgamentos não podem ser concluídos porque as testemunhas não são honestas. Elas só começarão a dizer a verdade quando o pesadelo da Máfia chegar ao fim»([15]). A «máfia», decidiu Turrisi Colonna, referia-se apenas a criminosos que ele não conhecia pessoalmente.

A questão que continua ainda por esclarecer é como começou o «pesadelo da máfia». Em 1877, os dois homens que entrevistaram Turrisi Colonna publicaram as suas próprias pesquisas sobre a Sicília num volumoso relatório de duas partes. Na primeira parte, Sidney Sonnino, personagem profundamente melancólica que mais tarde viria a ser primeiro-ministro da Itália, analisava as vidas dos camponeses sem terra da ilha. A metade do relatório pertencente a Leopoldo Franchetti tem um título bastante insípido: *A Situação Política e Administrativa da Sicília*. Mas possui uma estatura única; trata-se de uma análise da máfia do século XIX considerada ainda uma referência no século XXI. Franchetti acabaria por influenciar as ideias sobre a máfia mais do que qualquer outro até ao aparecimento de Giovanni Falcone um século depois. *A Situação Política e Administrativa da Sicília* contém a primeira explicação convincente de como surgiu a máfia.

([15]) Da Passano, pp. 130-132.

# A Indústria da Violência

Havia algo muito inglês na investigação conduzida por Leopoldo Franchetti e Sidney Sonnino. Os dois eram grandes admiradores do liberalismo britânico e Sonnino devia o seu nome próprio à sua mãe inglesa. Ao viajar para a Sicília entraram numa terra onde a grande maioria da população falava um dialecto que eles não compreendiam. Para os meios universitário e social que Sonnino e Franchetti tinham deixado para trás, a ilha era ainda um lugar misterioso, conhecida essencialmente através dos antigos mitos gregos e de reportagens sinistras nos jornais. Os dois prepararam-se então para os grandes perigos e esforços da viagem com a determinação de exploradores que partem para territórios inexplorados. Entre o equipamento que levaram na sua viagem na Primavera de 1876 havia espingardas de repetição, pistolas de alto calibre e quatro bacias de cobre para cada um. A ideia era encher as bacias de água e colocar nelas as pernas das camas de campanha para afugentar os insectos e impedi-los de subir. Uma vez que no interior da ilha as estradas eram más ou inexistentes, os dois investigadores viajaram muitas vezes a cavalo, escolhendo os seus itinerários e guias no último momento possível para evitar ataques de salteadores.

Franchetti em particular já não era completamente inexperiente quando visitou a Sicília; dois anos antes atravessara a cavalo vastas extensões do Sul da península italiana numa expedição semelhante. No entanto, o que encontrou na ilha fê-lo sentir-se dominado por «uma profunda ternura» pela espingarda que levava atravessada na sela. «O pesadelo de uma força misteriosa e malévola oprime esta terra nua e monótona», escreveu ele mais tarde. Os apontamentos que Franchetti escreveu durante a viagem só recentemente foram publicados; duas das muitas histórias neles incluídas podem servir para explicar o choque do seu encontro com a Sicília.

Franchetti anotou que, no dia 24 de Março de 1876, ele e Sonnino entraram a cavalo na cidade de Caltanisseta, no centro da ilha. Dois dias antes, um padre fora morto a tiro na aldeia vizinha de Barrafranca, um reduto da máfia, segundo as autoridades que os informaram do que tinha acontecido. A 60 metros do local onde o padre tombou encontrava-se uma testemunha, um recém-chegado à Sicília, fiscal do governo oriundo da cidade de Turim, no Norte da Itália, e cuja função era supervisionar a cobrança do imposto sobre a farinha. Este funcionário honesto correu para o padre a tempo de lhe ouvir as últimas palavras de acusação: o assassino era o seu próprio primo.

Bastante perturbado, o cobrador de impostos saltou para o seu cavalo e partiu para ir contar aos *carabinieri*. Depois foi informar a família da vítima. Não querendo transtorná-los dizendo-lhes logo o que sabia, pediu-lhes que o seguissem ao local onde o padre precisava de ajuda. Pelo caminho, deu-lhes com cuidado a má notícia. Gratos pela sensibilidade do estranho, eles contaram-lhe que aquela morte era o desfecho de uma contenda de 12 anos entre o padre e o primo. O próprio padre era um homem rico com uma fama terrível de violência e corrupção.

Vinte e quatro horas depois a polícia local deteve o cobrador de impostos, meteu-o na cadeia e acusou-o do homicídio. Entre as testemunhas contra ele estava o primo do padre. Mas o povo de Barrafranca, incluindo a família do homem assassinado, ficou calado. Felizmente para o cobrador de impostos, as autoridades governamentais em Caltanissetta tomaram conhecimento do caso; quando ele foi libertado o verdadeiro assassino desapareceu.

Uma semana depois de saberem deste episódio, Franchetti e Sonnino chegaram a Agrigento, cidade na costa sul da Sicília famosa pelos seus antigos templos gregos. Os livros de apontamentos de Franchetti contam outra história que ele ouviu ali, de uma mulher que recebera 500 libras da polícia em troca de informações sobre dois criminosos; estes estavam em mancomunados com um chefe da zona, que tinha grande parte dos contratos governamentais para a construção de estradas. Pouco depois de ela aceitar o dinheiro, o filho da mulher regressou à sua aldeia após uma década na prisão. Trazia consigo uma carta da máfia local descrevendo o que a mãe tinha feito. Quando ele a confrontou e lhe pediu dinheiro para comprar roupas novas, a resposta evasiva da mãe provocou uma violenta discussão entre ambos. Ele saiu de casa e voltou pouco depois com um primo. Os dois apunhalaram a mulher dez vezes – o filho seis vezes e o primo quatro. Depois atiraram o corpo para a rua pela janela antes de se entregarem.

Nas suas viagens pela Sicília, Franchetti e Sonnino depararam-se também com a confusão aparentemente insolúvel que se instalara em torno da palavra «máfia» nos dez anos desde que fora ouvida pela primeira vez. Todas as pessoas que os viajantes entrevistaram durante os dois meses em que estiveram na Sicília pareciam ter interpretações diferentes da nova palavra da moda; toda a gente parecia acusar os outros de serem mafiosos. As autoridades nalguns lugares também estavam confusas. Como lhes explicou de modo pouco convincente um tenente dos *carabinieri*: «A máfia é uma coisa extremamente difícil de definir; teriam de viver em Sambuca para ficar com uma ideia»([16]).

Quando mais tarde publicou as suas investigações, Franchetti explicou como ficara perplexo ao descobrir que a situação era mais preocupante não no interior desarborizado e amarelo da ilha, onde a maioria das pessoas supunha existir atraso e crime, mas nos pomares de citrinos dos arredores de Palermo. Aparentemente, a região era o centro de uma indústria próspera de que os habitantes se orgulhavam bastante: «Todas as árvores são tratadas como se fossem espécies raras». Essa percepção inicial, escreveu Franchetti, depressa se alterou com as histórias horríveis de assassínios e intimidação na zona: «Após algumas destas histórias, o perfume das flores das laranjeiras e dos limoeiros começa a cheirar a cadáveres». A presença da violência endémica num ambiente tão moderno contrariava uma das crenças mais caras dos governantes da Itá-

([16]) Citações, neste parágrafo, de Franchetti, *Condizioni*, pp. 3-4, 56.

lia: de que os progressos económico, político e social marchavam todos ao mesmo passo. Franchetti começou a interrogar-se se os princípios da justiça e da liberdade que ele tanto prezava «não passam apenas de discursos bem planeados para disfarçar as doenças que a Itália não é capaz de curar; são uma camada de verniz para fazer brilhar cadáveres».

O espectáculo era sombrio e desconcertante. Mas Leopoldo Franchetti era tão corajoso como intelectualmente persistente; acreditava apaixonadamente num compromisso efectivo para combater os problemas da nação. Era consumido por uma vergonha patriótica perante a ideia de que os estrangeiros pudessem conhecer a Sicília muito melhor do que os próprios Italianos. Viajando pacientemente por todo o território e estudando a sua história, Franchetti ultrapassou as suas dúvidas e a sua confusão. Conseguiu produzir um relato rigidamente sistemático da questão da máfia. A Sicília não era caótica; pelo contrário, os seus problemas de ordem pública tinham uma racionalidade subjacente e muito moderna. A ilha, argumentava Franchetti, tornara-se um centro para «a indústria da violência».

O relato da génese da máfia escrito por Franchetti começa em 1812 quando os Britânicos, que ocuparam a Sicília durante as guerras napoleónicas, iniciaram o processo de abolição do feudalismo na ilha. O sistema feudal baseara-se numa forma de co-propriedade: o rei concedia terras a um nobre e aos seus descendentes; em troca, o nobre colocava o seu exército privado ao serviço do rei quando fosse preciso. Dentro dos limites do território, ou «feudo», do nobre, a palavra deste era a lei.

Até à abolição do feudalismo, a história da Sicília foi marcada por conflitos entre uma longa série de monarcas estrangeiros e os barões feudais. Os monarcas tentavam arrebatar mais poder para o centro; os barões feudais resistiam à intromissão do rei na administração das suas propriedades. Neste constante braço-de-ferro, eram os nobres que normalmente levavam vantagem, quanto mais não fosse porque a geografia montanhosa da Sicília e a péssima infra-estrutura de transportes tornavam impossível ao governo central impedir que os barões fizessem o que queriam.

Os privilégios dos barões eram vários e antigos. O costume que ditava que os vassalos deviam cumprimentar o senhor feudal com um beijo na mão só foi abolido oficialmente por Garibaldi em 1860. O título de *don*, originariamente concedido aos nobres espanhóis que tinham governado a Sicília, foi atribuído a qualquer homem de posição durante muitos anos depois disso. (Estas práticas eram muito comuns na Sicília, não apenas hábitos da máfia.)

No início, a abolição do feudalismo não fez mais do que alterar as regras do braço-de-ferro entre o centro e as províncias. (O poder dos latifundiários demorou muito tempo a desaparecer; a última das grandes herdades só foi parcelada na década de 50 do século XX.) No entanto, com o fim do feudalismo começaram a surgir forças para mudanças de longo prazo; foram estabelecidos os pré-requisitos legais para um mercado de propriedades; muito simplesmente, parcelas de herdades podiam ser compradas ou vendidas. E as terras que são compradas, e não herdadas, têm de render; é um investimento que tem de dar lucro. O capitalismo chegara à Sicília.

O capitalismo depende do investimento, e a ausência de lei põe em risco o investimento. Ninguém quer comprar máquinas novas ou mais terra para cultivar produtos comerciais quando existe um forte risco de essas máquinas ou produtos serem roubados ou vandalizados por concorrentes. Quando substituiu o feudalismo, o Estado moderno devia ter estabelecido um monopólio sobre a violência, sobre o poder de fazer a guerra e punir os criminosos. Quando o Estado moderno monopoliza a violência dessa forma, ajuda a criar as condições em que o comércio se pode desenvolver. As milícias privadas dos barões, decrépitas e indisciplinadas, teriam os seus dias contados.

Franchetti argumentou que a explicação para o desenvolvimento da máfia na Sicília estava precisamente no facto de o Estado não ter cumprido esse ideal, com consequências catastróficas. O Estado deixou de inspirar confiança porque, após 1812, não conseguiu estabelecer o seu monopólio sobre o uso da violência. O poder dos barões no terreno era tal que os tribunais e a polícia do Estado central podiam ser intimidados e obrigados a fazer o que o senhor da terra queria. Pior do que isso, a partir de então não eram só os barões que achavam que tinham o direito de usar a força. A violência «democratizou-se», como diz Franchetti. Com o fim do feudalismo, toda uma nova classe de homens violentos aproveitou a oportunidade para participar na economia em desenvolvimento. Alguns dos guardas privados dos senhores feudais passaram a agir por conta própria, vagueando pelo país em bandos de salteadores mas protegidos pelos latifundiários por medo ou cumplicidade. Os temíveis administradores chamados *gabelloti*, que muitas vezes arrendavam parcelas das herdades dos proprietários em seu nome, eram também especialistas em usar a violência para defender os seus interesses. Na cidade de Palermo, as corporações de artesãos exigiam o direito de usar armas para poderem policiar as ruas (e fazer subir os preços ou organizar acções de extorsão).

Quando as modernas instituições de administração local foram estabelecidas nas cidades das províncias sicilianas, grupos que eram simultaneamente bandos criminosos armados, empresas comerciais e partidos políticos, rapidamente se organizaram para lançar mão das vantagens. Os funcionários do Estado queixavam-se de que o que eles chamavam «seitas» ou «partidos» – por vezes eram apenas grandes famílias com armas – estavam a tornar ingovernáveis muitas zonas da Sicília.

O Estado instalou também os seus tribunais, mas depressa descobriu que estes se sujeitavam ao domínio de qualquer pessoa ou grupo suficientemente violento e bem organizado para impor a sua vontade. Até a polícia se tornou corrupta. Em vez de participar os crimes às autoridades, muitas vezes negociava ou impunha acordos entre as vítimas e os autores de roubos. Por exemplo, em vez de enviar o gado roubado para os açougues através de uma longa cadeia de intermediários, os ladrões podiam simplesmente pedir ao capitão da polícia local para servir de mediador. Ele mexia os cordelinhos para que os animais roubados fossem devolvidos ao dono original em troca de dinheiro que passava aos ladrões. Obviamente, o capitão recebia uma percentagem do negócio.

Numa paródia infernal da economia capitalista, a lei era parcelada e privatizada como a terra. Franchetti via a Sicília como existindo sob o domínio de uma forma bastarda de concorrência capitalista. Era um mercado violento em que as fronteiras entre a economia, a política e o crime eram apenas teóricas. Nessa situação, as pessoas que acalentavam gerir um negócio não podiam contar com a lei para proteger as suas vidas, as suas famílias e os seus interesses económicos. A violência era um bem essencial em qualquer empresa; a capacidade de usar a força era tão importante como ter capital para investir. Com efeito, Franchetti achava que na Sicília a própria violência se tornara uma forma de capital.

Os mafiosos, para Franchetti, eram empresários da violência, especialistas que desenvolveram o que hoje chamaríamos o modelo de negócios mais sofisticado do mercado. Sob o comando dos seus chefes, os bandos da máfia «investiam» violência em vários ramos comerciais, com o fim de extorquir dinheiro de protecção e garantir monopólios. Era isso o que Franchetti chamava indústria da violência. Como o próprio explica:

> [na indústria da violência] o chefe da máfia... actua como capitalista, empresário e gestor. Ele unifica a gestão dos crimes praticados... regula o modo como o trabalho e as obrigações são repartidas, e controla a disciplina entre os trabalhadores. (A disciplina é indispensável nesta como em qualquer outra indústria para se obter lucros constantes e abundantes.) É a tarefa do chefe da máfia decidir a partir das circunstâncias se os actos de violência devem ser suspensos durante algum tempo ou redobrados e intensificados. Ele tem de adaptar-se às condições do mercado para poder decidir que operações realizar, que pessoas explorar, que tipo de violência usar.([17])

Os homens com ambições comerciais ou políticas na Sicília tinham duas opções: ou se armavam ou, o que era mais provável, compravam a protecção de um especialista na violência, um mafioso. Se Franchetti estivesse vivo hoje, talvez nos dissesse que as ameaças e os assassínios pertenciam ao sector de serviços da economia siciliana.

Franchetti parece ter-se considerado uma espécie de Charles Darwin para um ecossistema da delinquência e, como tal, fornece-nos uma poderosa visão das leis do rico *habitat* criminoso da Sicília. Porém, ao fazê-lo, ele dá-nos a impressão de que a Sicília é uma anomalia total. Na verdade, todo o capitalismo é um pouco «sacana», especialmente no início. Até mesmo a sociedade britânica que Franchetti tanto admirava tivera os seus empresários violentos. Em Sussex, na década de 40 do século XVIII, por exemplo, bandos semimilitarizados obtinham grandes lucros para si e para as suas relações com o contrabando de chá. Conseguiram provocar

([17]) Franchetti, *Condizioni*, p. 98.

o colapso da ordem pública corrompendo funcionários das alfândegas, confrontando-se directamente com o exército e praticando o assalto à mão armada como actividade secundária. Um historiador descreveu a Inglaterra dos anos 20 do século XVIII como uma república das bananas, com políticos mestres nas artes do apadrinhamento, do nepotismo e da pilhagem sistemática do erário público. A análise de Franchetti é também limitada pelo facto de ele não acreditar que a máfia fosse uma associação secreta.

*A Situação Política e Administrativa da Sicília* foi acolhido com um misto de hostilidade e indiferença no seu lançamento. Muitos críticos sicilianos acusaram o autor de preconceito ignorante. A culpa desta má recepção foi em parte do próprio Franchetti. Entre outras razões, as suas propostas para resolver o problema da máfia eram extravagantes e autoritárias: os Sicilianos não deveriam ter qualquer palavra na forma como a sua ilha era policiada. Franchetti achava mesmo que a perspectiva dos Sicilianos era tão pervertida que chegava a conceder à violência um «valor moral» e a considerar a honestidade como eticamente condenável. Ele parecia não compreender que as pessoas muitas vezes alinhavam com os mafiosos apenas porque eram intimidadas e não sabiam em quem confiar.

Assim, um estudo pioneiro sobre a «indústria da violência» não conseguiu causar grande impacto durante a vida de Franchetti. Depois de publicar a sua pesquisa na Sicília, chegou ainda a ser deputado, mas a sua carreira política não singrou. No fim, foi o mesmo patriotismo melancólico que o levara a investigar a máfia em 1876 que acabou por o matar. (Até mesmo os seus amigos achavam que havia algo de sombrio e excessivo no amor que Franchetti tinha pelo seu país.) Durante a I Guerra Mundial foi atormentado pela ideia de não ter sido chamado para um cargo importante num momento de emergência para a nação. Em Outubro de 1917, quando chegaram as notícias da derrota catastrófica da Itália na batalha de Caporetto, Franchetti ficou tão deprimido que resolveu suicidar-se.

# «A chamada Maffia»: onde a Máfia foi buscar o Nome

No dialecto de Palermo o adjectivo «mafioso» significou em tempos «belo», «audacioso», «autoconfiante». Qualquer homem digno de ser descrito como mafioso possuía assim algo especial, um atributo chamado *mafia*. O equivalente mais próximo seria talvez a moderna expressão inglesa *cool*; um mafioso era alguém que gostava de si mesmo.

A palavra «mafioso» passou a ter conotações criminosas depois do estrondoso êxito de uma peça de teatro escrita em dialecto siciliano, *I mafiusi di la Vicaria* («Os mafiosos da prisão de Vicaria»), representada pela primeira vez em 1863. Os *mafiusi* são um bando de prisioneiros cujos costumes nos parecem, em retrospectiva, bastante familiares. Têm um chefe, um ritual de iniciação e na peça fala-se muito de «respeito» e «humildade». As personagens usam a expressão *pizzu* para os pagamentos de protecção como fazem os mafiosos actuais – a palavra significa «bico» em siciliano. Ao pagar o *pizzu* está-se a permitir que alguém «molhe o bico». Se este emprego de *pizzu* começou como calão de prisioneiros, entrou quase de certeza no uso comum por causa da peça; um dicionário siciliano de 1857 inclui apenas o sentido de «bico»; um dicionário de 1868 explica o significado alternativo de extorsão de dinheiro.

O facto de *I mafiusi di la Vicaria* se passar numa penitenciária de Palermo também se enquadra com o que hoje sabemos sobre a prisão, que acabaria por se transformar em escola comercial, junta de especialistas, laboratório linguístico e centro de comunicações do crime organizado da Sicília. Um observador da altura chamou-lhe «uma espécie de governo» para os grupos criminosos.

*I mafiusi di la Vicaria* é no fundo uma fábula sentimental sobre a redenção dos criminosos. A primeira representação literária da máfia é também a primeira versão do mito da boa máfia, uma máfia honrada e protectora dos fracos. O cabecilha do bando impede os seus homens de maltratar prisioneiros indefesos e ajoelha-se para rezar e implorar perdão depois de um homem que falara com a polícia ter sido morto, aparentemente por engano. Num desfecho pouco plausível, o cabecilha abandona o bando e junta-se a um grupo de auto-ajuda para trabalhadores.

Pouco se sabe acerca dos dois autores de *I mafiusi*, tirando o facto de terem pertencido a uma companhia de teatro itinerante. A lenda teatral siciliana diz que eles basearam *I mafiusi* em informações seguras prestadas por um taberneiro de Palermo envolvido no crime organizado. A personagem do chefe do bando na peça ter-se-á baseado nesse suposto bandido da vida real. Esta história nunca poderá ser confirmada e *I mafiusi di la Vicaria* destina-se por isso a permanecer um documento histórico enigmático.

A palavra *mafiosi* é só usada uma vez, no título de *I mafiusi di la Vicaria* (introduzida provavelmente no último instante para ajudar a dar à peça o sabor local que um público de Palermo esperaria) e a expressão *mafia* nem sequer aparece. Apesar disso, foi na sequência do grande sucesso de *I mafiusi* que as palavras *mafia* e *mafioso* começaram a ser aplicadas a criminosos que pareciam agir de uma maneira semelhante à das personagens na peça. Do palco, as novas conotações da palavra passaram para a rua.

Mas uma peça por si só não era suficiente para dar o nome à máfia. O barão Turrisi Colonna conheceria certamente *I mafiusi* quando escreveu o seu relatório em finais de 1864; o filho e herdeiro do rei da Itália chegou mesmo a deslocar-se a Palermo para assistir a uma representação de gala na Primavera desse ano. No entanto, Turrisi Colonna referia-se apenas à «seita» e não a uma máfia ou a mafiosos. Os criminosos e extorsionários que ele conhecia não se chamavam *mafiosi*, nem designavam a sua seita por *mafia*.

Na verdade, só quando as autoridades italianas começaram a perseguir a *mafia* é que a expressão entrou na linguagem comum e se tornou parte importante da própria história da seita. Apesar de ter sido *I mafiusi di la Vicaria* que começou a dar à palavra *mafia* o seu significado criminoso nas ruas de Palermo, foi o governo que transformou a palavra em tema de debate nacional.

A história de como isso aconteceu revela como a Sicília era um meio económico desonesto e violento nos anos imediatamente a seguir à heróica expedição de Garibaldi de 1860. Muitos Sicilianos achavam que os desafios de governar a ilha haviam conduzido o governo italiano a abandonar por completo os seus princípios liberais. Os críticos do governo apontavam dois casos em particular: a «conspiração dos esfaqueadores» e a tortura de Antonio Cappello. Foram casos como estes que minaram completamente a credibilidade do Estado, levando muitos Sicilianos a deixar de confiar nele relativamente a qualquer assunto, muito menos quando começou a queixar-se da máfia.

Aquele que foi talvez o mais estranho na longa história de crimes de Palermo era referido pela imprensa como a «conspiração dos esfaqueadores». Na noite de 1 de Outubro de 1862, numa operação sincronizada levada a cabo dentro de uma mesma pequena zona de Palermo, vários bandidos surgiram das sombras para apunhalar 12 cidadãos escolhidos aleatoriamente, tendo um deles vindo depois a morrer por causa dos ferimentos. A polícia no local só apanhou um dos autores do crime, um engraxador e vendedor ambulante com fama de informador da polícia durante o antigo regime dos Bourbon. A sua confissão levou à detenção dos outros 11 «esfaqueadores», que tinham sido pagos para cometer o crime.

Os ataques causaram grande consternação em Palermo. Quando o julgamento dos esfaqueadores teve lugar, no início de 1863, havia um enorme interesse público. Só os 12 homens que de facto haviam praticado as agressões foram julgados. O juiz decretou penas de morte para três cabecilhas; os outros nove foram condenados a trabalhos forçados.

No entanto, o tribunal demonstrou uma curiosa falta de interesse em descobrir quem financiara a conspiração e quais eram os seus objectivos. Um nobre siciliano chamado Sant' Elia, próximo da família real italiana, havia sido citado por um dos agressores como o homem por trás da conspiração, mas nem sequer foi interrogado. Os jornais da oposição foram desdenhosos: provas com peso suficiente para condenar três pobres desgraçados à morte pelos vistos não eram suficientes para desencadear um interrogatório preliminar a um membro do novo poder institucional italiano. (Sant' Elia era também, por acaso, chefe de uma loja maçónica.)

Outros casos esporádicos de esfaqueamentos com semelhanças aos de 1 de Outubro de 1862 voltaram a acontecer. Quem iniciara a conspiração não tinha obviamente ainda atingido o seu fim. Instaurou-se uma segunda investigação e, desta vez, Sant' Elia foi citado como principal suspeito e o seu palácio revistado. Em resposta, as autoridades cerraram rapidamente fileiras e o rei, num gesto inequívoco, escolheu Sant' Elia para representá-lo nas celebrações da Páscoa em Palermo. O caso perdeu interesse, os esfaqueamentos cessaram e os investigadores deixaram a Sicília.

É ainda um mistério se Sant' Elia esteve de facto por trás da «conspiração dos esfaqueadores», embora a confrontação das provas sugira actualmente que não. O que é certo é que a conspiração surgiu de dentro das instituições. Ou foi inventada por políticos em Palermo, como modo de convencer o governo central a colocar mais poder nas suas mãos; ou o governo central utilizou estratégias de terror para tentar criar o pânico, acusar a oposição dos crimes e gerar o clima apropriado para medidas repressivas. Mais tarde na história da Itália a esta táctica chamar-se-ia «estratégia da tensão».

No ano após os primeiros esfaqueamentos, outro episódio lançou mais suspeitas sobre as autoridades. O ambiente político na altura – final de 1863 – era escaldante, mesmo pelos padrões da Sicília da pós-unificação, porque estava em curso uma campanha brutal para capturar os cerca de 26 000 desertores e fugitivos ao recrutamento no serviço militar a monte na ilha. No final de Outubro um jornalista da oposição foi investigar a história de um jovem que estava detido contra sua vontade no hospital militar de Palermo. O jornalista encontrou o operário Antonio Cappello acamado, com mais de 150 pequenas queimaduras circulares no corpo. Os médicos afirmaram que as queimaduras faziam parte do tratamento de Cappello e esta teoria muito pouco plausível foi depois corroborada por um inquérito judicial.

A verdade é que Cappello tinha entrado no hospital um homem são. Três médicos militares do Norte da Itália haviam-no privado de comida, espancado e torturado colocando-lhe botões de metal em brasa sobre as costas. O objectivo era levá-lo a confessar que era um desertor.

No final, Cappello conseguiu convencer os médicos de que era surdo-mudo de nascença e que não estava a fingir para evitar o recrutamento no serviço militar. Pouco depois de o jovem ser libertado, a 1 de Janeiro de 1864, a fotografia do seu corpo torturado, com uma legenda escrita pelo jornalista acusando o governo de barbaridade, circulava já nas ruas de Palermo. Três semanas depois, sob proposta do Ministério da Guerra, o médico da prisão foi condecorado pelo rei com a Cruz de S. Maurício e S. Lázaro. No final de Março foi anunciado que os torturadores não seriam acusados.

Durante década e meia após a reunificação da Itália as autoridades penderam repetidamente para uma resposta cegamente repressiva à ilha rebelde, voltando depois a princípios nobres que eram incapazes de cumprir ou caindo na cumplicidade com duvidosos agentes locais. Estes ziguezagues ajudaram-nas a conseguir um feito extraordinário de criação de imagem política: o Estado italiano conseguia parecer brutal, ingénuo, hipócrita, incompetente e sinistro, tudo ao mesmo tempo.

É difícil não sentir alguma compreensão pela posição do governo, que enfrentava uma série de tarefas formidáveis: construir um estado novo praticamente do zero enquanto tentava lidar com uma guerra civil no Sul, uma dívida astronómica, a possibilidade de um ataque da Áustria e 95 por cento da população a falar uma variedade de dialectos e línguas excluindo o italiano. Para um governo tão necessitado de credibilidade, a ideia de que pudesse existir uma conspiração secreta e demoníaca contra si mesmo era um auxílio caído do céu. E foi assim que um teórico da conspiração do governo deu ao mundo a primeira utilização escrita do termo «máfia».

No dia 25 de Abril de 1865, dois anos depois da tortura de Antonio Cappello, o recém-nomeado prefeito de Palermo, o marquês Filippo Antonio Gualterio, enviou um relatório secreto alarmante ao seu chefe, o ministro do Interior. Os prefeitos como Gualterio eram agentes fundamentais do novo sistema administrativo da Itália; eram os ouvidos e os olhos do governo nas cidades, responsáveis por controlar a oposição e observar a manutenção da ordem pública. No seu relatório Gualterio falava de «uma grave e antiga falta de entendimento entre o País e as Autoridades»([18]).

---

([18]) 59-60 Alatri, p. 95.

Esse desentendimento teve como consequência uma situação que permitiu à «chamada *Maffia* ou associação criminosa tornar-se mais ousada». Durante as revoluções periódicas de meados do século XIX, escreveu Gualterio, a *Maffia* de Palermo desenvolveu o hábito de oferecer a sua força a diferentes agrupamentos políticos como forma de aumentar a sua influência; agora estava do lado de quem quer que se opusesse ao governo. Desta forma, com o relatório de Gualterio, os boatos sobre a máfia que circulavam nas ruas de Palermo chegavam pela primeira vez aos ouvidos dos governantes da Itália.

O prefeito Gualterio foi bastante explícito na ideia de que a *Maffia* proporcionava uma excelente oportunidade para a implementação de medidas repressivas. O governo, explicou ele, podia agora com toda a legitimidade enviar o exército para travar a crise de criminalidade, e ao fazê-lo desferir um golpe fatal na oposição – ou pelo menos assim se esperava. Em consequência do relatório de Gualterio, 15 000 soldados passaram quase seis meses a tentar desarmar a população, a prender desertores, a capturar criminosos em fuga e a perseguir a máfia. Os pormenores desta campanha militar (a terceira em poucos anos) são pouco relevantes para o caso; bastará dizer que foi um fracasso.

Gualterio era um teórico da conspiração, mas não um fantasista. Ele não inventou a máfia a partir do nada para justificar a repressão. Nalguns aspectos, a sua análise da «chamada *Maffia*» coincidia com a de Colonna. O crime organizado era parte integrante da política na ilha. O «erro» conveniente de Gualterio foi simplesmente ter afirmado que todos os vilões se encontravam num dos lados do espectro político – o da oposição. Como a revolta de 1866 veio demonstrar, alguns dos mais importantes mafiosos, como Antonino Giammona, eram então partidários da ordem e não revolucionários.

A partir do relatório de Gualterio a palavra «máfia» entrou rapidamente no uso comum e tornou-se simultaneamente tema de acesas controvérsias. Por cada pessoa que usava a palavra com o significado de conspiração criminosa, havia outra que defendia que ela continuava a significar nada mais ameaçador do que uma forma de orgulho autoconfiante caracteristicamente siciliano. Deste modo, Gualterio lançara a mesma nuvem de confusão sobre o significado da palavra «máfia» que Franchetti e Sonnino iriam encontrar nas suas viagens pela Sicília uma década mais tarde – uma nuvem que só seria dissipada pelo juiz Giovanni Falcone.

Ao dar um nome à máfia naquelas circunstâncias, Gualterio deu também um contributo fundamental para a imagem da organização. Porque desde então a máfia e os seus políticos têm afirmado com frequência que a Sicília tem sido vitimada e mal interpretada. O governo, protestam eles, inventou a ideia de que a máfia é uma organização criminosa como pretexto para reprimir os Sicilianos – mais uma versão da teoria do «cavalheirismo rústico». Uma das razões por que estes protestos ganharam apoio ao longo dos últimos 140 anos é que por vezes têm sido verdadeiros. Os agentes da autoridade eram constantemente tentados a rotular de mafioso qualquer um que não concordasse com eles.

Quando o governo italiano agia desta maneira hipócrita, fortalecia a reputação da máfia. Assim, sem querer, quando Gualterio deu o nome à máfia, ele estabeleceu aquilo a que poderíamos chamar o posicionamento estratégico da «marca» da máfia face ao seu principal concorrente. Depois de Gualterio, todas as medidas repressivas precipitadas que não conseguiram condenar a máfia – fosse qual fosse o significado que o governo atribuía à palavra – serviram para minar ainda mais a credibilidade do Estado, e desse modo aumentar a reputação da verdadeira máfia não só de ser esperta e refractária à justiça, mas também de ser mais eficaz e até mais «justa» do que o Estado.

Teríamos de esperar mais de um século depois do relatório de Gualterio para que alguém escrevesse de forma perspicaz sobre a atitude da própria máfia para com o seu nome. O escritor em questão foi o romancista Leonardo Sciascia, cujo conto «Filologia», de 1973, tem um pano de fundo contemporâneo e adopta a forma de um diálogo imaginado entre dois sicilianos anónimos em torno do significado da palavra «máfia». O mais instruído dos dois, evidentemente um político, está decidido antes de mais nada a exibir a sua erudição, citando uma lista de um cento de definições incompatíveis encontradas nos dicionários e explicando que «máfia» talvez derive do arábico. Com a indeterminação própria de um académico cavalheiro – imaginamo-lo um homem de porte majestoso com sessenta e muitos anos, envergando um fato amarrotado – ele recusa-se a escolher um significado único para a palavra.

O homem mais novo é muito mais terra a terra – a imagem na mente do leitor é de uma personagem atarracada, de meia-idade, rosto achatado e óculos de sol *Ray Ban*. Apesar do respeito que evidentemente demonstra pelo seu interlocutor, não consegue disfarçar que todo aquele debate erudito apenas o deixa nervoso. Ele prefere ouvir dizer que «máfia» é o porte altivo e viril de alguém que sabe cuidar dos seus próprios interesses.

Vem a saber-se, claro, que os dois homens da história de Sciascia são mafiosos e que o seu diálogo é um ensaio para o caso de serem chamados perante uma comissão parlamentar de inquérito. O homem mais velho diz que se sente tão confiante que pedirá mesmo à comissão que lhe deixe fazer a sua «pequena contribuição» – «uma contribuição para a confusão, percebe?». A determinada altura após 1865, sugere Sciascia, o nome «máfia» acabou por se tornar uma pequena piada da própria máfia siciliana a expensas do Estado.

Se as fontes de informações que temos forem credíveis – e, na história de uma sociedade secreta como a máfia, esse «se» é inevitavelmente bastante grande – então a seita surgiu no interior de Palermo quando os bandidos mais duros e espertos, membros de «partidos», *gabelloti*, contrabandistas, ladrões de gado, feitores de herdades, agricultores e advogados se juntaram para se especializarem na indústria da violência e partilharem um método de criação de poder e riqueza que seria aperfeiçoado no negócio dos limões. Estes homens transmitiram o seu método a parentes e parceiros comerciais. Quando cumpriam pena na cadeia, transmitiam-no também aos outros reclusos. Essa seita tornou-se a máfia quando o novo Estado italiano fez tentativas violentas para reprimi-la. Assim, em meados da década de 70 do século XIX, o mais tardar, e na zona de Palermo, pelo menos, os elementos mais importantes do método da máfia encontravam-se já firmemente estabelecidos.

A máfia tinha os esquemas de extorsão, os poderosos amigos políticos e também a sua estrutura celular, o seu nome, os seus rituais e um Estado indigno de confiança como concorrente.

A grande dúvida é se, naquele momento da história, existiam uma ou muitas máfias. Não se sabe ao certo quantas das «máfias» referidas pelas autoridades em diferentes partes da Sicília nas décadas de 60 e 70 do século XIX seriam apenas quadrilhas autónomas; talvez copiassem métodos que de qualquer modo eram já bastante comuns, ou talvez se identificassem de facto como parte da mesma irmandade a que pertencia o chefe de Uditore, Antonino Giammona. O problema é como interpretar os documentos históricos. As autoridades referiam-se muitas vezes à máfia, mas nem tudo a que elas chamavam «máfia» era de facto a máfia. Alguns agentes da polícia estariam evidentemente interessados em deturpar os factos para encaixá-los nas histórias de conspiração que os seus chefes políticos precisavam de brandir contra os rivais.

O relato da seita feito pelo barão Turrisi Colonna tem grande relevância para esta questão por causa da sua relação próxima com a máfia – e Turrisi Colonna referia-se claramente a apenas uma «grande seita». Mas essa crença talvez resultasse da sua perspectiva a partir de Palermo e pode não ser válida para o resto da Sicília ocidental. Existem também, pelo contrário, vários relatórios policiais do período entre 1860 e 1876 que falam de diferentes quadrilhas a combater entre si em muitas vilas e aldeias. Mas isso não constitui indicação segura de que existissem várias máfias; as disputas referidas podiam igualmente ter sido geradas dentro de uma única organização, tal como as guerras internas da Cosa Nostra das últimas décadas.

Seja como for que todos estes indícios sejam interpretados, a sua própria existência suscita uma questão. Se a máfia existia nas décadas de 60 e 70 do século XIX e se os historiadores de hoje são capazes de encontrar provas disso, então todas as informações necessárias à compreensão e ao combate da máfia deviam estar disponíveis para as pessoas da época. Em 1877, a Itália tinha já o panfleto de Turrisi Colonna, o inquérito parlamentar à revolta de 1866, o relatório de Franchetti sobre a «indústria da violência», o memorando do Dr. Galati ao ministro do Interior e muito mais.

A questão é portanto saber por que razão ninguém foi capaz de travar a máfia. Parte da resposta está no facto de o Estado italiano ter tido demasiados problemas com que lidar ao mesmo tempo. Mas a razão principal é muito mais indigna, pois o ano de 1876 assinala o momento em que a máfia se tornou parte integrante do sistema de governo italiano.

# 2

# A Máfia Infiltra-se no Sistema Italiano 1876–1890

# «Um Instrumento do Governo Local»

O testemunho das desventuras do Dr. Galati às mãos da máfia de Uditore não foi esquecido; foi incluído nos documentos entregues a um extenso inquérito parlamentar à ordem pública instaurado na Sicília no Verão de 1875, mas que apenas apresentou as suas conclusões em Janeiro de 1877. A história do inquérito parlamentar – o primeiro a tratar explicitamente da questão da máfia – demonstra exactamente até que ponto os governantes da Itália conheciam o problema da máfia na Sicília. Faz também parte de um drama político muito mais amplo que teve lugar entre 1875 e 1877 e que mostra como o sistema político italiano não só não conseguiu combater a máfia no seu início, como ainda contribuiu activamente para o seu desenvolvimento.

O mapa da política italiana depois da unificação era um pouco como a planta de Palermo na altura: um labirinto de pequenos becos dentro dos traçados simples das suas ruas principais. A Itália foi governada durante década e meia após a unificação por uma coligação muito variada chamada a Direita; o seu núcleo duro era constituído pelos latifundiários conservadores do Norte da Itália. A oposição, um agrupamento ainda mais variado chamado a Esquerda, com os seus redutos no Sul e na Sicília, era a favor de maiores despesas por parte do governo e de mais democracia. Mas as diferenças entre as duas coligações eram tanto políticas como culturais. Muitas vezes parecia à Direita – com alguma justificação, verdade seja dita – que grande parte dos deputados do Sul e da Sicília deviam a sua eleição ao caciquismo e a máquinas eleitorais que subornavam os apoiantes e intimidavam os opositores. Aos olhos da Esquerda, a Direita afigurava-se arrogante e hipócrita; traíra os ideais que haviam conduzido à fundação do Estado italiano e esquecido completamente o Sul.

A história do inquérito parlamentar começa em 1874, numa altura em que a coligação da Direita começava a enfrentar graves problemas. A Sicília – onde os apoiantes da Direita haviam sido sempre em número reduzido – era a causa principal das dificuldades do governo. Em 1874, por várias razões (com a política de impostos no topo da lista), a Sicília começava já a escapar ao domínio político da Direita. Nas eleições de Novembro desse mesmo ano, quarenta dos quarenta e oito distritos eleitorais sicilianos elegeram deputados da oposição para o parlamento nacional em Roma. Um especialista na «seita», Nicolò Turrisi Colonna, encontrava-se entre os principais directores da campanha da Esquerda. O seu trabalho era secundado por Antonino Giammona – o seu chefe mafioso favorito e perseguidor do Dr. Galati. Giammona contava com um séquito político que garantia cerca de cinquenta votos sob o seu controlo directo – isto numa altura em que apenas 2 por cento da população tinha direito de voto e em que umas poucas centenas de votos eram normalmente suficientes para conquistar um círculo eleitoral.

Em Roma, após as eleições de Novembro de 1874, a Direita agarrava-se por um fio ao poder. Durante e depois da campanha eleitoral, recorreu a uma estratégia que já tinha usado antes: empolou o problema da criminalidade para desacreditar a oposição. Em tons mais veementes do que nunca, a Direita acusava os deputados sicilianos da Esquerda de quererem destruir a unidade do país, de serem corruptos, de usarem bandidos para conseguir votos, de serem mafiosos.

Como parte dessa estratégia, o governo propôs algumas leis bastante repressivas pouco depois das eleições: foi proposto que pessoas suspeitas de pertencer a associações criminosas, assim como os seus protectores políticos, pudessem ficar detidos sem julgamento durante cinco anos. Uma grande quantidade de testemunhos convincentes obtidos de prefeitos, juízes investigadores e da polícia foi apresentada à comissão encarregue de examinar os projectos de lei. Foi salientado que durante 1873 ocorrera um homicídio por cada 44 674 habitantes na região nortenha da Lombardia enquanto na Sicília o número era de um homicídio por cada 3194 habitantes. Relatórios oficiais indicavam que a máfia chegava agora a toda a Sicília Ocidental e até mesmo a algumas cidades a leste, como Messina – um importante porto para a indústria dos citrinos. As opiniões dos prefeitos dividiam-se quanto a saber se a máfia era uma organização unificada e sobre o papel que a mentalidade siciliana desempenhava na mesma. Mas a maioria era claramente da opinião que a máfia baseava o seu poder em negócios de extorsão e na intimidação de testemunhas, e que os seus recrutas incluíam sicilianos de todas as classes sociais. O prefeito de Agrigento, no Sudoeste da Sicília, acreditava que os mafiosos constituíam um «grau» especial de homens:

> O grau de mafioso consegue-se dando provas de coragem pessoal; usando armas proibidas; participando num duelo sob qualquer pretexto; apunhalando ou traindo alguém; fingindo perdoar uma ofensa para depois poder vingar-se dela noutra altura ou noutro lugar (a vingança pessoal por injúrias sofridas é a primeira regra da Máfia); guardando silêncio absoluto relativamente a qualquer crime; negando perante todas as autoridades e juízes conhecimento de qualquer crime que se tenha presenciado; roubando de qualquer maneira.([19])

O sensato e bem informado enviado especial a Roma do jornal inglês *The Times* leu alguns destes relatórios e concluiu alarmado que a máfia era uma «seita intangível cuja organização é tão perfeita como a dos jesuítas ou dos maçons, e cujos segredos são mais impenetráveis»([20]).

Ao apresentar todas estas provas e propondo a sua nova legislação anticrime, a Direita fazia uma tentativa derradeira de criar a impressão de que constituía um governo antimáfia que enfrentava uma oposição pró-máfia. Para a Esquerda, parecia que a Direita fora longe de mais. Não eram só homens como Turrisi Colonna que se sentiam atingidos pelas propostas do governo, os proprie-

---

([19]) *The Times*, 21 de Junho de 1875.
([20]) *The Times*, 9 de Junho de 1875.

tários rurais sicilianos que eram simples vítimas da máfia também se sentiam ameaçados. Desde a unificação que esperavam em vão que o governo os ajudasse a livrarem-se das garras do crime organizado. Mas agora que a sua paciência se esgotara por completo e que tinham votado em candidatos da oposição, descobriram que estavam a transformar-se em alvos potenciais para a polícia. Estava montado o palco para um confronto político decisivo entre as duas partes.

O confronto surgiu em Junho de 1875 durante um tenso debate de dez dias no parlamento sobre as reformas propostas pela Direita. Quando o debate começou, vários deputados sicilianos levantaram-se para defender a reputação da ilha. Alguns negaram a existência da máfia; isso era apenas um pretexto para reprimir a oposição, afirmavam. Apontaram como exemplo os nocivos preconceitos anti-sicilianos manifestados por um prefeito que declarara num relatório que os Sicilianos eram um povo «moralmente pervertido», que só podiam ser governados pela força.

Um dos discursos fez desencadear finalmente a polémica; graças a ele, o debate seria lembrado como o mais exaltado desde a fundação do parlamento italiano em 1861. Durante as primeiras intervenções, vários oradores da Esquerda começaram a interrogar-se em voz alta por que razão um homem sentado na mesma bancada ainda não falara. Diego Tajani, deputado do Sul da Itália, de aspecto seco e rijo, óculos e quase calvo, tinha sido procurador-geral no Tribunal de Apelação de Palermo entre 1868 e 1872, conhecendo por isso muito bem como a Direita governava a Sicília. Os deputados da Esquerda consideravam-no a sua arma secreta contra o governo, e os seus apartes destinavam-se a incitá-lo a contar o que sabia. Como ex-funcionário do Estado, Tajani sentia alguma relutância em falar dos cargos e tarefas que desempenhara no passado. Mas, por fim, espicaçado não só pelos comentários dos colegas da bancada da Esquerda mas também pelas tentativas do governo de se arvorar em entidade moralmente superior na questão do crime, ele levantou-se para dirigir a palavra à assembleia.

O discurso de Tajani([21]) começou com uma crítica dirigida aos homens da Esquerda sentados ao seu lado: negar a existência da

---

([21]) O discurso de Tajani encontra-se em *Atti Parlamentari: Camera dei Deputati, Sessione 1874-75, Discussioni*, 11-12 de Junho de 1875.

máfia, declarou ele, era como negar a existência do Sol. Depois lançou farpas muito mais afiadas contra a Direita. Com o que um jornal pró-governamental chamou um «sorriso frio» nos lábios, Tajani revelou que, após a revolta de 1866, a Direita tinha encorajado a polícia a colaborar com a máfia. Os mafiosos, alegou ele, recebiam autorização da polícia para operar livremente em troca de informações sobre criminosos não-autorizados e sobre qualquer pessoa que o governo considerasse subversiva.

Tajani estivera pessoalmente envolvido nos casos mais escandalosos, centrados na figura de Giuseppe Albanese, o comandante da polícia de Palermo nomeado em 1867. Albanese não tinha quaisquer escrúpulos em declarar que era admirador de um oficial do antigo regime que tinha «levado a máfia a interessar-se por manter a paz». Era o que um crítico da altura chamou a abordagem «homeopática» da ordem pública. Implicava travar amizade com os mafiosos, utilizando-os como caçadores de votos e agentes não-oficiais da polícia e em troca ajudá-los a controlar os rivais.

Em 1869, explicou Tajani, o comandante Albanese tinha sido apunhalado por um mafioso numa praça de Palermo. Veio a saber-se que fora atacado porque estivera a tentar chantagear o seu agressor. Albanese tinha também ligações com um bando criminoso que havia assaltado os gabinetes do Tribunal de Apelação, aberto uma passagem subterrânea por baixo de uma rua principal para roubar uma instituição de crédito e furtado vários objectos preciosos de um museu de Palermo. Todos os objectos foram mais tarde encontrados na casa de um homem que trabalhava na repartição de Albanese no quartel-general da polícia.

O comandante Albanese, assegurou Tajani ao parlamento, não era um caso isolado de corrupção na polícia. Em 1869, no decorrer das suas funções como procurador-geral, Tajani ficara a saber que vários crimes em Monreale, perto de Palermo, eram praticados com a aprovação do comandante da Guarda Nacional. Pouco depois de surgir a história, dois criminosos que se haviam mostrado dispostos a falar sobre o caso foram vítimas de uma emboscada e assassinados. O próprio Albanese, apesar de ser comandante da polícia, não se limitou a desencorajar uma investigação às circunstâncias da morte dos dois homens, foi mesmo ao ponto de afirmar ao juiz responsável que «razões de ordem pública impeliram as autoridades a decretar as suas mortes». Em 1871, por ordem de Tajani,

Albanese foi acusado do homicídio dos informadores do processo de Monreale. Foi quando o comandante da polícia saiu em liberdade por falta de provas que Tajani se demitiu, indignado, e se candidatou às eleições sob as cores da Esquerda.

Antes de Tajani poder terminar o seu discurso ao parlamento, foi ferozmente interrompido por Giovanni Lanza, um homem magro de sessenta e poucos anos. Lanza fora primeiro-ministro e ministro do Interior à data da alegada política de conluio com a máfia. O austero filho de ferreiro, que subira na vida devido ao próprio esforço, encarnava as pretensões da Direita à superioridade moral sobre a Esquerda. Mas mal começara a descarregar a sua ira em resposta às acusações de Tajani, as suas palavras foram abafadas por berros, apupos e assobios. Aquela que já havia sido uma sessão agitada, acabou por desembocar no caos, com empurrões e trocas de insultos entre os apoiantes dos dois homens. Tajani permaneceu imóvel, com o seu sorriso frio ainda estampado no rosto, observando quatro amigos de Lanza arrastar o antigo primeiro-ministro para fora da assembleia para seu próprio bem. A confusão alastrou para os corredores do parlamento e a sessão teve de ser interrompida.

Só no dia seguinte é que Tajani pôde terminar o seu discurso, com uma conclusão contundente: «A máfia na Sicília não é perigosa ou invencível por si mesma. É perigosa e invencível, porque é um instrumento do governo local». Depois de ter recuperado a calma, Lanza pediu a instauração de um inquérito às acusações, mas o prejuízo político ao governo já estava feito.

O programa de ordem pública da Direita desmoronara-se. Ninguém podia agora acreditar que o parlamento se encontrava dividido entre políticos pró-máfia e políticos antimáfia. Seria mais fácil para ambos os lados deixar simplesmente de falar do assunto. Assim, quando as leis repressivas foram votadas (estavam destinadas a permanecer letra morta), tanto a Esquerda como a Direita concordaram com o que para os políticos de todo o mundo é o meio preferido de amenizar uma questão controversa: instauraram uma comissão parlamentar de inquérito. A máfia foi incluída nos termos de referência do inquérito, mas tantos outros assuntos sobre a sociedade siciliana foram também incluídos que os verdadeiros contornos do problema da máfia seriam quase por certo ofuscados.

Não é por isso de admirar que os dois intelectuais «ingleses», Franchetti e Sonnino, não acreditassem que o inquérito parlamentar fosse incisivo e decidissem posteriormente preparar a sua própria investigação privada. As pessoas com quem Franchetti e Sonnino falaram, depois de a comissão parlamentar ter acabado de recolher provas na Sicília, confirmariam o relato dos acontecimentos que Tajani fornecera ao parlamento. Também hoje se sabe que após Tajani ter emitido o mandado de captura para o comandante Albanese, este fugiu da Sicília e só foi persuadido a voltar pelo então primeiro-ministro Lanza, que o recebeu em sua casa e lhe garantiu o apoio do governo. Além disso, existem indícios de que uma tentativa de assassinar Tajani estava a ser preparada mesmo antes de este deixar o cargo.

Os nove membros da comissão parlamentar de inquérito percorreram a Sicília no Inverno de 1875-1876. Todas as vilas e cidades os recebiam calorosamente – bandas municipais ou militares acompanhavam-nos aos seus hotéis – e realizavam os seus interrogatórios nas câmaras municipais. Vários senadores e deputados aproveitaram as suas entrevistas com os membros da comissão para minimizar o problema da criminalidade: «O que é então essa *maffia*? Em primeiro lugar, existe uma *maffia* boa.

A *maffia* boa é uma espécie de espírito de desafio... Por isso, também eu podia ser um *maffioso* bom. Não sou, claro. Mas qualquer um que se respeite podia ser»([22]). Menos cínicos, outros políticos, advogados, polícias e administradores, assim como cidadãos comuns como o Dr. Gaspare Galati, prestaram também os seus depoimentos. Várias testemunhas falaram do papel da máfia na indústria dos citrinos e nas revoltas de 1860 e 1866. Ao todo, estes depoimentos forneceram um retrato confuso mas extremamente preocupante do crime organizado e da corrupção política. Os políticos italianos tinham então à sua disposição ainda mais provas sobre a máfia.

Os documentos do inquérito nunca foram publicados. Quando chegou a altura de a comissão apresentar as suas conclusões ao parlamento, no início de 1877, a coligação da Direita já tinha caído.

([22]) Pezzino, «Stato: nascita e sviluppo del paradigma mafioso», in Pezzino, *Una certa reciprocità*, p. 112.

A pouca vontade que teria existido para fazer uso político do problema da máfia desvanecera-se agora por completo. Nem a Direita nem a Esquerda tinham grande interesse num conhecimento sério do crime organizado na Sicília. (Isso também explica a fraca recepção concedida na mesma altura ao trabalho de Franchetti sobre a indústria da violência.)

O relatório final da comissão parlamentar foi apresentado a uma Câmara de Deputados quase vazia. A conclusão a que chegava era não só branda, mas também errada: a máfia era definida como «uma forma instintiva, brutal e preconceituosa de solidariedade entre indivíduos e grupos sociais mais baixos que preferem viver da violência e não do trabalho árduo. Une-os contra o Estado, a lei e as instituições regulares»([23]). Em resumo, a máfia era convenientemente descartada como um bando desorganizado de vigaristas pobres e preguiçosos – inimigos do Estado e não «instrumentos do governo local». Em 1877, os políticos italianos já possuíam a maior parte das informações de que precisavam sobre a máfia para poder combatê-la, e todas as razões de que precisavam para esquecer o que conheciam. A primeira fase do processo através do qual a máfia se infiltrou no sistema italiano estava completa.

A segunda fase começou aquando da formação dum governo de coligação da Esquerda em Março de 1876. A coligação foi integrada, cautelosamente, pelos deputados sicilianos que tinham sido eleitos pela oposição em 1874. O novo ministro do Interior era Giovanni Nicotera, advogado que combatera com Garibaldi e que conhecia o caciquismo do Sul da Itália melhor do que ninguém – pela simples razão de ser o seu representante máximo. Nicotera decidiu transformar o edifício do Ministério do Interior junto à Piazza Navona numa formidável máquina de angariação de votos para a Esquerda. Os apoiantes da oposição eram excluídos dos cadernos eleitorais ou assediados pela polícia; os fundos governamentais eram colocados à disposição de candidatos favoráveis. Em Novembro de 1876, Nicotera geriu as eleições com tanto sucesso

([23]) Carbone e Grispo, vol. 2, p. 1137.

que a Esquerda obteve 414 lugares no parlamento, deixando apenas 94 para a Direita. Ele próprio foi reeleito pelo seu círculo eleitoral de Salerno com 1184 votos contra 1 do seu adversário; espera-se que os parentes do pobre homem tenham pelo menos sido autorizados a abster-se.

Nicotera enfrentou o problema da criminalidade com o mesmo vigor. A situação da ordem pública na Sicília era ainda intolerável em 1876. No mínimo, era uma vergonha internacional. No dia 13 de Novembro, um jovem gestor inglês de uma companhia de enxofre, John Forester Rose, foi raptado nos arredores da vila mineira de Lercara Friddi. O jornal *The Times* noticiou que ele foi bem tratado antes da entrega do resgate e que foi libertado, embora a imprensa americana dissesse posteriormente que a mulher havia recebido as orelhas do marido no correio antes de se convencer a pagar. Ficou claro, não obstante, que os raptores contavam com informadores entre os círculos abastados de Palermo que o Sr. Rose frequentava, e que o resgate foi pago através de um intermediário da máfia.

Nicotera sabia que alguma coisa tinha de ser feita. Ele não era, nem de longe, politicamente ingénuo: as fontes de apoio a que recorria no seu próprio feudo incluíam os maçons e – suspeita-se – a Camorra, o equivalente napolitano da máfia. Mas não conhecia bem a Sicília e não possuía na ilha uma base de apoio. Por isso, quando assumiu o cargo, até ele ficou genuinamente surpreendido com o que os seus funcionários públicos lhe contaram acerca das ligações da máfia com as pessoas mais poderosas da Sicília e da sua profunda influência sobre a polícia e a magistratura. Nicotera concluiu que as classes abastadas da Sicília estavam «seriamente comprometidas com a máfia».

Um mês depois do rapto de Rose, e sem se preocupar em propor leis autoritárias como as que a Direita quisera introduzir dois anos antes, Nicotera nomeou mais um prefeito duro para Palermo e deu-lhe ordens para implementar mais medidas repressivas contra a criminalidade. Tal como acontecera sob o governo da Direita, as cidades foram cercadas à noite e os suspeitos deportados em massa. Tal como tinha feito sob o governo da Direita, a polícia conspirou com alguns criminosos contra outros. Tal como sob o governo da Direita, a repressão gerou uma onda protestos da parte de alguns políticos sicilianos – incluindo o amigo da «seita», o barão Turrisi Colonna – quanto aos meios ilegais usados pela polícia. E, como fizera o seu antecessor da Direita, Nicotera usou a repressão para atingir todos os que considerava subversivos e fazer vergar possíveis aliados. Quando um latifundiário com fortes suspeitas de ligações a mafiosos escreveu um artigo num jornal a criticar a campanha antimáfia de Nicotera, o irmão do director do jornal foi preso e apenas libertado em troca da promessa de uma alteração da linha editorial pouco colaboradora do jornal.

Todavia, ao contrário das campanhas de repressão da Direita, as de Nicotera revelaram-se um êxito. Em Novembro de 1877, um ano após a sua vitória eleitoral, ele pôde anunciar a derrota total dos «bandidos» que vinham a aterrorizar as zonas rurais da Sicília desde 1860. Até mesmo o homem que havia raptado o infeliz Sr. Rose foi morto a tiro. O segredo de Nicotera foi ter oferecido aos políticos da Sicília um acordo tácito: eles seriam bem vistos pelo governo desde que entregassem os bandidos. «Bandidos», neste caso, significava muitas vezes mafiosos que criavam problemas ao governo ou que não tinham a protecção política adequada. Pedia-se aos políticos que garantissem que os seus amigos na indústria da violência baixassem os crimes e os raptos para níveis politicamente aceitáveis. Apenas os aspectos mais flagrantes do ancestral problema da criminalidade seriam abordados no processo de, finalmente, tornar a ilha governável. Para demonstrar que o acordo fora aceite, 70 câmaras municipais na província de Palermo enviaram cartas e petições em apoio de Nicotera e da polícia. Esta calorosa manifestação de lealdade foi provavelmente orquestrada pelo prefeito de Nicotera, mas serviu pelo menos para mostrar que, 17 anos depois de Garibaldi ter invadido a Sicília em nome da nação italiana, alguma espécie de consenso político começava finalmente a ganhar forma entre Roma e a Sicília.

Um mês depois de ter proclamado a derrota total do «banditismo» siciliano, Nicotera foi afastado do cargo. O seu autoritarismo descarado tornara-o não só uma ameaça mas também alvo fácil para chefes de facções rivais da Esquerda. Antes disso, a sua rede de arrasto conseguira apanhar algumas associações criminosas ao estilo da máfia, e as acções contra as mesmas não terminaram com a saída de Nicotera. Ao longo dos anos seguintes, uma série de julgamentos importantes foram realizados após investigações a grupos como os Stuppagghieri («Espoletadores») de

Monreale, os Irmãos de Bagheria, a Fontana Nuova de Misilmeri e a uma quadrilha de moleiros extorsionários de Palermo. (A história de uma dessas associações, a Fratellanza – ou Irmandade – de Favara, é apresentada no capítulo seguinte.)

O retrato do crime organizado que surgiu destes julgamentos foi previsivelmente tenebroso. Alguns *pentiti* apresentaram-se à justiça, e um ou dois foram assassinados. Mas por cada testemunha cuja credibilidade era assim postumamente confirmada, outra acabava por revelar-se demasiado próxima das autoridades para ser credível, e outra ainda tinha amizades políticas importantes que impediam a sua condenação. Enquanto alguns polícias se mostravam zelosos na sua busca de provas de sociedades secretas, outros estavam eles mesmos associados a quadrilhas. Assim, os veredictos variaram entre a absolvição total em tribunal de última instância, como no caso dos Stuppagghieri, e as 12 penas de morte pronunciadas em 1883 à *cosca* de Piazza Montalto, baseada na orla sudeste de Palermo. Os poucos suspeitos importantes detidos pelas suas ligações ao crime organizado escaparam à condenação. Muitos mafiosos não foram atingidos pela repressão – desde que contassem com a devida protecção política.

À medida que os julgamentos se iam sucedendo, entre o final da década de 70 e início da década de 80, tornava-se evidente que o acordo iniciado por Nicotera marcara um verdadeiro ponto de viragem na política italiana. Os governos de Roma começavam a resignar-se a ter de trabalhar com políticos sicilianos que recebiam apoio da máfia. Os mafiosos começavam aos poucos a integrar-se numa nova realidade política. Os homens de honra desenvolveram os seus esquemas de extorsão e outros negócios, mas também aprenderam que as amizades políticas se haviam tornado mais importantes que nunca para a sua sobrevivência. No que lhes dizia respeito, os políticos sicilianos tiveram a oportunidade que a Direita lhes havia negado durante tanto tempo: podiam agora lançar-se na arena nacional, na misteriosa dança de parceiros de coligação que determinava a forma como o poder e os recursos eram distribuídos a partir de Roma. Havia ainda uma vantagem adicional, na medida em que a Esquerda investiu muito mais dinheiros públicos na Sicília do que a Direita – em estradas, pontes, portos, hospitais, escolas, saneamento básico, extinção de bairros de lata e construção de hospícios. Todas estas coisas constituíam potenciais fontes de receitas e poder, tanto para políticos e como para mafiosos. Assim, os mafiosos descobriram que a Esquerda estava disposta a usá-los como «um instrumento do governo local», tal como fizera a Direita, só que de um modo ligeiramente diferente. Enquanto a Direita tentara governar a Sicília pelas armas, a Esquerda preferiu o suborno. Sob o governo da Esquerda, a máfia e os políticos a ela ligados começaram a meter as mãos nos dinheiros de Roma.

O acordo de Nicotera criou assim um modelo para governar a Sicília que permaneceria mais ou menos em vigor durante os quarenta anos seguintes. Efectivamente, ainda hoje a máfia almeja ser um «instrumento do governo local» do género em que se tornara sob o governo da Esquerda. E hoje, como durante o período crítico entre 1875 e 1877, os homens de honra não ditam a agenda política; só muito raramente mostram tendência ou capacidade de mudar a maré da política italiana. Eles limitam-se a adaptar-se às circunstâncias, fazendo acordos com políticos de todas as cores.

# A Irmandade de Favara: a Máfia na Terra do Enxofre

No início do século XIX manchas de um amarelo mais doentio começaram a aparecer nos montes coloridos de cereais do interior siciliano. A ilha possuía um monopólio natural de um elemento que era uma matéria-prima essencial da revolução industrial: o enxofre, usado na produção de uma grande variedade de coisas, desde fungicidas e fertilizantes a papel, pigmentos e explosivos. Os montes e as planícies das províncias de Agrigento e Caltanissetta, no Sudoeste e centro da ilha, foram rasgados para descobrir o precioso elemento que jazia em espessas camadas sob a superfície. Foi como se uma doença geológica congénita começasse finalmente a manifestar os seus sintomas. Nas regiões das minas via-se muitas vezes um fumo azulado e sobrenatural a sair dos *calcaroni*, enormes jazigos de rocha sulfurosa que eram lentamente queimados para libertar um líquido castanho. Os fumos envenenavam os campos em volta e arruinavam a saúde tanto dos homens como dos animais. E a vida nas minas de enxofre era ainda mais infernal do que a paisagem: os desmaios eram frequentes, qualquer incêndio podia produzir gases letais de dióxido de enxofre. Cem homens morreram em 1883 – uma média de mortes perfeitamente normal.

As minas de enxofre da Sicília eram um constante escândalo nacional, e não só por causa dos riscos para a saúde. A opinião pública italiana estava mais preocupada com os rapazinhos, alguns com apenas sete e oito anos de idade, que eram contratados em pequenas equipas para transportar a rocha do exterior para os *calcaroni*. Estas crianças levavam uma vida infernal. O seu mísero salário ia directamente para os pais; muitas vezes não recebiam mais do que um charuto ou um copo de vinho como recompensa pelo seu trabalho. Os cestos enormes que transportavam deformavam-lhes os corpos. Pior ainda, observadores atentos falavam sombriamente dos seus «instintos selvagens de malvadez e imoralidade»; a pederastia era endémica nas minas de enxofre.

Em Março de 1883, em Favara, cidade no coração da terra do enxofre não muito longe da costa sudoeste da Sicília, um trabalhador dos caminhos-de-ferro apareceu na polícia a contar que tinha sido convidado a filiar-se numa sociedade secreta republicana chamada la Fratellanza – a Irmandade. Ele fora abordado por um construtor que lhe disse que a sociedade possuía sinais de reconhecimento próprios que ele teria de usar se quisesse evitar ser atacado por outros membros. O ferroviário sentiu-se ameaçado, e calculava que houvesse intenção criminosa por trás da associação.

O depoimento do ferroviário surgiu pouco depois de algumas semanas de tensão e violência em Favara. Os problemas começaram na noite de 1 de Fevereiro quando um homem foi morto a tiro por dois assaltantes encapuzados à saída de uma taberna onde se estava a celebrar um baptizado. A polícia presumiu que a morte fosse resultado de uma briga na taverna e interpretou a incapacidade geral dos convidados em reconhecer os assassinos como sinal de cumplicidade com os mesmos. Todos os presentes na festa do baptizado foram detidos.

Os boatos em Favara eram de que a vítima fora membro de uma associação secreta. E esses boatos tornaram-se mais credíveis no dia seguinte quando o membro de um bando rival foi encontrado morto às portas da cidade. Tinha sido baleado nas costas e faltava-lhe a orelha direita. Favara encontrava-se subitamente à beira de uma guerra civil. Nos dias seguintes, homens das duas facções circularam pela cidade em grupos, armados e desconfiados. Mas então, de forma igualmente súbita, a tensão dissipou-se e a guerra entre os dois bandos não se materializou. Só quando o ferroviário contou a sua história é que a polícia começou a reconstruir o que havia acontecido.

Entre Março e Maio de 1883, mais de 200 pessoas foram detidas em Favara e nas zonas circundantes. Um dos chefes da Irmandade foi mesmo apanhado no acto de iniciar dois irmãos encapuzados. Excepcionalmente, tinha consigo um exemplar escrito dos estatutos da associação. O homem confessou, explicando que os membros tiravam à sorte para decidir quem praticava os assassinatos que os chefes consideravam necessários aos interesses da Irmandade. Seguiram-se mais confissões. Foram recuperados esqueletos de grutas remotas, de poços secos e jazigos de enxofre abandonados. Foram também encontradas mais versões dos estatutos e um diagrama da organização da Irmandade.

O julgamento da Irmandade teve lugar em Agrigento, em 1885, na igreja de Santa Ana, especialmente adaptada para o acontecimento. Cento e sete homens foram conduzidos à barra em quatro filas acorrentadas. Muitos agora negavam as acusações, alegando que tinham confessado sob tortura. Mas a estratégia não resultou. Os Irmãos foram condenados e presos – um êxito raro contra uma associação criminosa desse tipo.

O caso da Irmandade de Favara forneceu à polícia uma visão única do tipo de organização mafiosa que se desenvolvia fora de Palermo, nas regiões das minas de enxofre das províncias de Agrigento e Caltanissetta. Mas tão importante quanto as descobertas dos investigadores, que eles provaram em tribunal, foi o que não conseguiram ver acerca da enorme influência da Irmandade sobre a sociedade à sua volta. Os historiadores actuais acreditam que a Irmandade era uma organização muito mais sofisticada e perigosa do que as autoridades julgavam. E se a máfia tem sobrevivido tanto tempo na terra do enxofre, tal como no resto da Sicília Ocidental, isso deve-se em parte ao facto de ela, como a Irmandade de Favara, haver sido constantemente subestimada.

Efectivamente, a Irmandade tinha apenas algumas semanas de idade quando a polícia soube da sua existência. Foi fundada quando os chefes das duas facções de Favara se encontraram para discutir a escalada de violência na cidade após o assassínio no baptizado. Espantosamente, tendo em conta os interesses em jogo e a violência do conflito, os dois lados não só chegaram a acordo como decidiram unir-se e formar uma única associação.

As regras da Irmandade eram mais antigas do que a associação; eram seguidas pelas quadrilhas que se juntaram para formá-la.

E para qualquer um que conheça a história do Dr. Galati e da máfia de Uditore, essas regras são notavelmente familiares. O ritual de iniciação, por exemplo: o dedo indicador dos novos membros era picado para que o sangue pudesse ser untado numa imagem sagrada. Enquanto a imagem ardia, o iniciado recitava um juramento: «Juro pela minha honra ser fiel à Irmandade, como a Irmandade é fiel à minha pessoa. Assim como este santo e estas gotas do meu sangue que ardem, derramarei todo o meu sangue pela Irmandade. Assim como esta cinza e este sangue nunca poderão regressar ao seu estado original, nunca poderei deixar a Irmandade». Uma vez que a Irmandade tinha cerca de 500 membros recrutados em várias vilas mineiras próximas de Favara, era também necessário um ritual de identificação. Como a versão de Palermo, começava com uma pergunta sobre dor de dentes e prosseguia com um diálogo semelhante. (Um relatório do procurador-geral de Palermo ao ministro da Justiça em 1877 afirmava que o ritual era reconhecido em toda a ilha.)

A estrutura da Irmandade apresenta mesmo semelhanças com a estrutura da Cosa Nostra que Tommaso Buscetta descreveria pela primeira vez um século mais tarde. Os membros da Irmandade eram divididos em *decine* – grupos de dez. Cada *decina* tinha um chefe conhecido dos seus membros mas desconhecido do resto da irmandade, excepto de um chefe único.

Os investigadores descobriram também que a Irmandade considerava a ligação entre os seus membros mais sagrada que os laços familiares. Um membro da Irmandade de Favara, Rosario Alaimo, contou à polícia como os Irmãos o chamaram a uma taberna para lhe dizer que o seu sobrinho era um traidor; deram-lhe então a escolher entre a morte do sobrinho ou a sua própria morte. Quando aceitou a primeira opção, o medo levou-o a manifestar a sua determinação com um brinde: «O vinho é doce, mas o sangue de um homem é mais doce»([24]). Dias depois ajudou a atrair o sobrinho para uma armadilha para que outros Irmãos o pudessem assassinar. Como prova da sua confissão, Alaimo levou a polícia ao castelo em ruínas onde estava escondido o corpo do sobrinho. Ao regressar à cela, suicidou-se. Dizia-se que ele queria que o seu pró-

([24]) Colacino, p. 180.

prio fim espelhasse o mais possível a maneira como sobrinho tinha sido morto – por estrangulamento.

Ainda hoje a máfia é muito cuidadosa na gestão das relações de sangue entre os seus membros. Uma vez que o parentesco pode contribuir para a coesão de uma Família, os sobrinhos, irmãos e filhos são muitas vezes trazidos para a organização. Mas o afecto por um parente também pode ser destabilizador se interferir com o primeiro dever de obediência ao *capo*. Por isso, os mafiosos são por vezes forçados a mostrar de forma algo dramática onde reside afinal a sua lealdade. Se um mafioso tem um irmão que também é homem de honra e ele quebrar as regras, é bem possível que lhe seja dada a mesma opção drástica que os Irmãos deram a Alaimo: ou mata o irmão ou ambos morrem. Nestes casos a organização tem de estar em primeiro lugar. A eliminação de um membro da família pode tornar-se motivo de orgulho para alguns homens de honra. Como se gabava o prisioneiro mafioso Salvatore *Totuccio* Contorno, nos anos 80 do século XX: «Sou o único que pode lavar as mãos no meu próprio sangue»([25]).

A semelhança entre as regras da Irmandade e as adoptadas pelas *cosche* dos arredores de Palermo era notável mesmo em 1883. No entanto, o seu alcance parece em grande parte ter escapado aos juízes e criminologistas da época. Favara e Palermo situavam-se em costas opostas. Cem quilómetros do interior montanhoso da Sicília, percorridos por estradas péssimas, separavam as duas cidades. Que a máfia em dois locais tão distantes partilhasse as mesmas regras explica-se provavelmente pelo facto de, antes de 1879, alguns dos principais Irmãos terem estado presos em ilhas-prisão como Ustica com mafiosos de Palermo. Foi na prisão que estes homens ouviram falar pela primeira vez da máfia e, muito provavelmente, foram nela iniciados. Uma vez libertados, mantinham contactos com mafiosos de outras partes da Sicília. Fazer parte da máfia significava na altura pertencer a uma quadrilha local; mas era também um passaporte para um mundo mais vasto de ligações criminosas.

Os procuradores do processo da Irmandade de Favara achavam que os rituais que uniam a associação eram simplesmente «pri-

([25]) Falcone e Padovani, p. 31.

mitivos». Sugeriam que instintos primários de vingança e *omertà* constituíam os principais motivos da Irmandade. Um juiz referiu-se ao «misticismo bárbaro» da cerimónia de iniciação; «puro canibalismo» foi o seu comentário ao brinde que Alaimo fizera depois de concordar em ajudar a assassinar o próprio sobrinho.

Palavras como «primitivo» e «atrasado» assinalam uma das grandes falhas na interpretação que a Itália do século XIX fazia da máfia, como se verá no capítulo seguinte. Neste caso serviram para desviar a atenção daquele que era quase por certo o papel tacitamente engenhoso da Irmandade no seio da economia do enxofre da região. Dos 107 homens julgados por pertencerem à quadrilha, 72 trabalhavam na indústria do enxofre. Além de mineiros, havia capatazes e até pequenos proprietários de minas. Estes interesses mineiros comuns talvez expliquem por que razão as duas quadrilhas rivais se uniram com êxito na Fratellanza: a racionalidade económica sobrepôs-se ao desejo de vingança. O julgamento também acabou por revelar a rede de protectores da Irmandade: proprietários rurais, nobres e antigos prefeitos enviaram referências. Ninguém pensou em perguntar exactamente por que motivo estes notáveis procuravam proteger os «primitivos».

Apesar das suas condições infernais, as minas de enxofre da Sicília eram geridas de forma quase tão sofisticada como os pomares de limoeiros. Os rapazes, que eram tratados pouco melhor que bestas de carga, na indústria situavam-se no nível mais baixo de uma longa cadeia de empreiteiros e subempreiteiros. A pequena nobreza terra-tenente cedia os direitos de exploração a empresários; os empresários contratavam capatazes à comissão; os capatazes, por sua vez, contratavam superintendentes, guardas e mineiros. À medida que a cadeia se alongava, os riscos de lidar com uma matéria-prima que era negociada nos mercados internacionais passavam a ser menores.

Os próprios mineiros – conhecidos por «cabouqueiros» – recebiam à peça. Eram eles quem contratava as equipas de rapazes. Formavam um grupo notoriamente duro e conflituoso conhecido pelas suas orgias assassinas. Pelos padrões da época e do lugar, estavam longe de ser pobres; na realidade, eram considerados uma espécie de empresários. Alguns tinham a seu cargo três ou quatro outros mineiros. Muitos gostavam de ostentar a sua posição social, obtida à custa de muito esforço. Uma observadora inglesa que se casou com um latifundiário da região do enxofre, descreveu o cabouqueiro típico: «É muito cioso do seu modo de vestir, e é visto com frequência ao domingo ataviado em fino tecido preto, com botas altas de couro de verniz e uma grande capa com capuz de um fino tecido preto debruado a verde»([26]). (Não se sabe se os capuzes usados pelos Irmãos encerravam um significado ritual ou se eram distintivos da posição de mineiro, ou ambas as coisas.)

O enxofre era um negócio altamente competitivo para todos os envolvidos. E, como na maior parte da Sicília Ocidental, a violência podia representar uma vantagem sobre a concorrência. A todos os níveis da hierarquia social, do latifundiário ao mineiro, a capacidade de usar a força de maneira organizada e estrategicamente engenhosa era um importante trunfo económico. Empresários, gestores, capatazes, guardas e cabouqueiros podiam formar cartéis para afastar os seus rivais. Como os pomares de limoeiros em redor de Palermo, as minas de enxofre eram terreno fértil para associações criminosas.

Examinado sem preconceitos «primitivistas», o caso da Irmandade de Favara também nos proporciona uma primeira ideia do que significava ser padrinho dentro da máfia. Não foi por acaso que o assassínio que acabou por levar à fundação da Irmandade foi praticado num baptizado. Matar um homem num baptizado era um insulto premeditado dirigido não só a uma família, mas a toda uma quadrilha inimiga. Foi por isso que o assassínio provocou uma resposta igualmente calculada quando a segunda vítima apareceu sem uma orelha depois de ter sido baleada pelas costas.

Na Sicília, como em grande parte do Sul da Itália, os baptizados eram importantes não tanto pelo baptismo da criança, mas sobretudo porque a cerimónia também significava receber um novo padrinho na família. Baptizar a criança transformava o pai e o padrinho em *compari* – «compadres». Era uma ocasião solene: até mesmo os irmãos que se tornavam *compari* tinham de abandonar o trato familiar do «tu» e empregar o trato mais formal do «vós». Durante o resto das suas vidas, os dois «compadres» seriam obrigados a satisfazer as solicitações um do outro, fossem elas quais fossem. Os camponeses e mineiros do enxofre tinham muitos con-

---

([26]) Caico, pp. 176-177.

tos populares assustadores sobre a terrível vingança que S. João Baptista, santo padroeiro dos *compari*, fazia cair sobre qualquer homem que traísse o seu «compadre».

A instituição conhecida por *comparatico* era uma espécie de cimento social; estendia os laços familiares ao resto da sociedade, encorajando a paz e a cooperação. Dois homens às avessas podiam decidir esquecer as suas divergências e tornar-se *compari* para evitar uma contenda violenta que só prejudicaria as respectivas famílias. Um operário podia atrair um homem mais influente para padrinho do seu filho, oferecendo-lhe deferência e lealdade na esperança de receber futuros favores. Escolher um padrinho poderoso para o filho podia significar um emprego na mina de enxofre, alguma terra para cultivar, um empréstimo ou caridade.

Mas ser padrinho tinha por vezes outras implicações. A expressão siciliana *fari u cumpari* («agir como um compadre») significava também ser cúmplice, ajudar alguém a cometer um acto ilegal. Se o vínculo entre *compari* podia contribuir para unir a sociedade, também podia unir dois homens num pacto criminoso. Os mafiosos fortaleciam muitas vezes os laços que os uniam tornando-se *compari*. Os homens de honra mais velhos eram por vezes apelidados de «padrinho», em imitação do prestígio com que o título era dotado na sociedade. Ainda hoje, como um *compare* acompanha o baptizado de um bebé, um padrinho da máfia preside à iniciação de um jovem recruta – o seu renascimento como homem de honra.

A máfia tem sido, desde o início, altamente sofisticada na forma como se infiltra nos principais sectores da economia siciliana; e igualmente sofisticada na adopção e adaptação de quaisquer fontes de lealdade na cultura siciliana que possa usar para atingir os seus fins criminosos. A máfia, por outras palavras, é tudo menos «atrasada».

# Os Primitivos

Quando a Irmandade de Favara foi descoberta, já a máfia tinha deixado as manchetes dos jornais e entrado no campo mais tranquilo do debate académico. O procurador do processo de Favara enviou um relato das acções da Irmandade para uma revista académica, *O Arquivo de Psiquiatria, Ciências Penais e Antropologia Criminal ao Serviço do Estudo do Homem Demente e Delinquente*. A revista era coordenada por Cesare Lombroso, importante criminologista e, fora da Itália, o intelectual italiano mais famoso do seu tempo.

O livro que lhe deu renome foi *O Homem Delinquente*, publicado pela primeira vez em 1876. Nele o autor defende que os criminosos podiam ser identificados através de certas deformidades físicas: orelhas grandes, testas baixas, braços compridos, etc. Ele classificou esses traços físicos como «estigmas criminosos». O que eles mostravam, segundo Lombroso, era que os criminosos representavam na verdade anacronismos biológicos, remanescentes acidentais de uma etapa mais antiga da evolução humana. Era por isso que se assemelhavam a povos não-europeus «primitivos», e até mesmo a animais. Os não-europeus encontravam-se, presumia Lombroso com toda a confiança, estacionados num degrau mais baixo da escada do desenvolvimento racial, sendo por isso intrinsecamente criminosos. Levando a sua lógica ao extremo, Lombroso também achava que todos os animais eram criminosos.

O absurdo do que Lombroso chamava a sua «antropologia criminal» é bastante mais evidente hoje em dia do que era na altura. Os Italianos eram os cidadãos ansiosos de um Estado novo e frágil e, desde a unificação, tinham sido vítimas de uma alarmante vaga de criminalidade. Consequentemente, muitos deles achavam as ideias de Lombroso reconfortantes. O que essas ideias sugeriam era que a Itália não tinha culpa de ter tantos criminosos – a biologia era um bom bode expiatório. Além de fornecer consolo político, as muitas edições do *Homem Delinquente* (e a sua continuação ainda mais picante, *A Mulher Delinquente*) proporcionavam aos leitores de Lombroso um certo tremor lascivo, com as suas copiosas ilustrações de orelhas criminosas, genitais delinquentes, etc. Às grandes assistências das suas palestras na Universidade de Turim, Lombroso – homenzinho atarracado e com aspecto de esquilo – demonstrava a presença dos estigmas da delinquência nos corpos de criminosos vivos.

A opinião de Lombroso sobre a máfia era bastante confusa; ele atribuía-a a uma série de causas, incluindo raça, clima, «hibridismo social» – o que quer que isso fosse – e ao facto de os mosteiros terem encorajado a preguiça oferecendo sopa aos pobres. Havia muitos críticos dipostos a salientar que as suas teorias eram contraditórias e infundadas. Mas muitos desses críticos acabariam também por subestimar seriamente a máfia. O crime tinha causas sociais, argumentavam. Era a pobreza que levava os camponeses e os operários a criar sociedades secretas. A máfia era primitiva, com certeza, mas socialmente primitiva. Existia, porque a Sicília continuava encalhada na Idade Média. Alguns pensadores de esquerda viram na Irmandade de Favara um sindicato muito rudimentar. Consideravam que a modernização económica e o avanço da classe trabalhadora em breve poriam fim a todos os sintomas de atraso como a máfia. (Esta ilusão haveria de limitar o pensamento da esquerda sobre a máfia durante décadas.)

Na década de 80 do século XIX, os novos ideais da criminologia científica e do progresso social inspiraram uma geração de polícias que começara a desenvolver uma grande perícia no combate ao crime organizado. Um desses polícias, discípulo de Lombroso, foi Giuseppe Alongi. O seu livro de 1886, *A Máfia nos seus Factores e Manifestações*, atribui grande importância à psicologia étnica dos Sicilianos. Estes exibiam «um egoísmo sem limites», «uma noção exagerada de si mesmos», «uma capacidade de ódio e desdém violentos, obstinados e implacáveis até a vingança ser conseguida»(27). Alongi não acreditava que pessoas assim fossem capazes de criar uma grande associação criminosa com regras fixas. A máfia, sustentava ele, não passava dum rótulo para *cosche* diferentes e autónomas de regiões e aldeias específicas. Apresentava a Irmandade de Favara como exemplo. Alongi talvez tivesse tido razão ao refutar a teoria de que a máfia era uma conspiração centralizada. Mas estava quase certamente errado ao negar a possibilidade de muitas *cosche* regionais pertencerem a uma rede mais vasta.

Apesar dos seus preconceitos primitivistas, Alongi era um observador astuto dos estilos de vida das famílias que beneficiavam dos lucros do crime em zonas de actividade da máfia. Ele percebeu que o dinheiro era gasto ostensivamente nas aldeias em redor de Palermo. Os homens usavam botas, luvas e chapéus caros, exibindo grossas correntes de relógio e anéis de ouro. Aos domingos, as mulheres traziam vestidos de seda e pequenos chapéus emplumados. Nos dias de festa havia um grande consumo de carne e sobremesas. As famílias de médicos, profissionais liberais e burocratas não podiam competir com a ostentação de indumentária apresentada pelos seus inferiores sociais.

Alongi também notou que os penhoristas faziam bons negócios. Como comentara o Dr. Galati sobre a *cosca* de Uditore dez anos antes, só os chefes da máfia se tornavam verdadeiramente ricos. «A maioria esbanja o produto da sua ladroagem. Gasta-o na boa vida e entrega-se ao deboche, à gula e a todo o tipo de vícios.»(28) O excesso desses estilos de vida não se reflectia na maneira como os homens de honra falavam e se comportavam, segundo Alongi:

> Estas pessoas são imaginativas e as suas aldeias quentes; a sua linguagem do dia-a-dia é melíflua, exagerada, rica em imagens. No entanto, a linguagem do *maffioso* é concisa, sóbria, elíptica... A expressão *lassalu iri* («deixa-o ir») tem um significado desdenhoso do género: «Meu caro amigo, o homem com quem está a tratar é um imbecil. Você só compromete a sua dignidade ao escolhê-lo como inimigo»... Outra expressão – *be' lassalu stari* («deixa-o estar») – parece idêntica, mas tem o sentido oposto. Tra-

(27) Alongi, *La maffia*, pp. 55, 58.
(28) Carbone e Grispo, vol. 2, p. 1008.

duz-se por: «Aquele homem merece uma dura lição. Mas agora não é o momento. Vamos aguardar. Depois, quando ele menos o esperar, apanhamo-lo»... O verdadeiro *maffioso* veste-se modestamente. Afecta uma bonomia fraternal na sua atitude e linguagem. Faz-se passar por ingénuo, tolamente atento ao que estás a dizer. Suporta insultos e bofetadas com paciência. Depois, na mesma noite, mata-te a tiro.([29])

O livro de Alongi ajudou-o a fazer uma notável carreira. A sua insistência na ideia de que a máfia era uma associação primitiva e o facto de ser muito reticente quanto às ligações da mesma com políticos, polícias e juízes contribuíram provavelmente para o seu êxito.

O fascínio da Itália com os seus «primitivos» tinha também um lado mais leve e, no entanto, mais sinistro. Durante mais de quatro décadas antes da I Guerra Mundial, Giuseppe Pitrè, um médico esguio e excêntrico, percorreu Palermo e arredores numa carruagem velha e gasta que servia também de escritório – com papéis e apontamentos espalhados permanentemente pelo seu interior. Por onde passava recolhia provérbios, fábulas, canções, costumes, rituais e superstições de camponeses. Pitrè, que gostava de se considerar um «demopsicólogo», estava a planear um vasto retrato da mentalidade colectiva siciliana. O resultado foi um arquivo inestimável, embora sentimental, de um mundo «primitivo» em vias de extinção. Quase tudo o que se pensou acerca do folclore siciliano desde o final do século XIX – e quase todos os estereótipos do carácter siciliano – pode encontrar nele a sua origem.

Foi assim que o professor de «demopsicologia» definiu a *mafia* em 1889:

A *mafia* não é nem uma seita nem uma associação, não tem regulamentos nem estatutos. O *mafioso* não é um ladrão ou um criminoso...

A *mafia* é a consciência do próprio ser, uma noção exagerada da nossa própria força individual... O *mafioso* é alguém que quer sempre oferecer e auferir respeito. Se alguém o ofender, ele não recorre à Lei.([30])

([29]) Alongi, *La maffia*, pp. 72-73.

([30]) Pitrè, vol. 2, p. 292.

Quando a *Cavalleria rusticana* conheceu o seu estrondoso êxito no ano seguinte a Pitrè ter publicado estas palavras, ele podia ter razões para sentir um certo orgulho. A ópera que vendeu o mito do cavalheirismo rústico ao mundo baseia-se num conto e numa peça de um acto do mais importante autor siciliano da época, Giovanni Verga, que se inspirou profundamente na obra de Pitrè. Embora seja filtrada pelas palavras de outros homens, a Sicília que Mascagni musicou e imortalizou é, em boa medida, a Sicília de Pitrè.

Durante muito tempo depois disso, Pitrè tornou-se um talismã para os bandidos sicilianos e seus advogados; a sua cómoda definição da máfia foi mesmo citada em tribunal em meados dos anos 70 do século XX pelo temido chefe de Corleone, Luciano Leggio. É pouco provável que Pitrè fosse efectivamente um membro da máfia. Contudo, na altura da primeira representação da *Cavalleria*, em 1890, Pitrè estava a trabalhar no governo local de Palermo com um deputado que ele descreveu de forma exuberante como «um verdadeiro cavalheiro... um administrador extremamente íntegro e honesto». Esse «administrador honesto» era na realidade o mafioso mais notório do fim do século, um homem que desmentia qualquer noção de que a máfia era «atrasada»: Don Raffaele Palizzolo. Quando o público veio a conhecer Don Raffaele, ficaria também a saber até que ponto a máfia já estendera a sua influência sobre o sistema de governo italiano – e isto precisamente na mesma altura em que o país tentava convencer-se de que os homens de honra não passavam de gente primitiva.

# 3

# A Corrupção nas Altas Esferas 1890–1904

# Uma Nova Geração de Políticos

Don Raffaele Palizzolo recebia os seus clientes de manhã, na sua residência de Palermo, o Palazzo Villarosa, na via Ruggiero Settimo. Abordavam-no levando flores ou outras ofertas, enquanto ele permanecia sentado na cama com um cobertor pelos ombros. Alguns procuravam um emprego na edilidade. Outros talvez fossem juízes ou agentes da polícia ansiosos por uma transferência, uma promoção, um aumento de salário. Ou podiam ser pessoas suspeitas a precisar de uma licença de uso e porte de arma ou de protecção contra a perseguição da polícia; vereadores em busca duma posição de influência nalguma comissão; estudantes do ensino secundário ou superior desejosos de que lhes fossem perdoadas más notas susceptíveis de ameaçar o seu progresso nos estudos.

Don Raffaele não era arrogante e escutava complacentemente toda a gente; conversava, perguntava pela família, oferecia compreensão, prometia ajuda. As audiências prosseguiam enquanto ele se lavava, tratava dos caracóis desenvoltos e salientes das pontas dos bigodes e vestia o jaquetão comprido e justo a que os Italianos chamavam *redingote* (do inglês *riding coat*).

À tarde, Palizzolo cuidava dos seus negócios e concedia favores. Era proprietário de terras e imóveis, vereador dos governos local e provincial, administrador de bancos e instituições de caridade. Geria um fundo de seguros de saúde da marinha mercante e presidia à administração de um manicómio. Como deputado, era um acérrimo apoiante do governo, fosse quem fosse que estivesse no poder.

As recepções matinais de Palizzolo, que se realizaram durante toda a sua carreira política de quarenta anos, tinham um estilo caracteristicamente desassombrado. Mas nada havia de exclusivamente mafioso, ou siciliano, neste tipo de apadrinhamento e clientelismo na política. Os mesmos mecanismos básicos funcionam ainda em muitos lugares da Itália, para não falar de outros países em todo o mundo. Os votos são trocados por favores: os políticos e funcionários do Estado apropriam-se de bens públicos – empregos, contratos, licenças, pensões, subsídios – e reinvestem-nos a título particular nas suas redes de apoio ou clientelas pessoais.

O nepotismo, o clientelismo e a corrupção não são a mesma coisa que a máfia. Na verdade, a máfia não teria surgido se um Estado moderno não tivesse pelo menos tentado, mesmo que desastradamente, impor a lei e a ordem na Sicília. Por outras palavras, a máfia não cresce naturalmente de um terreno fértil em corrupção. Há muitos lugares no mundo onde existe corrupção política e nem todos produzem organizações ao estilo da máfia. Nem o factor do nepotismo na política significa que as grandes questões como a economia, a democracia e a política de negócios estrangeiros deixem de ter influência. Dito isto, Palizzolo estava certamente mancomunado com a máfia, e o poder desta não pode ser compreendido sem se perceber a política de nepotismo da qual Palizzolo viria a ser o expoente mais notório da sua época.

O nepotismo custa muito dinheiro. Até 1882, os custos eram relativamente contidos: apenas cerca de 2 por cento da população, todos homens adultos e proprietários, tinham o direito de participar no processo político italiano. O eleitorado de um qualquer distrito eleitoral podia muito bem consistir em apenas algumas centenas de pessoas. Nestas circunstâncias, o pacote de cinquenta votos controlado por Antonino Giammona podia fazer toda a diferença. Em 1822, a situação mudou quando o direito de voto foi alargado para incluir um quarto da população masculina adulta. A era da política de massas estava a chegar. As eleições tornaram-se de repente mais caras. Era uma altura de risco e de oportunidade tanto para os políticos como para os mafiosos.

Don Raffaele Palizzolo respondeu ao desafio e dedicou a sua vida a negociar favores. O seu cadastro era longo e sinuoso: ele defraudou instituições de caridade, protegeu e usou bandidos, testemunhou a favor de mafiosos. O seu feudo tinha por base a povoação suburbana de Villabate, mas estendia-se para o sudeste da cidade, incluindo Caccamo, Termini Imerese e Cefalù. Ele era o protector da *cosca* de Villabate, convidado de honra nos seus banquetes, o homem que os ajudou a transformar o seu território num importante terminal para as rotas do roubo de gado, que iam das grandes herdades do interior até Palermo. Contava também com uma rede de apoio suficientemente forte em Palermo e arredores para conseguir ser eleito três vezes deputado pelo círculo eleitoral da zona durante a última década do século XIX.

As licenças de uso e porte de arma constituem um bom exemplo da cadeia de favores que unia homens como Palizzolo e a máfia. As licenças só podiam ser adquiridas com a recomendação de um cidadão de importância, como um político. Era uma oportunidade evidente para captar as boas graças de alguém. Na véspera das eleições, o negócio tornava-se mais sistemático. À ordem do ministro do Interior, o prefeito podia retirar todas as autorizações de porte de arma. O seu fim declarado era evitar que a luta política resvalasse para a violência, mas o verdadeiro objectivo era influenciar o voto. Apenas cartas abonadoras do candidato eleitoral apoiado pelo governo central permitiriam que as licenças fossem devolvidas. Os políticos vendiam essas cartas em troca de fundos eleitorais, votos ou favores.

A fragmentação do sistema político italiano era o grande aliado de Don Raffaele. Durante grande parte da história da Itália existiram poucas linhas de divisão num mosaico irregular de cliques e grupos de interesse. Isso tem sido um facto, do topo à base do Estado, tanto nas assembleias municipais das cidades da província como nas assembleias nacionais. No meio desta fragmentação, minorias estrategicamente colocadas têm conseguido exercer grandes influências. Na maior parte dos casos, a máfia e os seus políticos têm constituído uma minoria estrategicamente colocada.

Em circunstâncias normais, no final do século XIX a Itália não conseguia reunir a determinação e vigilância políticas necessárias para denunciar homens como Don Raffaele. Os conflituosos governos de coligação do país sobreviviam apenas alguns meses de cada vez com o apoio de deputados sicilianos. Porém, na década de 90, a Itália foi assolada por uma crise tão grave que durante uns tempos pareceu que o país se poderia desintegrar. Essa tempestade política resultaria na ameaça mais séria que a máfia enfrentara desde a sua criação.

Em 1892, duas das mais importantes instituições de crédito italianas abriram falência. Mais tarde nesse mesmo ano, foi revelado que a Banca Romana, um de vários bancos com direito a cunhar moeda, estivera na realidade a falsificar milhões de liras; foram encontradas notas «verdadeiras» com números de série duplicados. O dinheiro era canalizado para alguns dos mais importantes políticos do país, que o usavam para financiar as suas campanhas políticas. A fraqueza da lira precipitou uma exportação em massa de dinheiro de metal; as moedas de prata e mesmo de bronze tornaram-se tão escassas que sociedades de socorros mútuos e associações de comerciantes do Norte de Itália se viram obrigados a emitir o seu próprio dinheiro. Com a economia no ponto mais baixo de uma longa depressão, todo o sistema financeiro parecia prestes a ruir. Em Janeiro de 1894, foi declarada a lei marcial na Sicília para reprimir confrontos violentos entre trabalhadores e latifundiários. O Partido Socialista foi banido mais tarde nesse mesmo ano.

Sob o seu primeiro primeiro-ministro siciliano, Francesco Crispi, o governo respondeu à crise da pior forma possível: encenando na insensata campanha de conquista e glória colonial na Etiópia. O resultado era inevitável. Na batalha de Adowa, em Março de 1896, uma força de 17 500 soldados italianos e ascaris foi destruída por um exército etíope mais bem armado e comandado com mais de 120 000 indivíduos. Foi a pior derrota alguma vez sofrida por uma potência colonial europeia. Cinquenta por cento da força italiana foi morta, ferida ou capturada e castrada ritualmente.

O país tropeçava de crise em crise. Em Maio de 1898, a lei marcial foi declarada até em Milão, a capital económica do país: pelo menos oitenta pessoas foram mortas pelos soldados. Os canhões bombardearam o mosteiro capuchinho de Milão, onde se julgava estarem escondidos os rebeldes. Quando o fumo se dissipou, foram encontrados apenas alguns monges, juntamente com uns mendigos que haviam estado à espera da sua sopa.

Um mês depois dos acontecimentos de Milão, um militar foi nomeado novo primeiro-ministro. O general Luigi Pelloux, que servira o seu rei como soldado desde a adolescência, desfruta hoje de má reputação, porque o seu mandato ficou associado a uma tentativa de fazer aprovar um pacote de reformas bastante autoritárias; estas teriam restringido a liberdade de imprensa, proibido os sindicatos na função pública e autorizado o governo a enviar pessoas suspeitas para o exílio interno sem julgamento. Apesar disso, pelos padrões da época Pelloux não era um reaccionário fanático. O seu governo foi nomeado com o objectivo de gerir uma transição do período mais turbulento da curta história do Estado italiano para algo mais parecido com a normalidade. Um ataque à corrupção na Sicília fazia parte do programa. Assim, em Agosto de 1898, o general Pelloux nomeou um novo comandante da polícia para Palermo com instruções de resolver o problema da máfia. Em 1900, o comandante descrevia os apoiantes políticos de Don Raffaele Palizzolo da seguinte forma:

> [eles são] os *mafiosi*, os homens com cadastro, os que representam um perigo permanente para a segurança pública, porque se dedicam a todos os tipos de crimes contra pessoas e bens. Nenhum deles poupa ameaças, violência e intimidação para obrigar eleitores honestos a votar no seu candidato... Para esse fim, recorrem aos mesmos métodos a que a máfia recorre para impor administradores aos proprietários de pomares e extorquir contribuições a latifundiários ricos.([31])

Palizzolo teria sempre um lugar neste livro como principal representante de uma nova geração de políticos com ligações à máfia. Contudo, para além disso, foi também o protagonista do maior julgamento contra a máfia do seu tempo; com Don Raffaele, a máfia voltava às manchetes dos jornais nacionais pela primeira vez em vinte anos. Muito menos conhecido que Palizzolo – mas igualmente importante para a história da máfia – foi o seu adversário, o comandante da polícia de Palermo nomeado pelo general Pelloux. Chamava-se Ermanno Sangiorgi, e a sua história só muito recentemente saiu dos arquivos.

---

([31]) Cancila, p. 237.

# O Relatório de Sangiorgi

Entre os inúmeros documentos hoje guardados no Arquivo Central do Estado de Itália, em Roma, encontra-se uma pasta de acesso limitado contendo um relatório enviado em fascículos ao Ministério do Interior entre Novembro de 1898 e Janeiro de 1900. O relatório foi escrito por Ermanno Sangiorgi, comandante da polícia de Palermo, e destinava-se ao principal magistrado do Ministério Público da cidade como parte dos preparativos para um julgamento. Ler as suas 485 páginas amarelecidas e manuscritas nos dias de hoje assemelha-se bastante a descobrir os contornos de um vaso enterrado com as sondas e os pincéis de um arqueólogo para depois perceber que o que foi exumado é uma bomba por explodir.

O relatório começa com o primeiro retrato completo da máfia siciliana alguma vez produzido. Os indícios anteriores sobre a máfia da zona de Palermo surgem sempre em fragmentos dispersos. Neste caso, as informações são explícitas, pormenorizadas e sistemáticas. Há também um diagrama estrutural das oito *cosche* da máfia que dominavam os subúrbios e as aldeias-satélite a norte e oeste de Palermo: Piana dei Colli, Acquasanta, Falde, Malaspina, Uditore, Passo di Rigano, Perpignano, Olivuzza. O chefe e subchefe de cada *cosca* são nomeados, e existem detalhes pessoais sobre muitos dos soldados rasos. Ao todo, são 218 perfis de homens de honra, homens que possuem terras, que trabalham e vigiam os pomares de citrinos, que negoceiam os produtos. O relatório fala do ritual de iniciação e do código de conduta da máfia. Explica os métodos usados no negócio, o modo como a máfia se infiltra e controla os pomares, como falsifica dinheiro, pratica assaltos, aterroriza e assassina testemunhas. Revela que a máfia possui fundos centralizados para apoiar as famílias de homens na prisão e para pagar advogados. Conta como os chefes das *cosche* da máfia trabalham juntos para gerir os problemas da associação e dominar territórios.

Este diagrama da máfia é bastante impressionante; coincide quase exactamente com o que Tommaso Buscetta decidiu revelar ao juiz Falcone décadas mais tarde. Não existe exemplo mais fascinante da constante incapacidade da Itália em perceber a verdade sobre a máfia. Mas ainda mais fascinante é a noção de que este documento aparentemente desinteressante – referência DGPS, aa.gg.rr. Atti speciali (1898-1940), b.I, f.I – podia ter mudado a história. Podia ter causado tanto prejuízo à máfia como o megajulgamento de Falcone em 1987. Se o relatório tivesse alcançado o seu objectivo, a máfia teria sofrido uma derrota esmagadora apenas algumas décadas depois de ter surgido.

O autor do relatório, Ermanno Sangiorgi, homem severo e de queixo anguloso, era um polícia de carreira. Os jornais da época dizem que ele fazia uma figura inconfundível em Palermo. Embora estivesse mais perto dos sessenta anos do que dos cinquenta, e o cabelo já houvesse recuado à coroa da cabeça, a sua vistosa barba loura começava apenas a ficar grisalha. O seu sotaque revelava claramente as suas origens: a região de Romanha no centro-norte da Itália. Sangiorgi era e permanece praticamente um desconhecido, e por conseguinte existem poucas e preciosas informações disponíveis a seu respeito. E no entanto ele compreendeu a máfia siciliana melhor do que ninguém. Foi Sangiorgi o oficial chamado a dirigir a operação contra a *cosca* de Uditore quando o Dr. Galati enviou a sua história ao ministro do Interior em 1875. Foi Sangiorgi quem comandou a rusga à Irmandade de Favara em 1883. A sua nomeação para comandante da polícia de Palermo em Agosto de 1898 foi o culminar da sua carreira, uma oportunidade para usar a sua experiência pacientemente acumulada ao longo dos anos para fazer vergar a maior associação secreta e criminosa da Sicília.

Sangiorgi escreveu o seu relatório com muita atenção ao pormenor e alguma dose de paixão. Ele enfrentava o cepticismo e a cumplicidade das instituições e percebia que tinha ao seu alcance um julgamento sem precedentes. Redigiu o seu relatório numa altura em que era difícil, mas de modo nenhum impossível, condenar mafiosos por crimes individuais ou levar mesmo *cosche* isoladas como a Irmandade de Favara a julgamento. As testemunhas tinham de ser convencidas a depor e a contar a verdade; os informadores da máfia tinham de ser mantidos vivos o tempo suficiente para testemunhar; juiz e jurados tinham de ser protegidos contra represálias e afastados de subornos. Sangiorgi enfrentava todos estes problemas, mas sabia que o verdadeiro desafio era julgar a máfia *per se*, e basear a acusação nos negócios de extorsão e nas relações políticas que sustentavam os seus métodos.

Por essa razão, pretendia usar um instrumento legal específico: uma lei que proibia associações criminosas. Embora essa lei não previsse penas muito pesadas, uma condenação baseada no seu relatório teria um profundo alcance político. Confirmaria a teoria aparentemente descabida de que uma sociedade criminosa secreta e altamente sofisticada conseguira estender a sua influência a toda a Sicília Ocidental e mesmo ao estrangeiro. Muito simplesmente, se Sangiorgi tivesse alcançado o seu objectivo, nunca mais ninguém poderia negar a existência da máfia.

Mas Sangiorgi não o alcançou. Se o seu relatório constitui uma prova surpreendente de que em 1898 os governantes italianos sabiam exactamente o que era a máfia, então o seu fracasso, e a maneira como os seus valiosos conhecimentos acabaram por ser esquecidos, constituem uma lição inquietante de como o sistema político do país ajudou a máfia a sobreviver até aos nossos dias.

Sangiorgi não era apenas um bom polícia; era também um excelente contador de histórias. Por entre centenas de nomes, dezenas de depoimentos minuciosamente verificados por comparação, o seu trabalho de investigação expõe lentamente um complexo padrão de crimes, uma série de histórias interligadas de assassínios e enganos que ilustram a brutalidade e a complexidade labiríntica da influência da máfia a todos os níveis da sociedade siciliana. O comandante da polícia tem mesmo alguns momentos de genuíno rasgo narrativo.

A maior parte das histórias de Sangiorgi tem por cenário a zona ocidental da Conca d'Oro, a «bacia dourada» que circunda os arrabaldes de Palermo. A zona é famosa pela sua beleza e fertilidade desde o tempo dos Romanos. Em 1890, a revista *Illustrazione Italiana* descrevia-a como um lugar onde «a imaginação se incendeia e levanta voo», como «toda uma visão oriental, um encantamento». Ali estava a prova de que «a poesia floresce generosa e abundante no povo siciliano». A elite endinheirada de Palermo construía as suas casas de campo entre os pomares de limoeiros da Conca d'Oro. A Primavera era a estação da *villeggiatura*, quando os ricos abandonavam a cidade e rumavam às enormes mansões, rodeadas de jardins exóticos e servidas por exércitos de empregados. No final do século, os 80 barões, 50 duques e 70 príncipes de Palermo conviviam com os plutocratas e a mais alta aristocracia europeia nos palacetes, clubes, teatros, salões e avenidas da cidade. Quando Sangiorgi foi nomeado para Palermo, a sociedade elegante já havia transformado a capital siciliana numa estância de veraneio predilecta, numa Paris à beira-mar. No seu esforço para descobrir os segredos da máfia, Sangiorgi seguiu os homens de honra pelos sinuosos canais estígios que ligavam a gente vulgar de Palermo às vidas douradas da mundialmente famosa alta sociedade siciliana.

Grande parte do trabalho de Sangiorgi girava em torno de um misterioso assassínio que já andara a intrigar a polícia de Palermo durante um ano antes da sua chegada. Os jornais chamaram-lhe o «caso dos quatro homens desaparecidos» e centrava-se num típico pomar de limoeiros, o *Fondo* Laganà, situado não muito longe do cemitério de Arenella, uma aldeia entalada entre o mar e a sombra imponente do Monte Pellegrino, mesmo a norte de Palermo. Era um lugar onde, depois do anoitecer, até os gritos dos pescadores na praia a centenas de metros de distância se conseguia ouvir distintamente. Do outro lado da estrada do edifício principal do *fondo*, havia uma loja onde se fabricam massas à noite. Não muito longe, situava-se um posto ocupado vinte e quatro horas por dia por guardas fiscais. No entanto, ninguém admitiu ter reparado nalguma coisa de anormal por aquelas bandas em Setembro e Outubro de 1897 até que um cheiro denunciou o facto de que algo realmente não estava bem. O inconfundível fedor adocicado de carne em decomposição pairava já há vários dias por cima dos muros do *fondo* quando os guardas fiscais avisaram timidamente a polícia. E quando a polícia entrou no *fondo*, descobriu uma fábrica de assassínios da máfia. As paredes interiores do edifício da quinta, pouco mais do que uma caixa de tijolos com uma divisão, estavam picadas com buracos de balas e salpicadas de sangue. O cheiro nauseabundo vinha de uma gruta estreita e funda na vizinhança. Chamaram-se os bombeiros para se tentar alcançar o fundo. Aí encontraram restos humanos em avançado estado de decomposição – tinham sido polvilhados com cal viva. No espaço de seis semanas, quatro homens tinham morrido de múltiplos ferimentos de bala no *Fondo* Laganà.

O caso dos quatro homens desaparecidos encontrava-se ainda por resolver quando, em Agosto do ano seguinte, Sangiorgi chegou a Palermo para iniciar as suas funções como comandante da polícia. Na mesma altura, desenrolava-se uma guerra entre mafiosos: homens de temível reputação eram encontrados mortos nas ruas e vielas da Conca d'Oro; outros desapareciam sem deixar rasto. Os detectives sob o comando de Sangiorgi tinham as suas fontes, mas sabiam pouco acerca do delineamento das linhas de batalha. Também não sabiam se existia alguma ligação entre a guerra e os quatro assassínios no Fondo Laganà. Então como hoje, era difícil conseguir informações sobre os assuntos da máfia, mas havia também um abismo enorme entre as informações e as provas. O problema que as autoridades enfrentavam era como convencer as fontes a tornar-se testemunhas. Por essa razão, no seu relatório, Sangiorgi não nomeia a maior parte das pessoas que lhe forneceram informações. Aterrorizadas pela capacidade comprovada da organização em castigar qualquer pessoa que prestasse declarações à polícia, e suspeitando de que máfia tinha agentes entre a polícia e os delegados do Ministério Público, as pessoas não depunham oficialmente. A viagem de Sangiorgi aos segredos do *Fondo* Laganà só teve início quando ele descobriu uma corajosa excepção a essa regra.

No dia 19 de Novembro de 1898, Sangiorgi conseguiu que os seus detectives interrogassem Giuseppa Di Sano. Como sugerem artigos de jornal posteriores, Giuseppa era uma mulher roliça e robusta com muita coragem e pouca imaginação. Porém, de certo modo, é ela a heroína do relatório de Sangiorgi. A história que contou começou dois anos antes de ela testemunhar para Sangiorgi, e nove meses antes dos assassínios do *Fondo* Laganà.

Na altura, Giuseppa tentava fazer pela vida vendendo fruta e outros produtos no bairro próximo do Giardino Inglese. Mas tinha muitas outras preocupações. O comandante dos *carabinieri* da zona começou a ir muitas vezes à sua loja. Mais vezes, isto é, do que as estritamente necessárias para satisfazer os pedidos de comida e vinho do seu posto. O negócio era mais do que bem-vindo, claro. O que preocupava Giuseppa eram os mexericos: o bairro pululava de boatos de que o oficial estava a tentar convencer a filha dela, Emanuela, de dezoito anos de idade, a iniciar um romance. Isso constituía um grande problema para uma pequena comerciante numa comunidade nada famosa pelas suas boas relações com as forças da lei e da ordem. Os boatos tinham de ser abafados – sem ofender o oficial.

Os problemas de Giuseppa não ficavam por aí. O dono de uma fábrica de curtumes da zona costumava enviar os seus filhos para se abastecerem na loja. Estes estavam sempre a tentar pagar em notas e moedas que ela sabia serem falsas. Ela também sabia que o curtidor e os filhos tinham amigos perigosos. Quando recusou educadamente o dinheiro oferecido, os filhos do curtidor insistiram. Por fim, uma nota alta foi parar às mãos do marido de Giuseppa. Com as orelhas ainda a arder, ela enviou-a ao curtidor, para que resolvesse o assunto. O dono da fábrica pagou-lhe apenas parte da dívida, alegando que os seus rapazes não sabiam que o dinheiro era falso.

Foi então que se deu o episódio mais preocupante de todos. No final de Dezembro de 1896, as mulheres do bairro começaram de repente a olhar de lado para Giuseppa e a evitar a sua loja. Por fim, uma dona de casa entrou na loja e queixou-se em voz alta de «mulheres fáceis» no bairro. Giuseppa desafiou a mulher a explicar-se, pensando que o sarcasmo se dirigia à filha. A mulher respondeu secamente que estava a falar de espiões da polícia. Giuseppa ficou perplexa e assustada. Alguma coisa se estava a passar, algo muito mais sinistro do que os boatos sobre a filha ou mesmo o desentendimento em torno do dinheiro falso.

No dia 27 de Dezembro, dois homens de aspecto duvidoso, um deles pouco mais que um adolescente, entraram na sua loja. Do outro lado da rua, em frente à entrada da loja, havia um muro que cercava um pomar de limoeiros. O muro tinha agora um pequeno buraco aberto um pouco acima do solo. Retrospectivamente,

Giuseppa percebeu que os dois homens tinham vindo verificar se o buraco oferecia uma boa linha de tiro em direcção à loja. Ela lembrou-se de que o homem mais velho se detivera o tempo suficiente para dizer, em voz alta e a propósito de nada: «Se fizer algum disparate, tenho sempre a minha mãe que tomará conta de mim, da minha mulher e dos meus filhos»([32]). Uma declaração tão arrevesada só podia ser interpretada de uma maneira, como uma ameaça. A ansiedade de Giuseppa transformou-se em alarme.

Às oito da noite desse mesmo dia, um jovem desconhecido, magro e pálido, entrou na loja e pediu meio litro de fuelóleo. Pegando no recipiente, dirigiu-se à porta. Depois estendeu o braço direito e fez um gesto para o outro lado da rua. Através do buraco no muro foram disparados dois tiros. Giuseppa foi atingida no ombro e de lado. Quando ia a cair, a filha Emanuela aproximou-se dela para ajudar. Foi disparado um terceiro tiro, atingindo Emanuela e matando-a imediatamente.

Quando o comandante Sangiorgi pediu a Giuseppa Di Sano para se dispor a ser interrogada, ele andava a reinvestigar um crime antigo – um dos culpados já tinha sido apanhado. No entanto, como os investigadores antimáfia são muitas vezes obrigados a fazer, Sangiorgi tentava reinterpretar um episódio anterior, à procura de pontas soltas, encaixando-as numa trama mais vasta. Giuseppa estava disposta a declarar que o assassínio da filha fora obra da máfia, o que era essencial para o avanço das investigações de Sangiorgi. As palavras dela iriam permitir a Sangiorgi transformar aquele caso isolado numa prova de que a máfia era de facto uma organização criminosa com regras próprias, uma estrutura própria e, mais importante do que tudo, métodos próprios de assassínio.

Os informadores que Sangiorgi tinha no submundo da máfia também lhe disseram que a filha de Giuseppa era apenas a primeira vítima – acidental – de uma sequência de traições e assassínios cometidos por homens de honra na Conca d'Oro. Essa sequência fora iniciada duas semanas antes do assassínio quando os *carabinieri* fizeram uma rusga a uma fábrica de dinheiro falso perto da loja de Giuseppa e prenderam três homens no local. A máfia suspeitou de uma fuga de informação e as subsequentes investigações foram

([32]) Archivio Centrale dello Stato, relatório Sangiorgi, p. 117.

conduzidas pelo homem de honra Vincenzo D'Alba; o seu irmão fora um dos mafiosos presos durante a rusga. Ele não levou muito tempo a reunir as suas provas: Giuseppa Di Sano odiava a máfia local por causa da questão das notas falsas; ela e a filha eram amigas dos *carabinieri*; além disso, o cunhado de Giuseppa instalara uma prensa de parafuso na oficina mecânica que servia de fachada à operação dos falsificadores. Tudo parecia apontar na mesma direcção. Antes mesmo de apresentar o seu caso na reunião da *cosca*, Vincenzo D'Alba pediu à sua mãe para orquestrar uma campanha de mexericos com as mulheres da zona. O objectivo era arruinar não só o negócio de Giuseppa, mas também a sua reputação: as pessoas impopulares não deixam saudades e as suas mortes não são investigadas com tanto zelo. A 26 de Dezembro de 1896, Giuseppa Di Sano foi condenada à morte pela *cosca* de Falde por um crime contra a *omertà* que ela não cometera. Vinte e quatro horas depois, D'Alba e o seu cúmplice tentaram executar a sentença, mas apenas conseguiram matar a filha de Giuseppa.

Fora Vincenzo D'Alba quem entrara na loja de Giuseppa para verificar a linha de tiro a partir do pomar de limoeiros do outro lado da rua, e para proferir a sua ameaça abstrusa. Porque um atentado da máfia envolve muito mais do que apenas os aspectos práticos de acabar com a vida de alguém. É também um teatro brutal e lacónico. As pessoas do bairro teriam tido conhecimento de quem controlava o pomar de limoeiros em frente, e o buraco no muro estava lá para ser visto. A notícia da ameaça de Vincenzo D'Alba ter-se-ia espalhado rapidamente. Ele apareceu na loja no dia do assassínio planeado não só para mostrar a cara, mas também para preparar o terreno para o atentado. Embora nenhum transeunte ocasional conseguisse ver os assassinos através do buraco no muro, a sua identidade não teria sido um grande mistério para a comunidade. Este assassinato deliberadamente público desafiava qualquer pessoa que o testemunhasse a ir à polícia. A *cosca* de Falde estava a ostentar o seu domínio sobre o território.

E talvez sentisse necessidade de o fazer. Sangiorgi calculou que a perda da operação de falsificação tivesse tido repercussões bem para além da *cosca* de Falde, em cujo território a falsa casa da moeda estava instalada. Assim como os falsificadores precisavam de uma rede mais vasta para colocar o «dinheiro» em circulação, também os rendimentos da operação seriam distribuídos pelas outras *cosche*. O prestígio da *cosca* de Falde tinha por isso sido prejudicado pela rusga; ela precisava de demonstrar rapidamente ao resto da organização que continuava a ter tudo sob controlo.

Quando a máfia mata alguém, fá-lo em nome de todos os seus membros. Ela faz consultas, organiza julgamentos, procura consensos, tenta justificar as suas acções junto dos seus apoiantes e mostrar que é ela que manda. Era isto que o comandante Sangiorgi queria provar com o depoimento de Giuseppa Di Sano. Os investigadores antimáfia actuais seriam mais contundentes: a máfia mata da mesma maneira que um Estado; ela não assassina, ela executa.

O testemunho de Giuseppa constituiria uma prova fundamental de que a máfia era muito mais do que apenas uma mentalidade. Até mesmo a maneira como ela fora perseguida desde aquele terrível dia de Dezembro de 1896 era prova disso:

> É quase como se eu fosse a culpada. Toda a gente me evita ou olha para mim com uma expressão de desdém. Agora são raras as pessoas que vêm fazer compras à minha loja. As únicas que vêm são as pessoas honestas que não ligam à influência da máfia. De maneira que a tragédia que me atingiu não me prejudicou só directamente, fisicamente (e que me custou uma quantia enorme em contas de médico). E fez até mais do que abrir uma ferida incurável no meu coração ao matar a minha pobre filha de dezoito anos. A tudo isso deve ser agora acrescentado o prejuízo económico que a perseguição da máfia causou. A máfia recusa-se a perdoar uma ofensa que eu nunca cometi.([33])

Uma semana depois de ditar estas palavras aos detectives, Giuseppa olhou pela janela da sua loja e reparou que tinha aparecido um novo buraco no muro em frente. O Estado-sombra de Palermo estava já a tomar providências para neutralizar a ameaça representada pelo comandante Sangiorgi.

O assassínio da filha de Giuseppa Di Sano deixara também uma curiosa ponta solta que levaria Sangiorgi a descobrir de que modo o primeiro dos quatro homens desaparecidos tinha sido morto no

([33]) Relatório Sangiorgi, pp. 120-121.

*Fondo* Laganà. Surpreendentemente, os cuidadosos preparativos de Vincenzo D'Alba não conseguiram protegê-lo contra a justiça. Poucos dias depois do assassinato, o seu jovem cúmplice, Giuseppe «Pidduzzo» Buscemi, foi interrogado pela polícia. Buscemi, que Sangiorgi descreve como um jovem pretensioso, tinha o seu álibi preparado, como teria qualquer mafioso. No entanto, também não deixou de se precaver, dizendo que tinha visto Vincenzo D'Alba pálido e a tremer numa tabacaria da via Falde dez minutos depois do assassinato. Com base neste indício, D'Alba foi detido e, com o depoimento de Giuseppa contra ele, foi julgado e condenado a vinte anos de cadeia. Para Sangiorgi, a denúncia de D'Alba por Buscemi era uma transgressão surpreendente, e portanto bastante significativa, da *omertà*.

Os informadores de Sangiorgi no interior da máfia, fossem eles quem fossem, contaram-lhe que o comportamento escandaloso de Pidduzzo Buscemi enfurecera os mafiosos próximos de Vincenzo D'Alba. Antonino D'Alba, primo de Vincenzo, era um taberneiro quarentão e influente homem de honra com fama de receptar artigos roubados. Ele denunciou a violação da *omertà* de Pidduzzo a outros chefes mais velhos que concordaram em realizar um julgamento. O apelo de Antonino D'Alba à justiça da máfia acabaria por levar ao seu próprio assassinato: ele foi o primeiro dos quatro homens desaparecidos.

O julgamento de Pidduzzo Buscemi pela máfia só se realizou em Setembro de 1897; fora adiado até ele regressar de licença do serviço militar. Diante da assembleia dos chefes, ele trazia ainda o uniforme do 10.º regimento de *Bersaglieri*, com a sua extravagante pluma negra num chapéu de abas largas. Quando lhe pediram para explicar por que razão prestara declarações à polícia, o jovem soldado afirmou descontraidamente que o fizera para afastar as suspeitas da máfia como um todo, e que sempre pretendera alterar a sua história mais tarde para ajudar o seu cúmplice e confundir os investigadores. Estranhamente, soube Sangiorgi, o tribunal da máfia achou convincente a sua declaração pouco sólida e absolveu Buscemi.

Algo mais importante do que os estatutos da máfia estava claramente em jogo. Como tantas vezes acontece nas guerras da máfia, esse algo era o território. Entre os «jurados» no julgamento do jovem Buscemi, encontrava-se o chefe da *cosca* de Acquasanta,

Tommaso D'Aleo, homem robusto e de longos bigodes pendentes, que suspeitava que Antonino D'Alba desafiara o seu esquema de extorsão a dois ricos negociantes de derivados de limão; uma bomba tinha mesmo explodido na varanda da casa deles. Acontece que Tommaso D'Aleo era também padrinho de Pidduzzo Buscemi e estava quase decerto a usar o jovem soldado para colocar D'Alba numa situação em que pudesse ser morto.

Pouco depois da absolvição de Pidduzzo Buscemi, foi convocado outro julgamento em segredo – a justiça da máfia pode ser bastante célere quando é necessário. Antonino D'Alba foi declarado culpado *in absentia*. A sentença foi a morte e sua execução cuidadosamente planeada. Desta vez não seria um assunto público, como fora o atentado contra Giuseppa Di Sano, porque a punição de D'Alba era uma questão interna da organização.

Alguns dias após o julgamento da máfia que o ilibara de quebrar o código da *omertà*, Pidduzzo Buscemi, trajando ainda o seu garboso uniforme, apareceu na taberna de D'Alba. Encontrou-o a lavar um barril e convidou-o a sair para a luz de um candeeiro público onde pudessem conversar sobre as suas divergências. A conversa foi breve. Buscemi disse que queria reparar o prejuízo causado à sua honra pelas acusações de D'Alba; exigiu um duelo.

D'Alba concordou. Porém, como deve ter desconfiado, estava a ser atraído para uma armadilha. Segundo o depoimento do seu jovem filho, registado por Sangiorgi, na tarde do dia seguinte, 12 de Setembro de 1897, o chefe Tommaso D'Aleo e outro mafioso foram à taberna de D'Alba onde comeram, conversaram e se demoraram. No fim deram uma nota de 100 liras para pagar uma conta de 3,25 liras; era um gesto estudado de desconfiança e hostilidade. Às seis e meia da tarde D'Alba voltou da loja ao lado onde tinha ido trocar a nota de 100 liras. Tirou os seus dois anéis de ouro, o alfinete de ouro da gravata e outros objectos de valor e guardou-os numa chávena de café na prateleira. Depois pegou no seu revólver e saiu. Tommaso D'Aleo e outro mafioso seguiram-no.

Antonino D'Alba nunca mais foi visto com vida. A fábrica de mexericos da máfia produziu uma série de boatos de que ele tinha sido avistado no Norte de África. Uma carta, supostamente da sua autoria, chegou mesmo a ser enviada de Tunes para o pai dele. Mas quando a carta chegou, já a polícia tinha descoberto que D'Alba fora na verdade abatido a tiro na noite do seu desaparecimento por um numeroso destacamento de mafiosos no *Fondo* Laganà.

Com os seus interrogatórios minuciosos aos informadores da polícia e a sua revisão paciente dos depoimentos, Sangiorgi começava a formar um quadro completo dos modos de actuação da máfia; os seus acerbos conflitos não eram apenas o resultado de um ilegítimo sentido de orgulho, na verdade envolviam leis, processos judiciais e um sistema de domínio territorial. A fase seguinte da sua investigação levá-lo-ia desde o *Fondo* Laganà até às vidas domésticas das famílias mais ricas e famosas da Sicília: os Florio e os Whitaker. Como descobriu Sangiorgi, estas duas opulentas dinastias viviam lado a lado com a máfia, mas de formas contrastantes. Uma era hipócrita, a outra mais resignada e iludida; mas ambas foram cúmplices na perpetuação do poder da máfia.

Quando os reis e príncipes europeus visitavam Palermo, o que acontecia com grande frequência, havia um lugar onde eram sempre recebidos: uma sumptuosa mansão no meio de um parque privativo em Olivuzza, na Conca D'Oro. Pertencia a Ignazio Florio Jr. Em 1891, aos 23 anos, Ignazio herdou a maior fortuna da Itália. Dizia-se que 16 000 pessoas só em Palermo «comiam do seu pão». A família Florio tinha vários interesses no enxofre, na engenharia leve e pesada, na pesca do atum, na olaria, em companhias de seguros, em instituições financeiras, no vinho de Marsala e, sobretudo, no transporte marítimo. A casa Florio era o maior accionista da NGI, Navigazione Generale Italiana, a principal companhia de navegação da Itália e uma das maiores da Europa.

Mas quando Ignazio Jr. recebeu a sua herança, a fabulosa riqueza da família já tinha começado a apodrecer por dentro. A NGI enriquecera à custa de contratos e subsídios do governo conseguidos através das relações políticas que o seu pai tinha cuidadosamente cultivado. Agora a sua falta de competitividade começava a tornar-se evidente. Além disso, o centro político e económico do país deslocava-se inexoravelmente para o Norte, para as cidades de Génova, Turim e Milão. A influência dos Florio esfumava-se a um ritmo cada vez mais rápido. Antes de chegar aos 40 anos, Ignazio Jr. tinha perdido o domínio de uma fortuna que levara três gerações a construir. Em 1908 foi obrigado a vender a parte que a família detinha na NGI; uma data tão boa como qualquer outra para assinalar o fim da *belle époque* de Palermo, que começou em 1891 quando ele se tornou chefe da família. Foram os anos em que a alta sociedade da Sicília girava à volta do dinheiro-sol dos Florio. A imprensa chamava «Floriopolis» a Palermo, mas aquele era o seu último florescimento como grande cidade europeia.

Ignazio Florio Jr. era urbano, dotado e libertino. Tinha a imagem de uma mulher japonesa tatuada no braço. As suas roupas vinham quase exclusivamente de Londres: gravatas de Moulengham, chapéus de Locke & Tuss, fatos de Meyer & Mortimer – o alfaiate do príncipe de Gales. Um cravo encarnado adornava a sua lapela de manhã, uma gardénia à tarde. Em 1893, como já fizera o pai, Ignazio consolidou a sua posição social casando-se com uma mulher com título de nobreza. A noiva, Franca Jacona di San Giuliano, era considerada uma das mais belas mulheres da Europa. Alguns meses depois do casamento, durante a primeira gravidez de Franca, Ignazio partiu para a Tunísia num safari que exigiu os serviços de 50 carregadores e dezenas de camelos. Franca encontrou roupa interior feminina na bagagem do marido quando este voltou para casa. Foi aplacada com um colar de gordas pérolas. O mesmo ritual de penitência seria repetido muitas vezes ao longo do seu casamento; conta-se que Franca chegou a acumular 30 quilos de jóias.

Apesar das transgressões do marido, Franca rapidamente se afirmou como a rainha da alta sociedade de Palermo. Tornou-se mecenas das artes. Os seus olhos verdes, pele cor de azeitona e figura esguia foram celebrados pelo poeta Gabriele d'Annunzio. Causou algum escândalo ao permitir que o pintor da moda, Giovanni Boldini, lhe fizesse um desenho das pernas. Ícone do estilo *art nouveau*, usava colares de pérolas que quase lhe chegavam aos joelhos. O dinheiro significava ostentação para Franca Florio. Até ao fim da vida, ela manteve-se teimosamente ignorante da grave situação financeira da família. Quando na primeira década do século XX a idade ameaçou a sua beleza, submeteu-se a uma operação plástica pioneira em Paris para que o seu rosto fosse «porcelanizado».

O relatório de Sangiorgi conta que, numa manhã das primeiras semanas de 1897, Ignazio e Franca Florio foram acordados mais cedo pelos criados. Ignazio sentiu-se ultrajado ao descobrir que vários objectos de arte tinham sido roubados da mansão durante a noite. No entanto, a parte mais ofendida por aquele assalto sem precedentes não foi o Commendatore Ignazio Florio Jr., mas o homem que ele repreendeu e a quem exigiu que consertasse as coisas: o seu jardineiro. Francesco Noto, homem bem constituído, calvo e de longos bigodes, teria aceite aquele tipo de repreensão de qualquer um menos Florio. Porque, como Ignazio Jr. bem sabia, o jardineiro era na verdade chefe da *cosca* da máfia de Olivuzza. O seu irmão mais novo e subchefe, Pietro, também trabalhava na casa dos Florio como guarda. Estes modestos títulos profissionais não nos devem iludir quanto à imensa importância estratégica e simbólica de proteger a casa da família mais rica da Sicília, o centro da alta sociedade de Palermo. Os irmãos Noto foram os verdadeiros alvos do assalto à mansão de Olivuzza, e eles sabiam quem o tinha levado a cabo.

O comandante Sangiorgi foi descobrir a razão para o assalto num acontecimento ocorrido algumas semanas antes, quando a jovem Audrey Whitaker, de dez anos de idade, foi raptada por mafiosos sob o comando dos irmãos Noto. Audrey estivera a andar de cavalo em La Favorita, o parque real na orla noroeste de Palermo, onde os ricos ociosos caçavam codornizes ou assistiam a corridas de cavalos e provas de equitação. Quatro homens saíram dos arbustos para dominar o criado que a família encarregara da protecção da menina. Ele foi espancado e atado ao seu cavalo enquanto Audrey era raptada. O pai da menina, Joshua (*Joss*), recebeu um pedido educado de 100 000 liras de resgate.

Sangiorgi não precisava de explicar quem eram os Whitaker. A família pertencia à mais importante dinastia comercial inglesa da Itália. (A comunidade britânica de Palermo ganhara fortes raízes quando as Forças de Sua Majestade ocuparam a ilha durante as guerras napoleónicas.) Como os seus amigos Florio, os Whitaker estavam envolvidos no negócio do vinho de Marsala. Tal como os Florio, os Whitaker seriam convidados a deslocar-se a Londres para o funeral de Estado da rainha Vitória, em 1901.

A família dos Whitaker imprimiu também um forte estilo inglês ao *monde* de Palermo. Foram eles que introduziram as *garden parties*, ou recepções ao ar livre, na Sicília; durante as quais eram servidas lautas refeições numa tenda anexa às traseiras da mansão. Os Whitaker fundaram também uma instituição de caridade para crianças abandonadas, uma sociedade de protecção de animais e o Clube de Futebol e Críquete de Palermo. Effie, a mãe da pequena Audrey, cultivava uma imagem de excêntrica. Percorria Palermo na sua carruagem com um papagaio ao ombro. O pássaro era alimentado com sementes de girassol de uma caixa de prata e tinha sempre à sua disposição uma bacia de prata para os excrementos. A outra paixão de Effie era o ténis. Nos jardins dos Whitaker havia três campos de ténis, denominados Inferno, Purgatório e Paraíso. A posição social do visitante determinava em grande parte qual dos campos podia usar. O papagaio de Effie podia andar solto durante os jogos. Foi durante um desses jogos que Vincenzo, irmão adolescente de Ignazio Florio, que não partilhava da sentimentalidade inglesa para com os animais, fez tombar o pássaro mimado de uma árvore com um tiro.

O rapto de Audrey Whitaker não foi o primeiro problema que a família teve com a máfia. Ela não era tão bem relacionada como os Florio. Quando jovem, o irmão de Josh, Joseph (*Pip*), recebera uma série de cartas exigindo dinheiro e marcadas com uma caveira e dois ossos cruzados. Os seus professores de Harrow teriam ficado bastante satisfeitos com a sua reacção. «Eu sabia muito bem quem era o chefe da *Mafia* local», contou ele, «por isso enviei-lhe uma mensagem dizendo que as cartas tinham sido depositadas na esquadra da polícia juntamente com o nome do homem, no caso de eu ser assassinado. Depois disso nunca mais tive problemas.»([34]) Alguns anos mais tarde, a cunhada de Joss estava a passear no jardim da mansão da família quando uma mão decepada foi lançada sobre o muro exterior, caindo-lhe aos pés. Desta vez a reacção da família foi mais discreta: guardou segredo relativamente ao assunto, para o caso de se ter tratado duma ameaça. Nessa altura os mafiosos já estavam a «proteger» algumas das propriedades da família.

Joss Whitaker optou pela mesma abordagem depois do rapto da filha. Pagou imediatamente o resgate e negou que o episódio tivesse sequer acontecido. Dias depois a pequena Audrey estava de regresso a casa.

---

([34]) Trevelyan, *Princes Under the Volcano*, p. 223.

Os misteriosos informadores de Sangiorgi revelaram-lhe não só o segredo do rapto de Audrey Whitaker, como lhe contaram que a enorme quantia paga pelo resgate provocou atritos no seio da *cosca* de Olivuzza. Dois dos seus membros, os cocheiros Vincenzo Lo Porto e Giuseppe Caruso, não ficaram satisfeitos com a sua parte do bolo. Optaram por uma resposta arriscada, um *sfregio*. Como explicou Sangiorgi, *sfregio* é um importante elemento da terminologia da máfia que significa duas coisas muito próximas. É um ferimento desfigurador e, mais importante do que isso, é também uma afronta, um acto insultuoso destinado a humilhar alguém. Uma vez que para a máfia o domínio territorial é o que mais conta, o *sfregio* mais flagrante é o prejuízo causado a uma propriedade protegida por outro mafioso. Como explica Sangiorgi: «Um dos cânones da máfia é o respeito pela jurisdição territorial de outro homem. Desprezar essa jurisdição constitui um insulto pessoal»([35]).

Foram Lo Porto e Caruso que roubaram os objectos de arte da mansão dos Florio. O assalto foi um *sfregio* dirigido à chefia do clã de Olivuzza. A reprimenda que Ignazio Jr. deu a Francesco Noto era o objectivo da acção. Para citar Sangiorgi de novo: «O objectivo a que os dois cocheiros se propuseram, isto é, humilhar o seu chefe e subchefe, fora atingido».

Os irmãos Noto reagiram a este *sfregio* com uma paciência exemplar. Em primeiro lugar, asseguraram-se de que o prejuízo causado à sua reputação perante Ignazio Florio fosse reparado. Prometeram aos dois ladrões um quinhão maior do dinheiro do rapto da menina Whitaker e até mesmo uma recompensa pela devolução dos objectos roubados. Assim, alguns dias mais tarde, a família Florio voltou a acordar para outra surpresa, desta vez mais agradável: todos os objectos roubados tinham sido devolvidos ao seu preciso lugar.

Com os bens dos Florio devolvidos, o jardineiro e o guarda da mansão estavam prontos para agir contra Lo Porto e Caruso. O assassínio de qualquer homem de honra é um acto potencialmente destabilizador, do interesse de toda a organização. O envolvimento da família Florio no caso aumentava a sua importância. Por isso, quando os irmãos Noto denunciaram secretamente Lo Porto e

---

([35]) Relatório Sangiorgi, p. 38.

Caruso aos outros chefes, o resultado foi um julgamento que reuniu os *capi* de todas as oito *cosche*. Foi realizado em território de Falde e não no domínio dos Noto, em Olivuzza – outra prova de que a decisão tinha implicações para toda a associação. Os Noto aspiravam claramente a algo mais do que um veredicto de culpado: como assegurou Sangiorgi, eles pretendiam um consenso tão amplo quanto possível para a pena de morte. Conseguiram o que queriam: para evitar suspeitas e tornar os assassinatos mais eficientes, as penas de morte só seriam executadas passados vários meses.

Quando chegou a altura de levar a cabo as execuções, a 24 de Outubro de 1897, os dois cocheiros foram atraídos ao *Fondo* Laganà sob pretexto de que iam participar num assalto. Foram recebidos por um pelotão de execução representativo constituído por homens de honra de cada uma das diferentes *cosche*. Lo Porto e Caruso foram primeiro baleados pelos homens que tinham chegado com eles. Os outros mafiosos esperaram que os dois se voltassem a erguer para depois acabar com eles. Os corpos crivados de balas foram atirados para a gruta. Por cima deles caiu o quarto e último cadáver: o de outro jovem mafioso executado no *fondo* por ter roubado o seu chefe. Uma semana antes tinha levado vários tiros na cabeça quando se sentava a uma mesa para jogar, pensava ele, um jogo de cartas.

Uma coisa seria Sangiorgi contar uma história de execuções colectivas e esquemas de extorsão que explicava como os quatro homens desaparecidos tinham ido parar ao *Fondo* Laganà. Outra completamente diferente seria transformá-la em tribunal numa prova da existência do que ele chamava a «irmandade sombria». Sangiorgi precisava de mais testemunhas. Em breve teria duas e, mais uma vez, ambas eram mulheres.

Quando as esposas dos cocheiros descobriram que tinham ficado viúvas, os outros mafiosos teceram-lhes uma história, segundo a qual os maridos tinham morrido heroicamente, assassinados por uma quadrilha rival por se terem recusado a participar num plano para raptar Vincenzo Florio, o adolescente que matara o papagaio de Effie Whitaker. As viúvas foram informadas, por outras palavras, de que os seus maridos haviam morrido ao serviço dos Florio, e não porque tivessem assaltado a casa da família.

Esta ficção foi desvendada algumas semanas mais tarde pela mãe de Ignazio, a formidável baronesa Giovanna d'Ondes Trigona. A 29 de Novembro de 1897 – pouco depois de o cheiro a carne em decomposição do *Fondo* Laganà ter levado à descoberta dos corpos na gruta – a baronesa viajou da casa dos Florio em Olivuzza para um convento do qual era benfeitora. No caminho viu a viúva de Vincenzo Lo Porto aproximar-se da sua carruagem. A viúva pediu à baronesa que a ajudasse a criar o filho. Mas as suas esperanças caíram por terra quando ouviu a resposta da baronesa: «Não me faça perder tempo. O seu marido foi o ladrão que assaltou a minha casa com Caruso»([36]).

Quando ambas as viúvas se apresentaram para contar o que sabiam, tornou-se imediatamente evidente a Sangiorgi que a baronesa conhecia toda a história por trás do assalto. Ela achava que Lo Porto tivera o que merecia. Naquela altura parecia evidente que ela sabia mais do que as viúvas dos mafiosos assassinados. Estava também mais bem informada do que a polícia, que já tinha encontrado os cadáveres, mas sabia pouco mais acerca do caso dos quatro homens desaparecidos. A explicação provável é simples: toda a família Florio fora discretamente informada de que os dois homens que tinham roubado os objectos de arte da sua casa haviam conhecido o fim terrível que a sua impudência escandalosa merecia. Uma vez que a ordem fora restabelecida através de canais privados, não teria passado pela cabeça de nenhum dos Florio informar a polícia. Efectivamente, o papel da família nos assassínios pode até ter sido mais profundo. Sangiorgi não conhecia o conteúdo da conversa de Ignazio Jr. com o seu jardineiro mafioso na manhã do assalto. É legítimo interrogar-nos se de facto Ignazio não terá sugerido o que ele achava dever ser o destino apropriado para os bandidos.

O comandante Sangiorgi baseia-se nos depoimentos das viúvas dos dois cocheiros para contar esta história com a sua habitual sobriedade e atenção ao pormenor. Também comenta que a baronesa Florio podia ser interrogada pelos advogados de acusação, com grandes vantagens. Era seu dever fazê-lo. No entanto, é difícil não imaginar um sorriso irónico e amargo no rosto de Sangiorgi quando ele faz a sugestão:

---

([36]) Relatório Sangiorgi, p. 137.

A senhora Florio é uma aristocrata piedosa e religiosa. É difícil dizer o que tem mais valor: as imensas riquezas que ela tem à sua disposição ou as ilustres virtudes da sua mente extremamente nobre e distinta. Por essa razão, se ela fosse convidada a depor sob juramento, é provável que não quisesse nem fosse capaz de esconder à justiça o seu encontro com a viúva.(37)

Não havia qualquer esperança de que o desejo de Sangiorgi pudesse ser concedido; o poder da família Florio colocava-a acima da lei. Sangiorgi tinha agora três testemunhas prontas a depor, todas mulheres, todas de luto, mas nenhuma decisiva nos seus esforços para provar o que era realmente a máfia.

Sangiorgi continuou a enviar mais fascículos do seu relatório até ao final de 1898 e primeiros meses de 1899. A cada etapa do seu trabalho, a máfia tomava uma medida preventiva. O irmão de um dos cocheiros mortos pelo assalto aos Florio foi levado a cometer suicídio por causa de suspeitas de que colaborara com as autoridades. Um informador da máfia, provavelmente a fonte interna mais importante de Sangiorgi sobre os cadáveres da gruta, emigrou para sua própria protecção com um passaporte fornecido pela polícia. Em vão: um assassino descobriu-o em Nova Orleães e envenenou-o. Sangiorgi confessou os seus receios de não concluir com êxito as investigações e levá-las a tribunal. Queixou-se de que o juiz investigador encarregado do processo era um homem com «uma personalidade pusilânime, extremamente susceptível à influência». Entretanto a guerra da máfia prosseguia, intermitentemente. Os assassínios e desaparecimentos continuavam; do submundo surgiam também notícias incompletas de negociações, alterações de alianças, tréguas interrompidas.

Depois, a 25 de Outubro de 1899, surgiu a grande oportunidade de Sangiorgi. Um conhecido homem de honra foi detido em flagrante no local de um tiroteio. A vítima do ataque sobreviveu; espantosamente, tratava-se nada mais, nada menos do que o antigo «*capo* regional ou supremo» da máfia, como Sangiorgi o desig-

(37) Relatório Sangiorgi, p. 137.

nou. Francesco Siino, homem magro de cinquenta anos, chefe da *cosca* de Malaspina e próspero comerciante de limões, estivera até recentemente no topo da pirâmide da organização que a polícia construíra a partir de fontes confidenciais.

Sangiorgi agarrou a sua oportunidade com rapidez e astúcia, pretendendo mais uma vez exercer pressão sobre o que ele agora sabia ser a potencial fraqueza da máfia: as suas mulheres. Manteve Siino escondido e fez circular a notícia de que o *capo* ferido estava à beira da morte. Depois pôs a mulher de Siino frente a frente com o pistoleiro que tinha detido. Ela não conseguiu conter-se, gritando: «*Infame*! *Infame*!» (O termo é o insulto habitual da máfia para um traidor – «escumalha desonrada».) Em seguida, acusou o homem e os parceiros deste de uma série de assassínios. Foi o início da sua colaboração com a justiça. Francesco Siino depressa ficou a saber que a mulher tinha falado com Sangiorgi e começou também a falar do que ele chamava «a companhia de amigos». Sangiorgi tinha o *pentito* de que precisava para levantar o seu processo.

As entrevistas com o novo desertor permitiram a Sangiorgi compreender a pouco e pouco a guerra da máfia por dentro; e igualmente importante para o processo, permitir-lhe-iam demonstrar que a guerra não era apenas uma escaramuça caótica entre quadrilhas independentes, mas o resultado de uma ruptura no seio de uma única organização. Sangiorgi começou a perceber que, mesmo quando estava em guerra, a máfia tinha as suas regras, a sua linguagem, a sua diplomacia e até a sua própria memória histórica.

O poder de Francesco Siino dentro da máfia já começara a esmorecer quando a polícia tomou conhecimento da sua posição como «*capo* regional ou supremo». A riqueza e influência dominantes e, com isso, o centro de gravidade da máfia, não estavam com Siino, mas com uma aliança entre as famílias de Passo de Rigano, Piana dei Colli e Perpignano. O padrinho da aliança tinha um nome conhecido: Don Antonino Giammona, o mafioso «taciturno, pomposo e matreiro» que ascendera ao poder sob a protecção do barão Nicolò Turrisi Colonna na década de 60 e que esteve por trás da perseguição ao Dr. Gaspare Galati nos anos 70. Em 1898, Giammona tinha uma grande casa na via Cavallacci, na mesma aldeia suburbana de Passo di Rigano onde nascera havia 78 anos. O seu filho estabelecera-se como *capo* à frente dos negócios quotidianos da zona. Mas o velhote era ainda a «mente executiva» da máfia, segundo Sangiorgi. «Ele fornece orientação através de conselhos baseados na sua vasta experiência e no seu longo cadastro criminal. Dá instruções sobre o modo de realizar crimes e construir uma defesa, sobretudo álibis.»([38]) A influência contínua do velho Giammona era prova de que os mafiosos não eram uns gatunos quaisquer. A «irmandade sombria» era uma característica fixa da sociedade de Palermo havia já quatro décadas.

As raízes da intermitente guerra da máfia de 1897-1899 encontravam-se no ataque da polícia à operação de contrafacção da *cosca* de Falde, a rusga pela qual Giuseppa Di Sano tinha sido culpada em finais de 1896. Foi Don Antonino Giammona quem procurou gerir as consequências destabilizadoras dessa perda. Uma reunião dos *capos* das oito *cosche* – Piana dei Colli, Acquasanta, Falde, Malaspina, Uditore, Passo di Rigano, Perpignano, Olivuzza – foi convocada em Janeiro de 1897. Como de costume, Francesco Siino presidia à reunião. Mas desta vez a quebra nos rendimentos da máfia tornou o ambiente mais tenso. Giammona pressentiu alguma fraqueza em Siino e decidiu manipular a situação em seu proveito. Percebendo que a sua autoridade estava a ser desafiada, Siino levantou-se: «Bem, uma vez que já não sou respeitado como devia ser, que cada grupo decida e aja por si!»([39]) A assembleia prosseguiu com a demarcação da área de influência de cada grupo. Mas pouco tempo depois da reunião, os Giammona começaram a fazer incursões exploratórias e simbólicas no território de Siina – acções calculadas de desrespeito. Mas Siino recusava-se a ser provocado. Os dois lados no conflito sabiam que era arriscado ser visto como responsável pelo início duma guerra.

Foi preciso um jovem aguerrido para acelerar as coisas. Filippo, sobrinho de Francesco Siino, «jovem audacioso, arrogante e muito impetuoso», segundo Sangiorgi, era o subchefe de Uditore. Começou a enviar cartas ameaçadoras ao velho Giammona. Em resposta, cerca de 40 mafiosos mais velhos foram chamados a uma reunião no edifício que continha o lagar de azeite de Don Antonino. Embora nada de explícito tivesse sido dito, o velho chefe deixou bem claro a quem devia ser atribuída a responsabilidade pelas car-

---

([38]) Relatório Sangiorgi, p. 193.
([39]) *Idem*, p. 37.

tas. À saída da reunião, outro chefe sugeriu furtivamente a Francesco Siino que este disciplinasse o sobrinho.

Em vez disso, os Siino retaliaram destruindo algumas figueiras-da-índia nas terras de Giammona. Estes cactos suculentos e frutíferos não tinham praticamente qualquer valor em si, mas destruí-los constituía um *sfregio* evidente. A resposta dos Giammona foi circunscrita: vandalizaram plantas na herdade vigiada pelo jovem Siino. Este respondeu atacando de novo a propriedade de Giammona.

Don Antonino Giammona encontrava-se agora numa encruzilhada táctica. O jovem Filippo Siino não possuía qualquer propriedade. Sangiorgi explica que, na linguagem formalizada do *sfregio*, uma segunda represália contra a herdade que o jovem subchefe protegia seria interpretada com um insulto ao proprietário e não ao guarda. Essa *não* era decididamente a mensagem que os Giammona e seus aliados queriam transmitir. Uma ofensa ao proprietário podia causar problemas a toda a organização. Os Giammona decidiram então danificar material numa herdade arrendada por Francesco Siino, o antigo chefe supremo; tratava-se ainda assim de uma manifesta escalada no conflito. Pela terceira vez, o «impetuoso» Filippo Siino destruiu plantas na herdade de Giammona como represália. Os Giammona concluíram que era altura de partir para a guerra.

O conflito correu mal para os Siino desde o início. Perderam território e homens em toda a Conca d'Oro, à medida que os Giammona e seus aliados os afastavam dos seus empregos como caseiros nos pomares de limoeiros. O momento decisivo surgiu ao pôr-do-sol do dia 8 de Junho de 1898, quando o «impetuoso» Filippo Siino foi interceptado e morto a tiro na rua por quatro assassinos de Giammona, que tinham recebido um aviso de dentro do campo dos Siino.

Sangiorgi ficou também a saber das vítimas inocentes da guerra: a confirmação, se é que era necessário, de que os mafiosos não matam apenas os seus. Numa ocasião, os homens de Giammona foram mandados em busca de um matador muito temido dos Siino; encontrando por acaso o irmão do procurado, assassinaram-no. No seu planeado trajecto de fuga, foram avistados por um vaqueiro de 17 anos, Salvatore Di Stefano. Calmamente, um mês depois, os assassinos voltaram para impedir o rapaz de depor contra eles.

Encontraram Salvatore a regar as plantas descalço e com as calças arregaçadas. Improvisando, afogaram-no num poço e colocaram os sapatos na borda para criar a ilusão de um acidente – precisamente o que a polícia acreditou ter sido.

Quando o infeliz vaqueiro foi assassinado, já Francesco Siino se havia refugiado em Livorno, na Toscana, onde tinha relações na indústria dos citrinos. Desta vez foi acompanhado de três dos seus sobrinhos sobreviventes, que abandonaram os seus empregos estratégicos nos pomares de limoeiros. A base de poder dos Siino começava a desmoronar-se. No seguimento da vaga de homicídios, a polícia confiscou as licenças de porte de arma de todas as principais famílias da máfia, incluindo os Giammona e os Siino. A resposta da máfia foi exigir favores ao mundo superior da política e da alta sociedade. Uma série de distintas figuras públicas – parlamentares (incluindo Don Raffaele Palizzolo), homens de negócios e mesmo uma princesa – prontificou-se a fornecer as recomendações necessárias para a devolução das licenças de porte de arma. Os próprios Giammona foram apoiados por um velho amigo da família, o filho do barão Nicolò Turrisi Colonna, o perito da «seita». Os Siino, pelo contrário, procuraram em vão alguém que falasse em seu favor. A notícia tinha chegado ao sector da burguesia de Palermo mais próximo da máfia de que os Siino tinham sido expulsos da sociedade honrada. A família Siino era abandonada à sua sorte.

Sangiorgi conta-nos que, em Dezembro de 1898, Francesco Siino, mais uma vez de volta a Palermo, reuniu os seus homens para explicar a situação. «Contámos os nossos homens e contámos os outros. Nós somos 170, incluindo os *cagnolazzi* [«cães selvagens» – jovens rufiões ainda não iniciados]. Eles são 500. Eles têm mais dinheiro. E têm contactos que nós não temos. Por isso temos de fazer a paz.»([40]) Foi negociada uma trégua noutra reunião de chefes mais velhos num talho da via Stabile. Siino partiu então novamente para Livorno, seguido de toda a sua família; havia sido derrotado militar e politicamente. Aos Giammona restava apenas liquidar algumas bolsas de resistência.

([40]) Relatório Sangiorgi, pp. 335-336.

Se Siino não tivesse regressado a Palermo, nunca se teria tornado a testemunha de que Sangiorgi tanto precisava. Contudo, no Outono seguinte, ele foi atraído para uma última visita – apenas o tempo suficiente para o grupo de Giammona montar um atentado contra a sua vida. Sangiorgi teve o seu grande momento. Chegara finalmente a hora de deixar de escrever o relatório e começar a prender mafiosos.

Na noite de 27 para 28 de Abril de 1900, Sangiorgi ordenou a prisão dos mafiosos citados no seu relatório. Para evitar qualquer fuga de informação, os polícias e *carabinieri* envolvidos só no último minuto souberam da sua tarefa naquela noite. Trinta e três suspeitos foram imediatamente presos, e muitos mais ao longo dos meses seguintes. Em Outubro de 1900, o prefeito de Palermo informava que Sangiorgi tinha reduzido a máfia ao «silêncio e inactividade».

Como veterano do combate à máfia, Sangiorgi sempre soube que seria difícil para as suas investigações produzir resultados. Sabia também que necessitaria de apoio político se quisesse ter qualquer possibilidade de êxito. Os fascículos do seu relatório eram dirigidos ao Ministério Público de Palermo, mas ele também queria que o governo, na pessoa do general Luigi Pelloux, também tivesse conhecimento do que tinha descoberto. Certificou-se por isso de que uma cópia de cada fascículo chegava a Pelloux através do prefeito de Palermo. Em Novembro de 1898, Sangiorgi escrevera uma carta endereçada ao prefeito mas destinada aos olhos do primeiro-ministro:

> Preciso especialmente da sua intervenção respeitada e legítima, dos seus bons ofícios junto das autoridades judiciais. E preciso do seu apoio nos contactos com o governo. Isto porque, lamentavelmente, os chefes da máfia actuam sob a salvaguarda de senadores, deputados e outras figuras influentes que os protegem e defendem e que são, por sua vez, protegidos e defendidos pelos *mafiosi*.([41])

([41]) Relatório Sangiorgi, p. 1.

A máfia tinha criado um sistema de cumplicidades para se proteger de pessoas como Sangiorgi, um sistema que se estendia desde os abastados Florio às mulheres do bairro do Giardino Inglese que boicotaram a loja de Giuseppa Di Sano. Para que Sangiorgi pudesse combater eficazmente esse sistema, precisaria de um governo decidido a apoiá-lo. Mas infelizmente para Sangiorgi e para a Sicília, a janela de oportunidade política para um ataque decisivo contra a máfia fechou-se precisamente no momento em que os meses de trabalho de investigação pareciam estar a produzir os seus frutos.

A crise do final do século que conduzira o general Pelloux ao poder em Roma teve o seu último episódio no Verão seguinte à detenção dos suspeitos da máfia ordenada por Sangiorgi. Em Julho de 1900, o rei da Itália pagou a corrupção e a brutalidade incompetente dos seus governos quando um anarquista o matou a tiro perto do palácio real em Monza. Nessa altura a economia já começara a recuperar e a crise conhecia o seu fim. Um mês antes da morte do rei, um governo mais liberal tomara posse após a demissão do general Pelloux; com ele desapareceu também o apoio de Roma ao comandante da polícia de Palermo.

O primeiro sinal de oposição a Sangiorgi foi a forma lenta como o processo estava a decorrer. O procurador-geral da cidade começou a revelar-se demasiado miudinho. Ele era o homem a quem Sangiorgi endereçava oficialmente o seu relatório. No entanto, depois de cada nova detenção, o gabinete do procurador devolvia todo o processo ao juiz investigador que trabalhava com Sangiorgi para que as provas fossem actualizadas. Só em Maio de 1901 – um ano depois das primeiras detenções – é que teve início o julgamento ansiado por Sangiorgi. Das centenas de membros da máfia, só 89 eram acusados de pertencer à associação criminosa que cometera os assassínios dos quatro homens desaparecidos.

O Ministério Público considerou que não existiam provas suficientes para levar os outros a julgamento. O mais notável dos que foram libertados era Don Antonino Giammona; mais uma vez o primeiro dos *capos* da máfia a ser conhecido escapou em liberdade e pôde viver o resto da vida em paz.

Sangiorgi nunca se queixa do procurador-geral, um homem de Nápoles chamado Vincenzo Cosenza. No entanto, é muito provável que, ao enviar uma cópia do relatório ao governo em Roma, Sangiorgi estivesse à espera de algum apoio contra Cosenza. Ele não teria por isso ficado surpreendido se soubesse que, um mês antes do julgamento começar e quase dois anos e meio depois de Sangiorgi lhe enviar o primeiro fascículo do relatório, Cosenza tinha escrito ao novo ministro do Interior e declarado: «Durante o desempenho das minhas funções, nunca reparei na máfia»([42]). A suspeita deve ser que o procurador-geral Cosenza constituiu o elemento fundamental do sistema que a máfia criou para se proteger contra a lei. Talvez seja um sinal do seu êxito o facto de se saber tão pouco acerca dele. Assim como o comandante Sangiorgi é um dos heróis ocultos da história da máfia, o procurador-geral Cosenza é provavelmente um dos seus vilões ocultos.

Quando finalmente começou, em Maio de 1901, o julgamento por que Sangiorgi se batera durante tanto tempo foi acompanhado com entusiasmo, não só por enormes multidões no tribunal, mas também por exaustivas reportagens na imprensa. Toda a Palermo assistiu ao trabalho do comandante da polícia desenrolar-se diante dos seus olhos. A principal testemunha era o antigo «chefe supremo» Francesco Siino. É impossível saber ao certo, mas é provável que Siino tenha pressentido a mudança no clima político, percebido que rumo o julgamento ia tomar e decidido fazer uma oferta de paz aos seus antigos colegas da máfia. Da sua jaula, todos os réus o observaram num silêncio intenso quando ele se dirigiu ao tribunal. Ele negou alguma vez ter falado a Sangiorgi de uma organização criminosa *como tal*.

Seguiram-se mais testemunhas. Um homem que possuía terras contíguas às dos Giammona declarou que estes «foram sempre generosos com toda a gente que teve trato com eles. Ninguém tem senão bem a dizer deles»([43]). Joss Whitaker foi chamado a depor e negou que a sua filha Audrey alguma vez tivesse sido raptada. Ignazio Florio Jr. nem sequer se dignou a comparecer em tribunal; enviou uma declaração negando alguma vez ter tido uma conversa com os irmãos Noto sobre o assalto à sua mansão de Olivuzza. Um empregado da família prestou declarações e afirmou que o guarda (e subchefe da máfia) Pietro Noto era «um verdadeiro cavalheiro» que gozava merecidamente do respeito dos Florio; Noto fora até

---

([42]) Barone, «Egemonie urbane», p. 317.
([43]) *Giornale di Sicília*, 21-21 Maio de 1901.

incumbido em várias ocasiões de transportar as jóias de Franca, avaliadas em 800 000 liras.

Pelo menos uma testemunha não traiu Sangiorgi. Apesar das ameaças que enfrentava – tinha sido obrigada a fugir à noite da sua loja – Giuseppa Di Sano fez novo apelo à sua coragem e contou a história do assassínio da filha. As viúvas dos dois cocheiros também se apresentaram com coragem na barra das testemunhas.

As dezenas de advogados de defesa excederam-se em arroubos de oratória quando chegou a altura das suas alegações finais. As demandas contra um grande número de mafiosos nem sequer tinham sido autorizadas a chegar a tribunal, salientavam. Não seria isso uma demonstração clara da inconsistência de toda as acusações? Que tipo de associação criminosa podia ser esta, argumentavam, se os seus membros se envolviam constantemente em disputas sangrentas entre si? Um dos advogados defendeu com eloquência que a palavra *mafia* vinha do arábico *ma-af* e que significava simplesmente «um conceito exagerado da própria identidade individual»; essa atitude era um vestígio da Idade Média – todos os Sicilianos a possuíam em certa medida. As audiências eram ciclicamente interrompidas pelos uivos de um dos acusados que alegara insanidade mental.

Em Junho de 1901, só 32 dos mafiosos de Sangiorgi – incluindo os irmãos Noto, o filho de Antonino Giammona e Tommaso D'Aleo – foram condenados por constituir uma associação criminosa. Atendendo ao tempo que já haviam passado na prisão, a maioria foi imediatamente libertada. Para Sangiorgi, foi uma vitória tão pequena que sabia a derrota. Entrevistado sobre o processo, traiu excepcionalmente a sua mágoa: «Nunca poderia ter sido de outra maneira, uma vez que as pessoas que denunciaram a máfia à noite foram depois defendê-la na manhã seguinte»(44).

Com o julgamento de Sangiorgi a produzir resultados tão medíocres, teria sido preciso um esforço político determinado para se tomar mais medidas contra a máfia e o seu sistema de protecção. Mas a política italiana começava a regressar ao normal depois das complicações do fim do século. Para os políticos em Roma, o combate à máfia era de novo um obstáculo importuno ao negócio fun-

(44) *Resto del Carlino*, 30-31 Outubro de 1901.

damental da governação: conseguir acordos instáveis entre os partidos. Era preciso arranjar aliados onde quer que fosse. Se fossem da Sicília Ocidental, e sobretudo se fossem próximos do *lobby* da companhia de navegação dos Florio, seria contraproducente fazer perguntas sobre os seus amigos duvidosos. O relatório de Sangiorgi foi assim consignado aos arquivos.

Mas o caso dos quatro homens desaparecidos não era o único elemento das investigações do comandante Sangiorgi. Quando fora enviado para Palermo pelo general Pelloux em Agosto de 1898, recebeu também instruções para investigar os negócios de um indivíduo particularmente distinto: Don Raffaele Palizzolo.

# O Assassínio de Notarbartolo

O marquês Emanuele Notarbartolo di San Giovanni foi o primeiro «cadáver ilustre» da máfia, a sua primeira vítima entre a elite social da Sicília. Nos 100 anos que se seguiram ao seu aparecimento, a máfia não matou mais ninguém com a estatura de Emanuele Notarbartolo. Ele era um dos mais ilustres cidadãos da Sicília. Cumpriu um mandato de três anos como presidente da Câmara de Palermo na década de 70 que ficou marcado pela sua honestidade inabalável: tornou-se inimigo da máfia quando atacou a corrupção nos serviços alfandegários. Foi depois nomeado governador do Banco da Sicília, cargo que exerceu até 1890. A integridade e energia com que se dedicou a esse cargo acabariam por lhe custar a vida. O seu assassinato em 1893, e a sensacional série de julgamentos que se lhe seguiu durante a década seguinte, dividiram a sociedade siciliana e espantaram a opinião pública em toda a Itália expondo o relacionamento da máfia com políticos, funcionários da justiça e polícias. O julgamento de Sangiorgi foi um drama regional cuja importância se extraviou na imprensa nacional; o caso de Notarbartolo, pelo contrário, foi o primeiro circo mediático sobre a máfia da história da Itália.

Muitos anos depois, o filho de Notarbartolo, Leopoldo, oficial da marinha, escreveu uma comovente biografia do pai. Contou como o seu próprio papel na tragédia de Notarbartolo começou nos dias terríveis que se seguiram ao assassinato. Assolado pela dor e por ternas recordações, Leopoldo – um tenente de apenas 23 anos na altura – procurou nos três meses anteriores, que passara de licença com a família, um qualquer indício de quem pudesse ter morto o pai. Recordava constantemente o tempo que tinham passado juntos na herdade da família em Mendolilla. A herdade constituía um símbolo dos valores do pai, da sua capacidade para o trabalho árduo. Tinha sido o seu refúgio das preocupações da cidade, que ficava a 40 quilómetros a noroeste. Agora passaria a ser o seu monumento.

Emanuele Notarbartolo adquirira Mendolilla quando Leopoldo era pouco mais que um bebé. Na altura o lugar era um deserto; os seus 125 áridos hectares subiam a pique da margem esquerda do Torto a partir de um pedregoso triângulo de terra onde apenas cresciam loendros silvestres. (O Torto é um típico rio siciliano – uma torrente no Inverno e uma ravina seca e pedregosa no Verão.) O único edifício da herdade era um casebre de pedra que ficava a duas horas da estação de comboios mais próxima. Os salteadores rondavam as estradas invulgarmente más da região.

À medida que Leopoldo crescia, via o pai transformar Mendolilla numa fazenda-modelo. Apesar da sua formidável carga de trabalho no Banco da Sicília, Emanuele Notarbartolo investiu na herdade todo o seu tempo livre e todo o dinheiro que lhe sobrava do salário depois da sua prioridade: a educação dos filhos. Ele encarou a tarefa com espírito de pioneiro, recusando-se a ser um senhorio ausente como a maioria dos seus pares em Palermo. Também se recusou a empregar trabalhadores da vila mais próxima de Caccamo, famoso reduto da máfia. Granjeando aos poucos a confiança dos camponeses locais, contratou-os para construir uma abrigada junto ao rio que plantou com ulmeiros e cactos. A vertente instável que descia até ao Torto foi estabilizada com sumagres, arbustos de raízes resistentes que na Primavera cobriam a encosta com cachos de minúsculas flores amareladas. No Verão, os camponeses colhiam as folhas que eram secas e cortadas para uso nas fábricas de curtumes de Palermo.

A herdade foi dotada de abastecimento de água retirada de nascentes subterrâneas descobertas em vários pontos da quinta.

Foram plantados limoeiros, oliveiras e vinhas. O azeite e o vinho eram armazenados numa ampla adega por baixo da nova casa, construída no ponto mais alto da propriedade. Todos os tijolos tiveram de ser transportados em mulas desde a estação de Sciara. Mesmo antes da sua morte, Emanuele estava a trabalhar num projecto para construir uma capela para os seus camponeses. Mendolilla era a realização local de uma visão utópica. (Era um sonho que conservadores esclarecidos como Notarbartolo queriam reproduzir por toda a Itália. Eles tinham consciência da pobreza e da instabilidade do novo país, da ausência de lei em grande parte do interior do Sul da Itália, mas temiam os conflitos sociais que a industrialização estava a provocar no Norte da Europa. Consequentemente, procuravam um capitalismo mais paternalista e rural, um caminho abrigado para a modernidade. Mendolilla representava mais do que um investimento para Notarbartolo; era uma escola de trabalho árduo e lealdade não só para as classes mais baixas, mas também para a classe média.)

A 13 de Janeiro de 1893, recordou Leopoldo, ele e o pai passaram o que seria o seu último dia inteiro juntos, percorrendo a cavalo a herdade para visitar todos os seus cantos. Desde que deixara o emprego no Banco da Sicília, o pai tinha mais tempo para se dedicar às suas terras. Nessa noite ele sentou-se à sua grande secretária quadrada para tomar notas do que vira durante o dia. Enquanto o pai trabalhava, Leopoldo abriu por acaso uma gaveta e encontrou lá dentro uma lata grande contendo balas de revólver e uma grande quantidade de caixas de cartuchos de espingarda. «Parece o depósito de munições de um couraçado», observou ele.

O pai sorriu, pousou a caneta e começou a mostrar-lhe as medidas de segurança no seu quarto. O tecto era feito de tijolos resistentes ao fogo e sustentado por vigas de aço. A porta, excepcionalmente pesada, tinha a mais moderna fechadura inglesa. Uma das janelas tinha vista para um vasto segmento da herdade, a outra dava para a única entrada para o pátio da quinta. «Quando estou aqui dentro», concluiu ele, «não temo ninguém. Com as minhas armas e um companheiro corajoso e fiel consigo resistir contra 20 criminosos.» Mendolilla era uma Utopia que tinha de ser resolutamente defendida. Ele fez uma pausa. Depois, com um encolher de ombros, acrescentou: «De qualquer maneira, é tudo um disparate. Se eles me quiserem fazer mal, fá-lo-ão à traição, como da primeira vez»([45]).

Foi uma frase que se alojou na memória de Leopoldo. O pai estava a referir-se à ocasião, em 1882, em que havia sido raptado por bandidos em circunstâncias misteriosas. Fora esse episódio que tornara Emanuele Notarbartolo tão preocupado com a sua segurança; estivera detido durante seis dias numa pequena gruta nas montanhas enquanto o seu resgate era negociado e entregue. Entregar o dinheiro era a única alternativa ao precipitado ataque frontal que as autoridades ameaçavam lançar. Alguns dias depois da libertação do pai, o chefe dos raptores foi encontrado morto na estrada para Caccamo, com vários buracos de balas nas costas. Os outros foram capturados depois de uma denúncia anónima à polícia e de uma troca de tiros numa mansão desabitada pertencente a uma baronesa de Villabate – a cidade-satélite de Palermo notoriamente infestada pela máfia. O mistério do rapto nunca foi desvendado, mas Emanuele Notarbartolo tinha fortes suspeitas. Relembrando os dias terríveis que se seguiram à morte do pai, Leopoldo começou a interrogar-se se o rapto e o assassínio não estariam ligados.

Foi no porto de Palermo, menos de uma semana depois – a 18 de Janeiro – que Leopoldo viu o pai pela última vez. Ele lembrava-se de estar a bordo do vapor para Nápoles; seria a primeira etapa de uma viagem que o levaria a Veneza e onde teria de se juntar a um navio com destino aos Estados Unidos. Os últimos três meses passados com a família haviam sido a sua primeira estada prolongada em casa desde que partira para a escola naval. Foi também a primeira vez em que ele e o pai tinham conseguido relacionar-se de igual para igual, homem para homem, partilhando ideias sobre negócios, política e profissões. Leopoldo encontrava-se na popa do navio a vapor quando se soltaram as amarras. Perscrutou o porto movimentado até o seu olhar encontrar a figura familiar e aprumada do pai num pequeno barco. Um pequeno vislumbre, depois o barco esgueirou-se por entre duas embarcações maiores e desapareceu.

---

([45]) Notarbartolo, p. 276.

No final da manhã de 1 de Fevereiro de 1893, depois de uma viagem de duas horas a cavalo desde Mendolilla, Emanuele Notarbartolo subiu para um compartimento de primeira classe vazio do comboio de Palermo na estação de Sciara. Só então podia descontrair-se. Nos dez anos a seguir ao rapto fora sempre muito cauteloso – nunca viajava no campo sem uma arma – mas como nunca se ouvira falar de bandidos a armar um ataque a um comboio, ele descarregou a sua espingarda e estendeu-a com cuidado sobre o gradeado do porta-bagagens por cima da cabeça. Colocou a gabardina, o chapéu e o cinturão por cima antes de se sentar a olhar lá para fora pela janela, à espera que o sono viesse ou que o mar Tirreno, já a escurecer, aparecesse quando o comboio voltasse para o oeste para acompanhar a costa.

Notarbartolo viajou sozinho até à estação seguinte, Termini Imerese. Aí foi visto recostado e meio acordado ao canto do seu compartimento, como se a paragem lhe tivesse perturbado o sono. O comboio deixou Termini Imerese às seis e vinte e três, com treze minutos de atraso. Pouco antes da partida, dois homens de casaco escuro e chapéu de coco subiram para a carruagem.

O subchefe da estação deu o sinal para a partida. Quando as carruagens começaram a passar por ele, espreitou com cuidado para dentro dos compartimentos de primeira classe – ele sabia que o seu amigo, um engenheiro ferroviário, estaria a viajar num deles. No entanto, a sua atenção foi atraída por outra pessoa no compartimento imediatamente anterior ao do seu amigo. Era um homem bem vestido, forte e atarracado. Sob o chapéu tinha um rosto largo e pálido, sobrancelhas grossas, olhos escuros e um bigode negro. Impressionado com a aparência e porte sinistros, o subchefe da estação diria mais tarde que ele parecia absorto em pensamentos soturnos.

Só a autópsia e o estado em que o compartimento se encontrava quando o comboio chegou a Palermo é que permitiram a reconstituição dos terríveis últimos momentos de Emanuele Notarbartolo. Quando o comboio entrou no túnel entre Termini e Trabia, foi atacado por dois homens, um brandindo um punhal pequeno e fino, o outro, uma adaga de dois gumes e cabo de osso.

Sobressaltado do seu meio-sono, esbracejou e saltou para evitar a saraivada de golpes. Alguns não lhe acertaram e rasgaram o assento e o apoio para a cabeça. Notarbartolo ia fazer 59 anos, mas era um homem grande e um antigo soldado. Com o barulho do comboio no túnel a abafar os seus gritos, conseguiu agarrar uma das facas. Depois atirou-se desesperadamente para cima em direcção à sua espingarda no porta-bagagens. Uma faca atingiu-lhe a virilha. Tanto a sua mão como o gradeamento foram golpeados. Ele deixou uma impressão sangrenta da palma da mão no vidro da janela. Entretanto, Notarbartolo era preso por trás por um dos homens enquanto o outro lhe plantava quatro golpes profundos no peito. Foi apunhalado 27 vezes ao todo.

O comboio aproximou-se da estação de Trabia. Cobertos de sangue e ofegantes por causa da luta, os assassinos puxaram os pertences de Notarbartolo do porta-bagagens e revistaram-nos à procura de algo que proporcionasse uma identificação fácil: o relógio de ouro com o brasão da família; a carteira com cartões de visita e a licença de porte de arma. Ainda não era de noite, mas, em vez de fugir à primeira oportunidade, os assassinos agacharam-se por baixo da janela durante a curta paragem em Trabia. O lugar onde tencionavam livrar-se da sua vítima ficava a apenas dois minutos mais à frente na linha. Assim que o comboio deixou a estação, encostaram o corpo à porta e depois atiraram-no para fora quando atravessaram a ponte Curreri. Mas não o atiraram suficientemente longe para que ele caísse na ravina em baixo e fosse arrastado até ao mar. Em vez disso, bateu no parapeito e caiu junto à linha.

Os dois homens saíram na estação seguinte, deixando o compartimento vazio e salpicado de sangue atrás de si.

A cidade de Milão recebeu alguns visitantes invulgares no Inverno de 1899-1900. Corcovados e agasalhados contra o frio, dezenas de homens baixos, de cabelo preto e boina, percorriam as ruas brumosas da cidade do Norte da Itália procurando alimentar-se com a ridicularia que as autoridades lhes haviam fornecido para suas despesas. Eram as testemunhas sicilianas do processo do assassínio de Notarbartolo. Os dois extremos da Itália encontravam-se no Tribunal Criminal de Milão. O júri teve de ouvir muitos dos depoimentos através de intérpretes.

O primeiro escândalo envolvendo o assassínio de Notarbartolo é que foram precisos quase sete anos para que o processo chegasse a tribunal. As razões para esse extraordinário atraso seriam reveladas de forma dramática diante do júri. Mas entretanto, mesmo antes de o julgamento começar, tornara-se evidente que o roubo não podia ter sido o objectivo dos assassinos. Eles tinham claramente uma vasta organização a apoiá-los, incluindo cúmplices entre o pessoal dos caminhos-de-ferro. Surgira também outro motivo possível; prometia associar o processo à corrupção política e financeira. Pouco antes do assassinato de Notarbartolo, um inquérito encontrara provas de graves irregularidades no Banco da Sicília, ocorridas durante o mandato do governador que o sucedera. O dinheiro do banco estava a ser usado para proteger o preço das acções da NGI, a companhia de navegação dos Florio, em delicadas negociações contratuais com o governo. Era um esquema simples. Eram concedidos empréstimos a intermediários que compravam acções da NGI que eram depois depositadas no banco como garantia dos empréstimos. Os verdadeiros titulares dos empréstimos, entre eles o governador do banco e Ignazio Florio, permaneciam anónimos – violando os regulamentos do banco.

O mesmo método fraudulento era depois usado como maneira mais directa de fazer dinheiro por outras pessoas ligadas ao banco. Se o preço das acções subisse, o titular podia sair do anonimato, pedir ao banco para as vender e ficar com o lucro. Se o preço baixasse, o banco ficaria com as acções desvalorizadas e ninguém a quem recorrer quando tivesse de exigir o reembolso do adiantamento. Os titulares anónimos só podiam ganhar; o Banco da Sicília só podia perder. O inquérito também levantou suspeitas de infiltração da máfia.

Nas semanas que precederam o assassinato, com a fuga de informações sobre o inquérito bancário, tinham surgido rumores de que Emanuele Notarbartolo voltaria de novo para o Banco da Sicília. Dizia-se que o próprio Notarbartolo tivera grande influência no incitamento à investigação dos negócios do banco. Muitas velhas figuras ligadas ao Banco da Sicília teriam tido bastante a temer de um regresso ao antigo rigor financeiro. Poderá Notarbartolo ter sido assassinado para proteger esses interesses corruptos dentro do banco?

Este cheiro a escândalo na alta roda provocou grande interesse público no processo de Notarbartolo quando as audiências começaram no Tribunal Criminal de Milão a 11 de Novembro de 1899. No entanto, só dois ferroviários apareciam no banco dos réus. Pancrazio Garufi era o guarda-freio da última carruagem. Parte do seu trabalho consistia em verificar que nada caísse do comboio, mas ele declarou não ter visto nada de anormal. A polícia afirmava que os assassinos não teriam atirado o corpo de Notarbartolo do comboio sem ter a certeza de que Garufi fecharia os olhos. Ainda mais suspeitas envolviam o revisor, Giuseppe Carollo. Era pouco provável que ele tivesse sido um dos assassinos, porque uma das suas tarefas era caminhar ao longo da plataforma em cada paragem e anunciar o nome da estação. Mas os assassinos não teriam entrado no comboio sem bilhetes, praticado um assassínio horrendo e esperado com o corpo no compartimento em Trabia se não tivessem tido a certeza de que havia alguém – Carollo, alegava o Ministério Público – cuja função era impedir que o trabalho deles fosse interrompido.

Os primeiros cinco dias do julgamento foram uma confusão. Os dois ferroviários vacilaram, tiveram inexplicáveis lapsos de memória, contradisseram-se. Negaram mesmo conhecer-se quando na verdade viviam a 50 metros um do outro. O revisor Carollo, que alterara a sua história várias vezes, causou uma impressão particularmente má. Um dos jornalistas no julgamento descreveu os seus olhos irrequietos engastados num «rosto macilento e amarelado com os músculos transformados num focinho de raposa»([46]). Para a maioria dos observadores leigos, afigurava-se uma tarefa inútil decidir se os dois réus eram assassinos, cúmplices ou apenas testemunhas inocentes que temiam as consequências de incriminar alguém muito mais do que temiam a própria prisão.

O contraste foi impressionante quando o filho da vítima, Leopoldo Notarbartolo, subiu à barra das testemunhas no dia 16 de Novembro. Alto e erecto no seu uniforme da marinha, mantinha a cabeça tão levantada que parecia olhar para o tribunal do alto do seu nariz admiravelmente comprido; como os olhos escuros e pálpebras pesadas, era uma feição herdada de seu pai assassi-

---

([46]) *Avanti!* 18 de Novembro de 1899.

nado. Ele prestou o seu depoimento numa voz grave e com uma segurança calma e veloz que os observadores acharam desconcertante a princípio. Depois, gradualmente, a sua honestidade e franqueza causaram uma profunda impressão. O que Leopoldo Notarbartolo disse espantou o tribunal, tornou-o uma celebridade e transformou o processo num dos julgamentos mais famosos da história italiana. «Acredito que o assassínio foi uma vingança e que o único homem que odiava o meu pai é o deputado e Commendatore Raffaele Palizzolo. Eu acuso-o de ser o instigador do crime, de contratar estes e outros assassinos.»

Leopoldo começou então a traçar um retrato de Don Raffaele Palizzolo e a contar a história da longa batalha que este travara com o seu pai. Os dois tinham-se conhecido quando jovens – Palermo era um meio pequeno. A animosidade entre ambos fora desencadeada pouco depois de Notarbartolo se ter tornado presidente da Câmara em 1873, quando obrigou Palizzolo a devolver o dinheiro que este havia surripiado de um fundo destinado a subsidiar o pão para os pobres.

Como presidente da Câmara, Notarbartolo tinha contactos regulares com os delegados do Ministério Público que suspeitavam de que Palizzolo fosse o protector de um famigerado salteador; parecia que Don Raffaele contava com a influência dele na altura das eleições em Caccamo. A inimizade entre Notarbartolo e Palizzolo tornou-se pessoal. Sempre que possível, Notarbartolo evitava os lugares frequentados por Palizzolo. Detestava o seu comportamento pusilânime, a sua cobardia, a sua bajulice. Notarbartolo não fazia qualquer esforço para esconder a sua aversão nas ocasiões em que a companhia de Palizzolo não podia ser evitada.

Era de Palizzolo que Emanuele Notarbartolo suspeitara estar por trás do seu rapto em 1882. A mansão desabitada onde alguns dos raptores foram capturados situava-se em terrenos contíguos à herdade de Palizzolo; ambas as propriedades ficavam em Villabate – o feudo da sua *cosca* favorita. O próprio rapto tivera lugar perto de Caccamo, que era dominada por outra *cosca* apadrinhada por Palizzolo.

Na altura do rapto, o palco do conflito entre os dois homens já se havia mudado para o Banco da Sicília; Notarbartolo era seu presidente, e Palizzolo um membro importante do conselho de administração. O relato de Leopoldo sobre o período em que o pai esteve no banco não desiludiu os que esperavam ouvir algum escândalo surgir do julgamento. Ele explicou como o pai travara uma batalha perdida para impedir que o Banco da Sicília fosse usado como uma grande represa de favores, o mais poderoso instrumento de clientelismo da ilha. Descobriu-se que tinham sido emprestadas, e nunca recuperadas, quantias avultadas a crianças, porteiros, barqueiros, pessoas já falecidas e indivíduos totalmente inventados.

Durante toda a década de 80, Notarbartolo esforçou-se por limpar os negócios do banco, enquanto Palizzolo procurava constantemente arranjar problemas. Notarbartolo tentou introduzir reformas nos estatutos da instituição que reduzissem a influência dos políticos, que constituíam dois terços do seu conselho de administração. Em 1889, enviou ao governo um relatório confidencial bastante crítico sobre o funcionamento do banco. Com ele seguia um ultimato: ou apoiam as minhas reformas ou eu demito-me. Essas cartas foram roubadas dos gabinetes dos ministros da Agricultura, Indústria e Comércio. Algumas semanas mais tarde foram apresentadas a uma reunião do conselho geral do banco, realizada enquanto Notarbartolo se encontrava em Roma, em negócios. O conselho aprovou um voto de censura contra ele. Embora nunca se tivesse provado nada, as suspeitas do roubo das cartas incidiam sobre Palizzolo. Uma embalagem registada de uma morada falsa em Roma fora enviada para sua casa no dia em que os documentos desapareceram. A embalagem estava lacrada, exibindo apenas a marca do botão de um determinado alfaiate de Roma. Palizzolo era um dos clientes do alfaiate.

Toda esta situação colocava o governo perante um dilema: ou apoiava o conselho do banco, cada vez mais dominado por vigaristas e claramente implicado no roubo das cartas; ou apoiava um governador com princípios e competente mas politicamente incerto. Hesitou durante vários meses, tomando depois a primeira opção. Notarbartolo recebeu um pedido para se demitir. A administração do banco foi dissolvida, mas a maior parte dos antigos membros foi posteriormente reeleita. Depois da demissão forçada de Notarbartolo, interesses corruptos tomaram o banco de assalto para engendrar a fraude das acções da NGI. A investigação subsequente revelou que Palizzolo era um dos titulares anónimos envolvidos.

Leopoldo concluiu o seu depoimento ao tribunal de Milão com uma denúncia grave à maneira como a investigação ao assassínio do pai tinha sido conduzida. «Contei várias vezes às autoridades todas estas coisas. E no entanto Raffaele Palizzolo nunca foi interrogado. Talvez tivessem medo.»(47)

As notícias de Milão sobre o depoimento de Leopoldo Notarbartolo causaram grande consternação nos círculos políticos em Roma. O julgamento destinara-se a sacrificar algum peixe miúdo para acalmar a crescente sede de justiça relativamente ao processo Notarbartolo. Agora Don Raffaele Palizzolo tornava-se subitamente um enorme embaraço político. Ele escreveu uma carta à imprensa, afirmando que sempre tivera uma boa relação de trabalho com Notarbartolo. Depois, quando o ambiente em Roma escureceu à sua volta, retirou-se apressadamente para Palermo.

A imunidade parlamentar de Palizzolo foi retirada quando o primeiro-ministro, o general Luigi Pelloux, conseguiu uma votação rápida na Câmara dos Deputados. Por causa de rumores de que o controverso deputado se estava a preparar para fugir para o estrangeiro, as comunicações telegráficas entre a Sicília e o continente foram suspensas para que ele não soubesse das notícias do voto parlamentar. Com as autoridades legais de Palermo ainda a vacilar, o comandante da polícia Sangiorgi recebeu ordens directas do general Pelloux para avançar e prender Palizzolo nessa mesma noite. Os agentes encontraram-no a descansar na mesma cama em torno da qual os seus clientes costumavam amontoar-se todas as manhãs.

Alguns dias depois, em Palermo, 30 000 pessoas participaram numa manifestação para depositar uma coroa de flores junto a um novo busto de Emanuele Notarbartolo assente num pequeno pedestal coríntio na Praça Politeama. Palizzolo parecia estar acabado. «A máfia conhece os estertores da morte», opinou um comentador.

Leopoldo Notarbartolo usou a sala de audiências de Milão como um palco; era a sua oportunidade de expor toda a história à luz da publicidade – o assassínio do pai, a investigação mal conduzida, Palizzolo e o escândalo das acções da NGI. Um dos aspectos marcantes do seu depoimento era o facto de ele não ser testemunha

(47) *Avanti!* 18 de Novembro de 1899.

de acusação. Em Itália, as vítimas podem intentar acções por perdas e danos durante processos-crime e até contribuir para a argumentação da acusação. O jovem oficial da marinha era um desses «queixosos civis». Ele tinha bons motivos para querer impulsionar a acusação: convencera-se de que os magistrados do Ministério Público que deviam preparar a acção contra os assassinos estavam a conspirar para encobrir os factos. As suas suspeitas recaíam sobre Vincenzo Cosenza – o mesmo procurador-geral em Palermo que mais tarde faria tudo ao seu alcance para perturbar a acção de Sangiorgi contra a máfia da Conca D'Oro.

Durante aqueles seis anos desde o assassínio do pai, Leopoldo fizera ele próprio muitas investigações. Enfrentara oposição e indiferença em todo o lado. Em 1896, um velho amigo pessoal e político do pai, Antonio di Rudini, tornou-se primeiro-ministro. Leopoldo foi falar com ele, revelou as suas suspeitas sobre Palizzolo e pediu ajuda. Rudini foi tudo menos compreensivo: «Se acreditas mesmo que foi ele, porque não contratas simplesmente um bom mafioso para o matar?»([48])

Só com o sucessor de Rudini, o general Pelloux (outro amigo da família Notarbartolo), é que se conseguiu algum impulso político para qualquer tipo de julgamento, mesmo que acusasse apenas os dois ferroviários. Sob a influência de Pelloux, o julgamento foi transferido de Palermo para Milão, onde existiam menos probabilidades de as testemunhas serem intimidadas.

Depois do testemunho de Notarbartolo, o julgamento de Milão prosseguiu. As razões para o atraso em levar o processo a tribunal começaram a surgir. Uma testemunha após outra alimentava o escândalo. O comandante do exército em Milão proibiu os seus homens de assistir ao julgamento por causa da torrente de revelações subversivas. O ministro da Guerra, que havia sido Real Comissário na Sicília, declarou que «a prova testemunhal da acusação para o assassínio de Notarbartolo foi preparada de forma extremamente negligente e descuidada; na verdade, foi realizada de uma forma culpável». Dias depois o mesmo ministro foi obrigado a demitir-se quando um jornal publicou uma carta dele pedindo às autoridades judiciais que libertassem um mafioso politicamente

([48]) Notarbartolo, p. 339.

influente a tempo de ajudar um candidato do governo durante as eleições.

Desde que o corpo na via-férrea sobre a ravina de Curreri fora identificado como sendo o de Emanuele Notarbartolo, Palermo inteira fervilhara com boatos de que Palizzolo se encontrava por trás do assassinato. No entanto, soube-se em tribunal que o principal juiz investigador em Palermo na altura fora transferido por aparentemente ter sugerido que os boatos talvez tivessem algum fundo.

Um inspector da polícia, depois de pedir para tomar conta do processo, escondera provas, incluindo um par de peúgas manchadas de sangue. Também conduzira a investigação por uma série de pistas manifestamente falsas, todas elas baseadas em hipóteses que punham em causa a reputação do banqueiro assassinado. Em Milão, com grande aplauso do público nas galerias, o inspector foi detido em tribunal. Veio a saber-se que era um aliado próximo de Palizzolo; trabalhara como seu «agente» eleitoral.

O nome de um dos homens que Leopoldo Notarbartolo acreditara ter de facto cometido o assassinato também surgiu diante do júri de Milão. O subchefe da estação de Termini Imerese – que tinha visto a figura sinistra no compartimento de Notarbartolo – foi chamado à barra das testemunhas. Depois de repetir o seu relato daquela noite de Fevereiro de 1893, disse que não tinha conseguido reconhecer o mesmo homem numa linha de identificação de suspeitos.

Então o advogado que representava a família de Notarbartolo começou a indagar: não era verdade que ele *tinha* reconhecido o homem, mas que dissera à polícia que tinha medo de o dizer em público por causa da máfia? A testemunha começou a tremer, mas manteve a sua história. Depois foi colocado frente a frente com um dos antecessores de Ermanno Sangiorgi como comandante de polícia de Palermo – o mesmo homem que conduzira a linha de identificação de suspeitos. O subchefe da estação corou e contorceu-se no banco. Havia grande simpatia pela sua aflição na galeria do público, pois via-se que ele era claramente um homem honesto que temia pela sua vida. Finalmente foi-se abaixo, dizendo em pouco mais do que um sussurro: «Confirmo tudo o que o senhor diz; é verdade; era realmente o mesmo homem».

O homem que ele identificara era Giuseppe Fontana, 47 anos de idade, de Villabate. O ex-comandante da polícia descreveu ao tribunal os antecedentes do suspeito. Era membro da *cosca* da máfia de Villabate. Apenas anos antes fora ilibado da acusação de falsificar dinheiro por causa das relações que conseguira mobilizar. «Penso que também neste julgamento, Fontana foi protegido por uma mão mágica, poderosa e misteriosa.»(49)

Assim que estas revelações foram feitas em Milão saiu uma ordem para a detenção de Fontana, que logo se escondeu. Corria o boato de era que ele estava a ser albergado por um príncipe e deputado cuja herdade ele guardava. O príncipe foi interrogado pelo comandante Sangiorgi, que lhe deu a entender que poderia ser acusado de dar guarida a um criminoso. O príncipe comunicou com Fontana e este ditou as condições em que se entregaria à polícia. Sangiorgi acabou por concordar. O repórter do *Times* em Itália mostrou-se chocado com o acordo:

> Fontana... foi conduzido a Palermo na carruagem do príncipe, acompanhado pelos advogados do príncipe, interrogado na casa particular [de Sangiorgi] em vez de ser levado desonrosamente para a esquadra da polícia, autorizado a fazer uma visita de despedida à família e, sem ser algemado, acompanhado com toda a consideração... para a prisão principal, onde foi colocado numa cela confortável. No entanto, este homem tem no cadastro quatro assassínios e várias tentativas de homicídio e roubo, de cujas acusações foi sempre ilibado por «falta de provas» ou, por outras palavras, devido à impossibilidade de induzir juízes e testemunhas a colocar-se acima do terrorismo da *Maffia*.(50)

Giuseppe Fontana estava a defender uma ideia ao entregar-se dessa maneira. O seu mundo era feito de relações entre homens. Nesse mundo, as instituições, como o Estado, não tinham qualquer significado. A sua detenção era um assunto pessoal entre ele próprio e um adversário de respeito, o comandante da polícia Ermanno Sangiorgi.

Com a prisão de Palizzolo e Fontana, o julgamento de Milão foi suspenso a 10 de Janeiro de 1900 para que as investigações pudessem continuar. A maratona judicial estava apenas no seu início.

---

(49) *Avanti!* 24 de Novembro de 1899.
(50) *The Times*, 22 de Dezembro de 1899.

Mesmo após as revelações de Milão, não faltaram amigos a Palizzolo enquanto esteve preso. Na verdade, pouco faltou para conseguir evitar ir a julgamento.

Em Junho de 1900, a gente de Palizzolo apresentou a sua recandidatura a deputado pelo seu círculo eleitoral no centro de Palermo. A máfia, enfrentando o julgamento de Sangiorgi, precisava de toda a ajuda política que pudesse obter. Com a influência da Sicília a decrescer na arena da política nacional, a NGI também precisava dos seus velhos amigos. Se Palizzolo fosse eleito, obteria de novo a imunidade parlamentar. O dinheiro dos Florio financiou a campanha eleitoral, e até a mãe de Ignazio, a baronesa Giovanna d'Ondes, se inscreveu numa associação de apoio feminina fundada pelas irmãs de Palizzolo. Esta ajuda local não foi suficiente; o governo apoiou o seu adversário e Don Raffaele não conseguiu vencer.

Os apoiantes de Palizzolo na magistratura também quase impediram o processo de chegar a tribunal. O procurador Cosenza redigiu um relatório sustentando que não existiam provas suficientes para um julgamento. Só a pressão directa do rei o obrigou a alterar a sua conclusão, descrevendo ainda assim as provas como «superficiais».

Antes do início do segundo julgamento, a causa de Fontana foi também favorecida pela morte – de cirrose do fígado – do revisor com dúvidas, Giuseppe Carollo.

O segundo julgamento realizou-se naquele que era provavelmente o tribunal mais imponente da Itália, um palácio em Bolonha cujo pátio e nobre fachada tinham sido desenhados por Palladio. O seu interior sumptuoso era barroco, com a enorme sala de audiências revestida de madeira escura intrincadamente esculpida. Bolonha era uma cidade politicamente conservadora, que não toleraria ninguém que tentasse aproveitar-se das implicações subversivas do processo.

Don Raffaele Palizzolo foi uma das primeiras testemunhas chamadas da jaula onde os réus se encontravam. O tempo passado na prisão envelhecera-o; estava magro e macilento, com a pele flácida em volta do queixo saliente. Continuava a vestir-se impecavelmente e consultava as suas notas através de umas elegantes lunetas. Depôs durante dois dias numa pose trágica, apoiando-se às costas de uma cadeira, pontuando o seu depoimento com soluços e gestos floreados, a voz alternando entre o murmúrio plangente e o rugido desafiador.

> Senhores jurados, tenho a certeza de que não descobriram em mim qualquer indício de crueldade inata. O que viram em vez disso... são as marcas profundas e inextirpáveis deixadas pelo tratamento desumano e bárbaro a que fui injustamente submetido pelo ódio sectário, a vingança e a ira, aliados ao medo da parte dos fortes e à covardia da parte dos fracos. Assim, deixai falar a humanidade desprezada e ultrajada!... Estou sozinho, sou pobre e não pertenço a qualquer facção partidária. O meu querido irmão disse-me com o seu último beijo: «Defende-te, e defende a honra da tua família»([51]).

Esgotado pelo esforço de proferir a sua declaração, Don Raffaele foi acometido por uma hemorragia nasal crónica.

Giuseppe Fontana, o homem acusado de ter efectivamente assassinado Notarbartolo, foi tão calmo e conciso no banco dos réus como Don Raffaele havia sido prolixo. Apresentou-se descontraído e bem arranjado. De fato azul-escuro, parecia exactamente o íntegro empresário de citrinos que afirmava ser. Os jornalistas presentes repararam no seu físico forte e nas covas profundas dos olhos, «como dois orifícios fundos feitos com os dedos numa cabeça de barro». Fontana tinha o hábito característico de se interromper para reflectir, de cabeça para trás e lábios franzidos, antes de continuar a sua declaração com uma confiança tranquila. Às vezes parecia que o depoimento que estava a prestar dizia respeito a outra pessoa e não a ele próprio. Conseguiu até provocar uma gargalhada na sala de audiências quando declarou, com um sorriso, que, se fosse um chefe da máfia, como a acusação alegava, então teria enviado um dos seus homens para cometer o assassínio em vez de o cometer ele próprio.

([51]) *Avanti!* 28 de Setembro de 1901.

Foi uma actuação extraordinariamente bem conseguida. Como membro da organização militar da máfia, Fontana estava mais exposto do que o padrinho político da sua *cosca*. Mesmo os políticos dispostos a acolher Palizzolo no seu meio teriam reticências em gastar o que quer que fosse da sua credibilidade política para proteger um capanga.

Grande parte da atenção do tribunal concentrou-se no álibi que ajudara Fontana a evitar a acusação durante tanto tempo. Ele apresentou vários registos da sua companhia para provar que de facto estivera na Tunísia no dia do homicídio. Com alguma coragem, Leopoldo Notarbartolo fora ao Norte de África na Primavera de 1895 na pista do mafioso. (Sangiorgi acreditava existir uma *cosca* a operar aí.) Os sicilianos que Leopoldo encontrou em Hammamet e arredores confirmaram o álibi de Fontana «com a uniformidade de um fonógrafo». Porém, através de uma comparação meticulosa dos registos de vales postais tunisinos com os de Palermo, Leopoldo e os seus advogados suscitaram dúvidas quanto ao álibi. Era bastante possível que um dos sócios de Fontana tivesse enviado e recebido os vales postais que supostamente provavam que ele estivera ausente da Sicília na altura do homicídio.

O mafioso fora visto em momentos cruciais, como na própria noite do assassinato, em Altavilla onde os dois suspeitos de chapéu de coco desceram do comboio. Em tribunal, contudo, as testemunhas que antes haviam afirmado ter visto Fontana fizeram desmentidos embaraçados e contraditórios.

A resposta de Palizzolo ao interrogatório da acusação ficou como prova do truísmo de que uma desculpa é melhor do que muitas. A despeito da mais evidente improbabilidade, Don Raffaele apresentou-se como vítima de uma conspiração política e negou mesmo a mais trivial das alegações da acusação. Longe de ser o chefe da máfia, afirmou, ele era uma das suas vítimas. Ele e Fontana negaram conhecer-se. No entanto, veio a saber-se que o intermediário de Palizzolo na fraude das acções da NGI era também sócio de Fontana – o homem que fornecera bastas provas em apoio do álibi tunisino.

Uma das testemunhas cujas declarações foram seguidas com particular interesse foi Giuseppe Pitrè, o famoso especialista de folclore. O professor de «demopsicologia» fez uma descrição brilhante da personalidade de Palizzolo – o réu era seu colega no governo local de Palermo. Pitrè assegurou que o facto de Palizzolo ter escrito um romance na juventude revelava que ele possuía «um espírito nobre, dedicado à virtude, adverso ao vício». Quando lhe pediram para definir a máfia, Pitrè explicou que as suas origens residiam na palavra árabe *mascias*, que significava uma consciência exagerada da própria personalidade, uma relutância em se submeter à intimidação; nas classes sociais mais baixas isso podia conduzir a actos criminosos.

O comandante da polícia Ermanno Sangiorgi adoptou uma abordagem menos livresca quando foi chamado à barra das testemunhas. A máfia, disse ele, era uma organização secreta criminosa baseada em esquemas de protecção e extorsão. Tinha bases em toda a Sicília ocidental e até noutros países. Sangiorgi sofria de uma forte constipação nesse dia e para muitos no tribunal a sua voz rouca era quase inaudível. Os advogados de defesa contra-atacaram salientando que o recente julgamento em Palermo não fora convincente no apoio à sua teoria.

O júri de Bolonha retirou-se para deliberar o seu veredicto sobre o homicídio de Notarbartolo às 21:45 de 30 de Julho de 1902. O sentimento de expectativa correspondia à dimensão do julgamento. Tinha durado quase 11 meses. Foram apresentados 50 gordos volumes de provas testemunhais; foram ouvidas, em pessoa ou por declaração solene, 503 testemunhas, incluindo três antigos ministros, sete senadores, 11 deputados e cinco comandantes da polícia. As transcrições do julgamento registaram 54 «tumultos». Em seis ocasiões o tribunal teve de ser completamente evacuado para se restabelecer a ordem. Várias vezes os advogados de ambos os lados tiveram de ser separados para evitar que chegassem a vias de facto. Um dos juízes-presidentes faleceu durante o julgamento; dois jurados tiveram de ser substituídos por razões de saúde. Os numerosos advogados de ambos os lados realizaram verdadeiros feitos de oratória forense: um dos advogados da família Notarbartolo fez um discurso final que durou oito dias; outro demorou quatro dias e meio.

A noite de 30 de Julho foi uma das mais quentes do ano. As lâmpadas a gás que ardiam no interior do tribunal superlotado tornavam o ambiente irrespirável. As ruas lá fora estavam cheias de gente. O tribunal era protegido por metade de uma companhia de infantaria, 50 polícias e 45 *carabinieri*, muitos cerrando uma fileira em torno do banco dos réus com baionetas armadas. Durante o discurso final do juiz, tinham circulado boatos de uma conspiração da máfia para matar um dos advogados dos Notarbartolo.

Às onze horas e vinte e cinco minutos, os jurados voltaram a entrar na sala de audiências. O presidente dos jurados, um professor do ensino básico, levantou-se e levou a mão ao peito. Percebeu-se grande emoção na sua voz quando respondeu à lista de perguntas do juiz.

«É o acusado, Raffaele Palizzolo, culpado de ter instigado outros a cometer o homicídio do Commendatore Emanuele Notarbartolo?»

A resposta «Sim» foi recebida com aplausos e gritos de espanto. Fontana foi também declarado culpado de ter cometido o homicídio de Notarbartolo.

Depois de o juiz ter pronunciado as sentenças – os acusados foram condenados a 30 anos cada – Palizzolo solicitou a palavra: «Os senhores foram enganados, eu juro, disse-o desde o princípio. Eu sou inocente. Existe um Deus que me vingará. Não em vós, os jurados, mas naqueles que me assassinaram apesar de saberem que sou inocente».

Fontana intrometeu-se para dizer: «Pela campa da minha mãe, também sou inocente». Foram conduzidos para fora da sala.

Os advogados de defesa deixaram o tribunal sob os assobios ensurdecedores do público na galeria. Leopoldo Notarbartolo e os seus advogados viram-se logo rodeados de gente gritando: «Viva o júri!»; «Viva a justiça bolonhesa!»; «Viva o queixoso civil!»([52]). Não conseguiram abrir caminho por entre a multidão lá fora para se dirigirem aos seus hotéis e tiveram de se refugiar num escritório de advogados próximo. Aí, em resposta aos apelos das pessoas, apareceram à varanda para exprimir a sua gratidão.

Em Palermo o ambiente não podia ter sido mais diferente. Um grande número de pessoas havia-se reunido diante dos escritórios dos telégrafos e dos jornais. Cinquenta minutos depois de chegar a notícia, as edições especiais estavam na rua. Nessa altura já a multidão começara a dispersar-se em silêncio. No dia seguinte letreiros

---

([52]) *Giornale d'Italia*, 1 de Agosto de 1902.

dizendo «Cidade de luto» apareceram nas montras de algumas lojas de Palermo. O comandante de polícia Sangiorgi afirma que os mesmos tinham sido impressos e distribuídos por mafiosos. *L'Ora*, um jornal pertencente a Ignazio Florio, declarou a sua perplexidade perante o veredicto e perguntava que provas concretas teriam existido da culpa de Palizzolo.

Num artigo muito citado na imprensa por toda a Itália, *The Times* exprimia também a sua surpresa:

> Em vista dos depoimentos tergiversantes de testemunhas intimidadas e das declarações favoráveis ao carácter de Palizzolo prestadas por vários magnatas sicilianos, era de esperar que o júri beneficiasse da falta de provas concludentes da culpabilidade dos acusados para lhes conceder o benefício da dúvida.([53])

Não obstante, o artigo concluía: «De uma maneira geral, foi feita justiça, e com coragem».

O tom nalguns jornais era de celebração. «Glória e honra aos 12 homens do júri», proclamava *La Nazione*. O socialista *Avanti!* aclamava uma derrota para «uma das mais bárbaras e perniciosas formas de delinquência – a *maffia*». A Sicília continuava dividida pelo caso. O *Giornale di Sicilia*, que encarara favoravelmente a causa de Leopoldo Notarbartolo durante o julgamento, classificou o resultado como um golpe contra «o principal defensor da máfia, o poder político». Muitos jornais juntaram-se ao *Resto del Carlino* de Bolonha para exprimir o seu agrado por a justiça ter triunfado, mas também para retirar algumas ilações sombrias da cumplicidade provada das autoridades em proteger os culpados: «Esperemos que tenhamos aprendido todos alguma coisa com este monstruoso processo judicial e que nunca mais vejamos algo semelhante sob um céu italiano».

Seis meses depois, o Tribunal de Cassação em Roma anulou todo o julgamento de Bolonha por uma questão de ordem técnica.

---

([53]) *The Times*, 1 de Agosto de 1902.

Uma testemunha de importância secundária tinha sido chamada a depor. Mal acabara de prestar juramento teve de se retirar enquanto os advogados discutiam se o seu depoimento era necessário ou não. No dia seguinte o homem subiu de novo à barra das testemunhas mas prestou o seu depoimento sem renovar o juramento. Leopoldo Notarbartolo achou, compreensivelmente, que o episódio fora planeado de propósito como salvaguarda para a defesa.

Na Sicília o veredicto de Bolonha tinha originado uma reacção política coordenada. Seguindo a iniciativa do «demopsicólogo» Giuseppe Pitrè, foi fundada uma comissão «*Pro Sicília*» para exprimir a «indignação pública» provocada pela condenação de Palizzolo, vista como um ataque à ilha como um todo. Duzentas mil pessoas inscreveram-se para mostrar o seu apoio.

Quando periodicamente as coisas não lhes correm bem a nível nacional, a máfia e os seus políticos recorrem a queixas deste tipo, e começam até a fazer barulho sobre a independência da Sicília. Esta estratégia procura aproveitar alguns fortes sentimentos «sicilianistas» existentes na ilha. Durante os julgamentos de Notarbartolo, surgiram sem dúvida algumas intervenções preconceituosas na imprensa. «A Sicília é um cancro no pé da Itália», proclamara um comentador. Estes foram também os anos em que alguns académicos afirmaram que os Italianos do Sul eram uma raça atrasada, com cabeças de formas estranhas e uma propensão inata para o crime.

Mas, mais importante do que isso, o que Palizzolo chamou o seu «martírio», reuniu uma poderosa aliança de interesses políticos e financeiros conservadores por trás da «*Pro Sicília*», que era muito mais do que uma organização de fachada da máfia e mais ainda do que uma extensão do grupo de pressão da NGI. O processo de Palizzolo surgiu numa altura em que importantes políticos sicilianos de direita já tinham perdido influência em Roma. Agora o governo liberal até fazia propostas ao Partido Socialista. A «*Pro Sicília*» foi a resposta dos conservadores sicilianos à sua visível perda de poder. O grupo de pressão não durou muito tempo, mas conseguiu que o governo lhe desse ouvidos. Um agrupamento deste tipo podia ser um elemento importante de qualquer coligação governamental. A anulação do julgamento de Bolonha pode muito bem ter sido uma oferta de paz aos poderes organizados em torno da «*Pro Sicília*».

O novo julgamento começou em Florença a 5 de Setembro de 1903, mais de uma década após o homicídio no comboio Termini--Palermo. Agora apenas Fontana e Palizzolo estavam no banco dos réus. (Os que tinham sido absolvidos em Bolonha, incluindo o guarda-freios do comboio, não foram obrigados a enfrentar de novo as mesmas acusações.) No entanto, o julgamento de Florença durou apenas menos duas semanas do que o anterior, a que de certo modo se assemelhou.

Os advogados de Leopoldo Notarbartolo aproveitaram para chamar uma nova testemunha, potencialmente muito importante. Matteo Filippello era suspeito de ser o aliado de Palizzolo na *cosca* de Villabate. Em 1896 fora ferido numa briga que se julgava ter tido origem na divisão do pagamento pelo assassínio de Notarbartolo. Antigos boatos em Palermo haviam-no mencionado como um dos assassinos.

Filippello teve de ser ameaçado de prisão antes de concordar em viajar para o julgamento. Uma vez em Florença, foi detido por intimidar outras testemunhas, e fingiu estar a perder a sanidade. Um dia antes da sua programada comparência em tribunal, desapareceu. Foi encontrado pendurado de um corrimão na sua pensão perto da basílica de Santa Croce. Suicídio, decidiu o inquérito.

Contudo, entretanto a opinião pública já se tinha aborrecido e tornado céptica. Quase quatro anos se haviam passado desde as fantásticas revelações de Leopoldo Notarbartolo em Milão. O processo desencadeara no início um enorme debate público sobre a máfia. Foram publicados alguns relatos preciosos, incluindo dois de polícias sicilianos. No entanto, por cada estudo útil da famosa organização criminosa, surgiam dois ou três que ajudavam a confundir a questão. Existiam ainda muitas vozes – incluindo testemunhas prestigiosas – a negar a existência da máfia. Esta era um sentido exagerado de orgulho pessoal, fruto da maneira como os ilhéus haviam sido oprimidos ao longo da história. Outros sugeriam que se tratava apenas do nome siciliano para um tipo de submundo que podia ser encontrado em todas as cidades modernas da Europa e dos Estados Unidos.

De forma extraordinária, até os advogados de Leopoldo Notarbartolo em Bolonha seguiam esta opinião. Na Sicília Ocidental, argumentavam, existiam apenas *cosche* isoladas que por vezes partilhavam da mesma protecção. «O que é a máfia hoje? É, como acreditam algumas pessoas, uma organização com chefes e subchefes? Não. Isso só existe nos sonhos de um ou outro comandante da polícia.»([54]) Existiam razões evidentes para dizer isto. Teria sido muito pouco sensato fazer depender as probabilidades de uma condenação no caso Notarbartolo dos esforços gorados de Sangiorgi para conseguir uma acusação de toda a máfia. No entanto, a declaração veio trazer ainda mais confusão para o debate.

Assim, apesar da publicidade de Milão e Bolonha, a *mafia* continuava a ser um conceito turvo e informe. Um certo esgotamento do tema da máfia acabaria por se instalar. Quando isso aconteceu, diminuiu o risco de uma crise de indignação pública e perturbação política no caso de uma absolvição.

Com o benefício do ensaio geral de Bolonha por trás, os advogados de defesa em Florença deram uma muito melhor impressão de si mesmos. Don Raffaele abandonou a oratória lamurienta das suas representações anteriores e adoptou a pose submissa de um inválido que tinha de ser ajudado a subir para o banco das testemunhas por um *carabiniere*.

A acusação não conseguiu o mesmo alento que conseguira em Bolonha, a mesma sensação de que todas as contradições e confusão nas declarações das testemunhas da defesa correspondiam a uma demonstração de culpa. No dia 23 de Julho de 1904, uma maioria de 8 para 4 dos jurados absolveu os réus por falta de provas. Palizzolo desmaiou ao ouvir o veredicto.

Apesar de uma melhora de saúde surpreendentemente rápida na semana a seguir ao julgamento, Don Raffaele voltou a desmaiar no dia 1 de Agosto quando desceu da prancha de desembarque no porto de Palermo como homem livre. A comissão «*Pro Sicilia*» alugara um navio a vapor da NGI para trazê-lo em triunfo do continente.

---

([54]) Marchesano, pp. 294-295.

Foi o auge de vários dias de celebração. O jornal dos Florio, *L'Ora*, disse que a cidade havia sido libertada de um pesadelo pelo júri de Florença. Os apoiantes de Palizzolo traziam retratos dele nas lapelas. A festa da Madonna del Carmine fora adiada para que o herói regressado pudesse nela participar. Quando Palizzolo recuperou os sentidos, foi acompanhado até casa por uma multidão esfuziante e desordenada. Encontrou a casa enfeitada com um arranjo de luzes que dizia: «Viva Palizzolo!». Quando surgiu à sua varanda, uma banda começou a tocar um hino especialmente dedicado à sua vitória. Um dos seus bajuladores registou o ambiente de emoção:

> Após 56 meses de martírio cruciante, Raffaele Palizzolo surgiu triunfante, banhado pela luz da sua deslumbrante auréola de Dor e Virtude. A sua Dor e Virtude foram consagradas pela sublime abnegação que demonstrou durante cinco anos de suplícios incomparáveis. Para passar as desoladoras horas de encarceramento, em homenagem à Sicília, à maltratada Sicília, ele teceu a Dor e a Virtude, como botões de flores gotejados de lágrimas, em grinaldas de sofrimento atroz.([55])

O comedimento nunca foi um dos fortes dos apoiantes da máfia. Muitos Sicilianos, mesmo aqueles que achavam que as provas contra Don Raffaele não eram suficientemente decisivas para ditar uma condenação, sentiram-se enojados.

Mas o júbilo não durou muito tempo. Nas eleições parlamentares de Novembro, o mártir de Bolonha foi cabalmente derrotado. Apesar do seu triunfo, Palizzolo estava agora demasiado comprometido e os seus amigos poderosos abandonaram-no. As audiências à beira da sua cama foram retomadas, pois ele continuava a exercer funções no governo local, mas os seus dias como supremo angariador de clientelas da Sicília haviam terminado.

Algum tempo antes da apoteose de Palizzolo, Leopoldo Notarbartolo voltara discretamente a Palermo a bordo de um vapor dos correios. Apenas um pequeno grupo de amigos esteve presente para saudá-lo em silêncio, de chapéus entre as mãos. Verteram-se lágrimas quando ele se reuniu com a irmã. Assumir o lega-

([55]) Lupo, *Storia della máfia* (ed. 1996), p. 133.

do da luta do pai contra Palizzolo custara-lhe um preço elevado. A herdade de Mendolilla teve de ser vendida para pagar os custos dos processos.

Nos anos seguintes, a sua carreira na marinha levou Leopoldo, misericordiosamente, para bem longe da ilha. Ele alcançou o posto de almirante, mas desapareceu da memória do público. Desde o dia da absolvição de Palizzolo, ele decidira não perder a fé no progresso, não sucumbir a uma visão resignada do mundo como perverso e caótico. A única maneira que encontrou para continuar a lutar pela justiça, à qual dedicara os melhores anos da sua vida, foi registar a história da vida do seu pai. As longas viagens por mar proporcionaram-lhe tempo de sobra para escrever uma biografia que sistematicamente diminui o seu próprio papel nos acontecimentos dramáticos do período 1893-1904. O pai teria aprovado a sua modéstia. Em 1947, após uma doença prolongada e dolorosa, Leopoldo morreu, sem filhos, na sua cidade adoptiva de Florença. A sua esposa publicou a biografia dois anos depois.

Giuseppe Fontana também deixou a Sicília depois do julgamento. Levando as quatro filhas pequenas consigo, emigrou para Nova Iorque, para prosseguir a sua carreira de extorsão e assassínio na nova fronteira da máfia.

# 4

# O Socialismo, o Fascismo e a Máfia 1893–1943

# Corleone

A direito, são apenas 35 quilómetros de Palermo a Corleone. Mas quando Adolfo Rossi fez a viagem a 17 de Outubro de 1893 – oito meses depois do assassínio de Notarbartolo – o pequeno comboio levou as suas habituais quatro horas e quinze minutos para percorrer o seu trajecto sinuoso através das montanhas despidas de árvores. Grande parte da paisagem atravessada pelo comboio encontrava-se ainda ressequida pelo Verão siciliano; descolorida e pedregosa, era pontuada de longe em longe por uma torre de vigia arruinada ou pelo verde-escuro dos dispersos e escassos olivais e pomares de limoeiros.

Adolfo Rossi era jornalista do diário liberal romano *La Tribuna*. Regressara havia pouco tempo dos Estados Unidos onde passara 12 anos a atravessar o continente em busca de fortuna. No final do seu período na América, tornara-se director do *Il Progresso Italo-Americano*, o principal jornal da crescente comunidade italiana da cidade de Nova Iorque. Rossi regressou à Europa imbuído de um grande entusiasmo pela abertura e velocidade da vida nos Estados Unidos. Ele afirmava que, por comparação, a Itália parecia tão fechada e estática como um cemitério.

No mesmo compartimento que Rossi, viajava outro homem do continente, um jovem oficial do exército. Começaram a falar do assunto que andava na boca de toda a gente: as terríveis condições de vida dos camponeses sicilianos. Rossi registou a história típica que o oficial lhe contou:

> Dói ver algumas das cenas que encontras quando vives aqui como eu. Num dia quente de Julho, lembro-me, fazia uma longa marcha com os meus homens. Parámos para descansar junto ao pátio de uma quinta onde estavam a distribuir a colheita de cereais. Eu entrei para pedir um pouco de água. A partilha tinha acabado de ser feita e o camponês ficara com pouco mais que um pequeno montículo. Tudo o resto tinha ido para o chefe. O camponês tinha as mãos e o queixo apoiados no longo cabo da sua pá. A princípio, como que aturdido, fitou a sua parte recebida. Depois olhou para a mulher e para as quatro ou cinco crianças, pensando em como depois de um ano de trabalho duro e dificuldades aquele montinho de cereais era tudo o que lhe restava para alimentar a família. Parecia um homem talhado em pedra. Só que uma lágrima escorria-lhe silenciosamente de cada olho.([56])

Havia quase duas décadas que os reformadores italianos denunciavam em vão a situação difícil dos camponeses do interior da Sicília: subnutrição, analfabetismo, malária, escravidão de dívidas, atrozes condições de trabalho, exploração apoiada com recurso à máfia, roubo justificado por advogados comprados.

Em Corleone os camponeses diziam que patrões honestos eram tão raros como moscas brancas. Muitos dos 16 000 habitantes da cidade eram trabalhadores cuja subsistência miserável dependia das grandes herdades de cereais que se entendiam até aos montes longínquos por baixo das suas ruas estreitas, praças minúsculas e igrejas barrocas. Corleone existia para alimentar Palermo, mas nem sempre parecia capaz de alimentar os seus próprios habitantes. Um viajante inglês na década de 90 do século XIX encontrou a cidade habitada por «mulheres pálidas e anémicas, homens de olhos cavados, crianças estranhas e esfarrapadas que mendigavam pão, gralhando com vozes roucas como velhos deprimidos e cansados do mundo»([57]).

Rossi tinha vindo a Corleone para entrevistar um homem que dedicara a sua vida a mudar estas condições, um homem que se tornaria um símbolo da luta não só contra a pobreza mas também contra a máfia.

---

([56]) Rossi, *L'agitazione*, pp.81-82.
([57]) Paton, *Picturesque Sicily*, p.179.

A pobreza dos camponeses do interior siciliano radicava em causas simples. Os grandes latifundiários de Corleone e outras cidades parecidas viviam normalmente em Palermo e arrendavam as suas terras a intermediários, ou *gabelloti,* através de contratos a curto prazo. Estes arrendamentos de curta duração significavam que os *gabelloti* tinham de extorquir dinheiro aos camponeses o mais depressa possível. O *gabelloto* típico era um homem implacável que subira na vida por conta própria; tinha um trabalho que não se podia fazer sem criar inimigos. Muitas vezes os *gabelloti* tinham de proteger as suas vidas e bens, especialmente o gado, de bandidos e ladrões. Era frequente actuarem de combinação com os bandidos ou até mesmo controlá-los. Também precisavam de amigos versados nos assuntos da lei; a abolição do sistema feudal e os leilões periódicos de propriedades da Igreja e do Estado tinham deixado um rasto de complicações burocráticas que remontava a várias décadas.

Os *gabelloti* eram figuras tão fulcrais na violenta economia da Sicília que muitas vezes se presumia que ser mafioso ou ser *gabelloto* era a mesma coisa. Será mais correcto dizer que pertencer à máfia permitia ao *gabelloto* fazer melhor o seu trabalho. Por um lado, a máfia tinha contactos em Palermo, onde muitos dos negócios de arrendamento eram feitos. Por outro, a sociedade honrada oferecia aos seus membros o poder militar necessário para combater camponeses insubmissos.

Recorreu-se a esse poder quando, como que do nada, no Outono anterior à viagem de Adolfo Rossi a Corleone, os camponeses oprimidos da Sicília Ocidental e Central começaram a formar novas organizações chamadas *fasci.* Os *fasci* nada tinham que ver com o movimento fascista antidemocrático e militarista fundado por Benito Mussolini uma geração mais tarde. Um *fascio* significa simplesmente um feixe, uma imagem de solidariedade; os *fasci* sicilianos eram irmandades que uniam os camponeses contra os latifundiários e os *gabelloti.*

Durante alguns meses de 1893, o movimento dos *fasci* fez de Corleone o centro das atenções da nação. O *fascio* local, fundado e chefiado por Bernardino Verro, foi um dos primeiros e mais bem organizados da ilha. Um ano antes, Verro era apenas um humilde burocrata municipal com uma educação incompleta – fora expulso da escola secundária. Existiam milhares de funcionários públicos anónimos como ele por toda a Itália, homens que eram obrigados a depender de apadrinhamentos para conseguir empregos administrativos que mal davam para alimentar as suas famílias. Verro, indignado com as injustiças a que assistia à sua volta, revoltou-se.

Quando se tornou líder do *fascio* de Corleone, Verro foi despedido por causa das suas crenças políticas. Mas nessa altura ele já pouco se importava. Fazia discursos inflamados aos camponeses usando o dialecto local e exemplos retirados das fábulas que eles conheciam. Com um fervor utópico, pregava a cooperação, a disciplina e os direitos das mulheres. O futuro era socialista, explicava; o sistema capitalista era poderoso, porque o poder do amor esmorecera, mas estava a chegar o momento em que toda a humanidade se envolveria num abraço de amor. Viajando de mula a partir de Corleone, Verro espalhou a sua mensagem pelas localidades mais próximas. Constituíam-se *fasci* onde quer que ele discursasse. Verro e os chefes do movimento eram apaixonados evangelizadores seculares. «Como verdadeiros irmãos», beijavam-se na boca quando se encontravam.

Era Bernardino Verro que o jornalista Adolfo Rossi tinha vindo entrevistar a Corleone. Quando Rossi fez a sua viagem ao interior siciliano, Verro encabeçava a primeira grande greve de camponeses da história da Itália. Era um dirigente que falava de igual para igual com importantes políticos e funcionários do Estado, um homem que granjeara a compreensão de quase todos os sectores da sociedade italiana para os camponeses que liderava.

O encontro entre Rossi e Verro produziu um dos poucos retratos em primeira-mão do líder dos *fasci*. É uma entrevista influenciada pelos preconceitos do Novo Mundo adquiridos por Rossi, assim como pela sua prontidão em ceder à visão sentimental que os seus leitores italianos tinham da Sicília. Apesar de tudo, revela muito da verdadeira natureza de Verro e dos *fasci*.

Outras pessoas que conheciam Verro descrevem-no como um homem grande, enérgico, irritadiço e com uma dedicação absoluta à sua causa. Rossi, por sua vez, tinha um olho cosmopolita para o exótico: «O presidente do *Fascio* é um jovem de vinte e sete ou vinte e oito anos. Tem genuínos traços de árabe no rosto, na barba e especialmente nos olhos grandes e esbugalhados».

Não obstante, a esperança e o entusiasmo de Verro transparecem nas suas respostas às perguntas de Rossi: «O nosso *Fascio* tem cerca de 6000 membros, homens e mulheres... As nossas mulheres compreenderam tão bem as vantagens de uma união entre as pessoas pobres que agora ensinam o socialismo aos seus filhos»([58]). Rossi percebeu também a perspicácia política de Verro. As reivindicações apresentadas em Corleone tornaram-se o modelo para todos os *fasci* da ilha. Eram claras e moderadas: novos contratos que estipulassem uma divisão equitativa dos produtos agrícolas entre o proprietário e os camponeses que arrendavam pequenos lotes de terra. Até muitos conservadores viram nisso uma solução justa e eficaz. A maioria dos latifundiários de Corleone aceitara o acordo. «Os mais ricos ainda não cederam», explicou Verro a Rossi. «Não tanto por razões económicas; é mais por despeito. Não querem que se fique com a impressão de que cederam aos *fasci*»([59]).

Verro mostrou com orgulho ao jornalista a grande sala abobadada que servia de sede do *fascio*. Numa das extremidades, sobre uma mesa, via-se um busto de terracota de Marx, ladeado por retratos dos heróis patrióticos Mazzini e Garibaldi. Por baixo da mesa, encontrava-se uma mostra de armas obsoletas: sabres, mosquetes e um bacamarte.

Rossi entrevistou alguns dos camponeses presentes. Eles explicaram-lhe como os membros que sabiam ler e escrever mantinham os analfabetos a par das notícias do resto da ilha. Os antigos soldados entre os membros tinham formado uma banda de uniforme para tocar canções patrióticas e o hino dos trabalhadores, que era também o hino dos *fasci*. Rossi perguntou aos camponeses o que eles entendiam por socialismo. «Revolução!» surgiu uma resposta; «Juntar a propriedade e todos a comer o mesmo», veio outra. «Eu tenho 50 anos», explicou um terceiro camponês, «e nunca comi carne»([60]).

Rossi guardou para o fim o assunto mais delicado, e aquele que mais interessava aos seus leitores: a relação entre os *fasci* e o crime.

([58]) Rossi, *L'agitazione*, p. 82.
([59]) *Idem, ibidem*, p. 84.
([60]) *Idem, ibidem*, p., pp. 86-87.

Os Italianos lembrar-se-iam do papel que bandos de pistoleiros haviam desempenhado nos muitos episódios revolucionários da recente história da Sicília; a máfia era pouco compreendida, mas muito temida. Os latifundiários sicilianos tentavam argumentar que os *fasci* eram apenas o último disfarce para os piratas selvagens da ilha. «Que atitude tomou para com os homens com cadastro?», perguntou Rossi a Verro. A resposta foi esforçadamente optimista:

> Só existem uns poucos, e esses foram condenados por coisas menores como roubar dos campos, por isso aceitámo-los no *fascio* como uma forma de melhorá-los. Desde que o *fascio* começou, a taxa de criminalidade tem vindo a baixar. Já quase não há brigas, porque todas as questões são resolvidas através do *fascio*: muitas vezes fazemos de juízes ou árbitros. Os verdadeiros criminosos são alguns dos latifundiários: usurários, antigos protectores de salteadores; eles violam as jovens camponesas e açoitam os trabalhadores. Se soubesse o que esses mandões fazem, sem qualquer castigo! Isto aqui é ainda como na Idade Média!([61])

Rossi ficou obviamente impressionado; tinha também conseguido a história simples que viera buscar a Corleone. Para pessoas de fora como ele, parecia por vezes que nada no interior rural siciliano havia mudado desde o tempo dos Romanos, quando os escravos trabalhavam os campos de trigo. Assim, no seu regresso, ele forneceu aos seus leitores uma fábula do bem e do mal passada numa terra longínqua e intemporal:

> Nesta ilha, no meio de zonas que são o paraíso na terra, existem outras que parecem África, onde milhares de escravos trabalham as terras pertencentes a meia dúzia de grandes senhores. Na verdade, vivem pior do que esses antigos escravos, que pelo menos tinham o seu pão garantido.([62])

Verro era descrito como um nobre selvagem, um Espártaco moderno.

Ao ler os relatos de Rossi, sentimo-nos tentados a pensar que a sua indolente predilecção por certas ideias estereotipadas sobre a Sicília pode muito bem ter-lhe custado a história da sua carreira.

---

([61]) Rossi, *L'agitazione*, p. 84.
([62]) *Idem, ibidem*, pp.125-126.

Porque o que ele não percebeu foi como podia ser complicado ser um herói na Sicília Ocidental.

Rossi desconhecia, por exemplo, que apenas seis meses antes, Verro tinha sido acordado de madrugada por um punhado de cascalho atirado contra a janela da sua casa na via San Nicolò. Como combinado, vestiu-se rapidamente. Uma vez lá fora, foi conduzido pelas ruas estreitas a casa de um homem que ele conhecia, um *gabelloto* de uma das herdades que circundavam a cidade. Aí foi mandado entrar para uma sala onde encontrou um grupo de homens à volta de uma mesa. No centro da mesa estavam três espingardas e um papel com uma caveira desenhada.

O chefe que presidia à mesa começou por explicar que o objectivo da reunião era examinar uma proposta para admitir Verro na associação secreta – os membros autodenominavam-se os Fratuzzi («os Irmãos»). Quando instado, o iniciado Verro explicou que o movimento social que havia fundado em Corleone visava defender os interesses das massas proletárias oprimidas. Satisfeito com a explicação, o chefe lembrou os perigos que enfrentava qualquer homem que não guardasse a sociedade em segredo.

Verro foi convidado a repetir o juramento de fidelidade dos Fratuzzi antes de estender a mão direita para que o seu polegar fosse picado com um alfinete. O sangue foi espalhado sobre a imagem da caveira. O papel foi incendiado e, à luz das chamas, Verro trocou um beijo fraternal com cada um dos mafiosos. Foi-lhe dito que, para se apresentar como membro dos Fratuzzi, devia tocar nos incisivos e queixar-se de uma dor de dentes. Ele era a partir daquele momento membro da *cosca* da máfia de Corleone.

Ao tornar-se mafioso, Bernardino Verro estava longe de caracterizar os líderes dos *fasci*; e ao deixar um relato escrito de como isso aconteceu, foi único entre os iniciados da máfia da altura. Mas a história de Verro – que só viria à luz depois do seu assassinato – é no entanto bastante significativa. Durante muito tempo foi tratada com um cepticismo perplexo por escritores de esquerda, e não só porque a maioria das pessoas não acreditava num ritual de iniciação da máfia. Ao longo dos sessenta anos ou mais que se seguiram ao aparecimento do movimento dos *fasci*, os mafiosos iriam intimidar e assassinar inúmeros socialistas, comunistas e dirigentes de sindicatos – tantos, na verdade, que chegou a parecer que o único objectivo da máfia era subjugar a classe trabalhadora organizada do interior rural siciliano. E no entanto, aí, no próprio berço do socialismo camponês italiano, havia um herói socialista a associar-se à máfia.

A iniciação de Verro é fácil de explicar do ponto de vista da *cosca* de Corleone. Os homens de honra nunca se opõem categoricamente à mudança – o seu objectivo é seguir na direcção que querem – e em 1892-1893 a situação era bastante imprevisível. Os *fasci* podiam acabar por transformar os camponeses numa nova força do interior siciliano, alterando a maneira como a terra era possuída e trabalhada; ou podiam falhar e voltar a ser incorporados na política dos clãs locais. Os *gabelloti* filiados na máfia não tinham a certeza se deviam opor-se aos *fasci* ou usá-los para conseguir melhores condições de arrendamento dos latifundiários. Aproximando-se dos líderes dos *fasci*, a máfia tentava assegurar-se de que seria capaz de manter a sua influência fosse qual fosse o futuro.

A máfia tem uma atitude serenamente pouco escrupulosa para com as ideologias políticas. Não possui ideias políticas orientadoras, apenas estratégias. O oportunismo é o seu valor mestre. Por essa razão, nenhum movimento social ou político, seja qual for a sua ideologia, nasce imune à influência da máfia. A falta de escrúpulos da máfia estende-se mesmo às suas próprias tradições. A iniciação não é um ritual assim tão sagrado como muitas vezes se julga, mesmo para muitos mafiosos. Se for mais barato, menos arriscado e mais eficaz oferecer a alguém a filiação do que seria comprá-lo ou intimidá-lo, os velhos chefes encenarão a necessária representação ritual.

Assim, os *fasci* tinham de tomar cuidados constantes para evitar a infiltração da máfia. Alguns grupos locais estipulavam até nos seus estatutos que conhecidos mafiosos estavam impedidos de ser membros. Uma das principais razões para isto é que existiam elementos no governo que ficariam muito satisfeitos em ter um pretexto para proibir as organizações camponesas alegando que estas não passavam de quadrilhas criminosas. Afinal, veio a provar-se, através de uma investigação governamental, que os *fasci* tinham, de um modo geral, conseguido manter as suas fileiras livres de malfeitores.

Contudo, nalguns lugares como Corleone, a relação entre a liderança dos *fasci* e a máfia era assustadoramente íntima. Os chefes camponeses e os chefes da máfia competiam por mentes e corações no mesmo mercado político. Os camponeses queriam forçar um arranjo melhor e alguns estavam dispostos a aceitá-lo de quem quer que parecesse ter mais possibilidades de o fornecer, fosse ele mafioso ou socialista.

A versão de Bernardino Verro da história da sua iniciação nos Fratuzzi só seria conhecida após a sua morte. A série de acontecimentos que o levou à máfia teve início durante o Inverno de 1892--1893. Nessa altura estava em curso uma campanha de intimidação e provocação de baixo nível contra os *fasci*. Alguns activistas foram espancados e medas de feno queimadas para que os socialistas pudessem ser responsabilizados, aumentando assim a possibilidade de uma repressão militar severa. Havia também perseguição por parte da polícia, e os chefes dos *fasci* eram presos sob acusações falsas. Alguns camponeses responderam à intransigência dos latifundiários com acções de vandalismo. Verro e outros líderes dos *fasci* sabiam que havia políticos em Roma à espera de uma oportunidade para enviar tropas para a Sicília. Muitos líderes dos *fasci* achavam que um confronto violento com o Estado era inevitável, mais cedo ou mais tarde. Algumas vozes dentro do movimento ventilavam a possibilidade de uma insurreição socialista armada para impedir a repressão.

Foi durante estes meses de grande tensão que Verro soube de fortes rumores de que ele estava prestes a ser eliminado. Para se proteger, certificou-se de que nunca percorria as ruas de Corleone sozinho. Uma noite viu – e evitou – três homens desconhecidos que o esperavam perto de casa. Depois um homem de Corleone abordou-o repetidas vezes, exprimindo simpatia pelo movimento camponês e oferecendo garantias quanto à sua segurança pessoal. O homem explicou que os latifundiários tinham ordenado a morte de Verro, mas que havia uma sociedade secreta em Corleone que estava disposta a protegê-lo. A sociedade estava até pronta a oferecer-lhe ajuda e a condição de associado. A única coisa que lhe pedia era que ele modificasse a sua atitude hostil para com certos homens locais com grandes qualidades e notável coragem.

Verro decidiu aceitar a proposta. Como a maioria dos outros Sicilianos, provavelmente tinha apenas uma ideia imprecisa do que era realmente a máfia: talvez uma espécie de liga maçónica, ou algo mais vago e informal. Compreensivelmente, a oportunidade que a máfia de Corleone lhe oferecia de salvar a vida ajudou Verro a decidir filiar-se.

Havia também um contexto mais lato para a decisão de Verro. Durante esses mesmos meses de tensão no início de 1893, ocorreram contactos exploratórios entre homens de honra e a chefia do movimento socialista a nível regional. Os dois grupos foram muito cautelosos. Se houvesse uma revolução, a sociedade honrada em cada zona teria de decidir de que lado iria combater. Seria melhor apoiar um Estado italiano distante e frágil? Ou infiltrar-se no movimento campesino socialista? Pela sua parte, os líderes camponeses começavam a interrogar-se se uma aliança com a máfia não seria um preço que valeria a pena pagar pela vitória na luta que se avizinhava. Uma fé utópica no poder do socialismo talvez até lhes desse a esperança de que a máfia pudesse ser incorporada e neutralizada.

No final de Abril, Verro e dois outros membros importantes do movimento dos *fasci* encontraram-se com os chefes da máfia de Palermo. O plano proposto pela máfia era que uma revolução camponesa, se viesse a ocorrer, seria encabeçada por «200 000 leões» – sendo estes leões os mafiosos e seus soldados. (As negociações foram aparentemente marcadas por um grau homérico de exagero.) Não se fizeram muitos progressos para um acordo. Os relatos divergem quanto às razões: ou os mafiosos chegaram à conclusão de que o Estado italiano, no final, se revelaria mais forte do que os *fasci*; ou os líderes camponeses suspeitaram de que a máfia estava a tentar atraí-los para uma armadilha da parte da polícia e dos latifundiários.

Bernardino Verro depressa se arrependeu de ter aceite ser membro da *cosca* de Corleone. Os Fratuzzi invadiram o Nova Era – um clube que ele fundara como centro de actividades republicanas e socialistas. Organizaram jogos de cartas no local e usaram o jogo para colocar dinheiro falso em circulação. Tornou-se claro para Verro que tanto ele como o *fascio* de Corleone corriam o risco de ser desacreditados e rotulados de criminosos pela polícia. Ele afastou-se assim do clube Nova Era. A distância que separava os mafiosos dos activistas camponeses de Corleone aumentou ainda mais quando os primeiros se apoderaram de terras deixadas por cultivar por causa de uma greve organizada pelo *fascio*. Verro depressa abandonou toda a esperança de que os Fratuzzi e os camponeses pudessem constituir um pacto. Ele passaria o resto da vida a tentar remediar o facto de se ter filiado na máfia – um erro que acabaria por lhe custar a vida.

No dia 3 de Janeiro de 1894, os falcões de Roma e da Sicília conseguiram finalmente o que queriam: 50 000 soldados impuseram a lei marcial e a extinção dos *fasci*. O momento decisivo surgira em Dezembro quando os *fasci* lançaram greves aos impostos e exigiram a dissolução de conselhos municipais corruptos – um desafio directo aos interesses políticos vitais da máfia. O grau de violência começou a subir. Os piores incidentes ocorreram quando o exército disparou directamente contra uma multidão de manifestantes; 83 camponeses morreram. Nalguns sítios os combates eram deliberadamente provocados quando pessoas desconhecidas disparavam ao acaso de telhados baixos ou janelas; com uma astúcia decisiva, os mafiosos seguiam a sua decisão de apoiar os latifundiários e o Estado contra os *fasci*. A disciplina que Verro conseguira incutir nos camponeses de Corleone significou que este tivesse sido um dos poucos lugares onde não houve derramamento de sangue.

Bernardino Verro tentou fugir da Sicília, mas foi detido a 16 de Janeiro de 1894 a bordo de um navio a vapor com rumo a Tunes e apresentado perante um tribunal militar. As acusações eram de conspiração para provocar a revolta e incitamento à guerra civil, à violência e à destruição. Durante o julgamento as autoridades baniram os jornais continentais da ilha. Verro foi declarado culpado e condenado a doze anos de prisão. A dura pena chocou até muitos conversadores. Inesperadamente, em 1896, ele foi libertado no âmbito de um amnistia. Mas a década seguinte da sua vida seria repartida entre o activismo político, a prisão, o exílio e a perseguição pelas autoridades.

Verro foi libertado no final de uma segunda pena de prisão no Verão de 1907. (Fora condenado por difamação depois de um jornal que fundara ter revelado que um oficial superior da polícia local obtivera os serviços de uma jovem para o vice-prefeito – o marido dela estava na cadeia. Verro foi condenado a oito meses de prisão quando as principais testemunhas de defesa se retractaram das suas anteriores declarações.)

Centenas de camponeses socialistas do interior foram a Palermo para recebê-lo após a sua libertação. Transportando bandeiras e faixas, chegaram de manhã cedo num comboio especialmente fretado a partir de Corleone. A banda da cidade, envergando camisas vermelhas, conduziu uma procissão pelas ruas. Mulheres com trajes tradicionais de camponesas marcharam sob uma faixa que dizia: «Secção das Mulheres de Corleone». Fortemente escoltados, seguiram pela via Macqueda em direcção à prisão de Ucciardone, onde saudaram Bernardino Verro com vivas, abraços e lágrimas. Depois de um comício na câmara dos trabalhadores de Palermo, levaram-no para Corleone em triunfo.

Nessa altura, 13 anos após a repressão dos *fasci*, o moral do movimento dos camponeses nunca estivera tão alto. Havia um governo mais liberal no poder em Roma. Um ano antes da libertação de Verro, uma nova lei tornara possível às cooperativas pedir empréstimos ao Banco da Sicília em nome dos camponeses; o dinheiro seria usado para arrendar terras directamente dos proprietários. Em Corleone, Verro assumiu imediatamente a liderança de uma cooperativa fundada exactamente para esse fim. A cooperativa tinha o potencial de se tornar a arma mais poderosa contra a máfia até então. O objectivo era suprimir os intermediários, os *gabelloti*, da economia rural. Verro sabia que a luta que se avizinhava seria provavelmente violenta; dois homens que trabalhavam de perto com ele tinham sido assassinados enquanto ele viajava. Ele sabia também que os Fratuzzi de Corleone tinham uma conta pessoal a acertar com ele; Verro guardava ainda o segredo mortificador da sua iniciação.

Os Fratuzzi foram cautelosos no início. Tentaram primeiro subornar Verro para impedir a cooperativa de tomar as rendas deles. Embora a máfia conseguisse infiltrar-se em muitas associações de camponeses em toda a Sicília Ocidental, Verro resistiu, e, em 1910, a sua cooperativa já tinha tomado de arrendamento nove herdades, libertando centenas de trabalhadores da quase-servidão.

Mas a cooperativa de Verro enfrentava também a oposição política do fundo católico, a Cassa Agricola San Leoluca. Era o sinal de uma mudança fundamental que ocorria por toda a Itália. Quando a unificação italiana foi concluída em 1870 com a ocupação de Roma, o Papa declarara a Igreja «espoliada», fechara-se no Vaticano e aconselhara os fiéis a não tomar parte activa na vida política do ímpio e novo país. Só para o final do século XIX é que os católicos, com a aprovação do clero, começaram a participar na política. O que os levou ao domínio público foi a necessidade de proteger os fiéis contra a crença subversiva e materialista do socialismo.

Os mafiosos sempre lidaram com os padres da mesma maneira que lidavam com os políticos – de homem para homem, favor em troca de favor. Agora a Igreja e a máfia tinham também uma causa ideológica comum no seu ódio ao socialismo. Os padres e os crentes leigos que dirigiam a Cassa Agricola San Leoluca são figuras obscuras; pouco se sabe acerca da igreja de Corleone. Mas alguma ideia do ambiente entre o clero local transparece na carta que um cónego escreveu ao arcebispo em 1902, pedindo-lhe para impedir os padres de Corleone de transportar armas «tanto de dia como de noite». A cooperativa católica empregava os Fratuzzi para proteger as terras que tomava de arrendamento. A fase mais perigosa da luta de Verro contra a máfia estava prestes a começar.

Em 1910, Bernardino Verro lançou uma greve aos impostos em protesto contra um corrupto presidente de Câmara católico. A administração municipal demitiu-se. Durante a subsequente campanha eleitoral, Verro fez um discurso denunciando a «máfia associada aos católicos». A resposta não se fez esperar. Na noite de 6 de Novembro ele aguardava na farmácia pelo fim da votação quando alguém disparou os dois canos de uma caçadeira através da janela. Um dos tiros tirou-lhe chapéu e o outro cortou-lhe o pulso, mas, espantosamente, não sofreu mais ferimentos. Parece que a pontaria do aspirante a assassino fora desviada pelas fortes luzes e reflexos dos armários da farmácia. Quando Verro correu para a rua para ver se conseguia identificar o seu agressor, deu de caras com um conhecido mafioso que ficou claramente surpreendido por vêlo ainda vivo. «Está a ver, desta vez os seus rapazes só conseguiram fazer fumo», disse Verro.

Se em público mostrava uma fachada corajosa, em privado Verro mostrava-se aterrorizado. Começou a descobrir exactamente até aonde chegavam os contactos da máfia; as ligações com o deputado local, a magistratura e o clero. As balas disparadas contra ele, assegurou Verro, fediam a «máfia e incenso». Mais uma vez foi obrigado a abandonar a sua adorada Corleone. Apesar de ter denunciado às autoridades os homens que na sua opinião tinham tentado matá-lo, o processo não avançou, porque as testemunhas tinham medo de se apresentar.

Na Primavera de 1911, Verro escreveu desesperado a um amigo quando soube que o seu camarada Lorenzo Panepinto, líder dos camponeses de Santo Stefano Quisquina, fora morto a tiro à porta de casa:

> Já viste o que fizeram ao pobre Panepinto? Os *gabelloti* da máfia eclesiástica levantaram-se contra as cooperativas. A verdade é tão horrível que quase me enlouquece de desânimo. Cada vez que olho para o ferimento no meu pulso esquerdo vejo dois cadáveres na cicatriz: um é o meu e o outro pertence ao meu bom amigo e camarada Panepinto. Tive de deixar Corleone, onde a máfia me declarou traidor. O que me resta fazer? Tornar-me também um criminoso e vingar-me com chumbo e dinamite? Ou esperar, como um morto de férias, que seja assassinado?([63])

Os problemas continuaram a perseguir Verro. O tesoureiro da cooperativa dos camponeses de Corleone foi detido por fraude e declarou falsamente que estivera a trabalhar às ordens de Verro. (Provas convincentes sugerem, pelo contrário, que o tesoureiro contava com o apoio dos Fratuzzi.) Embora não existam hoje quaisquer suspeitas de que Verro fosse culpado da prática deliberada de qualquer crime, parece efectivamente que foi ingénuo e desleixado na fiscalização das contas da cooperativa. Ele foi detido e esteve quase dois anos em prisão preventiva.

Quando finalmente foi libertado, em 1913, continuava com a acusação de fraude a pairar sobre si, parecendo aos seus inimigos um homem acabado. Foi obrigado a vender vinho e massas para sobreviver. Mas a sua intenção era apenas esperar que o seu bom-nome fosse recuperado antes de voltar à política. Os camponeses, cuja fé em Verro permanecia inabalável, pediram-lhe para encabeçar a lista dos socialistas às eleições locais. Tinham finalmente direito de voto; o sufrágio universal para todos os homens maiores de idade, que fora introduzido em 1912, era uma oportunidade sem precedentes para lutar pela justiça e igualdade através de mei-

---

([63]) Paternostro, p. 166.

os democráticos. Verro conhecia os perigos que enfrentava; disse aos amigos que a máfia muito provavelmente acabaria por matá-lo, porque não conseguia derrotá-lo de outra forma. Mas achou ser seu dever aceitar o apelo dos camponeses. Em 1914 foi eleito por esmagadora maioria presidente da Câmara de Corleone.

A vida política de Verro em 1914 e início de 1915 foi dominada pela I Guerra Mundial. Como a maioria dos socialistas e, na verdade, a maioria dos Italianos, Verro opunha-se à intervenção italiana na guerra. Por três vezes nas duas décadas anteriores, o povo de Corleone parecera estar à beira de garantir um futuro mais justo para si mesmo. Em 1894, os seus *fasci* foram reprimidos pela lei marcial; em 1910, a sua cooperativa foi coarctada pela intriga e pela violência; agora, precisamente no momento em que chegava uma democracia de bases amplas, as suas esperanças seriam frustradas pelo recrutamento militar. A Itália acabou por entrar na guerra em Maio de 1915.

Mas este período foi também importante na vida pessoal de Verro. Depois de anos sozinho, o activista errante parecia assentar. A sua companheira (o casal opunha-se por razões ideológicas ao casamento) deu à luz uma filha; chamaram-lhe Giuseppina Pace Umana – «Josefina Paz Humana». No Outono de 1915, o julgamento do caso da fraude que tanta ansiedade causara a Verro começou também, finalmente, a aproximar-se. Tendo falado com os advogados envolvidos, ele sentia-se optimista quanto ao desenlace.

Na tarde de 3 de Novembro de 1915, Verro deixou a Câmara municipal de Corleone sob um céu que parecia escurecer rapidamente. O aguaceiro começou quando ele virou a esquina para subir a via Tribuna. No preciso momento em que alcançou um lanço de quatro degraus que se estendia de um lado ao outro do cimo da rua, uma bala disparada a partir de um estábulo atingiu-o por baixo da axila esquerda. Ele cambaleou, voltou-se e sacou da sua pistola *Browning*. Conseguiu disparar um tiro inútil antes de ela encravar. Mais cinco balas atingiram-no de dois ângulos. É provável que já estivesse morto quando caiu com o rosto na lama.

Um dos assassinos saiu então calmamente do seu esconderijo e, parece, ajoelhou-se sobre os rins de Verro. Apontou a sua pistola à base do crânio da sua vítima e disparou quatro vezes. Depois encostou a boca da arma à fonte de Verro e puxou de novo o gatilho. O estado do cadáver devia servir de aviso para outros.

Os relatos deste assassínio ostensivamente bárbaro limitaram-se a algumas linhas na maioria dos jornais nacionais. As notícias dos combates na frente ocidental, na Sérvia e nas fronteiras do Nordeste de Itália dominavam o interesse da nação.

Durante muitos anos após o insucesso do megajulgamento de Sangiorgi em 1900 e a absolvição de Palizzolo e Fontana em 1904, foi extremamente difícil suscitar algum interesse pela luta contra a máfia. A opinião pública italiana estava resignada e céptica; as pessoas recebiam as notícias do crime organizado na Sicília com apatia e aversão. Dava-se como certo que a morte do presidente da Câmara de Corleone era um assunto da máfia e que, muito provavelmente, ninguém seria responsabilizado.

Nem mesmo a notável prova testemunhal apresentada em julgamento ajudou a atrair a atenção pública que ele merecia. Entre os documentos pessoais de Verro, a polícia descobriu um testemunho na sua própria caligrafia que acrescentou uma nova camada de intriga a uma vida que reflectiu plenamente um período dramático da história da Itália. Era a confissão póstuma de Verro. Nela ele contava toda a história da sua iniciação nos Fratuzzi – um segredo que nunca divulgara a ninguém – e fornecia uma descrição pormenorizada dos modos de actuação da máfia de Corleone. Os polícias que descobriram o documento atestaram todos a absoluta integridade e dedicação de Verro à sua causa; acreditavam que se ele tivesse revelado o que sabia acerca da máfia, teria sido assassinado muito mais cedo.

Como se esperava, apesar da natureza pública do assassínio, ninguém alguma vez foi condenado; o julgamento terminou passados alguns dias quando o procurador retirou a acusação, afirmando que não considerava que esta fosse válida. O abandono do julgamento levou mais uma vez a que um testemunho fidedigno da realidade da «sociedade honrada» não fosse acreditado.

Os Fratuzzi tinham muitos motivos para assassinar Bernardino Verro. A questão está em saber por que razão escolheram aquele momento. A polícia veio depois a inferir que a máfia temia que Verro usasse o julgamento da fraude para revelar o que sabia acerca da organização. Também pode ter passado pela ideia da *cosca* que a guerra em curso abafaria a publicidade em torno do assassínio. Ao longo dos anos, os Fratuzzi haviam tentado sem êxito cooptar Verro, corrompê-lo, derrotá-lo politicamente, difamá-lo e intimidá-lo. Aparentemente, em 1915, já só lhes restava um instrumento.

Mesmo quando se sente poderosa, a máfia não pode simplesmente eliminar quem quer sem se preparar para as consequências. Qualquer assassínio envolve um cálculo de riscos, e o assassínio de um homem poderoso como Verro, com muitos apoiantes fervorosos em Corleone e não só, era um empreendimento particularmente arriscado. Tragicamente, parece que neste caso a máfia acertara nos seus cálculos.

Verro não foi nem de longe o último mártir do movimento dos camponeses. Uma vaga de assassinatos políticos perpetrados pela máfia seguiu-se às duas guerras mundiais. Os métodos adoptados contra os *fasci* de Corleone seriam de novo usados; sempre que a sociedade honrada não conseguia infiltrar-se nas organizações camponesas nem criar alternativas mais maleáveis, recorria ao terror. Entre as vítimas políticas da máfia por volta da altura em que Verro foi morto contaram-se também cinco padres corajosos e honestos cujos nomes merecem ser registados: Don Filippo Di Forti, de San Cataldo, 1910; Don Giorgio Gennaro, de Ciaculli, 1916; Don Constantino Stella, de Resuttana, 1919; Don Gaetano Millunzi, de Monreale, 1920; Don Stefano Caronia, de Gibellina, também em 1920. O novo catolicismo de compromisso social não era completamente indiferente à realidade da máfia, pagando um preço em sangue como resultado.

Em 1917, os camponeses de Corleone ergueram um busto de Bernardino Verro na Piazza Nasci, onde os trabalhadores se juntavam todas as manhãs na esperança de serem contratados por um *gabelloto* para um dia de trabalho. Verro foi retratado olhando para a via Tribuna, para o local onde havia sido assassinado. Em 1925, o busto foi roubado; nunca mais foi encontrado. Em 1992, o presidente da câmara de Palermo, um corajoso jovem de esquerda, erigiu outro busto no seu esforço para incutir no edifício social da cidade a memória dos crimes da máfia. Depois de ter sido vandalizado várias vezes, o monumento foi finalmente destruído em Julho de 1994. A máfia mostrava assim que era capaz de perseguir as suas vítimas mesmo para além da morte.

# O Homem com Pêlos no Coração

Em Janeiro de 1925, o primeiro-ministro Benito Mussolini levantou-se no parlamento, assumiu pessoalmente a responsabilidade pela violência dos seus bandos fascistas e iniciou o seu processo de esmagar toda a oposição. O Partido Fascista de Mussolini já não era um governo; era um regime. Um ano depois a nova ditadura brandia a sua autoridade lançando uma guerra contra o crime organizado na Sicília.

O cerco de Gangi, o paradigma inaugural da guerra, teve início na noite de 1 de Janeiro de 1926 enquanto caía uma tempestade de neve sobre as montanhas Madonie. Nos dias precedentes, a polícia e os *carabinieri*, em pelotões móveis de 50 homens, tinham começado gradualmente a estreitar o cordão, detendo todos os suspeitos de colaborar com os bandidos. O cordão e o frio em conjunto forçaram os bandidos a recuar para Gangi, conhecida por ser o seu quartel-general. A polícia ocupou os cumes das colinas e outros pontos estratégicos na vizinhança. As linhas de telefone e de telégrafo foram cortadas. Camiões e carros blindados bloquearam as estradas de acesso em baixo. Depois, uma multidão de polícias, com alguns milicianos de camisa negra pelo meio, subiram a custo a estrada íngreme e estreita que conduzia ao centro de Gangi.

Gangi afigurara-se inexpugnável do alto do seu isolamento, dominando a paisagem de toda a Sicília central a partir da sua posição no Madonie; num dia claro era possível vislumbrar os contornos vagos do Monte Etna na outra metade da ilha, a oeste. Na região, os chefes dos bandidos eram referidos como «o prefeito» ou «o chefe da polícia». Eram tão poderosos que tinham mesmo logrado convencer o presidente da Câmara a recusar um subsídio do governo para a iluminação pública com o argumento de que as ruas estreitas e íngremes da cidade eram na verdade mais seguras às escuras.

Agora o labirinto encontrava-se fortemente iluminado e pululava de homens de uniforme que revistavam e ocupavam as casas, fazendo dezenas de detenções. Muitos dos homens procurados tinham-se escondido em quartos secretos concebidos por um construtor local perito em fazer paredes e tectos falsos. Apenas alguns habitantes de Gangi se arriscaram a sair à neve para levar recados e víveres aos homens escondidos. Os outros aninhavam-se em suas casas por trás de portas e janelas trancadas.

O primeiro bandido a entregar-se saiu do seu esconderijo na manhã de 2 de Janeiro. Gaetano Ferrarello, o «Rei do Madonie», tinha 63 anos e fugia à justiça desde que matara a mulher e o amante dela. Isso ocorrera na outra metade da sua vida. Levava anos a construir uma vasta rede de roubo de gado, administração de herdades e extorsão e a consolidar a protecção política necessária para poder operar sem a perseguição das autoridades. Fez saber que não se entregaria a um polícia, mas apenas ao presidente da Câmara.

Na câmara municipal, o oficial que comandava as forças do cerco sentou-se à espera de que Ferrarello aparecesse. Descobriu que este era um homem alto, com uma dignidade de porte quase militar e uma barba de patriarca que lhe chegava ao cinto. O bandido deixou cair o seu bastão decorado em cima da secretária e proferiu uma declaração estudada: «Tenho o coração a tremer. É a primeira vez que me encontro diante da lei. Estou a entregar-me para devolver a paz e a serenidade a este povo que tão martirizado tem sido». Vários dias depois Ferrarello suicidou-se na prisão, lançando-se de umas escadas abaixo. Aparentemente, mais ninguém esteve envolvido no incidente.

A operação prosseguiu. Ninguém podia entrar nem sair de Gangi, e a polícia armava uma série de manobras propagandistas para humilhar os bandidos escondidos. O gado que lhes pertencia foi apreendido; os animais mais robustos foram abatidos na praça da cidade, e a carne vendida a preços simbólicos. Foram feitos reféns, incluindo mulheres e crianças. Os polícias dormiam nas camas dos bandidos e – segundo fortes rumores – violavam as suas mulheres. Depois o pregoeiro da cidade foi obrigado a percorrer as ruas vazias enquanto batia num pesado tambor apoiado na anca:

Cidadãos de Gangi! Sua Excelência Cesare Mori, Prefeito de Palermo, enviou o seguinte telegrama ao presidente da câmara com a ordem de tornar pública a sua proclamação:

*Ordeno a todos os foragidos da justiça neste território que se entreguem às autoridades dentro do prazo de 12 horas a partir do momento em que este ultimato for proclamado. Uma vez expirado esse prazo, serão tomadas as mais severas medidas contra as suas famílias, os seus bens e todas as pessoas que de alguma maneira os tenham ajudado.*([64])

Cesare Mori era o homem que Mussolini escolhera para liderar a sua guerra contra o crime organizado. O ultimato era um gesto típico, transformando ostensivamente a operação de Gangi num confronto pessoal com os criminosos.

Mori estivera em Palermo durante o cerco, seguindo de perto a aprovação mediática do seu «trabalho de Hércules». No dia 10 de Janeiro, com alguns bandidos ainda escondidos, foi a Gangi proclamar em pessoa a libertação da cidade. A *piazza* estava devidamente engalanada e a banda tocava marchas militares. Vários cartazes exibiam a mensagem congratulatória de Mussolini ao seu prefeito: «Exprimo-lhe o meu mais sincero agrado e exorto-o a prosseguir o seu trabalho sem contemplação por ninguém, grande ou pequeno. O fascismo curou a Itália de muitas das suas chagas. Irá cauterizar a úlcera do crime na Sicília – com ferro em brasa se for preciso»([65]).

A acreditar nos jornais controlados pelos fascistas, foram então feitos discursos na varanda da Câmara municipal. O jovem chefe dos fascistas de Palermo, Alfredo Cucco, um oftalmologista baixo e empertigado de camisa negra e capacete de aviador, precedeu os líderes convidados na repetição dos sentimentos do Duce. Por fim, Mori avançou para fazer o seu discurso. Com 54 anos

([64]) Spanò, p. 44.
([65]) Spanò, p. 43.

acabados de fazer, tinha feições regulares, embora angulosas, um físico imponente e uma voz grossa. Orgulhava-se das alcunhas que adquiriu durante os anos que passou a combater o crime na Sicília: o «prefeito de ferro», o «homem com pêlos no coração»(66). As pesadas botas militares e o cachecol grosso e comprido que usava com o seu fato impecável destinavam-se a reforçar a mesma mensagem: ali estava um homem de acção, um inimigo pessoal dos criminosos. Naquele mesmo dia, um dos criminosos ainda escondidos pronunciara uma ameaça de matá-lo.

O discurso de Mori foi tipicamente mais directo do que os que o precederam. O prefeito dirigiu-se aos Sicilianos na que ele considerava a sua rudimentar linguagem moral.

> Cidadãos! Eu não desistirei da luta. O governo não desistirá da luta. Vós tendes o direito de vos libertardes destes bandidos. Sê-lo-eis. A operação continuará até que toda a província de Palermo seja resgatada.
>
> Através da minha pessoa, o governo cumprirá plenamente o seu dever. Vós tendes de cumprir o vosso. Vós não temeis as armas. No entanto, temeis ser associados ao nome «polícia». Tendes de vos habituar a pensar na guerra contra os criminosos como o dever de todo o cidadão honesto.
>
> Vós sois boas pessoas. Os vossos corpos são sadios e fortes. Possuem todos os atributos anatómicos viris adequados. Por isso sois homens, não carneiros. Defendei-vos! Contra-atacai!(67)

As palavras de Mori parecem destinadas aos ouvidos de uma raça superior de animais de quinta. Se de facto ele proferiu ou não o discurso que os jornais publicaram, permanece na dúvida. No entanto, elas tipificam a atitude do homem escolhido para concretizar as fantasias autoritárias do fascismo na Sicília.

O cerco foi levantado alguns dias mais tarde; 130 foragidos à justiça e cerca de 300 dos seus cúmplices haviam sido detidos.

Militarista, decisivo, violento, espectacular: o cerco de Gangi é lembrado mais ou menos da maneira como a propaganda fascista

(66) *Sicilia Nuova*, 10-11 Janeiro de 1926.

(67) Petacco, *Il prefetto*, p. 100.

queria que ele fosse lembrado; da maneira como ela muito deliberadamente concebeu a sua guerra contra o crime organizado. Quando os desertores da máfia começaram a falar com Giovanni Falcone nos anos 80, tornou-se evidente que os próprios mafiosos tinham recordações semelhantes dos anos do fascismo. Antonino Calderone, o homem de honra de Catânia que passou a *pentito* em 1986, revelou que, mais de 40 anos após a sua queda, o regime fascista de Benito Mussolini permanecia uma ferida na memória colectiva da máfia.

> A música mudou [sob o fascismo]. Os mafiosos tiveram uma vida difícil. Muitos foram enviados para uma ilha-prisão, assim, de um dia para o outro... Mussolini, Mori, as pessoas encarregadas da justiça, faziam isto: davam aos mafiosos cinco anos de exílio interno sem julgamento, no máximo. E quando esses cinco anos chegavam ao fim, emitiam um despacho e davam-lhes outros cinco. Assim mesmo. Um despacho! Mais cinco anos... Depois da guerra a máfia já quase não existia. As Famílias sicilianas tinham sido todas dissolvidas. A máfia era como uma planta que já não se cultiva. O meu tio Luigi, que tinha sido um chefe, uma autoridade, foi obrigado a roubar para conseguir uma côdea.([68])

Calderone era apenas um rapazinho quando o seu tio Luigi sofrera estas indignidades. Embora as histórias que o jovem ouvia tivessem a simplicidade de todas as recordações de família, continham sem dúvida algum fundo de verdade. A repressão fascista que começou com o cerco de Gangi permitiu a alguns polícias e magistrados, que tinham acumulado anos de experiência no combate às *cosche*, tomar a ofensiva. A máfia sofreu um rude golpe; muitos homens de honra foram enviados para a prisão, com ou sem julgamento, e o resto da organização entrou em hibernação.

O fascismo afirmou ter resolvido o problema da máfia. Todavia, como tantas coisas ditas por Mussolini, a afirmação revelou-se uma prosápia enganadora. E, embora o controlo do *Duce* sobre a informação torne ainda difícil aos historiadores perceber a verdade, a verdadeira história do «homem com pêlos no coração» – o inimigo mais temido da máfia – é certamente mais sombria e intrigante do que a propaganda fascista ou as memórias da máfia parecem sugerir.

---

([68]) Calderone e Arlacchi, pp. 14-15.

Os pais de Cesare Mori só o reconheceram quando ele tinha sete anos de idade; até então ele vivera num hospício de crianças enjeitadas em Pavia, perto de Milão. Para um rapaz inteligente vindo do nada, sem relações, na Itália do final do século XIX, o exército e a polícia eram os poucos lugares onde se podia fazer uma carreira. Os ficheiros secretos do Ministério do Interior sobre Mori descrevem a sua ascensão inexorável e não deixam quaisquer dúvidas nem quanto à sua ambição nem quanto à sua coragem. Em 1896, Mori recebeu uma medalha por ter perseguido e detido um proxeneta que ele vira ameaçar um jovem soldado com um revólver enquanto uma prostituta tentava apunhalá-lo nas costas. Seria o primeiro de muitos encontros imediatos com o crime violento.

Os relatórios dos superiores de Mori sobre todos os aspectos do seu trabalho são entusiásticos: «Ele é enérgico, determinado e prudente. Conhece bem todos os aspectos do seu trabalho, especialmente as funções de policiamento político, porque conhece as doutrinas de todos os partidos e os hábitos e comportamento dos políticos»([69]). Mori estava prestes a ser promovido quando, em 1903, revistou um poderoso vereador de Ravena de quem suspeitava ser portador de uma faca. (A Sicília não era o único lugar onde a política municipal podia ser um assunto perigoso.) Foi montada uma campanha mediática contra Mori. A recompensa pela sua truculência foi uma transferência para Castelvetrano, Sicília. A partir desse momento, a sua vida passou a estar ligada à história da máfia.

Violência eleitoral gerida tacitamente pelas autoridades, roubo de gado e crime organizado: durante grande parte dos 14 anos seguintes, Mori conheceu a normal carga de trabalho das forças da ordem no interior da Sicília Ocidental. Dedicou-se à sua tarefa com uma energia sem limites. As pessoas da terra acusavam-no regularmente de abusar da sua autoridade. Em 1906, Mori foi promovido a superintendente. Três anos depois foi novamente promovido, depois de ter matado um bandido durante um longo tiroteio. Em 1912,

([69]) Porto, p. 22.

distinguiu-se mais uma vez perseguindo e desmanchando um conluio de extorsionários que haviam exigido dinheiro a um deputado.

O policiamento na Itália foi sempre bastante politizado. As convicções políticas do próprio Mori – monárquico conservador – eram suficientemente convencionais para se subordinarem às suas ambições. Isso significava uma adaptação às perspectivas dos poderes vigentes, tanto em Roma como localmente (pelo menos quando os dois podiam ser conciliados). Na Sicília, seguira uma linha favorável ao mais poderoso grupo de interesse: os latifundiários.

Quando começou a I Guerra Mundial, Mori era subcomandante da polícia da cidade de Trapani, na ponta ocidental da ilha. Não existiram conflitos militares na Sicília durante a guerra, mas tudo o que aconteceu depois de a Itália se ter juntado aos combates, em Maio de 1915, contribuiu para empurrar a ilha para um abismo de violência. Mais de 400 000 Sicilianos – o equivalente ao total da população de Palermo – foram chamados para cumprir o serviço militar. Como acontecera desde a fundação do Estado italiano, milhares de homens fugiram ao recrutamento refugiando-se nas montanhas. O banditismo em grande escala regressou ao interior da ilha quando estes desertores recorreram ao crime para sobreviver. Sem a mão-de-obra para semear e colher os cereais, as grandes herdades começaram a converter-se ao pasto para a criação de animais. A procura de cavalos, mulas e carne na frente provocou também o aumento do preço do gado. O crime violento aumentou quando forças concorrentes convergiram para se aproveitarem do negócio; o roubo de gado aumentou drasticamente e ocorreram vários conflitos sangrentos em torno de contratos de arrendamento, gestão ou «protecção» de terras. Nalguns lugares a ilha esteve perto da anarquia.

Mori foi implacável na luta contra os ladrões de gado que assolaram o interior durante a Grande Guerra. As patrulhas a cavalo que comandou cobriam todo o terreno, a todas as horas do dia e em todas as condições atmosféricas. Ele punha cerco às aldeias para obrigar os fugitivos a sair e às vezes chegava mesmo a disfarçar-se de monge para surpreender os seus inimigos.

Em 1917, Mori foi promovido e transferido da ilha para se tornar comandante da polícia de Turim, cidade industrial do Norte da Itália, precisamente numa altura em que a desastrosa derrota militar de Caporetto ameaçava fazer ruir o país. Mori opôs-se aos trabalhadores socialistas militantes da cidade com a sua habitual determinação; muitos foram mortos. Três anos depois, em Roma, Mori mandou os seus homens atacar uma manifestação de estudantes de direita; mais uma vez resultaram mortos e feridos.

Foi no período imediatamente a seguir à I Guerra Mundial que a jovem democracia italiana entrou naquela que acabaria por se revelar uma crise terminal. Os velhos políticos do clientelismo já não pareciam ser capazes de refrear as exigências incompatíveis de socialistas, católicos e nacionalistas (que sonhavam com uma «raça» italiana votada à guerra imperial). Em 1918, quando se instalou uma grave crise económica, centenas de milhares de soldados desmobilizados começaram a regressar a casa. Muitos estavam decididos a mudar as coisas à força, fosse para a esquerda ou para a direita. O exemplo da revolução russa animou muitos trabalhadores e camponeses. Para alguns, a península parecia estar a tornar-se ingovernável; a revolução, ou a guerra civil, pareciam iminentes.

A Sicília não tinha um forte movimento operário como o Norte industrial, mas, em 1919 e 1920, a ilha pareceu mergulhar numa desordem nunca vista desde o período seguinte à expedição de Garibaldi de 1860. Os soldados que voltaram para a Sicília reacenderam a luta pelo domínio das terras; os problemas que os *fasci* tentaram resolver na década de 90 do século anterior não tinham desaparecido. Agora os ex-combatentes achavam que mereciam terras como recompensa pelo seu sacrifício; nalguns sítios ocuparam herdades por meio da força. Em Roma, vários agrupamentos políticos falavam em ajudar os veteranos a adquirir terrenos e em legalizar as ocupações forçadas de terras incultas. Alguns latifundiários, sentindo-se abandonados por Roma, começaram a recorrer à violência para defender as suas propriedades. A máfia adoptou os mesmos métodos contra as cooperativas de camponeses que tinha desenvolvido para lidar com o movimento dos *fasci*; infiltrava-se, persuadia, corrompia e – se tudo isso não resultasse – aterrorizava e assassinava.

Foi também uma época de várias guerras entre mafiosos. Uma das influências mais destabilizadoras era o regresso, entre os ex-combatentes, de jovens ambiciosos e endurecidos pela guerra oriundos de zonas tradicionais de recrutamento da máfia. Tinham chegado demasiado tarde para participar dos lucros da guerra e estavam agora ávidos por fazer notar a sua presença – quer dentro da máfia, quer em operações de quadrilhas autónomas. Mori falou de uma «saraivada» de combates entre mafiosos depois da guerra: «Não existiam regras nem respeito por ninguém».

O movimento fascista foi fundado em Milão, em Setembro de 1919, pelo jornalista e ex-combatente Benito Mussolini. O seu objectivo era instituir uma «trincheirocracia», transpondo a disciplina e agressão patrióticas da frente para a democracia atrofiada da Itália. No ano seguinte, à medida que a vaga de militância operária do pós-guerra começava a esbater-se, milícias de fascistas começaram a construir o seu movimento lançando ataques violentos a grevistas e socialistas por todo o centro e Norte de Itália. Atraíram a simpatia de latifundiários e industriais interessados em destruir o movimento operário enquanto este se encontrava em retirada. As polícias locais e outros agentes da autoridade muitas vezes fingiam não ver os tiros, vandalismo e doses mortíferas de óleo de rícino que as milícias fascistas lançavam sobre as suas vítimas.

Na cidade de Bolonha, no Centro-Norte da Itália, havia um homem que não estava disposto a tolerar as actividades dos bandos de camisas negras que achavam que a sua luta para salvar a pátria da ameaça vermelha os colocava acima da lei. Em 1921, Cesare Mori, o rapaz do hospício de crianças enjeitadas, alcançou o topo da carreira quando foi nomeado prefeito de Bolonha. Aí resolvera tratar a autodenominada «juventude nacional» do fascismo do mesmo modo que tratara outros subversivos. E Mori insistiu na sua táctica até os camisas-negras das cidades vizinhas se concentrarem em Bolonha e acamparem em torno da sua residência oficial. Dramatizando o seu protesto ao estilo fascista, os camisas-negras urinaram em uníssono contra as paredes da prefeitura. O governo acabou por ceder e Mori foi transferido. O episódio deixaria um legado de ressentimento entre Mori e os líderes das milícias fascistas.

Embora o Partito Nazionale Fascista não possuísse grande força numérica no parlamento, a sua rígida organização e a sua disposição para assumir riscos contribuíram para que levasse a melhor sobre políticos divididos e vacilantes. Em Outubro de 1922, a «Marcha» de Mussolini sobre Roma desafiou o Estado ou a conceder-lhe o poder ou a reprimir o seu movimento pela força. Em resposta, ele foi convidado a formar um governo de coligação e permaneceria à frente do seu país durante as duas décadas seguintes.

Quando o fascismo chegou ao poder em 1922, os chefes das milícias vingaram-se e forçaram a demissão de Mori. A sua carreira afundara-se pela simples razão de ter apoiado os chefes políticos errados. Não seria o único, visto que poucos fora do Partito Nazionale Fascista teriam previsto uma tomada do poder pelos camisas-negras. Num esforço para desencalhar as suas ambições, Mori depressa se adaptou ao fascismo e começou a mobilizar a sua rede de amigos poderosos. Tornou conhecida a sua admiração por Mussolini e afirmou que na verdade sempre actuara «fascisticamente» ao longo da sua carreira. Incluiu referências lisonjeiras ao projecto fascista no seu livro, *Entre as Flores das Laranjeiras Além do Nevoeiro* – o título enfastiante revela a sua tendência para a autodramatização. Mas antes que a carreira de Mori pudesse recomeçar, o fascismo teria de decidir enfrentar a máfia siciliana.

Na Sicília, como no resto do Sul, o fascismo nunca foi um movimento de bases. A política, com as suas clientelas e cliques, era menos uma questão ideológica do que no Norte. Também não havia grande necessidade de fura-greves, uma vez que a máfia já cumpria essa tarefa com bastante eficácia. Mas quando Mussolini chegou ao poder, grupos de interesse por toda a ilha adquiriram subitamente o gosto por camisas negras e saudações romanas. Também os mafiosos se atrelaram ao carro triunfal do *Duce*: o prefeito descreveu o grupo dominante do conselho municipal de Gangi como «fascista-mafioso»; outro relatório descrevia a facção dominante em San Mauro como uma «máfia fascistizada».

O *Duce* era pessoalmente popular na Sicília, mas o seu movimento carecia de uma sólida base de apoio. Por isso, inicialmente, precisou desses novos amigos. Durante algum tempo parecia que o fascismo ia adoptar o método tradicional de governar a Sicília, delegando poder aos magnatas locais e fingindo não reparar que os mafiosos geriam as suas campanhas eleitorais. Um príncipe conhecido por ter ligações à máfia chegou a ser ministro do governo de Mussolini.

Mas esta lua-de-mel revelou-se de curta duração. No seu início o fascismo depressa começou a atrair acusações de que era insensível às necessidades económicas da Sicília, ao mesmo tempo que importantes militantes fascistas causavam alarme nalguns círculos da Sicília proclamando a necessidade de uma cruzada contra a máfia e contra os latifundiários e políticos que a protegiam. Em Abril de 1923, um desses militantes escreveu a Mussolini com um apelo:

> O fascismo visa eliminar toda a corrupção que envenena a política e a administração do país. Visa esmagar as facções escusas e conluios de vermes que infestam o organismo sagrado da nação. Não pode ignorar este terrível foco de infecção. Se quisermos salvar a Sicília, temos de destruir a máfia... Então poderemos armar as nossas tendas na ilha; e serão mais sólidas do que as que armámos no Norte para erradicar o socialismo.([70])

A linguagem tétrica escondia uma fórmula simples. A máfia – fosse o que fosse – podia servir o mesmo objectivo na Sicília que o socialismo servira no Norte; podia ser um inimigo conveniente para o fascismo. Com o tempo, Mussolini tornaria sua esta estratégia. O seu movimento de camisas-negras concebeu-se como um antídoto para o velho mundo do clientelismo e compromissos desonestos. Como os mafiosos estavam muitas vezes ligados aos políticos, uma cruzada contra o crime organizado permitiria aos fascistas atacar simultaneamente algumas figuras eminentes do sistema liberal. Não podia haver melhor maneira de realçar a imagem dura e séria do fascismo.

Em Maio de 1924, Mussolini visitou a Sicília pela primeira vez, fazendo uma entrada triunfal em Palermo no couraçado *Dante Alighieri* com uma escolta de aviões e submarinos. Na província de Trapani, o *Duce* ouviu falar das proezas de Cesare Mori antes e durante a guerra, e de como era sério o problema da máfia naquele lugar. Uma delegação de antigos combatentes contou-lhe que 216 homicídios tinham sido cometidos em Marsala num ano; explicaram que a máfia era a razão principal para o insucesso da implementação do fascismo na ilha.

Quando o cortejo de Mussolini ia a atravessar Piana dei Greci, perto de Palermo, o presidente da Câmara, o mafioso Don Francesco Cuccia, fez um gesto desdenhoso para os guarda-costas do primeiro-ministro e murmurou-lhe untuosamente ao ouvido: «O senhor está

---

([70]) Lupo, «L'utopia totalitaria», p. 394.

comigo, está sob a minha protecção. Para que precisa de todos estes polícias?» O *Duce* não respondeu e passou o resto do dia furioso perante a insolência. A sua visita à ilha foi interrompida. O lapso de etiqueta de Don Francesco Cuccia passou à lenda como o catalisador para a guerra de Mussolini contra a máfia. Poucas semanas após o regresso do *Duce* a Roma, Mori era reenviado para Trapani. As suas diligências e pressões haviam surtido efeito.

Ainda em 1924, alguns acontecimentos na capital italiana esfriariam ainda mais as relações entre o fascismo e a Sicília. Pouco depois da viagem do *Duce* à ilha, alguns dos seus capangas raptaram e assassinaram o líder do Partido Socialista. A opinião pública italiana ficou escandalizada e os aliados políticos do fascismo começaram a afastar-se. A maneira mais segura de um líder nacional perder as boas graças de um determinado tipo de político siciliano é começar a perder poder. No Verão de 1924 Mussolini parecia encontrar-se precisamente nessa situação.

Mas a inércia da oposição permitiu ao *Duce* estabilizar gradualmente a situação e depois avançar abertamente para o fim da democracia na Itália. Quando os seus pensamentos se voltaram de novo para a Sicília, Mussolini já estava preparado para implementar a sua estratégia.

A campanha eleitoral municipal de Agosto de 1925, a última antes do desaparecimento da democracia, foi também o último grito de resistência dos velhos dignitários políticos da Sicília. Demasiado tarde, com a derrota perante Mussolini então inevitável, eles saíram em oposição ao fascismo e descobriram a causa da liberdade.

Entre eles estava Vittorio Emanuele Orlando, antigo primeiro-ministro e o mais poderoso dos políticos sicilianos da velha ordem; e cuja base de apoio se encontrava numa zona fortemente controlada pela máfia. Pouco antes da votação, fez um discurso no Teatro Massimo de Palermo, respondendo à proclamada intenção do governo de combater a máfia:

> Se, por «máfia», eles querem dizer possuir um exagerado sentido de honra; se querem dizer ser furiosamente intolerante para com a intimidação e a injustiça e mostrar a magnanimidade de espírito necessária para enfrentar os fortes e compreender os fracos; se se referem a uma fidelidade aos amigos mais forte do que tudo, mais forte até do que a morte; se por «máfia» querem dizer sentimentos como estes, atitudes como estas – mesmo que por vezes possam ser exageradas – então digo-vos que eles

estão a falar dos traços característicos da alma siciliana. E então declaro-me *mafioso* e orgulho-me de o ser!([71])

Era uma táctica suja que só iria beneficiar Mussolini. Com o próprio Estado liberal em perigo de vida, Orlando só podia recorrer ao velho estratagema de confundir deliberadamente a máfia com a cultura siciliana. O seu flagrante piscar de olhos aos chefes da máfia entrou para a história como um dos momentos mais baixos da longa e descarada coabitação entre assassinos e representantes eleitos do povo. Muito mais tarde, Tommaso Buscetta viria a afirmar que o próprio Orlando era um homem de honra.

Chegara o momento para Mussolini lançar o seu assalto contra a máfia, e foi a Mori que recorreu para impor a autoridade fascista à ilha rebelde. A 23 de Outubro de 1925, Mori tornou-se prefeito de Palermo com plenos poderes para atacar a máfia e, com ela, os inimigos políticos do regime. Iniciou imediatamente os preparativos para a primeira etapa da campanha: o cerco a Gangi.

Cesare Mori orgulhava-se de muitas coisas. Entre elas tinham lugar de destaque as suas crenças acerca da maneira como os Sicilianos pensavam e se comportam, forjadas ao longo dos seus anos de experiência em Trapani. Simples, dogmáticas e toscas, seriam estas a constituir o ponto de partida para a sua campanha contra a máfia.

Consegui penetrar no espírito siciliano. Encontrei esse espírito, sob as dolorosas cicatrizes com que séculos de tirania e opressão o marcaram, muitas vezes infantil, simples e bondoso, propenso a cobrir todas as coisas com um sentimento generoso, sempre disposto a iludir-se, a ter esperança e a acreditar, e pronto a depor todos os seus conhecimentos, o seu afecto e a sua cooperação aos pés de qualquer um que manifestasse o desejo de concretizar o legítimo sonho de justiça e libertação do povo.([72])

---

([71]) *Giornale di Sicilia*, 28-29 Julho de 1925.
([72]) Mori, *The Last Struggle*, p. 22.

A explicação para o sucesso da máfia, argumentava Mori, residia na sua capacidade de tomar a atitude adequada a aproveitar-se dessa vulnerabilidade e credulidade no âmago do temperamento siciliano. A máfia, afirmava, não era uma organização. No entanto, a bem da manutenção da ordem pública, a polícia e o sistema judicial deviam presumir o contrário. Na verdade, seria mais correcto descrever a máfia como «uma maneira peculiar de olhar para as coisas». Os mafiosos uniam-se por uma afinidade natural e não por ritos de iniciação ou qualquer outro tipo de vínculo formal.

Sobre estes fundamentos pouco prometedores, Mori construiu todo o seu programa de repressão. Muito simplesmente, a massa impressionável dos Sicilianos tinha de ser obrigada a perceber, da maneira mais simples possível, que o Estado era mais forte do que os homens de honra. O Estado fascista tinha de se mostrar mais mafioso do que a máfia. O *teatro* seria a essência do esforço de Mori para estabelecer a ordem pública na Sicília. A operação de Gangi foi concebida nesse espírito, como uma maneira de incutir o temor respeitoso em almas simples e ainda dominadas pelos criminosos.

Quatro meses depois do cerco de Gangi, Mori adoptou a mesma estratégia contra Don Vito Cascio-Ferro, célebre mafioso que começara a sua carreira em 1892 infiltrando-se no *fascio* de Bisacquino, não muito longe de Corleone. Desde então ele aventurara-se até aos Estados Unidos e fez a sua fortuna contrabandeando gado com uma pequena frota de barcos. Diz-se que quando Don Vito visitava o seu domínio montanhoso no auge da sua carreira, os funcionários das povoações por onde ele passava esperavam-no junto aos portões para lhe beijar a mão. No primeiro de Maio de 1926, Cesare Mori foi discursar num comício público em território de Cascio-Ferro. Com o *scirocco* soprando uma fina poeira do Sara através da praça, o «prefeito de ferro» começou o discurso com um trocadilho ao mesmo tempo surpreendente e grosseiro: «O meu nome é Mori e farei pessoas morrer!» («*Morire*» significa «morrer» em italiano.) «O crime tem de desaparecer como esta poeira que é levada pelo vento!»

Alguns dias mais tarde, a polícia «interprovincial» que Mori criara para lutar contra a máfia encetou uma rusga na zona de Bisacquino, Corleone e Contessa Entellina. Mais de 150 suspeitos foram detidos, entre eles Don Vito. O seu afilhado foi até ao latifundiário local procurar apoio, mas obteve uma resposta resignada: «Os tempos mudaram». Era o fim do reinado de Don Vito. Algum tempo depois foi ressuscitada uma antiga acusação de homicídio contra ele. Don Vito adoptou uma pose aquiescente durante o seu julgamento em 1930 enquanto o seu advogado proferia um argumento já conhecido. Citando o comportamento honrado do seu cliente em todas as circunstâncias, sustentou: «Devemos então concluir ou que Vito Cascio-Ferro não é um mafioso ou que a máfia, como já demonstraram os estudiosos, é uma atitude individualista conspícua, uma forma de provocação que nada tem de perversa, vil ou criminosa». Parece que o *scirocco* soprava de novo quando o juiz anunciou uma pena de prisão perpétua. Don Vito morreu na prisão em 1942.

Mori não tinha dúvidas de que os seus métodos espectaculares resultariam não só junto dos Sicilianos que temiam a máfia, mas também junto dos próprios mafiosos. Pouco depois de prender Don Vito Cascio-Ferro, em Maio de 1926, ele convidou todos os caseiros das herdades da província de Palermo para uma cerimónia orquestrada de juramento de fidelidade. Mil e duzentos homens reuniram-se em formação militar numa pequena colina perto de Roccapalumba. Os únicos dois convidados que não puderam comparecer enviaram atestados médicos. Mori passou revista às fileiras antes de fazer o seu discurso: daquele dia em diante eles iriam proteger a propriedade privada em nome do Estado e não da máfia. Um capelão militar disse uma missa num altar ao ar livre antes de lembrar aos caseiros que iam prestar um juramento da maior importância. Mori convidou todos os que não estivessem preparados para jurar fidelidade a sair; depois voltou as costas para a assistência. Ninguém se mexeu. Quando o «prefeito de ferro» se voltou, leu uma promessa solene. Os caseiros responderam em uníssono: «Juro»([73]). Depois, ao som de música marcial e hinos fascistas, avançaram em fila para assinar os seus nomes.

No ano seguinte, os temíveis homens de honra que protegiam os pomares de citrinos da Conca D'Oro foram submetidos a um ritual idêntico. No final, para assinalar a sua nova fidelidade, re-

([73]) Marino, *I padrini*, p. 113.

ceberam crachás de metal, como os dos escuteiros, exibindo duas espingardas cruzadas num fundo de flores de laranjeira.

Convém dizer que esta ofensiva propagandística foi acompanhada de uma pragmática estratégia política destinada a conquistar os latifundiários para o regime. Os senhores de algumas grandes propriedades viam certamente com bons olhos os esforços fascistas para domar *gabelloti* e caseiros presunçosos. Muitos dos êxitos de Mori, como a operação de Gangi, foram obtidos através do método eminentemente tradicional de forçar os latifundiários a denunciar os criminosos que abrigavam. Duma maneira mais geral, o objectivo de Mori era impressionar a população através da força e não da justiça. O resultado foi o tipo de repressão indiscriminada com a qual os ilhéus já estavam bastante familiarizados. Em menos de três anos desde o início da campanha de Mori, cerca de 11 000 pessoas foram detidas, 5000 só na província de Palermo. Não é possível que todas fossem homens de honra, ou membros de redes de bandidos. Até mesmo um dos procuradores envolvidos na guerra contra a máfia acreditava que homens honestos eram presos juntamente com os criminosos.

As enormes rusgas eram seguidas de julgamentos igualmente enormes. Os mais importantes realizavam-se num ambiente de intimidação. Mori censurava os relatos da imprensa sobre os processos e tentava alimentar a ideia de que defender um mafioso era a mesma coisa que ser mafioso. Seguiam-se muitas vezes as condenações de que o fascismo precisava. O *Duce* anunciou com orgulho ao parlamento que o chefe que lhe faltara ao respeito em Piana dei Greci fora condenado a uma longa pena.

Um dos mais alardeados sucessos de Mori foi desencadeado pelo simples roubo de um burro em Mistretta. O caso fornece um bom exemplo das ambiguidades na repressão fascista ao crime organizado. O roubo do burro forneceu uma longa série de pistas à polícia, que acabou por revistar os escritórios de um rico advogado de defesa e político, Antonino Ortoleva. Foram descobertas 90 cartas suspeitas descrevendo transacções comerciais que envolviam «selas» e pedidos de intervenção por parte de «jovens estudantes» de toda a Sicília. A polícia achou que se tratava de referências codificadas a roubos de animais e criminosos detidos. Na realidade, o código não era de todo claro. As cartas podiam igualmente referir-se à gestão rotineira de favores escusos – corrupção política vulgar e não crime organizado violento. Mas a polícia de Mori não tinha essas dúvidas: Antonino Ortoleva, asseverava, era nada menos do que o chefe da «máfia interprovincial».

Passado pouco tempo, esta teoria encontrou apoio quando um homem que afirmava ter sido membro da quadrilha enviou uma carta de confissão ao subprefeito de Mistretta. Um tribunal da máfia reunia-se periodicamente no escritório de Ortoleva desde 1913, dizia. Aí, sob a presidência de Ortoleva, os líderes – um grupo que incluía outros profissionais liberais e alguns 20 «duros» – decidiam a sorte de qualquer pessoa que obstruísse os seus negócios. Não tardou a que o informador fosse abatido a tiro em campo aberto.

Ao todo, 163 membros da «máfia interprovincial» foram julgados em Agosto de 1928. Ortoleva não compareceu às audiências preliminares, alegando estar doente. O juiz ordenou que ele fosse examinado por dois médicos. A opinião destes foi inequívoca: «Ortoleva tem uma compleição normal; a sua temperatura é normal; não existem irregularidades nos seus sistemas respiratório e cardiovascular; os seus órgãos nervosos e sensoriais estão normais, como estão o seu estado mental e inteligência»([74]). Dois dias depois, foi encontrado morto na sua cela.

Não se sabe se a morte de Ortoleva envolveu algum crime ou jogo sujo. O que é certo é que ele nunca teve oportunidade de contar o seu lado da história, nem de implicar outras pessoas. Ortoleva podia ser o *capo* da organização baseada em Mistretta, ou apenas um cliente dos criminosos, levado mais ou menos contra vontade a favorecer-lhes os interesses. Pode também ter sido assassinado para não envolver pessoas mais importantes e próximas do regime.

Existem muitas outras coisas relativas à «máfia interprovincial» que permanecem obscuras. Embora muitos dos arguidos no processo estivessem claramente envolvidos em falcatruas, desconhece-se se de facto constituíam uma máfia exclusiva e organizada ao estilo das *cosche* da Sicília Central e Ocidental. É possível que tenham sido apenas os derrotados numa luta entre facções locais. (Porém, nos anos 80, Antonino Calderone, o mesmo *pentito* com

([74]) Raffaele, p.205.

tão más recordações da época fascista, citaria um descendente de um dos principais arguidos de Mistretta como membro da Cosa Nostra.)

Apesar de todas estas dúvidas, no clima ideológico do final dos anos 20 só podia haver um veredicto para um caso semelhante. O valor propagandístico do desmantelamento de uma conspiração gigante e centralizada da máfia era simplesmente demasiado alto: 150 homens foram devidamente condenados sob a acusação de ter formado uma organização criminosa.

Nem todos os mafiosos se saíram mal durante o fascismo. Fontes oficiais americanas estimam que 500 tenham escapado às garras de Mori emigrando para os Estados Unidos. Como se verá nos capítulos seguintes, encontraram na América da Proibição um refúgio bastante acolhedor. Outros descobriram que o punho de ferro da repressão fascista muitas vezes escondia uma palma oleosa de corrupção. Giuseppe Genco Russo, o chefe de Mussomeli, no centro da Sicília, sobreviveria à operação de Mori para se tornar um dos homens de honra mais importantes dos anos do pós-guerra. Durante o período fascista das décadas 20 e 30, acumulou um cadastro que constitui um verdadeiro arquétipo mafioso. Foi várias vezes acusado de roubo, extorsão, associação criminosa, intimidação, violência e homicídio múltiplo. As acusações eram sempre retiradas ou então era absolvido por «provas insuficientes» – a fórmula usada quando as testemunhas se sentiam demasiado assustadas para falar. Genco Russo chegou a ser apanhado numa das rusgas de Mori perto de Agrigento, mas só cumpriu três anos. Em suma, a muito alardeada guerra à máfia do fascismo deixou Giuseppe Genco Russo quase incólume. O máximo que se poderá dizer é que a crescente atenção da lei constituiu um incómodo; a «vigilância especial» a que ele foi submetido entre 1934 e 1938 dificultou-lhe com certeza as operações. Em 1944, Genco Russo foi oficialmente declarado «reabilitado». Obviamente, estava longe de o ser.

A palavra «máfia» era usada como descrição de uma organização criminosa, mas também como arma política, uma acusação para ser lançada contra os rivais. Cesare Mori reconheceu esse facto. «O rótulo de mafioso é muita vezes aplicado com plena má-fé», escreveu ele. «É usado em todo o lado... como meio de realizar vinganças, de descarregar ressentimentos, de humilhar inimigos.»([75]) As suas palavras eram notavelmente dissimuladas. A «cirurgia» de Mori ao crime organizado demonstrou que o fascismo levou este velho método de difamar a oposição a novos extremos.

A ironia final da campanha de Mori é que o próprio «prefeito de ferro» usou o rótulo de mafioso para os seus próprios interesses. Em Janeiro de 1927, durante a purga do Partido Fascista, Mori fez cair o seu concorrente por influência em Roma, o chefe dos fascistas de Palermo, Cucco – o oftalmologista que partilhara o palanque com Mori em Gangi. O instrumento da ira de Mori era a acusação de que Cucco tinha ajudado jovens a fingir doenças da vista para evitar o recrutamento. A campanha de difamação não terminou aqui. Cucco não tardou a ser acusado de fraude e de ser membro da máfia. Levou até 1931 para limpar o seu nome.

Não obstante as camisas negras, crachás e lemas nacionalistas, a «operação Mori» acabou por ser tão ambivalente como todos os anteriores esforços para reprimir a máfia: aliou a brutalidade à hipocrisia. A longo prazo, a reputação do Estado na Sicília só podia sofrer e os resultados da guerra do fascismo contra a máfia estavam destinados a não durar; a máfia foi contida, mas não foi erradicada.

A 23 de Junho de 1929, após mais de três anos e meio como prefeito de Palermo, Cesare Mori recebeu um curto telegrama do *Duce* para lhe dizer que a sua tarefa estava terminada. As mudanças no equilíbrio do poder político dentro do partido e do regime haviam prejudicado os seus apoiantes. Num discurso de despedida na Federação Fascista de Palermo, Mori tentou a modéstia:

---

([75]) Mori, *Com la mafia*, p.84.

> [F]ica o homem, o cidadão Mori, o fascista Mori, o combatente Mori, o homem Mori, vivo e vital. Hoje ele segue o seu caminho para o horizonte aberto a todos os homens, a todos os homens de boa vontade. Eu tenho a minha estrela. Sigo-a fielmente porque ela ilumina, e continuará a iluminar, o caminho do trabalho e do dever. Eu serei guiado pela luz da Pátria. Aí, meus amigos, voltaremos a encontrar-nos.([76])

Na verdade, Mori sentia-se ressentido com o seu afastamento. Quando regressou a Roma, o regime teve o cuidado de evitar proporcionar-lhe uma plataforma de onde pudesse criar problemas. O antigo «prefeito de ferro» entregou-se à escrita de um relato vanglorioso e sentencioso da sua «luta corpo-a-corpo» com a máfia. «Os homens de acção fazem acontecer as coisas, mas não as julgam... Das palavras passei imediatamente aos actos.» Não foi recebido com muito entusiasmo pela imprensa fascista. Era evidente que alguns camisas-negras ainda não se haviam esquecido do dia em que tinham urinado contra as paredes da prefeitura de Bolonha.

Nos anos 30, a opinião oficial era de que a tarefa de Mori estava concluída. O fascismo tinha derrotado a máfia; tinha resolvido o problema de vez. O sucessor de Mori ordenou à imprensa para não dar muito destaque às notícias do crime. Não haveria mais rusgas nem julgamentos mediáticos. Era muito mais fácil e menos visível enviar simplesmente os suspeitos para o exílio interno sem um processo judicial adequado; fora assim, afinal, que as autoridades tinham lidado com o problema da máfia durante a maior parte da época pré-fascista. Os cinzentos funcionários fascistas seguiram-se rapidamente uns aos outros nos corredores dos edifícios públicos de Palermo. Com as atenções do regime voltadas para outro lado, a Sicília afundou-se num pântano de corrupção e sectarismo.

A morte de Mori, ocorrida em 1942, passou praticamente despercebida. No ano seguinte o regime fascista seria derrubado e o seu trabalho completamente desfeito. A salvação dos mafiosos veio dos Estados Unidos da América, pois durante as mesmas décadas em que se debatera com o socialismo, o fascismo e a guerra na Sicília, a máfia tornara-se parte da vida americana.

---

([76]) Archivio di Stato di Pavia.

# 5

# A Máfia Instala-se na América 1900–1941

# Joe Petrosino

Entre 1901 e 1913, cerca de 1,1 milhões de Sicilianos emigraram – pouco menos de um quarto de toda a população da ilha. Desses, aproximadamente 800 000 escolheram os Estados Unidos como destino. Inevitavelmente, alguns eram homens de honra, criminosos astutos e implacáveis que procuraram estabelecer regimes de protecção e outras actividades criminosas entre os seus compatriotas imigrantes e ao longo das rotas comerciais que ligavam as duas costas do Atlântico.

Durante a maior parte do século XIX, foragidos à justiça na Sicília tinham procurado refúgio nos Estados Unidos. O comércio dos limões, fortemente infiltrado pelos mafiosos, ligava Palermo a Nova Iorque. Nas décadas de 80 e 90 do século XIX, a polícia americana tinha associado algumas mortes violentas na comunidade italiana à máfia. Particularmente notável foi o assassínio do comandante da polícia de Nova Orleães, David Hennessy, em 1890; os suspeitos sicilianos foram linchados. Mas foi só a partir da época da grande emigração após 1900 que o comércio de ideias, pessoas e expedientes criminosos entre os Estados Unidos e a Itália se tornou parte essencial das operações da máfia.

Existem duas fábulas em torno da chegada da máfia à América. A primeira nasceu na altura da grande imigração siciliana. Após um famoso assassínio da máfia em 1903, o *New York Herald* proclamava com alarme: «"A bota" [isto é, a Itália] descarrega os seus criminosos nos Estados Unidos. As estatísticas provam que a escumalha do Sul da Europa é depositada à porta da nação em hordas rapaces, sem escrúpulos e sem lei»([77]). Para os nativos de Nova Iorque, a máfia parecia uma invasão, uma infestação trazida nos porões abarrotados dos navios a vapor. Ou, numa variante do mesmo relato, tratava-se duma conspiração criminosa internacional decidida a expandir-se no território virgem dos EUA.

A segunda fábula é mais recente, criada nos anos 60 e 70 pelos descendentes de imigrantes italianos já completamente integrados na sociedade americana. Eles recriaram a chegada da máfia aos EUA como um conto que quase inverte a fábula da «invasão criminosa». Os camponeses sicilianos que atravessaram o Atlântico vinham imbuídos de antigas tradições de «cavalheirismo rústico». Confrontados com a sombria selvajaria do capitalismo e da política das grandes cidades, limitaram-se a adaptar os expedientes culturais que tinham trazido da sua pátria rural. A máfia nasceu quando os antigos valores sicilianos da família e da honra se depararam com o lado sombrio do sonho americano – ou assim rezava a história.

Na realidade, a América urbana e a Sicília não eram assim tão diferentes como qualquer destas fábulas nos quer fazer crer. Corleone, por exemplo, não era uma aldeia campestre. Era uma de muitas «vilas agrícolas» onde a economia de mercado, a política de clientelas e a violência organizada prosperavam. Embora fossem pobres, supersticiosos e oprimidos, os camponeses de Corleone não eram os inocentes que o jornalista italo-americano Adolfo Rossi apresentou quando foi entrevistar Bernardino Verro e escrever o seu retrato sentimental dos *fasci*. As classes trabalhadoras da Sicília sabiam como podia ser importante, para a sua própria subsistência, ser fiel à facção certa na cidade, a facção capaz de fornecer trabalho, terras e caridade. Muitos não tinham quaisquer ilusões acerca do que era preciso para vingar na política e nos negócios. A maioria pretendia juntar dinheiro e relações nos EUA e depois regressar à Sicília. Os emigrantes da ilha não eram como os judeus que cuspiam no cais de Riga antes de partir para um futuro completamente novo do outro lado do Atlântico.

---

([77]) *New York Herald*, 26 de Abril de 1903.

Nem a política da Sicília nem a sofisticada indústria da violência na ilha tinham muito de antiquado. Os Sicilianos de todos os tipos estavam bem preparados para a vida nas florescentes cidades dos Estados Unidos. Quando atravessavam o oceano, encontravam uma casa longe de casa, quer quisessem ou não. O seu primeiro acesso à sociedade americana ocorria muitas vezes através do sistema dos *padroni*. Para arranjar um emprego – normalmente na construção – o emigrante tinha de se tornar cliente de um chefe. Às vezes, o chefe usava a intimidação para monopolizar um sector do mercado de empregos. Os chefes chegavam mesmo a adiantar aos emigrantes mais pobres o preço do seu bilhete de barco e recuperá-lo mais tarde, com elevados juros, dos seus salários. O mundo do novo imigrante na América do Norte era, como a Sicília, um mundo onde o poder se investia não em instituições, mas em indivíduos fortes e bem integrados em redes de trabalho.

A política nos bairros italianos de Nova Iorque apresentava também um aspecto familiar para os Sicilianos. Os chefes angariavam votos nos diferentes bairros da cidade em nome da organização do Partido Democrático em Tammany Hall, a Wigwam. Faziam-no explorando todas as fontes possíveis de influência e protecção no seu território, incluindo bandos criminosos. Na América, como na Sicília, a militância sindical organizada teria muitas vezes de se defrontar com uma combinação de corrupção e violência.

A Elizabeth Street era o coração da comunidade siciliana de Nova Iorque. Em 1905, cerca de 8200 italianos – na grande maioria sicilianos – viviam na «Elisabetta Stretta», como lhe chamavam. Esta concentração de pessoas constituía um território comparável em tamanho a muitas vilas agrícolas do interior siciliano. O cinema tem recriado fielmente o aspecto de lugares como Elizabeth Street no início do século XX, com as suas lojas e apartamentos superlotados e as ruas ladeadas de carroças de comerciantes a abarrotar. (As indústrias de exportação italianas enriqueceram abastecendo os emigrantes nos EUA de géneros alimentícios que lhes eram familiares.)

Na altura do grande influxo de Sicilianos, os Americanos assistiam ao crescimento de bairros de imigrantes com uma mistura de alarme e compaixão. Como escreveu um reformador sobre a Elizabeth Street em 1901:

> Ali se encontrava um número incalculável de seres humanos, sufocando em caixas dispostas como gavetas numa secretária, com orifícios para espreitar as caixas em frente e o ensurdecedor caminho-de-ferro. Os que estavam em casa penduravam-se das janelas em tão pouca roupa quanto a decência permitisse; enquanto os longos e fumegantes canhões descobertos de tijolos, os paralelepípedos e o asfalto pululavam de crianças em busca de ar e divertimento.([78])

Era a lembrança da pobreza nas aldeias agrícolas da Sicília e a esperança de um futuro melhor que tornavam estas condições toleráveis para os recém-chegados a Nova Iorque.

Mas nem estes relatos bem-intencionados da época, nem as imagens do cinema actual conseguem dar-nos uma ideia exacta do dinamismo económico de Little Italy. Quando Adolfo Rossi visitou pela primeira vez a América em 1878, Mulberry Bend era um miserável bairro irlandês. Ele lembrava-se dos «casebres sujos e sombrios, a maioria construída de madeira» da zona. Durante os anos do grande êxodo transatlântico, trabalhou como comissário para a emigração do governo italiano, fazendo relatórios sobre a sorte dos Italianos nos Estados Unidos. Em 1904 Rossi voltou a Manhattan e teve o prazer de relatar que, desde a criação de Little Italy, os preços e as rendas das casas tinham subido, a qualidade dos edifícios tinha melhorado visivelmente e os próprios Italianos eram os principais investidores no mercado imobiliário. Os recém-chegados da península, especialmente as mulheres, tinham também descoberto a paixão pela educação. De todas as formas possíveis, os Italianos nos Estados Unidos estavam a aproveitar a oportunidade de melhorar as suas vidas.

Foi para este ambiente dinâmico – ao mesmo tempo muito siciliano e muito americano – que a máfia se transplantou. A máfia não se espalha tão longe nem tão depressa como muitas vezes se julga. Quando decide viajar, fá-lo de duas maneiras básicas. A primeira é rápida, flexível e está normalmente ligada a uma actividade comercial específica, como o tráfico de uma determinada droga. Com a aprovação e a ajuda dos *capi* na Sicília, os mafiosos podem levar a marca da máfia para onde quiserem, estabelecendo entrepostos comerciais mais ou menos temporários pelo caminho.

---

([78]) Gildeer, p. 34.

Mas os homens de honra não são apenas homens de negócios, são também administradores de um Estado-sombra. Várias coisas têm de estar a funcionar antes que o sistema de domínio territorial através de *cosche* possa estender-se além da Sicília Ocidental: esquemas de protecção e extorsão; relações políticas; o acordo de *cosche* vizinhas; uma atitude favorável da parte de elementos da imprensa, polícia e população local. Exportar esta forma privada de governo é, na melhor das hipóteses, um assunto demorado. Mesmo na Sicília Ocidental, o grau de influência da máfia varia de lugar para lugar. E após cerca de 140 anos de história, a máfia tem apenas algumas filiais isoladas no continente italiano. O fértil terreno criminoso dos Estados Unidos era um dos raros ambientes para onde o método da máfia podia ser transferido por grosso. A história de dois homens italo-americanos – Joe Petrosino e Giuseppe *Piddu* Morello – ilustra bem a chegada da máfia à América.

Carta interna ao comissário da polícia de Nova Iorque, de 19 de Outubro de 1908:

Ex.$^{mo}$ Senhor:

Em conformidade com o disposto no parágrafo 3 do Artigo 30.º dos Regulamentos do Departamento de Polícia, solicito respeitosamente que me seja concedida autorização para receber um relógio de ouro oferecido pelo governo italiano.

Com a maior consideração,
Joseph Petrosino,
Cmdt. Secção Italiana
Departamento de Investigação

Memorando sem data do cônsul americano em Palermo ao comissário da polícia de Nova Iorque:

Petrosino estava registado sob o nome de Guglielmo De Simoni no Hotel de France em Palermo. No dia 12 de Março de 1909, encontrava-se na base da estátua de Garibaldi na Piazza Marina à espera de um eléctrico quando dois homens dispararam quatro tiros contra ele. Três atingiram-no e ele teve morte imediata. Foi atingido no lado direito das costas, através de ambos pulmões e na têmpora esquerda. Petrosino não estava armado. Um revólver *Smith and Wesson* foi encontrado na sua mala no hotel. Um pesado revólver belga com um dos canos disparado foi encontrado perto do local.

Nota do Departamento de Polícia de Nova Iorque, datado de 11 de Maio de 1909:

> Recebemos do comissário da polícia o relógio e corrente de ouro do tenente Petrosino, assim como o seu par de algemas de ouro, o bastão, malas de roupa contendo objectos pessoais, um maço de cartas e um cheque de $12,40. Assinado, Louis Salino.(79)

Às seis horas da manhã de 14 de Abril de 1903, Frances Connors, mulher roliça e de meia-idade a caminho do emprego, passou pela New York Mallet & Handle Works no número 743 da East 11th Street, perto da esquina com a Avenida D. Um casaco chamou-lhe a atenção. Tinha sido estendido sobre um velho barril de açúcar colocado junto ao passeio, ao lado de uma pilha de madeira. Levantando o casaco, ela viu um pé direito e uma mão esquerda. Quando espreitou para dentro do barril, descobriu que este continha o corpo de um homem, completamente vestido e dobrado ao meio, com a cabeça comprimida entre os joelhos e um saco de serapilheira grossa em volta do pescoço. Os gritos da Sr.ª Connors atraíram dois polícias ao local. O corpo estava ainda quente.

As investigações revelariam mais tarde que a vítima apresentava 18 pequenos ferimentos de arma branca no pescoço e um golpe no pescoço tão profundo e largo que a cabeça quase se separara. O homem estava vestido de modo respeitável. Tinha as duas orelhas furadas. Comera bastante mesmo antes de morrer: batatas, feijões, beterraba, salada, esparguete. No fundo do barril havia uma camada de serradura de dez centímetros, contendo cascas de cebola e pontas mastigadas de charutos escuros italianos.

O mistério do «corpo no barril», como os jornais de Nova Iorque depressa o apelidaram, despertou novos receios na América de uma invasão de hordas criminosas da «bota». Contudo, além destas histórias alarmantes, o caso oferece pistas intrigantes sobre a realidade da presença da máfia nos Estados Unidos na época do grande

(79) Reid, pp. 131, 139, 143.

êxodo siciliano. Também constituiu um marco importante no caminho para a glória de um polícia italo-americano chamado Joseph (Giuseppe) Petrosino; é possível que também tenha conduzido directamente à sua morte, seis anos mais tarde, na Piazza Marina de Palermo – um dos assassinatos mais célebres na história da máfia.

Um dia depois da descoberta do corpo no barril, a polícia deteve nove membros de uma quadrilha mafiosa de falsificadores de dinheiro e extorsionários. Havia já algum tempo que estavam sob a vigilância de homens da divisão dos serviços secretos americanos. Suspeitava-se de que eles estivessem a importar dinheiro americano falso em fundos duplos de latas de azeite. O dinheiro era distribuído por outras cidades da costa leste através de uma rede de agentes.

Na noite anterior ao assassínio, a vítima foi vista a entrar e a sair de um talho no número 16 da Stanton Street – era um dos poisos da quadrilha. Passado pouco tempo, entrou num bar que tinha um pequeno restaurante nas traseiras. Quando não voltou a sair, a vigilância foi interrompida naquela noite. O bar pertencia a um homem de 34 anos de Corleone, Giuseppe *Piddu* Morello, conhecido por ser o chefe da quadrilha.

Quando foi preso na Bowery, Morello estava armado e tinha nos bolsos charutos idênticos aos encontrados no barril. O bar dele tinha serradura no chão, onde foram encontradas cascas de cebola e pontas de charutos. Morello não era difícil de identificar: a mão direita tinha apenas o dedo mindinho. Durante o interrogatório, recusou-se a responder, não querendo sequer revelar aos seus interrogadores como tinha perdido os outros dedos.

O barril no qual o corpo foi encontrado revelou mais do que Morello. Uma estampilha na parte inferior – W & T 233 – conduziu os detectives, pelas grandes refinarias de açúcar do lado de Long Island do East River, aos merceeiros Wallace & Thompson no número 365 da Washington Street, em Manhattan. Estes tinham apenas um cliente siciliano, Pietro Inzerillo, outro membro da *cosca* de Morello. Mais dois barris com as mesmas marcas foram encontrados na pastelaria e café de Inzerillo, no número 226 da Elizabeth Street.

A descoberta da identificação da vítima surgiu através do sargento-detective Petrosino, um homem baixo, atarracado e extremamente forte com um rosto marcado pelas bexigas e nariz disforme. (Ernest Borgnine desempenharia o seu papel num decepcionante filme de 1960, *Pay or Die!*) Nascido na pobreza perto de Salerno, no Sul do continente italiano, em 1860, Petrosino havia emigrado para os Estados Unidos ainda rapaz. Aprender a ler e a escrever nas escolas públicas da baixa de Nova Iorque foi o primeiro passo para se elevar acima da condição social dos pais. Foi varredor de ruas e depois chefe de uma equipa de «estivadores de chatas» – os homens que tripulavam as barcaças de fundo chato que levavam para longe o lixo da cidade. Na altura, a polícia supervisionava a recolha de lixo em Nova Iorque. Petrosino chamou a atenção de um oficial da zona que lhe deu a oportunidade de se tornar polícia fardado.

A lenta ascensão de Petrosino nas fileiras do NYPD [ Departamento de Polícia de Nova Iorque] acelerou na viragem do século quando a quantidade de imigrantes – e os criminosos – italianos aumentou de forma drástica. Ele já tinha atraído as atenções quando lançara um aviso de que um bando de anarquistas de Paterson, New Jersey, na sua maioria italianos, estava a planear assassinar o presidente William McKinley. O aviso não foi escutado. No dia 6 de Dezembro de 1901, McKinley foi morto a tiro quando inaugurava a Exposição Pan-Americana em Buffalo.

Alguns dias depois da descoberta do corpo no barril, Petrosino viajou 50 quilómetros pela margem leste do rio Hudson acima em direcção aos blocos cinzentos da prisão de Sing Sing. Os seus contactos em Little Italy tinham-lhe sugerido que Giuseppe Di Primo, que cumpria uma pena de prisão por contrafacção de dinheiro, talvez pudesse ajudar a dar um nome ao corpo no barril. Petrosino interrogou o falsificador numa cela que fora construída 70 anos antes com pedras retiradas por reclusos de uma pedreira da prisão; era húmida, fria e minúscula: 2,1 m de comprimento, 1,97 m de altura e apenas 97 cm de largura. Sing Sing merecia a sua terrível reputação.

Quando Di Primo viu uma fotografia do homem morto, identificou-o imediatamente como seu cunhado, Benedetto Madonia. Abalado pela dor, e desesperado com as condições em Sing Sing, Di Primo confessou que tanto ele como Madonia faziam parte da mesma operação de falsificação de dinheiro que Piddu Morello, o homem do mindinho. Madonia era um dos agentes usado pelo bando para colocar os dólares falsos em circulação; ele tinha ido visitar Morello para recuperar alguns dos bens de Di Primo. Foi a última vez que Di Primo o viu.

Quando Joe Petrosino regressou à cidade, mandou buscar a viúva de Madonia para identificar o cadáver. O homem assassinado tinha sido encontrado com uma corrente de relógio no colete, mas sem relógio. A viúva foi capaz de descrever o relógio desaparecido: tinha uma locomotiva estampada na base.

Um dos membros da quadrilha, um homem de 24 anos, pesado e de pescoço grosso chamado Tommaso Petto, mas conhecido por *o Boi*, tinha no bolso um recibo de uma casa de penhores na Bowery quando foi detido. O recibo trazia a mesma data que a descoberta do corpo no barril. Quando a polícia devolveu o bilhete, encontrou o relógio com o desenho da locomotiva. O Boi passou a ser o principal suspeito de ter levado a cabo o homicídio.

O processo chegou a tribunal a 1 de Maio de 1903. Nenhum dos membros da quadrilha cedera aos impacientes métodos de interrogação da Polícia de Nova Iorque. Apenas oito das dezasseis pessoas intimadas a fazer parte do júri comparecerem. O filho da vítima foi o primeiro a ser chamado à barra para identificar o relógio. Um dos detectives envolvidos no caso recordou o que aconteceu a seguir:

> Ele olhou para o relógio e estava prestes a falar quando se ouviu um arrastar de pés e sibilos na sala de audiências, que estava cheia de homens de tez escura. Um destes levantou-se de repente e levou os dedos aos lábios. O jovem Madonia deixou de ter a certeza de que aquele era o relógio do pai.([80])

Sob pressão idêntica, a viúva de Madonia teve um lapso de memória semelhante.

Di Primo foi trazido de Sing Sing para testemunhar. A polícia alegava terem existido motivos de inimizade entre ele e o Boi durante algum tempo. Mas Di Primo declarou alegremente que os dois eram muito bons amigos. Pensando melhor, decidira evidentemente cumprir o resto da pena em Sing Sing em silêncio. O processo desmoronou-se.

---

([80]) Carey, p. 120.

O que Petrosino e os seus colegas descobriram sobre a quadrilha de Morello pode ser comparado com o que hoje se sabe sobre a máfia no seu país de origem. Alguns dos homens detidos na sequência do assassínio do barril eram descritos como importadores de vinho, azeite e outros produtos agrícolas da ilha. O comércio de citrinos, azeite, queijo e vinho proporcionava uma excelente fachada para os criminosos nas suas viagens de ida e volta através do Atlântico e dos Estados Unidos. Esses produtos davam também oportunidades aos mafiosos de extorquir dinheiro de protecção e criar monopólios como faziam na Sicília.

As licenças de porte de arma eram claramente uma questão tão fundamental entre as quadrilhas e as autoridades em Nova Iorque como eram na Sicília. Os membros da quadrilha de Morello presos em Abril de 1903 tinham em sua posse autorizações perfeitamente legais para usar armas de fogo dentro do perímetro da cidade. As licenças haviam sido concedidas pelo subcomissário da polícia sob recomendação do capitão da esquadra de bairro. O portador de uma dessas licenças chegara aos Estados Unidos apenas 28 dias antes. As relações criminosas entre os dois lados do Atlântico eram aparentemente tão fortes que um mafioso podia partir de Palermo confiante de que estaria a usar uma arma legal pouco depois de ter passado por Ellis Island. Com algum embaraço, o comissário da polícia anulou 322 licenças de porte de arma pouco depois de estes factos terem sido divulgados pelo *New York Herald*.

Existem provas convincentes de fortes ligações entre mafiosos na América e na Sicília. Um dos associados da quadrilha de Morello, procurado para interrogatório por Petrosino durante as investigações do «corpo no barril», era Don Vito Cascio-Ferro, que mais tarde seria preso pelo «prefeito de ferro» Cesare Mori. Antes do caso do corpo no barril, Don Vito tinha fugido da Sicília para evitar a vigilância policial que lhe fora imposta após o seu presumível envolvimento num rapto, embora afirmasse mais tarde que tinha ido aos Estados Unidos em negócios – como importador de limões. Evitou ser detido na rusga do «corpo no barril» fugindo para Nova Orleães, cidade com cerca de 12 000 Sicilianos e uma forte presença da máfia, antes de regressar mais uma vez à Sicília. Em 1905, a quadrilha de Morello recebeu nas suas fileiras outro novo imigrante, Giuseppe Fontana – o mafioso absolvido do assassínio de Emanuele Notarbartolo.

A composição da quadrilha de Morello pode revelar informações importantes sobre o grau de coordenação entre homens de honra na Sicília. Morello era de Corleone; Cascio-Ferro da vizinha Cisacquino – ambas no interior, a sul de Palermo. Fontana era de Villabate, mais próxima da capital. Outros membros eram de Partinico, mais para ocidente. Por outras palavras, havia homens de honra de *diferentes cosche* sicilianas. A quadrilha de Piddu Morello funcionava claramente como um entreposto para homens de honra especialmente empreendedores de toda a província de Palermo e não só. O negócio americano começava a tornar-se um assunto de interesse para toda a máfia siciliana. Além disso, a consciência de um interesse comum entre os homens de honra era suficientemente forte para que credenciais criminosas obtidas em vários cantos da Sicília provincial fossem reconhecidas e apreciadas do outro lado do Atlântico.

A quadrilha de Morello baseava o seu poder em Nova Iorque nos mesmos princípios de domínio territorial aplicados em qualquer *cosca* da Sicília: esquemas de extorsão e clientelismo; relações com a polícia para garantir imunidade contra a justiça. As comunidades imigrantes constituíam também sólidos «pacotes» de votos; sem verdadeiro interesse ou entendimento da política do seu novo país, muitos emigrantes estavam dispostos a trocar os seus votos pelos pequenos favores de um protector.

No entanto, existiam algumas diferenças importantes entre a Sicília e Nova Iorque relativamente aos ambientes em que os mafiosos se movimentavam. O problema que o sistema de domínio territorial da máfia enfrentava na América era que esta constituía uma sociedade mais volúvel e diversa, com uma longa e específica tradição de crime e corrupção. A população de Elizabeth Street, como a de outros bairros de imigrantes, estava em permanente mudança. As pessoas iam e vinham do Velho Mundo. Muitos recém-chegados deslocavam-se para outras partes dos Estados Unidos. Outros, à medida que os seus padrões de vida melhoravam, mudavam-se para zonas mais salubres em Harlem, Brooklyn e outros lugares.

Os mafiosos tinham de ser tão errantes no Novo Mundo como a população italiana que exploravam. Morello viajara pelos Estados Unidos antes de se instalar em Nova Iorque; a sua quadrilha tinha outra base na comunidade siciliana de East Harlem. Nicola Gentile, um jovem siciliano iniciado na máfia de Filadélfia em 1905, transitou entre *cosche* de diferentes cidades várias vezes na sua carreira. (Nicola é tema do capítulo seguinte.) Tratou com homens de honra em Manhattan e Brooklyn, Pittsburgh, Cleveland, Chicago, Milwaukee, Kansas City, São Francisco e no Canadá. Segundo Gentile, nos anos anteriores à I Guerra Mundial a máfia é uma rede criminosa fortemente enraizada em comunidades sicilianas por toda a América do Norte, mas com muito pouca influência fora dessas comunidades.

Nova Iorque era a cidade aonde a rede ia buscar o seu comando; tinha de longe a maior comunidade siciliana e era o principal entreposto para mercadorias e pessoas que chegavam da ilha. O mesmo mafioso – testemunha tão fiável destas coisas quanto possível – afirmou que Piddu Morello foi o chefe supremo de todo o ramo americano da máfia até 1909.

Qualquer que tivesse sido o prestígio de Morello dentro da máfia na Sicília, não tornava mais fácil a sua posição em Nova Iorque. Na altura do crime do «corpo no barril», a *cosca* de Morello estava rodeada de grupos que observavam regras diferentes, falavam dialectos italianos diferentes ou vinham mesmo de uma país completamente diferente. Em vez das consultas constantes que tinham lugar entre *cosche* filiadas na mesma organização na Sicília, os mafiosos em Nova Iorque enfrentavam no submundo o equivalente à diplomacia internacional.

Quando a *cosca* de Morello montou as suas operações em Little Italy, o mercado do crime de Nova Iorque era já há muitos anos palco de uma concorrência feroz. Os blocos de apartamentos de Manhattan constituíam na viragem do século uma rede de territórios para quadrilhas de jovens rufias bem vestidos como a Gas House Gang, os Gophers, os Hudson Dusters e os Pearl Buttons. Em 1903, o *gang* Five Points, de Paul Kelly, controlava a zona entre a Bowery e a Broadway, que incluía a Little Italy. Kelly nascera em Nápoles com o nome Paolo Antonio Vaccarelli. Adoptara o seu novo nome irlandês durante uma breve carreira no boxe. Homem janota e de gestos brandos, terá comandado 1500 bandidos, a maioria italianos, mas incluindo alguns judeus, irlandeses e outros. A organização de Kelly dedicava-se à prostituição, ao jogo, à extorsão, ao negócio imobiliário e às máquinas eleitorais. Embora ele próprio nunca se tivesse apresentado como candidato, apoiou Tim *Dry Dollar* Sullivan, o incontestado chefe do Partido Democrático do Lower East Side. Os políticos nascidos nos Estados Unidos, especialmente os irlandeses como Sullivan, eram os únicos que pareciam capazes de construir uma base de apoio que atravessava os diferentes bairros étnicos.

Se, como sugeriam os jornais da altura, a máfia siciliana pretendesse conquistar Nova Iorque, teria de ter chegado meio século mais cedo. A partir das suas bases nas comunidades sicilianas, os mafiosos possuíam os meios e a capacidade para arranjar um talhão competitivo no submundo de Nova Iorque. Mas depressa descobriram que era impossível dominá-lo.

A máfia siciliana na América enfrentava também o problema do controlo da sua imagem de marca. Foi a América que transformou a «máfia» na marca mais conhecida do crime organizado. Casos célebres como o «corpo no barril» começaram a difundir o nome «máfia» por todo o mundo. Contudo, durante esse processo, o logótipo começou a escapar ao controlo do conjunto das sociedades sicilianas regionais que negociavam originariamente sob esse nome. Da mesma maneira que, em linguagem comum, um *Hoover* hoje significa qualquer velho aspirador, a imprensa americana começou a aplicar a palavra «máfia» a todas as formas de crime organizado italiano e depois a qualquer actividade de bandos criminosos. (Isto constituiu, de certo modo, um feito notável para os Sicilianos, que haviam chegado tarde a um mercado já bem desenvolvido.)

O caso da chamada *Mano nera* («Mão Negra») ajuda a explicar esta inflação da marca nos Estados Unidos. O caso do «corpo no barril» chamou a atenção da imprensa para uma vaga de extorsões dirigidas a italo-americanos abastados. Os títulos do *New York Herald* diziam: «Italianos de Nova Iorque Silenciados pelo Terror do Longo Braço da Máfia», «Vários Homens de Negócios de Nova Iorque Sob Chantagem da Máfia». A 3 de Agosto de 1903 – alguns meses após a descoberta do corpo no barril – Nicola Cappiello, um próspero construtor de Brooklyn, recebeu o seguinte bilhete (em italiano) marcado com uma caveira e ossos cruzados:

Se não se encontrar connosco na esquina da Rua 72 com a Avenida 13, em Brooklyn, amanhã à tarde, a sua casa será dinamitada e você e a sua família mortos. Terá o mesmo destino se denunciar os nossos objectivos à polícia.

Mano nera([81])

No Sul da Itália, intimações deste tipo chamavam-se *lettere di scrocco*, «cartas de escroque», porque os autores muitas vezes protestavam a sua pobreza além de fazer ameaças. Era um método usado na indústria da violência mesmo antes do aparecimento da máfia. Assim, a história do Sr. Cappiello seguia um padrão já consagrado do Velho Mundo. Quando ele se recusou a cooperar, seguiram-se outros bilhetes. O montante exigido subiu para os 10 000 dólares. Depois, três velhos amigos, juntamente com um estranho, foram visitá-lo e ofereceram-se para interceder junto dos extorsionários por 1000 dólares. Cappiello decidiu aceitar a proposta, mas alguns dias depois de entregar o dinheiro os mesmos homens voltaram para lhe pedir mais. Temendo que lhe roubassem toda a fortuna, Cappiello recorreu à polícia. Os seus «amigos» foram presos e condenados.

O nome «Mano nera» estava destinado a fazer mais sucesso do que esta quadrilha. Aos poucos, cada vez mais cartas de chantagem eram assinadas com uma mão negra. O sensacionalismo da imprensa começou evidentemente a colocar a ideia na cabeça dos criminosos. O nome espalhou-se de Nova Iorque a Chicago, São Francisco e Nova Orleães, até se tornar, durante algum tempo, mais popular até do que a palavra «máfia» para designação do crime organizado italiano.

«Mão negra» tornou-se uma moda do crime. Além das quadrilhas profissionais, vizinhos invejosos, adversários comerciais, trabalhadores necessitados e foliões também enviavam cartas assinadas pela «Mão negra». Na Sicília, este tipo de abuso de um «logótipo» criminoso usado pela sociedade honrada teria sido impensável. As *cosche* da máfia, com espiões em todas as ruas, protegiam ferozmente o seu monopólio sobre a intimidação.

([81]) Nelli, *The Business of Crime*, p. 175.

Apesar de não ter resultado em qualquer condenação, o processo do «corpo no barril» estabeleceu Joseph Petrosino como um novo tipo de herói aos olhos dos nova-iorquinos, uma espécie de homem do Oeste do Mulberry Bend. A história da sua vida era ela própria uma parábola do poder redentor da América: de imigrante pobre a detective respeitado. Quem melhor para patrulhar as lojas e os apartamentos sombrios e superlotados onde se encovavam os novos imigrantes trigueiros da «bota»?

Petrosino foi responsável por recambiar centenas de criminosos italianos para a península; e por enviar muitos outros para a prisão. A sua ascensão na hierarquia do NYPD foi imparável. Em Janeiro de 1905, foi nomeado chefe da nova secção italiana da força. Pouco depois tornou-se o primeiro italo-americano a alcançar o posto de tenente. Em 1907, casou-se com Adelina Salino na velha Igreja de São Patrício na Mott Street, no coração da Little Italy.

No ano seguinte Petrosino foi escolhido para policiar a visita de Raffaele Palizzolo a Nova Iorque. O homem ilibado de ter ordenado a morte de Emanuele Notarbartolo vinha agradecer aos que supostamente haviam contribuído com $20 000 para a sua causa. Entrevistado por um jornalista do *New York Herald*, Don Raffaele declarou que o objectivo principal da sua visita era «incutir nos seus compatriotas sicilianos os princípios da boa cidadania». Riu-se quando lhe perguntaram se tinha alguma ligação com a máfia.

Nesta altura a reputação de Petrosino já se havia espalhado. Os criminosos recém-chegados do Sul da Itália pediam aos amigos que os levassem ao quartel-general da polícia e lhes apontassem o polícia de quem tanto ouviam falar. No Outono de 1908, o enérgico tenente recebeu um relógio de ouro do governo italiano pelo seu papel na prisão de um importante bandido napolitano.

Apesar do relógio de ouro, Petrosino e os seus superiores estavam cansados da incapacidade das autoridades italianas para impedir criminosos e anarquistas de largar das costas italianas com destino à América. Em Fevereiro de 1909, Petrosino tornou-se chefe de uma nova divisão dos serviços secretos do departamento de polícia. A sua primeira missão era ir a Itália estabelecer uma rede independente de informações sobre bandidos com cadastro na Sicília. Dada a dificuldade em condenar mafiosos, Petrosino esperava usar as informações recolhidas na ilha para expulsar o maior número deles dos EUA como imigrantes ilegais.

No dia 21 de Fevereiro de 1909, Petrosino chegou à cidade portuária de Génova, no Norte da Itália. Viajando para o Sul, fez apenas duas paragens para se encontrar com agentes em Roma e visitar o irmão perto de Salerno. A 28 de Fevereiro, o «flagelo» da Mão Negra chegou a Palermo pronto para enfrentar a máfia na sua terra pátria.

O seu corpo regressou a Nova Iorque no dia 9 de Abril, a bordo do *Slavonia* da Cunard Line. Quase quatro semanas se haviam passado desde o seu assassínio; o navio atrasara-se por causa do mau tempo. Os restos mortais de Petrosino foram transportados em procissão para o seu apartamento no número 233 da Lafayette Street. Cinco pelotões da polícia montada e uma guarda de honra acompanharam o carro fúnebre, pejado de coroas encomendadas por organismos oficiais tanto da Sicília como de Nova Iorque. O plano inicial tinha sido expor o corpo em câmara ardente mas havia apenas uma fotografia no tampo porque não se conseguira fazer o embalsamamento. O *New York Herald* calculou que 20 000 pessoas compareceram para apresentar as suas condolências. Ventilou também a suspeita de que o embalsamamento fora deliberadamente abortado – o insulto final da máfia siciliana à sua vítima. No dia 12 de Abril, outra grandiosa procissão levou Petrosino para uma missa fúnebre na Igreja de São Patrício na Mott Street.

Petrosino morreu porque subestimou gravemente o poder e a crueldade da máfia na Sicília. Apesar da sua astúcia, adequada às ruas de Nova Iorque, tinha a atitude condescendente para com o velho país típica dos emigrantes. Quando foi entrevistado sobre a máfia durante as investigações do «corpo no barril», os seus comentários revelaram preconceito e influências do folclore:

> Quase toda a gente que vem para cá da Sicília padece dessa enfermidade moral. É hereditária e inextirpável. A Máfia é uma organização mal estruturada, mas toda a gente a ela ligada partilha do mesmo espírito de oposição a todas as formas de lei e a todas as formas de autoridade. Na

Sicília as mulheres e as crianças trabalham arduamente nos campos enquanto o homem se passeia com uma espingarda ao ombro.([82])

A missão supostamente «secreta» de Petrosino na Itália tinha sido pré-anunciada na imprensa de Nova Iorque. Quando chegou a Palermo, ele recusou a oferta de uma escolta armada. A única protecção que julgava necessária era os dólares que oferecia como subornos. Usou os mesmos métodos que se haviam revelado tão bem sucedidos na América, procurando ousadamente o contacto pessoal com criminosos e mafiosos nas ruas. Isto, claro, era o que faziam também os polícias sicilianos; mas nunca lhes passaria pela cabeça tentar fazê-lo isoladamente. Depois da morte de Petrosino, ficou a saber-se que ele tinha deixado o seu revólver no quarto do hotel.

A polícia de Palermo suspeitou de uma ligação entre a morte de Petrosino e a quadrilha do «corpo no barril». Dois membros dessa quadrilha tinham viajado para a Sicília ao mesmo tempo que Petrosino, mantendo-se em contacto com Piddu Morello através de telegramas codificados. A teoria era que Morello e Giuseppe Fontana tinham pedido a Vito Cascio-Ferro que organizasse o assassínio em nome deles. Quando Cascio-Ferro foi preso, descobriram nele uma fotografia de Petrosino. Mas havia um álibi: o colaborador político de Don Vito, um deputado, declarou que o mafioso estava em sua casa quando Petrosino foi morto. Com grande indignação da imprensa americana, o caso nem sequer chegou a tribunal.

Muitos anos mais tarde, depois de uma pena de prisão perpétua ter finalmente acabado com a sua carreira no tempo do fascismo, Cascio-Ferro foi entrevistado na cadeia. Afirmou ter morto apenas um homem na sua vida – «e fi-lo *desinteressadamente*». Esta frase enigmática foi entendida como uma alusão ao assassínio mais célebre a que o seu nome fora associado: o de Joe Petrosino. O que ele poderá ter querido insinuar é que cometeu o assassínio como um favor aos seus colegas americanos. Esta «confissão» não significa necessariamente que Don Vito tenha cometido o crime. Pode ter sido apenas uma tentativa sua de se deliciar com a glória roubada a outro mafioso. Como o caso do «corpo no barril», o assassínio de Joe Petrosino está ainda classificado como «por resolver».

---

([82]) *New York Herald*, 26 de Abril de 1903.

Como a maioria dos imigrantes sicilianos nos Estados Unidos, os membros da quadrilha de Morello provavelmente não planeavam tornar a sua estadia permanente. Como muitos desses imigrantes, contudo, os membros mais importantes permaneceram na América o resto das suas vidas. Para alguns, isso não significou muito tempo. Inzerillo abriu outra pequena pastelaria, mas foi morto a tiro pouco depois. Di Primo, prisioneiro-modelo em Sing Sing, foi libertado mais cedo. Petto, *o Boi*, mudou-se para Browntown, na Pensilvânia. Na noite de 25 de Outubro de 1905, foi atingido por cinco tiros de uma caçadeira disparada do seu próprio quintal. Petrosino suspeitou de que Di Primo fosse o assassino. Giuseppe Fontana desapareceu pouco depois da morte de Petrosini.

Outros membros da quadrilha tiveram um papel activo na cena do crime organizado de Nova Iorque durante décadas. No ano da morte de Petrosino, Piddu Morello foi julgado por gerir um negócio de falsificação de dinheiro em East Harlem e condenado a 25 anos na Penitenciária Federal de Atlanta. Perdeu a sua posição na chefia da organização.

Em 1916, os outros membros da máfia de Morello travaram uma guerra contra napolitanos de Brooklyn; o irmão de Piddu foi morto a tiro numa emboscada junto a uma cafetaria de Navy Street, em Brooklyn. Os napolitanos não conseguiram tomar o monopólio de Morello sobre um componente essencial da alimentação italiana: as alcachofras. O comércio deste legume era controlado pelo meio-irmão de Piddu, Ciro Terranova, que continuaria a ser o «rei das alcachofras» até aos anos 30. A quadrilha de Morello saiu vitoriosa da guerra quando os chefes napolitanos foram detidos e, com grande surpresa sua, condenados pelo assassínio.

Piddu Morello foi libertado pouco tempo depois. Terá sido visto na Sicília em 1919, procurando o apoio de homens de honra no velho país, porque o seu sucessor como chefe supremo o havia condenado à morte. Parece que esses esforços diplomáticos foram bem sucedidos, porque Morello sobreviveu para lutar três anos depois ao lado do mesmo homem que o condenara. Mas nessa altura, o panorama do crime organizado na América já havia mudado radicalmente.

# A América de Cola Gentile

O momento de mudança mais importante na história do crime organizado na América não foi uma execução, uma reunião de chefes de *gangs*, nem a chegada de qualquer «superchefe» da Sicília. Foi a aprovação da «Proibição». Em Janeiro de 1919, no seguimento de uma ridícula campanha pública durante a guerra contra cervejeiros de origem alemã, foi aprovada a 18.ª Emenda à Constituição dos Estados Unidos; proibia o «fabrico, venda ou transporte de bebidas alcoólicas». Mais tarde nesse mesmo ano, a Lei Volstead regulamentava a aplicação da 18.ª Emenda. De uma assentada, uma das indústrias mais lucrativas do país foi entregue aos criminosos. Desde as matérias-primas, produção, embalagem e transporte até à mesa na taberna clandestina, os bandidos retiraram lucros colossais das bebidas alcoólicas – e livres de impostos. Calcula-se que a Proibição tenha canalizado dois mil milhões de dólares para a economia ilegal antes de ser abolida em 1933.

Ao mesmo tempo, simplesmente porque muitos Americanos comuns gostavam de beber e não conseguiam perceber por que razão não estavam autorizados a fazê-lo, os *gangsters* tornaram-se os grandes amigos dos consumidores. A elevada taxa de mortalidade entre os contrabandistas acrescentou *glamour* ao seu trabalho. «Só se matam uns aos outros», era a visão comum. Os enormes lucros que advinham das bebidas alcoólicas e a atitude compreensiva do público para com o seu fabrico ilegal, contribuíram também para baixar o limiar da corrupção. Polícias, políticos e juízes recebiam a sua parte do filão.

A criminalidade generalizada provocada pela Proibição fez a América esquecer o seu fascínio de início do século pela máfia e pela *Mano nera*. Simplesmente não era plausível tratar o contrabando de bebidas alcoólicas como fruto de uma invasão de imigrantes. O enorme influxo de pessoas da Europa foi interrompido pela I Guerra Mundial. Quando a paz voltou, uma série de leis fechou o que os Americanos gostavam de chamar a «Porta Dourada» às chegadas – ou pelo menos àqueles que não tinham os canais clandestinos acessíveis aos mafiosos. Na memória do público, a clássica época dos *gangsters* entre as duas guerras mundiais foi dominada por bandidos e rufias multiétnicos e não por *mafiosi* e «homens de honra» italianos.

Só nos anos 50 é que a opinião pública americana voltaria a confundir a máfia com o crime organizado *per se*. A publicação de *O Padrinho* de Mario Puzzo, em 1969, cimentou então a percepção pública errada de que as organizações criminosas eram exclusivamente uma importação siciliana. Os factos da época da Proibição contrariam claramente essa percepção: na zona metropolitana de Nova Iorque, 50 por cento dos contrabandistas eram judeus, comparados com os cerca de 25 por cento de italianos.

Contudo, no seio das comunidades italianas de várias cidades americanas, uma associação mafiosa especificamente siciliana já se encontrava bem estabelecida quando a Proibição foi introduzida. A melhor testemunha da sua história nos anos 20 e 30 é Nicola Gentile, um homem nascido na Sicília, mas iniciado na máfia de Filadélfia em 1905. Era conhecido por «Nick» ou «Cola», consoante o lado do Atlântico em que se encontrasse. Em 1963, Gentile, então com quase 80 anos e aposentado em Roma, tomou uma decisão inédita: resolveu escrever a sua autobiografia. Entregou-a, em parte ditada, a um jornalista que o ajudou a preencher algumas lacunas através de uma série de entrevistas. Gentile foi o primeiro homem de honra siciliano a contar a sua história desta maneira.

Um permanente mistério envolve as razões para a decisão de Gentile. Como sempre na Itália, o contexto político teve provavelmente alguma coisa que ver como isso. No entanto, os motivos mais simples, apresentados pelo próprio Gentile, são também capazes de ser os mais importantes. Ele descreve-se como um homem velho e amargurado. Os seus filhos estavam todos bem instalados em profissões liberais, mas tinham vergonha das origens criminosas do seu bem-estar e evitavam o homem que lhes financiara os estudos e as casas em que moravam.

A narrativa de Cola Gentile é uma tentativa ambígua de justificar a sua vida – tanto a si mesmo como aos outros. Ele esforça-se, nem sempre com êxito, por se apresentar como um «homem de honra» no que afirma ser o verdadeiro sentido do termo: alguém que sempre buscara o caminho da paz e da justiça no seio da organização. Existem várias histórias que sugerem que Gentile tentava mostrar-se a essa luz lisonjeira havia já bastante tempo. Um homem afirma ter passado uma tarde inteira a falar com ele em 1949; na verdade, lembra-se com ternura de ser tratado de forma condescendente por Gentile, que se lhe dirigiu num tom meio trocista como *duttureddu* («doutorzinho») durante toda a conversa. O homem em questão – um jovem estudante na altura – diz que o veterano homem de honra explicou a sua noção do que era ser um mafioso através duma história hipotética:

> *Duttureddu*, se eu entrar aqui desarmado e você sacar de uma pistola, a apontar na minha direcção e disser: «Cola Gentile, ponha-se de joelhos». O que é que eu faço? Ajoelho-me. Isso não significa que você seja um mafioso, porque obrigou o Cola Gentile a ajoelhar-se. Significa que você é um cretino com uma pistola na mão.
>
> Agora se eu, Nicola Gentile, entro desarmado e você também está desarmado e eu digo-lhe: «*Duttureddu*, escute, estou numa situação delicada. Tenho de lhe pedir para se ajoelhar». Você pergunta-me: «Porquê?» Eu respondo: «*Duttureddu*, deixe-me explicar». E eu consigo convencê-lo de que você tem mesmo de se ajoelhar. Quando você se ajoelha, isso faz de mim um mafioso.
>
> Se você se recusar a ajoelhar-se, então tenho de lhe dar um tiro. Mas isso não significa que eu ganhei: eu perdi, *duttureddu*.([83])

Gentile tinha manifestamente um grande problema em sustentar uma imagem de si mesmo, mesmo que hipotética, sem uma arma na mão.

---

([83]) Deaglio, «Se vince lui».

O *duttureddu* era Andrea Camilleri, hoje um fenómeno literário na Itália. Os seus policiais, escritos numa prosa rica e irónica cheia de inflexões de dialecto siciliano, dominam a lista dos *best-sellers*. Não existe forma independente de confirmar a veracidade dos relatos de Camilleri. De qualquer modo, eles dão-nos uma ideia de como o velho *gangster* Cola Gentile, apesar dos seus esforços para parecer nobre, foi sincero no que diz respeito à violência que acompanha o seu trabalho. Na sua autobiografia, reconhece que «Não se pode ser *capomafia* sem ser feroz».

Ao mesmo tempo que Nick Gentile narrava tranquilamente a sua história em Roma, um caso semelhante e também inédito desenrolava-se nos EUA. Joe Valachi, um mafioso americano que temia ser morto na prisão pelos seus antigos sócios, estava a falar com agentes federais. Foi Valachi quem primeiro contou ao mundo que os mafiosos nos Estados Unidos costumam referir-se à sua organização como *cosa nostra*. Valachi foi rodeado de enorme publicidade quando testemunhou perante uma subcomissão do Congresso para o crime organizado em 1963. Robert Kennedy, nomeado ministro da Justiça pelo seu irmão presidente, descreveu o depoimento de Valachi como «a maior conquista dos serviços secretos até ao momento no combate ao crime organizado e à extorsão nos Estados Unidos». *The Valachi Papers* foi um êxito de vendas.

Todavia, como alguns observadores mais atentos fizeram questão de realçar desde o início, Valachi não era um elemento importante da máfia italiana. Era um mero soldado raso que não teria participado de conversas ao mais alto nível. Cola Gentile, o melancólico e solitário padrinho aposentado nos subúrbios de Roma, pelo contrário, frequentara os círculos da elite do crime. Ele tratou de perto com todos os chefes mais famosos dos anos 20 e 30: Joe *the Boss* Masseria, Al Capone, Lucky Luciano, Vincenzo Mangano, Albert Anastasia, Vito Genovese. Surpreendentemente, o testemunho italiano de Cola Gentile ainda não foi traduzido e permanece quase desconhecido fora da península.

A história de Gentile desenrola-se num contexto marcado pela transformação de vulgares imigrantes sicilianos em americanos. Ao mesmo tempo, paradoxalmente, os Sicilianos tornavam-se Italianos. O sentimento de unidade nacional na Itália era ainda notoriamente fraco. Os magotes de gente que chegavam a Ellis Island vindos de Palermo, Nápoles e Parma falavam uma quantidade de dialectos mutuamente incompreensíveis. A «Itália», para muitos, era apenas uma abstracção. No convívio com recém-chegados de outros países, eles começaram a ver-se como italianos pela primeira vez. Adaptaram os costumes do velho país, ou apegaram-se a novos como o Dia de Colombo, para exprimir essa identidade italiana recém-adquirida.

Os criminosos italo-americanos passavam por uma mudança semelhante, embora no seu caso a assimilação fosse um processo mais sangrento e maquiavélico. Em 1920 havia já um milhão de Italianos em Nova Iorque. Só uma pequena percentagem, escusado será dizer, era criminosa. Mas a crescente prosperidade da comunidade oferecia uma superabundância de nichos económicos ilegais. Também aproximava criminosos originários de diferentes partes da Itália. As lotarias de rua eram tão populares nos bairros italo-americanos como tinham sido em centenas de cidades na Itália. A alimentação do Sul da Itália também proporcionava alguns alvos. A ameaça de violência podia ser usada para tirar lucros do tráfico de géneros alimentícios como o azeite que vinham de Europa – ou cada vez mais da costa oeste dos Estados Unidos, como as alcachofras de Ciro Terranova.

Os Italianos também se haviam tornado o grupo étnico mais numeroso nas docas de Nova Iorque. Em 1880, 95 por cento dos estivadores da cidade eram irlandeses. Em 1919, 75 por cento eram já italianos. Predominavam sobretudo no East Side e em Brooklyn. O bairro Red Hook de Brooklyn – completamente italiano – foi base de uma grande associação criminosa durante todo o período de entre as guerras e não só. O sistema que operava nas docas era abrangente, brutal e muito lucrativo. Os funcionários da Associação Internacional de Estivadores intimidavam os trabalhadores para garantir o monopólio do seu sindicato sobre o recrutamento. Subornavam os gerentes das companhias de estiva e navegação para assegurar um monopólio sobre todo o trabalho disponível. A protecção política era assegurada pelo City Democratic Club, fundado em finais dos anos 20 – era pouco mais do que uma fachada para criminosos. O contrabando, a extorsão e o roubo eram endémicos. Muitos dos funcionários da AIE pertenciam ao mesmo pequeno grupo de famílias de sangue. Eram apoiados por um esquema de protecção singularmente implacável dirigido por homens como Albert Anastasia e Vicent Mangano.

Cola Gentile nasceu numa vila da região do enxofre perto de Agrigento. Quando chegou à América, em 1903, tinha apenas 18 anos. Era um jovem robusto que se tinha em alta conta – a matéria-prima clássica do mafioso. Mudou-se para Kansas City, onde começou a trabalhar como caixeiro-viajante, vendendo tecidos. Os seus ganhos baseavam-se num conto do vigário: os rolos de tecido que vendia como linho não o eram – fora uma pequena amostra.

Através do seu trabalho, Gentile estabeleceu relações em muitas cidades americanas, adquirindo uma reputação de miúdo esperto que sabia cuidar de si e dos seus amigos. Aos 21 anos foi iniciado na máfia em Filadélfia. Três anos depois regressava à sua aldeia natal na Sicília como homem de dinheiro e prestígio. Casou-se e teve um filho antes de voltar para a América para continuar a sua carreira no seio da sociedade honrada. A mulher e o filho ficaram na ilha.

Em 1915, mudou-se para Pittsburgh e recrutou um grupo de dez *picciotti* – jovens bandidos – fiel apenas à sua pessoa e independente do *capo* local. O grupo seria o instrumento da sua ascensão. Gentile descobriu que a sociedade honrada na Cidade do Ferro estava subordinada a uma grande quadrilha de Italianos da Calábria e de Nápoles cuja base de poder era um mercado grossista de frutas e legumes. Até o *capo* da máfia extorquia dinheiro de protecção à comunidade siciliana em nome desses *camorristi*, como Gentile desdenhosamente lhes chamava. (Referia-se à Camorra de Nápoles – uma irmandade criminosa menos organizada.)

A reputação de Gentile em Pittsburgh consolidou-se rapidamente. Ele e um dos seus homens causaram sensação executando um homem num bar cheio de gente no centro da cidade. Incentivado pelo sucesso dessa operação, Gentile decidiu tirar partido da submissão do *capo* siciliano para com os *camorristi*. Os seus *picciotti* puseram mãos à obra: uma série de assassínios rápidos e eficientes depressa levaram os homens do continente italiano à mesa de negociações. Os chefes dos dois lados reuniram-se sob a presidência de Gentile, que humilhou os *camorristi* ameaçando-os abertamente com a guerra total se voltassem a ofender outro siciliano. Eles renderam-se submissamente à liderança siciliana. «A partir dessa noite a *camorra* em Pittsburgh e nas cidades em redor estava acabada», concluiu Gentile. Pouco depois mandou matar o *capo* da máfia de Pittsburgh e enviou o corpo de volta para a Sicília num caixão de luxo. Cola Gentile tornara-se o chefe do crime italiano na cidade, contribuindo ao mesmo tempo para a americanização e italianização da máfia.

Uma das coisas mais notáveis da carreira de Nick Gentile é a sua mobilidade geográfica. Ele transferiu muitas vezes a sua filiação de uma *cosca* para outra; primeiro Filadélfia e Pittsburgh, depois São Francisco, Brooklyn, Kansas City e de novo Brooklyn. Gentile refere-se a estes grupos como *borgate*, o termo italiano para as povoações suburbanas em redor de Palermo onde tinha nascido a sociedade honrada.

Sempre que mudava de *borgata*, Gentile precisava da recomendação de um chefe siciliano da província de Agrigento. As cartas ou telegramas tinham uma forma semelhante às das referências para um emprego vulgar. Manifestamente, a máfia no velho país era suficientemente importante para que o seu novo e rico ramo americano considerasse este tipo de atestado de filiação necessário. Os juízes investigadores italianos têm provas convincentes de que este sistema de referências funcionou até pelo menos ao início dos anos 80.

Gentile dá uma descrição fascinante de como os homens de honra espalhados pelos Estados Unidos coordenavam as suas actividades nos anos anteriores à Proibição. A condenação à morte de um chefe dissidente era transmitida de uma *borgata* para todas as outras na zona. Um «conselho» selecto composto apenas pelos chefes superiores tomava as decisões mais importantes. Uma «assembleia-geral» mais alargada elegia *capi* e debatia propostas de eliminação de outros mafiosos. Estas reuniões chegavam a incluir mais de 150 homens – entre chefes e membros dos seus séquitos de todos os Estados Unidos. Gentile mostra alguma relutância em apelidar as reuniões de «tribunais», além de criticar mordazmente os «processos judiciais» adoptados na assembleia-geral: «Era constituída por homens quase todos analfabetos. A eloquência era a habilidade que mais impressionava a assembleia. Quanto melhor se falasse, mais se era ouvido, e mais se podia manipular aquela massa de campónios»([84]).

([84]) Gentile, *Vita di capomafia*, p. 91.

A posição de Nova Iorque na rede das *borgate* era preponderante. O chefe da máfia em Gotham era quase sempre também o chefe dos chefes. Os seus lugar-tenentes podiam muitas vezes resolver qualquer caso antes das grandes assembleias, que depois usavam unicamente para anunciar as suas intenções.

As pressões do trabalho surgem entre as linhas da autobiografia de Gentile. De vez em quando, crises de doença e esgotamento nervoso obrigavam-no a regressar à terra natal para recarregar baterias. Mas nem sempre as viagens eram repousantes; numa das vezes, em 1919, ele teve de se esconder da justiça quando um homem de uma facção política rival foi morto a tiro. Durante os meses em que esteve escondido recebeu algumas visitas da América. Eram Piddu Morello e outros membros da quadrilha que o tenente Joe Petrosino julgara ser responsável pelo «corpo no barril» em 1903. Tinham sido condenados à morte pelo novo chefe de Nova Iorque e ansiavam pela intervenção de Gentile. Este investira grande esforço e coragem na criação de uma reputação de mediador ambulante, de homem capaz de resolver disputas perigosas. A diplomacia era uma das principais razões das suas viagens pelos Estados Unidos. Desta vez, a maior parte da quadrilha acabou por ser poupada, mas apenas porque o *capo* de Nova Iorque foi morto e substituído por Joe Masseria, mafioso atarracado e sem pescoço que se tornaria conhecido apenas por Joe, *o Boss*.

Detido na Sicília, Gentile não pôde beneficiar do *whisky* que armazenara mesmo antes da introdução da Proibição. Mesmo assim, depressa conseguiria sacar a sua parte dos grandes lucros da indústria das bebidas. Em Kansas City ele tinha uma companhia que vendia produtos a barbeiros. O negócio era uma fachada: dava--lhe acesso a grandes quantidades de álcool puro sob o pretexto de que se destinavam ao fabrico de *aftershave*. Gentile também se tornou negociante do açúcar necessário para alimentar as destilarias ilegais.

A «Proibição» significava contrabando – e o contrabando fez sobressair os jovens mais duros e espertos das quadrilhas multiétnicas. Vista de uma perspectiva mais ampla do que a de Nick Gentile, a criminalidade provocada pela Proibição não foi um problema exclusivamente italo-americano. No entanto, com a excepção de alguns veteranos, os mais famosos contrabandistas e *gangsters* italo-americanos dos anos 20 e início dos anos 30 foram jovens que tinham nascido ou sido criados nos Estados Unidos. A sua ascensão coincidiu com a italianização e americanização da máfia.

Salvatore Lucania nascera em Lercara Friddi, na região do enxofre. Deixou a Sicília em 1905, quando tinha nove anos de idade. Em adulto só conseguiria balbuciar algumas palavras do seu dialecto nativo. Aos 18 anos foi declarado culpado do seu primeiro crime grave: posse ilegal de estupefacientes – era consumidor e passador. A Proibição transformou-o num dos mais famosos bandidos americanos de todos os tempos. Ficou conhecido pelo nome de Charles *Lucky* Luciano. Tanto a alcunha como as impressionantes cicatrizes à volta do pescoço datavam do dia em que fora esfaqueado e abandonado como morto por alguns dos seus primeiros rivais. Desde o início Luciano conviveu facilmente com criminosos de outras origens, trabalhando de perto com homens como Meyer *Little Man* Lansky, por exemplo.

Francesco Castiglia, conhecido por Frank Costello – um dos sócios de Luciano – foi outro exemplo. Nasceu perto de Cosenza, na «biqueira» da península italiana, em 1891; a máfia da Sicília nunca fez recrutamentos nessa região. A família de Costello trouxe-o para East Harlem quando ele tinha quatro anos. O seu primeiro atrito com a lei – por assalto com recurso à violência, em 1908 – não resultou numa condenação porque se tratava do seu primeiro delito. Em 1914, foi condenado a um ano de prisão por transportar uma arma oculta. Depois da sua libertação casou-se com uma não-italiana e encetou uma carreira criminosa baseada nalgumas cómodas relações com políticos. Com o seu sócio Henry Horowitz, estabeleceu a Horowitz Novelty Company para produzir bonecas *Kewpie*, lâminas de barbear – e equipamento de jogo. Costello viria a ser o rei das máquinas de jogo de Nova Iorque.

Al Capone, o *gangster* mais famoso de todos, constitui outro exemplo. Nascido em Williamsburg de pais napolitanos, foi membro da quadrilha Five Points – como fora Luciano – antes de se mudar para Chicago como pistoleiro, ascendendo ao topo do submundo da cidade em meados dos anos 20. A sua organização de Chicago incluía Italianos, mas também homens como Murray *the Camel* Humphreys e Sam *Gold Bag* Hunt. (O submundo americano pode não ser tão sinistramente fascinante como a versão siciliana, mas produz sem dúvida alcunhas mais subtis.) O comportamento mulherengo e desejo de publicidade de Al Capone teriam sido motivo de grande reprovação para os mafiosos na Sicília.

Como homem de negócios, Capone foi mais um gestor de relações públicas do que o «director-geral» do crime organizado imaginado pelos muitos filmes acerca da sua vida. O seu método consistia em fazer acordos individuais repartidos a meias com homens como o negociante de transportes Louis Lipschultz, para a distribuição de bebidas. Ou com Frankie Pope para gerir a casa de jogo Hawthorne Smoke Shop. Ou com Louis Consentino, para gerir o Harlem Inn, um bordel de dois andares em Stickney.

Capone talvez seja mais conhecido por ter ordenado o massacre do Dia de S. Valentim em 1929, embora o seu envolvimento nunca tenha sido provado. Sete membros de uma quadrilha rival foram chacinados numa garagem que lhes servia de sede no número 2122 da North Clark Street, em Chicago. Os homens de Capote, trajando uniformes da polícia, simularam uma rusga e obrigaram os rivais a colocar-se em linha contra uma parede. Depois chegaram mais quatro homens com metralhadoras para levar a cabo a execução. Das sete vítimas (incluindo um dentista que apenas gostava da companhia de *gangsters*) e dos seis presumíveis atiradores, nenhum era italiano.

Seriam homens como Luciano, Costello e Capone, com fortes relações fora das comunidades sicilianas e italianas, que iriam acelerar o processo de americanização da máfia durante os últimos anos da Proibição. Cola Gentile, mais uma vez, fornece uma explicação perspicaz de como isso aconteceu.

Todavia, como todas as autobiografias de homens de honra, a de Gentile tem de ser lida com cautela. A maior parte da vida de um mafioso é passada a tentar decifrar os fragmentos de informação que lhe chegam de dentro da organização. Os chefes muitas vezes exercem o seu poder mostrando-se simplesmente inescrutáveis, controlando minuciosamente as informações que chegam a cada pessoa. Por essa razão, um mafioso nunca possui o quadro completo de uma determinada situação. A memória de Gentile sofrerá com certeza nalguns pontos deste jogo de silêncios e conjecturas. Gentile foi também deliberadamente selectivo nalguns aspectos da sua história – ele fornece muito poucas informações sobre homens de honra na Sicília e sobre as relações destes com os Estados Unidos, por exemplo.

ROMEO GIGLI

# la Repubblica

ROMEO GIGLI

Direttore Eugenio Scalfari

Anno 17 - Numero 121 - L. 1200

domenica 24 maggio 1992

*Una tonnellata di tritolo: 5 morti e 7 feriti. Mea culpa dei partiti a Roma*

# Falcone assassinato

## Strage di mafia, è morta anche la moglie

***Shock a Montecitorio: oggi il Presidente***

## Non c'è più tempo

di EUGENIO SCALFARI

LASCIA allibiti l'attentato che è costato la vita al giudice Falcone, a sua moglie e agli uomini della scorta. Incute sgomento e paura. Ancora sangue in Sicilia, ancora morti, ancora mistero sugli esecutori e i mandanti i quali avevano comunque perfetta cognizione dei movimenti delle loro vittime e sono stati in grado di programmarne la strage con cronometrica esattezza.

All'apertura della campagna elettorale fu ucciso a Palermo Salvo Lima; prima che si concluda l'elezione presidenziale è stato falciato Falcone: è terribile questa scansione che intreccia gli atti della malavita con le scadenze della politica, inquinando e avvelenando l'intera vita pubblica di questo disgraziato paese.

Falcone era il simbolo della lotta contro la mafia. La bomba fatta esplodere contro di lui riveste una gravità addirittura superiore all'assassinio del generale Dalla Chiesa; per la coincidenza con fatti politici di grande rilievo, vien fatto di paragonarla al rapimento di Aldo Moro, consumatosi nel momento stesso in cui si presentava in Parlamento il primo governo sostenuto dal partito comunista. Saranno coincidenze fortuite ma danno molto gravemente da pensare su un viluppo di questioni mai veramente rischiarato dalla luce della verità.

Noi ci troviamo ora, nello stesso tempo, di fronte a tre emergenze: quella criminale, quella finanziaria e quella istituzionale. Mai la vita di questo paese era arrivata, dal 1945 in poi, ad un punto così drammatico e cruciale. Mai come ora è necessario che la rappresentanza politica dia segno di estrema responsabilità e faccia prevalere gli interessi dello Stato su quelli delle parti e delle fazioni.

Entro oggi il Parlamento deve eleggere il presidente della Repubblica. Possibilmente entro domani il nuovo eletto deve designare il nuovo capo del governo.

SEGUE A PAGINA 6

**Edizione speciale domani Repubblica sarà in edicola**

Il giudice Giovanni Falcone

**Uccisi anche i tre agenti di scorta**
**"Mi hanno delegittimato. Ora Cosa Nostra è pronta per vendicarsi..."**
**Scalfaro o Spadolini al Quirinale?**

*Una tonnellata di esplosivo sull'autostrada, un cratere di venti metri, cinque morti: il giudice Giovanni Falcone, la moglie, i tre agenti di scorta. Sette i feriti*

Nell'ultima intervista a "Repubblica" aveva detto: "Cosa Nostra non dimentica, non è una piovra, è una pantera feroce. Con la memoria di un elefante"

*Martelli è in lacrime: "Giovanni era il migliore, ed ora è morto". Il ministro lo aveva scelto come Super Procuratore nazionale antimafia, contro il Csm*

Montecitorio è sotto shock. Appena appresa la notizia i partiti si sono impegnati in frenetiche trattative per eleggere già oggi il Presidente: Spadolini o Scalfaro

*Adesso i partiti recitano il "mea culpa". Per il vuoto di potere in cui è la Repubblica, per la crisi delle istituzioni che aiuta la mafia. Spadolini sarà oggi a Palermo*

Forlani dopo le dimissioni si sfoga con "Repubblica" contro i parlamentari dc: "Che cosa vogliono? Che la gente dica: se è così è meglio che torni Mussolini?"

DA PAGINA 2 A PAGINA 11 i servizi di ATTILIO BOLZONI, SANDRA BONSANTI, ANTONELLO CAPORALE, GIUSEPPE D'AVANZO, FEDERICO GEREMICCA, ALESSANDRA LONGO, GIANLUCA LUZI, GIOVANNI MARINO, STEFANO MARRONI, SILVANA MAZZOCCHI, SEBASTIANO MESSINA, BARBARA PALOMBELLI, UMBERTO ROSSO, FRANCESCO VIVIANO e ALESSANDRA ZINITI

**1. Maio de 1992. O incrédulo público italiano digere a notícia de que o juiz Falcone, o maior inimigo da Cosa Nostra, tinha sido assassinado. Seria impossível escrever a história da máfia siciliana sem as investigações de Falcone.**

**2. O mafioso que revelou os segredos da Cosa Nostra ao juiz Falcone: Tommaso Buscetta (à direita), com a terceira mulher e o sogro, numa fotografia tirada no Brasil em 1971 ou 1972.**

**3. «O esgana-cristãos»: Giovanni «lo scannacristiani» Brusca pouco depois da sua detenção em Maio de 1996. Brusca premiu o detonador da bomba que matou o juiz Falcone.**

4. Nicolò Turrisi Colonna, barão de Buonvicino e enigmático especialista da «Seita». O seu busto encontra-se no Palazzo delle Aquile, sede do conselho municipal de Palermo.

5. Sidney Sonnino (sentado), Leopoldo Franchetti (à direita) e o seu companheiro de viagem, Enea Cavalieri, na véspera da expedição à Sicília em 1876.

6. O portão do Fondo Favarella, em Ciaculli, onde Michele Greco, «o Papa», produzia em tempos tangerinas e heroína. As raízes da máfia e a sua história recente encontram-se entre os muros dos pomares de citrinos em redor de Palermo.

**7. Os arguidos do julgamento de 1901 baseado no relatório sobre a máfia do comandante da polícia Sangiorgi. De um jornal da época.**

**8. O único retrato conhecido de Ermanno Sangiorgi, comandante da polícia de Palermo, tirado de um jornal de 1901. Sangiorgi conhecia melhor do que ninguém a máfia do seu tempo.**

**9. O interesse mediático pela máfia, 1901. «Uma emocionante sessão do julgamento do assassínio de Notarbartolo em Bolonha. O arguido, Palizzolo, defende-se».**

LA DOMENICA DEL CORRIERE

Dono agli Abbonati del "Corriere della Sera„

Via Pietro Verri, 14 — MILANO

Anno III. — N. 43. 27 Ottobre 1901 Centesimi 10 il Numero.

UNA EMOZIONANTE SEDUTA DEL PROCESSO PER L'ASSASSINIO NOTARBARTOLO, A BOLOGNA L'IMPUTATO PALIZZOLO SI DIFENDE.

(Disegno di A. Beltrame, da nostre fotografie)

10. Corleone, 1915. Fotografia da polícia do local onde tombou o corpo de Bernardino Verro. Alguns dos tiros que o vitimaram foram disparados da porta à esquerda.

11. Bernardino Verro, herói da luta contra a máfia de Corleone. O seu busto estava virado para a rua onde morreu. Foi roubado em 1925.

12. Cesare Mori, o «prefeito de ferro» do fascismo.

**13. Joe Petrosino, o flagelo da máfia na Nova Iorque do início do século XX.**

**14. Giuseppe «Piddu» Morello, o chefe «de um só dedo» da máfia dos Estados Unidos. Fotografia de um jornal da época do caso do «corpo no barril», 1903.**

**15. Little Italy no início do século XX.**

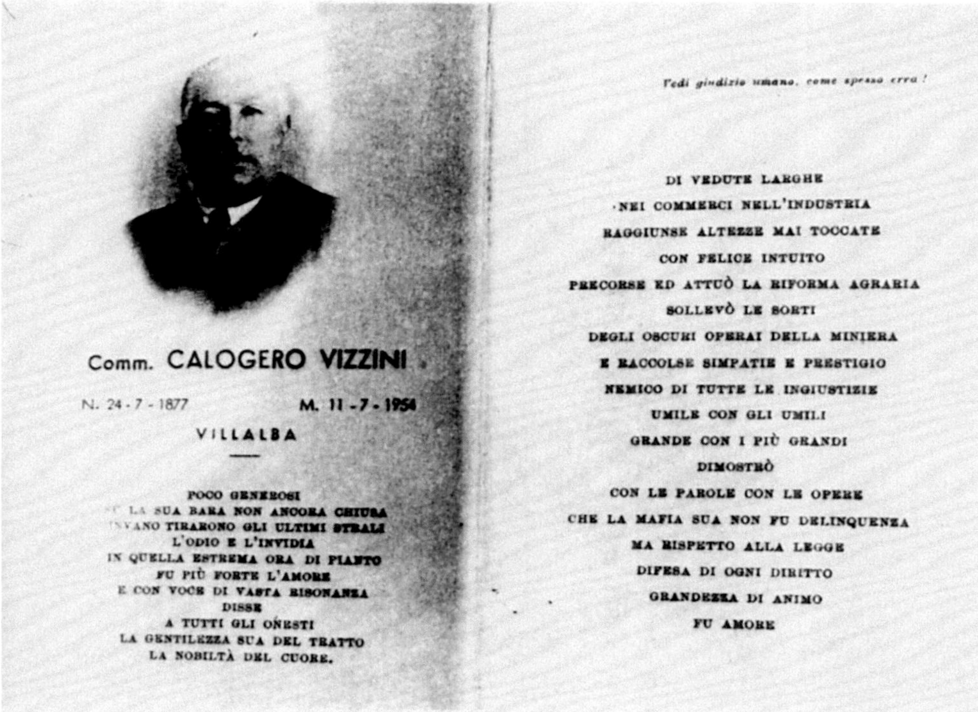

Comm. CALOGERO VIZZINI

N. 24 - 7 - 1877 M. 11 - 7 - 1954

VILLALBA

POCO GENEROSI
[illegible] LA SUA BARA NON ANCORA CHIUSA
INVANO TIRARONO GLI ULTIMI STRALI
L'ODIO E L'INVIDIA
IN QUELLA ESTREMA ORA DI PIANTO
FU PIÙ FORTE L'AMORE
E CON VOCE DI VASTA RISONANZA
DISSE
A TUTTI GLI ONESTI
LA GENTILEZZA SUA DEL TRATTO
LA NOBILTÀ DEL CUORE.

*Vedi giudizio umano, come spesso erra!*

DI VEDUTE LARGHE
NEI COMMERCI NELL'INDUSTRIA
RAGGIUNSE ALTEZZE MAI TOCCATE
CON FELICE INTUITO
PRECORSE ED ATTUÒ LA RIFORMA AGRARIA
SOLLEVÒ LE SORTI
DEGLI OSCURI OPERAI DELLA MINIERA
E RACCOLSE SIMPATIE E PRESTIGIO
NEMICO DI TUTTE LE INGIUSTIZIE
UMILE CON GLI UMILI
GRANDE CON I PIÙ GRANDI
DIMOSTRÒ
CON LE PAROLE CON LE OPERE
CHE LA MAFIA SUA NON FU DELINQUENZA
MA RISPETTO ALLA LEGGE
DIFESA DI OGNI DIRITTO
GRANDEZZA DI ANIMO
FU AMORE

**16. Obituário de Don Calò Vizzini. O texto começa com: «Poucos generosos, o ódio e a inveja em vão lançaram as suas últimas farpas sobre o seu caixão ainda aberto. Mas naquela extrema hora de pranto, o amor revelou-se mais forte e com voz ressonante falou a todos os homens honestos da gentileza do seu trato e da nobreza do seu coração». E conclui: «Ele mostrou com actos e palavras que a sua máfia não era criminosa. Simbolizava o respeito pela lei, a defesa de todos os direitos, a nobreza de carácter: era o amor».**

**17. Salvatore Giuliano, o fotogénico último bandido.**

**18. Cartaz anunciando a obra-prima de Francesco Rosi, *Salvatore Giuliano*, de 1961. Mostra como o filme reproduz a cena da morte de Giuliano, que foi encenada pelas autoridades.**

**19. Vito Ciancimino (com o cigarro), o «vigarista agressivo de Corleone» ligado ao «saque de Palermo» da Cosa Nostra.**

**20. O cardeal Ernesto Ruffini confere legitimidade a Salvo Lima, político apoiado pela máfia. Palermo, 1957.**

**21. Os restos do Alfa Romeo Giulietta roubado que explodiu matando sete agentes da autoridade em Ciaculli, Junho de 1963.**

**22. O monumento às vítimas da bomba de Ciaculli. A sua inscrição soa hoje a falso: «Erigido pelo governo regional da Sicília em memória dos homens que a máfia ceifou em Ciaculli e cujo sacrifício transformou a condenação pública num movimento de redenção cívica».**

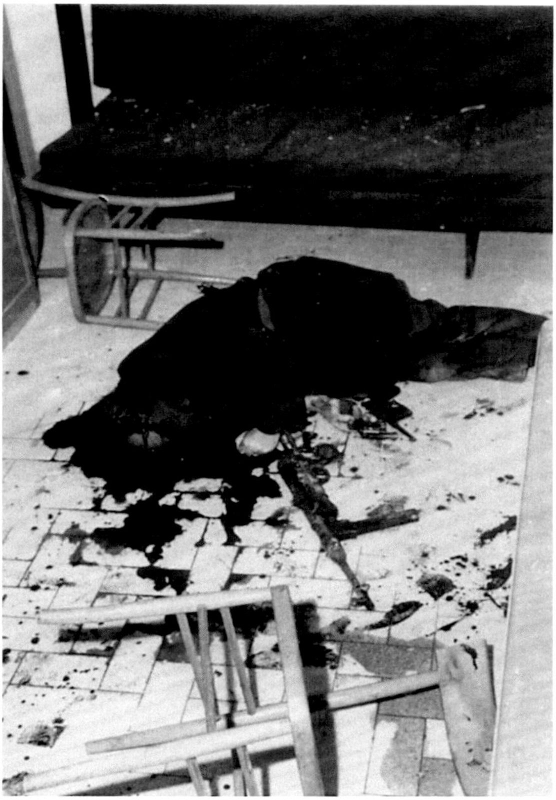

**23. O massacre na Viale Lazio, a 10 de Dezembro de 1969, assinalou o regresso das acções da máfia após a atrocidade de Ciaculli.**

**24. As mulheres do meio da máfia podem constituir uma ameaça para a organização: Serafina Battaglia fotografada durante o julgamento dos dois mafiosos suspeitos (mas depois absolvidos) de matar o seu filho. Antes disso ela já tinha encorajado o filho a vingar o assassínio do marido também morto numa contenda da máfia. Anos 60.**

**25. Funeral em «Tombstone». Sectários de Michele Navarra, o «Pai Nosso», são levados para o túmulo depois de um tiroteio com os homens de Luciano Leggio no centro da cidade. Corleone, 1958.**

**26. Luciano Leggio, em tribunal nos anos 70, adopta uma pose que parece dever muito a Marlon Brando no papel do fictício Don Corleone.**

**Os dois assassínios que abriram a *mattanza*, a segunda guerra da máfia, em Abril e Maio de 1981.**

**27. Stefano Bontate, o «Príncipe de Villagrazia».**

**28. Salvatore Inzerillo, *capo* da Família de Passo di Rigano, nos arredores de Palermo, e primo do patrão nova-iorquino Carlo Gambino.**

**29. Cinisi, 1952. Peppino Impastato, que seria mais tarde mártir da luta contra a Cosa Nostra, é o rapazinho à esquerda da imagem, segurando a mão do pai.**

**30. Giulio Andreotti (de óculos), sete vezes primeiro-ministro da Itália, ao lado do amigo Salvo Lima, durante décadas o principal intermediário entre a máfia e a política.**

**31. Mais um dia em tribunal para os arguidos do megajulgamento, 1986.**

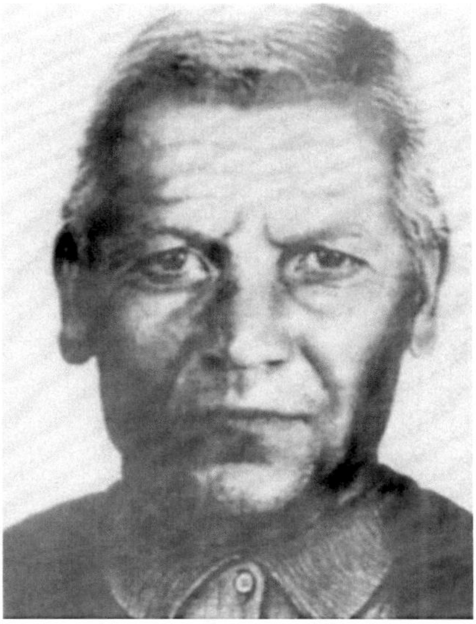

**32 & 33. A última fotografia conhecida, tirada em 1959, de Bernardo Provenzano, «o Tractor», o homem que lidera hoje a Cosa Nostra. Ao lado está um desenho feito pela polícia do aspecto que ele poderá ter hoje.**

**34. Setembro de 1989: Giovanni Falcone (com a mão no bolso do casaco) chega ao local de uma chamada «vingança transversal» (em que a família de um mafioso é morta em represália). Neste caso as vítimas eram a mãe, irmã e tia de Francesco Marino Mannoia, um desertor da máfia.**

Apesar das suas viagens, Gentile continuou a viver num círculo muito siciliano. Por essa razão, nem sempre soube julgar o poder de outros mafiosos no mundo mais vasto do crime organizado. Por exemplo, Anthony D'Andrea era *capo* da máfia de Chicago na altura em que a Proibição entrou em vigor. Nick Gentile conhecia-o e descreve-o como um homem temido em toda a América. No entanto, D'Andrea perdeu uma guerra com um chefe político irlandês pelo controlo do 19.º Bairro da cidade. No final da I Guerra Mundial o bairro era já 70 por cento italiano, tendo anteriormente sido dominado por alemães e irlandeses. Apesar desta superioridade numérica, numa campanha eleitoral em 1921, marcada por espancamentos e ataques à bomba, o chefe irlandês ganhou por 3984 votos contra 3603. D'Andrea foi morto a tiro três meses depois por um dos seus próprios homens. A única bitola de poder que Gentile conhecia era a da máfia e os chefes sicilianos como D'Andrea nem sempre podiam sair vitoriosos das guerras entre quadrilhas.

Gentile tinha também uma perspectiva algo distorcida da Sicília. Palermo, que dominava a máfia siciliana, é menos importante para ele do que Agrigento ou a pequena cidade costeira de Castellammare del Golfo. Os mafiosos que viajavam para fazer fortuna na América do Norte vinham normalmente de centros menos importantes e mais pobres como esses; os poderosos *palermitani* teriam tido menos incentivos para emigrar.

Apesar de todas estas limitações e de muitos pormenores da sua narrativa não poderem ser confirmados por fontes independentes, é a sua linha geral de interpretação de um período crucial na história da máfia que parece significativa. Gentile compreende as leis do movimento da máfia na América porque a sua sobrevivência e êxito dependeram dessa compreensão. Mais do que muitos historiadores, ele possui um entendimento sofisticado da maneira como a máfia está constantemente a definir e redefinir uma fronteira simples mas importante. Como instituição, a máfia depende de uma linha separadora entre «nós», os homens de honra, e «eles», as pessoas comuns e menos importantes.

A perspectiva de Gentile é bastante significativa relativamente a um momento da história da máfia que já entrou para o folclore americano, a guerra Castellammarese de 1930-1031 – assim chamada porque um dos lados era dominado por mafiosos oriundos de Castellammare del Golfo. Muito do que se sabe acerca da chefia da máfia nos últimos anos da Proibição vem dos relatos dessa guerra feitos por Valachi e outros *gangsters* americanos, mas muitos aspectos da mesma continuam obscuros.

O relato de Gentile, quando não foi ignorado, foi seriamente subestimado. Ele percebeu que a explicação para as tortuosas maquinações da guerra Castellammarese residia na maneira como a linha que separava a máfia do mundo exterior era manipulada. Como outros pontos dos estatutos da máfia, a fronteira essencial entre «nós» e «eles» nunca é absoluta – é sempre estratégica. Os mesmos princípios eram aplicados na Sicília, mas uma importante razão para que as coisas fossem diferentes na América é que fora da fronteira existiam outros *gangsters*, homens de diferentes origens étnicas, mas com organizações igualmente poderosas por trás. O que se segue é a visão especificamente siciliana de Gentile de como a guerra Castellammarese se desenrolou.

O líder militar dos *castellammaresi* era Salvatore Maranzano, que chegara a Nova Iorque apenas em 1927, fugindo da repressão fascista. O outro lado era chefiado por Joe *the Boss* Masseria, que na altura era o chefe dos chefes. Uma das primeiras vítimas da guerra entre as duas facções foi um mafioso da anterior geração, Piddu Morello – o chefe da quadrilha do «corpo no barril» que tinha apenas o mindinho numa das mãos; foi morto a tiro em Agosto de 1930 no seu escritório de East Harlem. Gentile, que voltou de uma das suas visitas mais prolongadas à Sicília apenas no mês seguinte, não pôde ou não quis esclarecer as razões do assassínio de Morello. Os motivos permanecem desconhecidos.

Nick Gentile conta que, após o seu regresso aos Estados Unidos, foi escolhido por uma assembleia-geral da máfia realizada em Boston para chefiar uma delegação ao líder *castellammarese* Maranzano. A mesma assembleia-geral destituiu Masseria, o adversário de Maranzano, colocando no seu lugar um líder interino como chefe dos chefes. O objectivo era impedir que o conflito destabilizasse toda a associação.

Nas guerras da máfia, o poderio militar muitas vezes vence, a curto prazo, a protecção política e o prestígio dentro da sociedade honrada. Mas as quadrilhas baseadas apenas na força não perduram. A campanha de Maranzano baseava-se na aposta de que seria capaz de estabilizar a sua autoridade depois de alcançar a vitória militar. Recusou-se a receber a delegação de Gentile, provavelmente pela simples razão de que estava a ganhar não só a guerra, mas talvez também a batalha política. Quando os assassínios continuaram e civis foram apanhados no fogo cruzado, foi exercida grande pressão política sobre Masseria. Segundo Gentile, o comandante da polícia disse-lhe explicitamente para cessar a carnificina se não quisesse perder apoio.

Maranzano acabou por concordar em receber a delegação de paz de Gentile e ordenou que o grupo fosse levado para uma casa de campo a 135 quilómetros de Nova Iorque. Quando Maranzano os recebeu, estava rodeado de homens fortemente armados e tinha duas pistolas no cinto – um sinal de que se considerava um líder militar e não um homem de negócios. Gentile achou que ele parecia o Pancho Villa e referia-se aos *castellammaresi* como os «exilados» ou «bandidos»; não porque estes tivessem vindo da Sicília ou parecessem guerrilheiros mexicanos, mas porque constituíam uma aliança de mafiosos recrutados em diferentes *borgate* de Nova Iorque. A estratégia de Maranzano era fazer aliados dos inimigos de Joe *the Boss* Masseria onde quer que pudesse.

A delegação de paz esteve retida na mansão de Maranzano durante quatro dias e noites. Gentile nem sequer tinha a certeza de que sairia de lá com vida. Porém, enquanto esteve retido convenceu-se de que outros membros da sua equipa de negociações se tinham passado para o campo dos *castellammaresi*. Era sinal de que a máfia como um todo estava a mudar de uma posição de neutralidade para uma de apoio a Maranzano. O chefe *castellammarese* só tinha de esperar. A delegação de paz foi por fim autorizada a sair sem resolver o conflito.

A ofensiva militar de Maranzano foi sempre acompanhada de uma campanha de propaganda. Ele alegava que Masseria era um ditador que tinha condenado todos os *castellammaresi* à morte. Como na Sicília, muitas vezes os mafiosos fazem um grande esforço para afirmar que as suas acções são compatíveis com os próprios costumes da máfia. A sociedade honrada possui as suas próprias leis, mas todos os seus membros têm tendência para ser advogados de caserna, ansiosos por interpretar as regras a seu favor. Maranzano também censurava Masseria por ter admitido Al Capone – um não-siciliano manchado pelo proxenetismo – na máfia.

O papel desempenhado por Al Capone no auge da guerra Castellammarese é crucial na versão de Gentile. Na verdade, *Scarface*

*Al* só entrou para a máfia em meados dos anos 20, afirma Gentile. Joe Masseria admitiu-o numa tentativa de destabilizar a autoridade do então *capo* da sociedade honrada de Chicago. Capone, fiel a Masseria em Nova Iorque e não ao chefe de Chicago, foi autorizado a usar a sua própria equipa para tentar conseguir a liderança na cidade. Gentile não especula sobre a dimensão exacta do poder de Al Capone em relação ao resto do vasto submundo multiétnico de Chicago. O que interessa a Gentile, como sempre, é o mapa do poder *dentro* da sociedade honrada. Uma vez assegurada a posição em Chicago, *Scarface Al* começou a exercer influência no espaço da máfia de Nova Iorque. Gradualmente, no decorrer da guerra Castellammarese, tornou-se evidente para Capone que Joe Masseria tinha sido vencido de forma tão decisiva, militar e estrategicamente, que até os seus lugar-tenentes começavam a ficar impacientes.

A primeira fase da guerra Castellammarese terminou no restaurante Scarpato's, em Coney Island, no dia 15 de Abril de 1931. Masseria tinha almoçado com um dos seus assistentes, Lucky Luciano, e começara a jogar às cartas. Quando Luciano foi à casa de banho, um grupo de assassinos a quem ele dera instruções entrou no restaurante e matou Masseria a tiro. Mais tarde um fotógrafo de imprensa colocou um ás de espadas na mão da vítima para dar um toque mais perverso à cena. Cola Gentile suspeita de que Capone e Luciano haviam decidido em conjunto que Masseria era demasiado fraco para trazer a paz necessária à continuação dos seus negócios.

Depois de eliminar o seu próprio *capo*, Luciano procurou fazer a paz com Maranzano e os *castellammaresi*. Uma reunião para discutir as implicações da vitória de Maranzano foi organizada por Al Capone. Gentile refere-se pouco à reunião a não ser para dizer que houve uma «confusão indescritível». Maranzano acabou por conseguir o que queria: a posição de *capo dei capi*. Organizou depois um banquete em Chicago para celebrar a sua eleição e mandou imprimir bilhetes com o preço de $6. Mil foram remetidos a Capone, que mostrou a sua deferência enviando em troca um cheque de $6000. Gestos semelhantes foram realizados pelos outros chefes e no banquete esperavam-se ainda mais contribuições. No centro da mesa, decorada com grande aparato, havia um prato enorme no qual os convidados depositavam maços de notas. Gentile calcula que Maranzano tenha recolhido $100 000 na sua noite de beneficência.

Algum tempo mais tarde, a 10 de Setembro, o recém-coroado chefe Maranzano foi morto a tiro e à punhalada no seu escritório de Park Avenue por bandidos não-italianos fazendo-se passar por funcionários do fisco. Tinham sido contratados por Luciano. Era o fim da guerra Castellammarese, apenas possível com o assassínio dos seus dois principais combatentes.

A lenda do mundo do crime descreve o assassínio de Maranzano como o momento em que Lucky Luciano «modernizou» a máfia. Nalgumas versões da história Luciano ficou como uma espécie de consultor administrativo do crime, o cérebro por trás de uma reestruturação hierárquica na máfia segundo novos princípios empresariais. Alguns testemunhos afirmam que depois da morte de Joe *the Boss* Masseria, Maranzano tentou impor-se como ditador. A resposta de Luciano foi eliminá-lo e instituir uma forma de liderança mais «democrática». Estabeleceu uma comissão directiva que incluía os *capi* das Famílias de Nova Iorque e mais um de fora. (Gentile sugere que as cinco Famílias já existiam nessa altura.)

A maioria dos mafiosos que mais tarde recordou a guerra Castellammarese também conta que dois dias depois da morte de Maranzano, vinte, quarenta ou mesmo noventa mafiosos Sicilianos foram eliminados por toda a América às ordens de Luciano. Foi a famosa purga dos «sebosos», ou Moustache Petes; aparentemente, a modernização da máfia implicava a exterminação desses Sicilianos antiquados. O problema desta teoria é que não existem quaisquer provas documentais de uma grande chacina transnacional de mafiosos na altura do assassínio de Maranzano. Os jovens bandidos que foram informados da morte de vinte, quarenta ou noventa sicilianos não liam com certeza os jornais. A história tantas vezes repetida da purga dos Moustache Petes não passa de um mito.

A ideia de que a máfia siciliana era «antiquada» é outro equívoco duradouro. As aptidões de criminoso que Joe Masseria trouxera com ele de Palermo para Nova Iorque tinham sido suficientemente modernas para lhe permitir construir uma carreira que durou mais de duas décadas. Maranzano, o efémero vencedor da guerra Castellammarese, tinha chegado muito mais tarde. Mas a sua ascensão ao poder nos Estados Unidos, espantosamente rápida, é prova não só da influência que os Sicilianos exerciam ainda sobre o ramo americano da máfia mas também da facilidade com que alguns Moustache Petes conseguiam adaptar-se aos desafios da Big

Apple. Por outras palavras, o arquétipo que coloca os modernos *gangsters* americanos contra «sebosos» conservadores não se enquadra muito bem nos acontecimentos de 1930-1931.

A interpretação que Gentile nos dá do fim da guerra Castellammarese é diferente e mais convincente. A ideia de uma Comissão não foi de Luciano; já tinha sido lançada durante a «confusão indescritível» da reunião que se seguiu ao assassínio de Joe *the Boss* Masseria. Gentile não parece achar a Comissão uma inovação particularmente radical; existiam já reuniões consultivas de chefes mafiosos nos Estados Unidos antes da I Guerra Mundial. Os homens de honra estão constantemente a mexer nas regras e estruturas da associação. É provável que a invenção da comissão tenha sido outro exemplo de uma alteração constitucional.

Aos olhos de Gentile, Masseria e Maranzano não eram nem mais nem menos ditatoriais ou antiquados do que anteriores chefes. Na Sicília, os *capi* da máfia costumam ver a sua reputação manchada antes e depois de serem eliminados; morrem porque são demasiado gananciosos, autoritários, fracos ou antiquados. Assim garantem os seus assassinos. Alguma justificação tem de ser fabricada para execuções que, na realidade, são quase sempre instigadas pelos mesmos velhos motivos do poder e do medo. Os vencedores das guerras da máfia também gostam de apresentar a sua subida ao poder como o advento de uma nova era. Parece ter sido também o caso de 1931 em Nova Iorque.

Nick Gentile era demasiado astuto para acreditar nesse tipo de propaganda interna. Ele garante que só depois de assassinar Maranzano é que Luciano entrou efectivamente na hierarquia da máfia, tornando-se um dos membros da Comissão. Luciano evidentemente era já um homem poderoso muito antes disso, um elemento fundamental na base de poder de Joe *the Boss* Masseria. Assim, como no caso de Al Capone, Luciano foi uma força externa recrutada para alterar o equilíbrio numa luta pelo poder dentro das fronteiras relativamente estreitas da sociedade honrada. As relações de Lucky com o universo muito mais vasto do crime organizado judaico e irlandês foram o recurso fundamental que ele trouxe para *dentro* da máfia.

A morte de Maranzano pode ser vista, apesar de tudo, como o momento em que a máfia nos Estados Unidos se tornou uma organização italo-americana e não apenas siciliana. E por essa razão, de aqui em diante, a máfia americana só aparecerá nestas páginas quando as suas actividades estiverem relacionadas com acontecimentos na Sicília. No entanto, a americanização da máfia não foi uma transformação drástica, um corte definitivo com os métodos tradicionais do Velho Mundo. A composição étnica da máfia misturou-se ligeiramente quando napolitanos e outros italianos do Sul foram incorporados. A pouco e pouco, as duas organizações começaram a separar-se, embora os americanos sempre reconhecessem o prestígio devido à máfia original e continuassem a existir fortes ligações familiares e comerciais entre os dois lados do Atlântico. O núcleo duro do conjunto dos membros da sociedade honrada americana permaneceu etnicamente siciliano depois de 1931. Nalguns lugares não houve mesmo qualquer desafio ao domínio siciliano. Em Buffalo, por exemplo, Stefano Magaddino, oriundo de Castellammare del Golfo, teve um reinado surpreendentemente longo; foi *capo* desde os anos 20 até à sua morte em 1974. Os métodos sicilianos continuariam a caracterizar a máfia americana muito tempo depois de os jovens *gangsters* da época da Proibição – Luciano, Capone e outros como eles – terem desaparecido.

Sobretudo, os mafiosos, tanto na Sicília como nos Estados Unidos, continuaram a achar-se uma raça à parte, diferente de outros seres humanos e mesmo de outros criminosos. Americano ou siciliano, ser homem de honra significava actuar além dos padrões do bem e do mal impostos pela sociedade.

Quando a Proibição foi por fim abolida, a América estava já há quatro anos mergulhada na Grande Depressão. O crime organizado sobreviveu a estas mudanças em grande parte devido à indústria do jogo. Nick Gentile participou do novo *boom*: tornou-se sócio de uma casa de jogo na Little Italy de Manhattan.

No entanto, com o fim da Proibição assistiu-se também a um endurecimento da opinião pública nacional contra o crime organizado. Quer na América quer na Sicília, a máfia não existiria sem ligações à esfera política. Durante a convenção nacional do Partido Democrata de 1932 em Chicago, Frank Costello partilhou uma *suite* no luxuoso Drake Hotel com o líder do 11.º bairro de Manhattan. Lucky Luciano partilhou outra com o líder democrata do 2.º bairro de Nova Iorque. Mas, ao contrário da Itália antes da II Guerra Mundial, os Estados Unidos eram uma democracia. A competição pelo poder na América era mais aberta, tornando quase tão fácil fazer carreiras políticas a partir de cruzadas *contra* o crime como usar os poderes de angariação de votos dos mafiosos. Os filmes de Hollywood do início dos anos 30 acompanham fielmente a mudança nas atitudes públicas e nas estratégias políticas com o fim da Proibição. Em vez dos filmes de *gangsters* do início dos anos 30, como *Little Caesar* (1931) e *Scarface. O Homem da Cicatriz* (1932), Hollywood começou a fazer filmes louvando as acções de agentes de segurança. James Cagney, que interpretara um bandido em *O Inimigo Público* (1931), era recrutado pelo FBI em *«G» Men* (1935). Em Nova Iorque, Fiorello La Guardia foi eleito presidente da Câmara em 1933 e começou a afastar as máquinas de jogo ilegais de Frank Costello da cidade. (Costello não se mostrou excessivamente preocupado; mudou-as para Nova Orleães, onde o senador Huey Long o convidou a partilhar os rendimentos do jogo.)

A nomeação em 1935 de Thomas E. Dewey como procurador especial de Nova Iorque constituiu um acontecimento ainda mais preocupante para o crime organizado na cidade. Dewey seria duas vezes candidato à presidência pelo Partido Republicano (sem êxito) apoiando-se nos seus muito badalados sucessos contra os bandidos. Em 1941 conseguiu efectivamente ser eleito governador de Nova Iorque.

Houve algumas vítimas eminentes da nova campanha contra os *gangsters*. Arthur *Dutch Schultz* Flegenheimer, um dos lugar-tenentes de Luciano e rei do jogo dos números em Harlem, sofreu pressões de todos os lados. Viu-se a braços com despesas cada vez maiores com advogados, para se defender das acusações de evasão de fiscal lançadas por Dewey; os seus protectores políticos precisaram de mais dinheiro para responder aos desafios de candidatos reformadores; e começou a perder o controlo sobre as pessoas que geriam o jogo dos números na rua. Foi morto a tiro na Palace Chop House em Newark em Outubro de 1935. Dewey encurralou depois o próprio Lucky Luciano; este foi condenado a uma pena de 30 a 50 anos de prisão por lenocínio (da qual falaremos no capítulo seguinte). O procurador do distrito de Brooklyn – e futuro presidente da Câmara de Nova Iorque – William O'Dwyer, chegou mesmo a enviar Louis *Lepke* Buchalter, o extorsionário da indústria têxtil, para a cadeira eléctrica; foi o primeiro importante *gangster* a ser executado pelo Estado.

Uma nova campanha para combater o negócio de estupefacientes pôs fim à carreira de Cola Gentile na América. Em 1937 foi detido por agentes federais em Nova Orleães pela sua participação na organização de uma quadrilha de tráfico de droga que se estendia do Texas a Nova Iorque. Segundo a sua própria versão, depois de consultar o seu *capo* em Brooklyn, aproveitou a liberdade sob fiança e fugiu para a Sicília, para nunca mais regressar. Mas é possível que a história esconda mais pormenores. Um mafioso que se tornou testemunha do Estado nos anos 80 contou que os chefes de Palermo pediram à sua Família de Catânia para assassinar Gentile como um favor aos americanos; e acrescentou *en passant* que Gentile tinha fugido da América depois de falar com a polícia. Ninguém satisfez o pedido dos chefes. «Eles deixaram o pobre velho em paz. Ele tinha caído tão baixo no final da vida que só sobreviveu devido à caridade dos vizinhos que lhe davam um prato de massa de vez em quando.»([85]) Nunca se saberá se foi mesmo a compaixão que salvou a vida de Cola Gentile.

A II Guerra Mundial trouxe algum descanso aos mafiosos americanos depois da perseguição dos meados e finais da década de 30. Afastou as atenções mediáticas do crime e criou oportunidades muito lucrativas; os Americanos mostraram-se particularmente adversos ao racionamento da gasolina. De uma forma muito mais drástica, a guerra acabou também por ser a salvação da máfia na Sicília.

---

([85]) Calderone e Arlacchi, p. 158.

# 6

# A Guerra e o Ressurgimento 1943–1950

# Don Calò e o Ressurgimento da Sociedade Honrada

Conta-se que, na manhã de 14 de Julho de 1943, um avião de caça americano fez um voo rasante sobre Villalba. Naturalmente as pessoas saíram para a rua. Quando o avião desceu roncando ao nível dos telhados, elas puderam ver, presa à fuselagem, uma bandeira amarelo-dourada com um grande L no centro. Quando passou por cima da casa do pároco, Monsignor Giovanni Vizzini, o piloto deixou cair um pequeno pacote. Mas este foi interceptado por um soldado italiano e entregue ao comandante dos *carabinieri* da região.

Quatro dias antes tinha sido lançada a «Operação Husky», quando 160 000 soldados aliados desembarcaram numa longa faixa da costa do Sudeste da Sicília; seguiram-nos mais 300 000 combatentes americanos e britânicos. Esta força imensa estava agora a espalhar-se em forma de leque pela ilha. Os Britânicos seguiam para nordeste em direcção a Catânia, Messina e ao continente. Os Americanos avançavam para norte e oeste. Era a primeira vez que os Aliados invadiam o território de uma potência do Eixo.

Villalba, no centro da Sicília, dificilmente seria considerada um importante objectivo estratégico. Era pouco mais que um agregado de cabanas de camponeses conhecido sobretudo pelas suas lentilhas – um importante elemento da alimentação dos pobres. A rede ladeirenta de ruas estreitas e de terra batida da povoação desenvolvera-se no século XVIII para fornecer criados de lavoura à grande herdade de Micchichè que se estendia em todas as direcções mais abaixo. A vida em Villalba girava em torno da pequena Piazza Madrice, onde havia dois cafés, uma agência do Banco da Sicília e uma igreja.

No entanto, o avião de caça regressou no dia seguinte, continuando a exibir a sua invulgar bandeira. Outro pacote foi lançado do avião e desta vez chegou às mãos da pessoa certa. O seu invólucro de nylon trazia as palavras sicilianas *zu Calò* – «Tio Calò» – que era o chefe da máfia Don Calogero Vizzini, irmão mais velho do pároco. O embrulho foi apanhado pelo mordomo dos Vizzini, que o levou ao seu chefe. Descobriu-se que continha um lenço de seda amarelo-dourado com um grande L negro no centro.

Nessa mesma noite, reza a história, um cavaleiro saiu de Villalba com um recado para um certo *zu Peppi* em Mussomeli. O recado dizia o seguinte: «Na terça-feira, dia 20, Turi partirá para a feira em Cerda com os bezerros. Eu partirei no mesmo dia com as vacas, os bois e o touro. Prepare os gravetos para a fruta e organize currais para os animais. Diga aos outros capatazes para se aprontarem»([86]).

A carta estava escrita num código que possuía toda a simplicidade do Velho Mundo. O destinatário, *zu Peppi*, era o «tio» Giuseppe Genco Russo, chefe de Mussomeli. Este era informado de que Turi (outro mafioso) conduziria as divisões motorizadas americanas (bezerros) até Cerda. Don Calogero Vizzini, entretanto, partiria no mesmo dia com a maior parte das tropas (vacas), os tanques (bois) e o comandante-em-chefe (o touro). Os mafiosos sob o comando de Genco Russo deviam preparar o campo de batalha (gravetos) e fornecer abrigo à infantaria (currais).

Na tarde de 20 de Julho, três tanques aproximaram-se ruidosamente dos portões de Villalba. O torreão do primeiro trazia a mesma bandeira amarela com o L grande no meio. Um oficial americano surgiu da escotilha. Num vago sotaque siciliano marcado por vários anos nos Estados Unidos, perguntou respeitosamente por Don Calò. A notícia chegou à casa do velho *capo mafioso*, que estava a quatro dias de fazer 66 anos. Ao tomar conhecimento da chegada dos Americanos, Don Calò atravessou trôpega e lenta-

([86]) Pantaleone, *Mafia e politica*, p. 63.

mente a vila em mangas de camisa e óculos de sol de aros de tartaruga, com os suspensórios esforçando-se por manter as calças amarrotadas bem acima da incrível saliência da barriga. Quando alcançou os Americanos, apresentou sem palavras o lenço de seda que o seu mordomo recolhera. Juntamente com o sobrinho – que falava inglês porque regressara havia pouco tempo dos Estados Unidos – subiu então para o tanque e foi levado para fora da vila.

Entretanto, em Villalba, alguns mafiosos começaram a revelar às pessoas o significado destes espantosos acontecimentos. Foi explicado que Don Calò conhecia pessoas importantes no governo americano que tinham entrado em contacto com ele através de Charles *Lucky* Luciano – daí o L na bandeira. Luciano fora libertado mais cedo da prisão para conseguir a ajuda da máfia na invasão. Além disso, disseram alguns, o famoso *gangster* siciliano-americano estava ele próprio dentro do tanque que levara Don Calò. Devido à sua grande autoridade, o homem de honra de Villalba havia sido escolhido, sob recomendação de Lucky Luciano, para conduzir o avanço dos Americanos.

Seis dias depois Don Calò regressou a Villalba num grande carro americano, tendo cumprido a sua missão. Um movimento convergente executado na perfeição juntara os bezerros, as vacas e os bois em Cerda, concluindo assim a conquista aliada do centro da Sicília. Agora Don Calò, com os seus apoiantes americanos, estava pronto para devolver a máfia ao seu devido lugar na sociedade siciliana depois dos anos negros do fascismo.

A maior parte dos Sicilianos conhece a história de Don Calò e do lenço amarelo, e muitos ainda acreditam nela. As sucessivas narrações do episódio cobriram-no de uma espessa camada de convicção apócrifa, ofuscando os seus pormenores nalguns pontos, construindo espirais endurecidas de pura invenção noutros. A maioria dos historiadores considera-o hoje uma fábula.

Os factos da vida de Lucky Luciano, embora intrigantes, decididamente não sustentam a lenda. No Outono de 1933, Luciano comandou uma quadrilha de italianos e judeus numa acção para estabelecer o domínio centralizado dos bordéis em Nova Iorque. A manobra foi um fracasso comercial. Quando as *madames* se queixavam de que o fardo dos pagamentos era demasiado pesado e que os seus lucros eram inexistentes, deparavam-se com a força bruta dos acólitos de Luciano. O resultado foi a «evasão fiscal» generalizada em toda a indústria. Actos isolados de intimidação nada puderam fazer para impedir a queda de rendimentos no negócio da extorsão.

Esta malograda acção comercial teve também consequências legais catastróficas para Luciano. Em Fevereiro de 1936, ele e outros membros da quadrilha foram detidos por agentes ao serviço do procurador especial Thomas E. Dewey. Os depoimentos de algumas trabalhadoras da indústria do sexo foram decisivos para garantir as condenações. Em Junho do mesmo ano Luciano começou a cumprir uma pena de 30 a 50 anos na prisão de segurança máxima do Estado de Nova Iorque em Dannemora. Foi a pena mais severa alguma vez decretada para o crime de lenocínio agravado.

A sorte de Luciano começou a mudar quando os Estados Unidos entraram na II Guerra Mundial. Em Fevereiro de 1942, o *SS Normandie*, um transatlântico de luxo detentor em tempos da Fita Azul pela travessia mais rápida do Atlântico, incendiou-se e adernou no seu ancoradouro do rio Hudson. O mais provável é que tenha sido um acidente, mas na altura ninguém tinha a certeza. Para impedir outros actos de sabotagem, os serviços secretos da marinha começaram a procurar a ajuda dos bandidos que controlavam as docas. Os seus primeiros contactos foram com Joseph *Socks* Lanza, o chefe do enorme mercado de peixe de Fulton. Lanza arranjou falsos cartões do sindicato para os agentes da marinha para que estes pudessem realizar investigações nas docas. Sob recomendação de Lanza, Luciano foi também recrutado para ajudar a alargar a operação de contra-espionagem da marinha. Lucky foi transferido de Dannemora para uma prisão mais conveniente (e confortável) para ser interrogado por agentes secretos. Os boatos que circularam nas docas eram de que os *gangsters* americanos tinham eliminado presumíveis espiões alemães às ordens dos serviços secretos da marinha.

Esta foi quase certamente a única dimensão da cooperação de Lucky Luciano com o governo federal. Não existem quaisquer provas de que Luciano tivesse estado na Sicília durante a guerra. Tão-pouco existem provas de um acordo para libertá-lo em troca de conseguir o apoio da máfia siciliana para a invasão dos Aliados. Luciano foi libertado e expulso dos Estados Unidos para a Itália apenas em 1946. Mesmo então nada houve de suspeito; dez anos continuava a ser a pena mais longa que alguém cumprira pelo crime que ele cometera. O homem que deu a aprovação final para a decisão foi o governador do Estado de Nova Iorque, a nemésis de Luciano, Thomas E. Dewey.

Não existiu assim qualquer plano americano para alistar a máfia como aliada na invasão da Itália. Muito simplesmente, é pouco provável que os Aliados tivessem confiado o segredo da Operação Husky, então o maior assalto anfíbio da história, a bandidos.

No entanto, a lenda de Don Calò e do lenço amarelo persiste. Em Junho de 2000, um jornalista do jornal de Roma *La Repubblica* entrevistou a fonte original da história, Michele Pantaleone, um conhecido escritor e político de esquerda que tinha então 90 anos. Foi dito a Pantaleone que um importante historiador exprimira cepticismo em relação à sua história. «Porque é que ele não vai dizer essas coisas em Villalba?», retorquiu ele. «Eles cuspiam-lhe logo na cara. Um jipe americano apareceu, levou Calogero Vizzini da vila e trouxe-o de volta passados onze dias.»([87]) Apesar da indefinição de certos pormenores, as palavras de Pantaleone têm pelo menos a autoridade da experiência. A casa da família Pantaleone situa-se no lado da encosta da Piazza Madrice em Villalba. Michele envolvera-se com Don Calò em pessoa e estava presente quando os Americanos chegaram.

As incertezas persistentes em relação ao que aconteceu naquele dia em Villalaba são elas próprias bastante significativas; constituem apenas um pequeno exemplo das dúvidas sobre muitos aspectos da história da máfia desde a II Guerra Mundial. Para muitos Italianos, os poderes vigentes estão envolvidos numa névoa de suspeita. Algures nessa névoa, as pessoas juram ver os contornos de políticos e juízes corruptos, homens de negócios, lojas maçónicas, os serviços secretos, subversivos de direita, a polícia e o exército, a CIA e, claro, a máfia. A desconfiança tem contaminado a democracia italiana desde o seu renascimento depois da II Guerra Mundial. Muitos Sicilianos, a bem dizer, muitos Italianos, ou não sabem em quem acreditar, ou resolvem acreditar em quem quiserem. Fomentar teorias de conspiração é um desporto nacional; os italianos chamam-lhe *dietrologia*, literalmente «trásologia». A lenda de Don Calò e do lenço amarelo é talvez o exemplo mais antigo

([87]) *La Repubblica*, Palermo, 11 de Junho de 2000.

de *dietrologia*. Tenta convencer-nos de que o governo americano esteve «por trás» do ressurgimento da máfia siciliana após a queda do fascismo. Por outras palavras, tenta atirar com as culpas para outro lado.

O argumento mais forte contra a lenda de Villalba é que a máfia siciliana é uma criatura demasiado complexa para ser ressuscitada por uma mera conspiração. A verdadeira história do regresso da máfia ao poder distribui as culpas pelo seu ressurgimento de um modo mais justo do que a fábula do lenço amarelo. É uma história sobre Don Calogero Vizzini, os serviços secretos americanos e a violência política. Mas é sobretudo a história de como a máfia usou as suas forças tradicionais – relações sociais e brutalidade – para engendrar um lugar para si mesma no espaço do sistema democrático italiano em lento desenvolvimento no pós-guerra. Considerando as oportunidades que a história oferece, a máfia siciliana consegue muito bem determinar a sua sorte.

Outro historiador de Villalba apresenta um relato daquele famoso dia de 1943 que talvez se aproxime mais da verdade. Limita-se a contar que Don Calò encabeçou uma delegação festiva de pessoas da vila para se encontrar com uma patrulha dos Aliados cujo comandante tinha pedido para falar com as autoridades locais. Alguns dias mais tarde, o velho *capo* foi proclamado presidente da Câmara. Neste aspecto, a história de Don Calò é representativa. Em Villalba, como em todas as aldeias, as pessoas receberam alegremente os invasores, porque estavam cansadas das privações impostas pelo fascismo e pela guerra. Além disso, adoravam a América; muitos emigrantes sicilianos – *americani*, como lhes chamavam – tinham regressado do Novo Mundo com poupanças, uma educação e um gosto pelo consumo de coisas novas na bagagem. E alguns dos soldados eram eles próprios de famílias sicilianas que haviam emigrado para «la Merica».

À medida que avançavam pela Sicília, as tropas aliadas demitiam sumariamente os presidentes de Câmara fascistas das povoações que libertavam, como Villalba. Substituíam-nos por homens que por vezes deviam as suas posições a nada mais do que a palavra de um intérprete siciliano-americano. Para preencher o vazio de poder, os centros rurais que haviam passado duas décadas sem política recorreram muitas vezes, ou foram obrigados a recorrer, aos homens de honra locais; afinal, muitos destes homens podiam apresentar-se como vítimas da repressão fascista.

Don Calò deveu a sua nomeação como presidente da Câmara aos bons ofícios da Igreja Católica e do exército americano. No caos que se seguiu à queda do fascismo na Itália, os Americanos recorreram com frequência ao conselho dos líderes da igreja sobre as pessoas em quem deviam confiar. Don Calò foi uma das pessoas recomendadas pelo clero. Além de uma longa história de envolvimento num fundo social católico, tinha sacerdotes na família; dois dos seus irmãos eram padres; um dos tios era arquipresbítero e outro era bispo de Muro Lucano.

Segundo o relato que o próprio Don Calò fez do dia em que tomou posse como presidente da Câmara de Villalba, ele foi levado em ombros pela cidade. Conta também que actuou como pacificador; apenas a sua intervenção salvou o seu antecessor fascista de ser linchado. O que se sabe ao certo é que na cerimónia oficial de nomeação estiveram um tenente americano e um padre em representação da diocese de Caltanissetta. Segundo algumas fontes, o velho mafioso ficou embaraçado ao ouvir os seus amigos lá fora a gritar: «Viva a máfia! Viva o crime! Viva Don Calò!» Julga-se que o seu primeiro acto como primeiro cidadão da terra tenha sido apagar dos arquivos judiciais em Caltanissetta, e dos quartéis-generais da polícia e dos *carabinieri*, os registos de antigas acusações contra a sua pessoa (furto, associação criminosa, roubo de gado, corrupção, falência dolosa, extorsão, burla agravada, homicídio). Don Calò tinha apagado o seu passado mas havia ainda muito a fazer antes que o seu futuro, e o futuro da máfia, pudessem ser assegurados.

A 17 de Agosto de 1943, 38 dias após os primeiros desembarques, o general Sir Harold Alexander telegrafou a Churchill para lhe comunicar que a Sicília se encontrava totalmente nas mãos dos Aliados. (Nessa altura a invasão de território italiano já havia precipitado a queda do ditador fascista Benito Mussolini, deposto e preso a 25 de Julho.) Durante os seis meses seguintes a ilha ficaria sob o controlo do GMATO – Governo Militar Aliado dos Territórios Ocupados. Foi sob este governo militar que a máfia lançou as primeiras tentativas para determinar a configuração política da Sicília depois da guerra.

O governo dos Aliados não teve mãos a medir. A ilha encontrava-se num estado deplorável no final do Verão de 1943. Mesmo antes da Operação Husky, muitos dos seus 4 milhões de habitantes viviam na penúria. Agora os víveres escasseavam e a rede ferroviária fora destruída por bombardeamentos. A taxa de criminalidade subiu rapidamente. Vários prisioneiros tinham fugido na confusão da invasão, e o mercado negro, que se generalizara durante os últimos anos do fascismo, tornou-se para muitos o único meio de sobrevivência. Em Outubro descobriu-se que a reserva de cadernetas de racionamento fora roubada em Palermo; pelo menos 25 000 cadernetas ilegais encontravam-se em circulação. As Aliados ordenaram a compra obrigatória de todos os cereais. Tanto os pequenos agricultores como os grandes latifundiários preferiram evitar essa obrigação, e os vendedores do mercado negro passaram assim a gozar de grande apoio popular. Como acontecera depois da I Guerra Mundial, o banditismo regressou mais uma vez ao interior siciliano.

Pouco depois da saída das tropas americanas, a polícia começou a detectar sinais claros do envolvimento da máfia na vaga de criminalidade. Um relatório para o quartel-general da polícia em Palermo enumerava uma série de povoações onde os mafiosos haviam tomado o poder:

> Em Villabate a máfia assumiu o controlo da câmara municipal; o presidente é o talhante Cottone – homem com cadastro... Consta que, depois da chegada das tropas americanas, mafiosos em Marineo, Misilmeri, Cefala, Diana, Villafrate e Bolognetta pilharam os edifícios agrícolas na herdade de Stallone... apoderaram-se das armas e munições deixadas pelas tropas alemãs que lá tinham acampado... Ontem, criminosos atacaram a câmara municipal de Gangi. Julga-se que tenham ocorrido actos de violência contra o barão Sgadari, o barão Marciano e o barão Lidestri, que cooperaram na descoberta de uma vasta associação criminosa que operava no Madonie em 1927.([88])

([88]) «MAFFIA, Aug-Dec. 1943», Allied Commission Control 10106/143/28 Bob. 689C Scat. 140, citado in Adriano, p. 4.

Os mafiosos estavam evidentemente a vingar-se das derrotas infligidas pelo «prefeito de ferro».

As autoridades aliadas dificilmente podem ser culpadas por estes episódios. Mas estão longe de ser inocentes no ressurgimento da máfia como uma força política. Antes da invasão da Sicília, os Britânicos e os Americanos sabiam com certeza da máfia, e planeavam recolher informações de homens de honra locais com o fim de governar a ilha depois da libertação. Um documento secreto do Ministério da Guerra britânico com data anterior à invasão incluía uma lista de cidadãos eminentes que poderiam ser úteis. Revela também uma atitude descontraída face a possíveis ligações aos mafiosos. Um tal Vito La Mantia é descrito como «o chefe de uma *cosca* da máfia... Um antifascista que, se ainda for vivo, poderá fornecer informações importantes. Sem instrução mas influente»([89]).

Durante os seis meses de governo militar dos Aliados, toda a actividade política partidária na Sicília foi proibida. Os oficiais britânicos e americanos descobriram que criar um governo interino complacente nas várias vilas e aldeias era uma tarefa complicada. O número de grupos antifascistas sicilianos era desconhecido e estes nem sempre proporcionavam uma óbvia nova elite dirigente. A perspectiva dos Aliados era que a influência de esquerda tinha de ser evitada a todo o custo. Como sempre, a máfia e os seus políticos estavam prontos a desempenhar a função de fiel «instrumento de governo local». Assim foi que durante o período do governo dos Aliados existiram contactos regulares entre o Gabinete de Serviços Estratégicos («Office of Strategic Services» ou OSS, precursor da CIA) e chefes mafiosos. Joseph Russo, o chefe da secção de Palermo do OSS, nascido em Corleone, disse recentemente dos chefes: «Acabei por os conhecer todos. Não levaram muito tempo a cimentar novamente a sua solidariedade»([90]).

A ingenuidade desempenhou também a sua parte no ressurgimento da máfia como força política sob o governo dos Aliados. Os Britânicos achavam que o seu império lhes oferecia uma fórmula para encontrar indígenas de confiança. Na Sicília, como no resto do Império Britânico, os latifundiários e os aristocratas exerceriam

---

([89]) *Sicily. Zone Handbook*. parte 3.

([90]) «Allied to the mafia».

o poder em nome de Londres (e Washington). Mas a Sicília não era a Índia. No final de Setembro de 1943, os Aliados nomearam Lucio Tasca Bordonaro presidente da Câmara de Palermo. Tratava-se de um fidalgo rural exactamente do tipo em que os Britânicos achavam que podiam confiar. Mas ele vivia «no odor da máfia»; Nick Gentile afirmou mais tarde que Tasca Bordonaro era na verdade membro da sociedade honrada. Outros homens semelhantes foram nomeados em toda a Sicília. Como os seus pares, Tasca Bordonaro percebeu que o fim da guerra traria uma nova luta pelo controlo das terras. A sua resposta foi encabeçar a primeira organização política a entrar em acção na Sicília ocupada: o movimento separatista siciliano. Os separatistas queriam que a Sicília se tornasse um país livre sob a protecção da águia americana. Dessa maneira, esperavam os homens como Tasca Bordonaro, a autoridade da velha elite podia ser preservada e os temidos esquerdistas mantidos à distância. Os latifundiários separatistas tinham um aliado natural na sua causa: os mafiosos que vigiavam e administravam as suas herdades e que recebiam protecção política em troca.

Em Janeiro de 1944, as liberdades políticas foram restauradas em preparação para o regresso da Sicília ao domínio italiano. A ilha despertou subitamente para uma vida política tumultuosa. Foi então que um dos líderes do movimento separatista fez um discurso revelador em Bagheria, um dos redutos da máfia. Andrea Finocchiaro Aprile era um orador frenético de lábios finos que tinha o hábito de falar de «Winnie» Churchill e «Delano» Roosevelt como se conversasse com eles todos os dias ao telefone. Em Bagheria Aprile deixou claro quem mais ele incluía no seu círculo de amigos chegados: «Se a máfia não existisse, teria de ser inventada. Eu sou amigo dos mafiosos, embora seja pessoalmente contra o crime e a violência»([91]). (O desertor da máfia Tommaso Buscetta afirmaria mais tarde que Finoacchiaro Aprile era membro da sua Família da máfia.)

Em Fevereiro de 1944, o domínio do governo militar dos Aliados chegou ao fim e a Sicília passou a estar sob a autoridade de um novo governo, baseado na zona libertada do Sul da península italiana. Nessa altura tanto os mafiosos como os separatistas já tinham

([91]) Romano, *Storia della mafia*, p. 302.

conseguido criar a impressão generalizada de que eram os sobrinhos mediterrânicos preferidos do Tio Sam. Muitos julgavam que o futuro da Sicília seria como protectorado americano autónomo e feudo da máfia.

Com a esmagadora maioria da ala política da máfia a apoiar a causa separatista, a sua ala militar era chamada a combater uma nova ameaça da esquerda. No Outono de 1944, o ministro comunista da Agricultura no novo governo de coligação italiano lançou algumas reformas radicais que iriam abrir um novo e sangrento capítulo na história do ressurgimento da máfia. As reformas visavam nada menos do que a resolução final do problema das terras que tanta agitação causara no Sul da ilha durante mais de um século. As medidas revelavam a influência de Bernardino Verro e dos *fasci*: os camponeses receberiam uma parte mais justa dos produtos da terra que trabalhavam e tomavam de arrendamento. Estariam também autorizados a formar cooperativas e a ocupar terras mal cultivadas. O ministro da Agricultura tentou mesmo impedir os intermediários de actuar entre os latifundiários e os camponeses – um ataque directo aos *gabelloti*.

O debilitado Estado italiano não tinha condições para impor rapidamente estas novas regras, mas os camponeses receberam-nas como um sinal de que os governantes estavam finalmente dispostos a apoiar o seu desejo de terras e justiça. Os latifundiários sentiram que os seus receios do perigo vermelho poderiam em breve ser concretizados. Assim, como tinham feito depois da I Guerra Mundial, os homens de posses recorreram aos mafiosos para arrostar os camponeses com a força.

Mais uma vez foi um famoso episódio na Villalba de Don Calò – desta vez verdadeiro – que inaugurou esta nova fase no ressurgimento da máfia. Em 1944, o principal interesse de Don Calogero Vizzini, como o de muitos outros mafiosos, era a terra – neste caso a herdade Micciché em redor de Villalba. Para conseguir controlá-la, ele teria de livrar-se de um inimigo particularmente incómodo: Michele Pantaleone – o homem que mais tarde divulgaria a história do avião de caça americana e do lenço amarelo. Pantaleone era de uma família local de profissionais liberais cujas tradições republicanas a situavam na facção oposta aos católicos Vizzini. Don

Calò esforçara-se bastante por convencer Michele Pantaleone a casar-se com a sua sobrinha Raimonda, mas este romance dinástico provinciano não se concretizou. (Pantaleone conhecia bem as obrigações perigosas que uma união com os Vizzini acarretariam.) Para Don Calò este insucesso de diplomacia casamenteira era bastante grave. Pior ainda era o facto de Pantaleone se ter tornado socialista. O jovem rebelde chamou a atenção para a questão das terras em Micciché na florescente imprensa esquerdista e procurou usar a sua influência junto dos partidos de esquerda em Villalba. Em troca Don Calò mandou vandalizar as colheitas na terra da família Pantaleone, e houve mesmo uma tentativa falhada de assassinar de Pantaleone.

O atentado pode ter sido apenas um aviso, porque o *capo mafioso* estava também a mobilizar as suas relações. Sempre no seu papel de pacificador, propusera um acordo ao Partido Comunista em Caltanissetta, a capital da província: ele ajudá-los-ia a instalar uma filial em Villalba – desde que um dos seus caseiros fosse nomeado secretário. Os comunistas recusaram sensatamente a proposta.

Com a equanimidade que convinha à sua missão, Don Calò recorreu também às suas antigas relações com latifundiários conservadores. Lucio Tasca Bordonaro, o líder separatista nomeado presidente da Câmara de Palermo pelos Ingleses e Americanos, era um aliado próximo (possuíam ambos terras na vizinhança). A 2 de Setembro de 1944, a convite de Don Calò, Andrea Finocchiaro Aprile – «amigo» de Winnie, Delano e da máfia – fez um discurso tipicamente incendiário em Villalba, prometendo riquezas para todos se a Sicília se tornasse independente.

O ambiente na cidade começava a aquecer. Michele Pantaleone incendiou-o ainda mais convidando o líder comunista regional, Girolamo Li Causi, a discursar em Villalba. O Partito Comunista em Caltanissetta, talvez receoso de que Pantaleone quisesse meter o seu líder em sarilhos, contactou Vizzini. O velho chefe sossegou-os; afinal, ele estava a oferecer-lhes a sua hospitalidade pessoal. Não haveria problemas desde que eles não abordassem questões locais. A 16 de Setembro de 1944, uma camioneta transportando Li Causi e os seus camaradas chegou a Villalba.

Don Calò começou por se dirigir educadamente aos recém-chegados. «Concedeis-me a honra de vos oferecer um café?» Pressentindo uma ameaça na recepção, os militantes esquerdistas seguiram o velhote quando este atravessou a praça em direcção a um café. Pelo caminho, repararam que grandes cruzes negras tinham sido pintadas sobre os cartazes que anunciavam o comício. Don Calò tentou argumentar com os visitantes enquanto estes bebiam o seu café e fumavam os seus cigarros. Villalba era como um mosteiro, disse ele; não convinha perturbar a sua tranquilidade. Mas se eles insistiam em falar, então deviam ser simpáticos. Quando Don Calò terminou o seu pequeno discurso, os activistas voltaram para a praça, prontos para o confronto.

Tirando alguns comunistas e socialistas locais, a maioria dos habitantes de Villalba achara mais prudente ouvir os discursos detrás das persianas fechadas. Quando os militantes saíram do café, um bando de homens de Don Calò pôs-se a fitá-los, de braços cruzados e sorrisos escarninhos no rosto. Entre eles encontrava-se o sobrinho de Don Calò, que substituíra recentemente o tio como presidente da câmara. O próprio Don Calò saiu do café para se juntar ao grupo.

Pantaleone subiu para uma mesa e apresentou o orador principal. O líder comunista Girolamo Li Causi não era homem para se sentir intimidado. Apenas umas semanas antes regressara à sua ilha natal pela primeira vez em vinte anos, a maior parte passada como prisioneiro político sob o regime de Mussolini e como um dos chefes da resistência contra os nazis em Milão. Era um orador calmo e carismático; misturando dialecto no seu italiano, falou do abuso de trabalhadores e camponeses por industriais e latifundiários. Alguns militantes presentes afirmaram mais tarde ter ouvido vozes concordantes de detrás das persianas: «Ele tem razão! O que ele diz é verdade absoluta».

Don Calò começou a ficar agitado. Sem se deixar desencorajar, Li Causi começou a falar da maneira como os camponeses de Villalba estavam a ser enganados por «um poderoso arrendatário» – uma referência mal disfarçada a Don Calò. «É mentira», berrou o *capo mafioso*. As pessoas começaram imediatamente a abandonar a praça. Um velhote disse a Don Calò para deixar o orador falar; afinal, era uma época de liberdade política, declarou. Caiu no chão com uma mocada quando os primeiros tiros foram disparados. Seguiu-se o pandemónio.

Surpreendentemente, com as balas a rasar-lhe, Li Causi permaneceu na plataforma e tentou acalmar a situação, oferecendo-se para um debate aberto com qualquer pessoa que discordasse. O sobrinho de Don Calò atirou uma granada. Quando esta explodiu, Li Causi caiu, ferido numa perna. Pantaleone tomou conta da situação, arrastando o chefe comunista para um lugar seguro e disparando a sua pistola para o ar para cobrir a sua retirada. Mais de uma dúzia de buracos de bala foram encontrados na parede por trás do local onde Li Causi fez o seu discurso. Catorze pessoas ficaram feridas.

Don Calò mandou acalmar os seus homens e ofereceu-se para ajudar a reparar a camioneta dos esquerdistas, que tinha ficado danificada por uma granada. Alguns dias mais tarde enviou um representante para apresentar desculpas a Li Causi, que se encontrava num hospital. Eram gestos vãos; o tiroteio em Villalba já cumprira o seu objectivo de intimidação. Seis meses depois, Don Calò assegurava a sua base de poder ao tornar-se gerente da herdade de Miccichè.

O incidente de Villalba fez manchete nos jornais de toda a Itália libertada. Mais do que as suas outras malfeitorias, esta tornou Don Calogero Vizzini famoso. Ele não se deve ter mostrado muito preocupado. Na verdade, a maneira como evitava pagar as consequências judiciais dos seus actos apenas reforçava a sua reputação. Puxando os cordelinhos, conseguia longos períodos de liberdade condicional enquanto o processo se arrastava. Só em Novembro de 1949 é que Don Calò, juntamente com o sobrinho, foi declarado culpado de ferir Li Causi e condenado a cinco anos de prisão. Limitou-se a esconder-se até lhe ser concedida mais liberdade condicional depois de um recurso. Em 1954, quando a sentença foi confirmada, recebeu uma amnistia. O juiz admitiu que «ele era apontado como sendo o chefe da máfia», mas resolveu dispensá-lo de qualquer castigo devido à sua idade avançada e inexistência de condenações anteriores.

Os acontecimentos em Villalba inauguraram um longo período de ataques a activistas políticos, sindicalistas e camponeses vulgares que durou até o início dos anos 50. Dezenas não tiveram a sorte de Li Causi e Pantaleone. A cada assassinato seguia-se o desfecho judicial habitual: os suspeitos eram libertados por falta de provas. Nalgumas vilas e aldeias, o movimento dos camponeses foi simplesmente subjugado pelo terror.

A grande questão acerca de Don Calogero Vizzini é se ele foi tão influente dentro da máfia como famoso fora dela. Seria possível que a capital das lentilhas, Villalba, fosse também de facto a sede da sociedade honrada?

Parece que os agentes secretos americanos não tiveram quaisquer dúvidas em tratar Don Calò como o chefe supremo da máfia. Quando foi instalado em Fevereiro de 1944, o consulado americano em Palermo dependia do OSS para as suas informações. O OSS, por sua vez, dependia em parte da máfia e, especialmente, de Don Calò. Em determinada altura, o chefe da secção do OSS de Palermo, Joseph Russo, encontrava-se com ele e outros chefes «pelo menos uma vez por mês». Vizzini era conhecido pelo nome de código *Bull Frog* nas comunicações secretas. Russo diz que os mafiosos vinham por «apoio moral» e pneus de camiões, que precisavam para fazer «as suas boas obras, a sua beneficência. O que quer que isso fosse».

Mesmo que estes encontros tivessem sido triviais, como sustenta Russo, e mesmo que Don Calò estivesse a enganar o OSS relativamente ao seu poder na ilha, não devemos presumir que os acontecimentos na pequena Villalba tenham sido periféricos. Já em 1922, o semianalfabeto Don Calò, com grandes interesses nas minas de enxofre, estivera em Londres para conversações de alto nível sobre o estabelecimento de um cartel anglo-italiano do enxofre para responder à concorrência americana. A pequena delegação siciliana incluía um futuro magnata da indústria química italiana.

As relações que Don Calò tinha com homens da Igreja e políticos também lhe proporcionavam uma formidável base de poder. Nos anos seguintes à Operação Husky, um tal Ângelo Cammarata ocupou os cargos de prefeito de Caltanissetta, administrador de propriedades da diocese de Caltanissetta, superintendente de provisões na Sicília e comissário para a reforma agrária. Era amigo próximo, tanto do bispo como de Don Calò.

Algumas mudanças económicas fora do domínio da máfia também jogaram a favor de Don Calò. A guerra e o fascismo tinham tornado o gado e os cereais mais importantes para a economia siciliana durante a primeira metade do século XX. A província interior de Caltanissetta foi a que mais milho produziu na Sicília

Ocidental no difícil ano de 1944. O lucrativo negócio dos limões – tão fundamental para as *cosche* de Palermo – paralisara devido a uma crise na exportação. A posição de Don Calò no espaço da máfia reflecte provavelmente um desvio temporário no equilíbrio de poder dentro da economia criminosa: da capital e arredores para o interior rural.

Isso não significa que Don Calò estivesse sempre recolhido nas montanhas. Ele mantinha uma base no Hotel Sole, na avenida Vittorio Emanuele de Palermo, onde, para o fim da vida, podia ser visto sob a vigilância de dois jovens guarda-costas vestidos de bombazina.

Mas a contribuição mais importante de Don Calò para o ressurgimento da máfia veio da sua influência política; ele esteve profundamente envolvido na criação de um arranjo favorável à máfia na Sicília do pós-guerra. Esse arranjo implicaria o declínio do separatismo e o surgimento de um novo partido pan-italiano disposto a usar a máfia da maneira tradicional: como um instrumento do governo local.

Em Setembro de 1945 – um ano depois do tiroteio em Villalba – Don Calò foi o único mafioso presente numa reunião secreta de líderes separatistas em que se decidiu lançar uma insurreição armada. Era uma decisão motivada pelo desespero. O apoio dos Americanos aos separatistas evaporara-se com o fim do governo militar dos Aliados. Agora havia um novo e forte partido nacional com que competir: a Democracia Cristã (Democrazia Cristiana ou DC). Ao propor com êxito uma assembleia regional para a Sicília em vez da independência total, a DC retirara grande parte do vigor ao separatismo. Don Calò estava na reunião, porque, por seu intermédio, os separatistas podiam obter a ajuda de grandes quadrilhas de bandidos que ainda rondavam o interior. Mas as forças revoltosas foram facilmente derrotadas.

Após o desaire separatista, Don Calò convenceu-se cada vez mais de que a Democracia Cristã – e não os separatistas – representava o melhor meio para os seus interesses. Seria uma mudança gradual mas decisiva nas fidelidades de Don Calò e da máfia. Alguns políticos da DC estavam destinados a tornar-se os intermediários preferidos do crime organizado siciliano junto de Roma durante mais de quatro décadas.

A Democracia Cristã estava longe de ser uma fachada da máfia. No início da república italiana, ela representava os valores da família, a propriedade privada e a paz social; e na Sicília agradava especialmente aos camponeses com pequenos lotes de terra que temiam o comunismo. A DC tinha também a enorme vantagem do apoio do Vaticano e, quando começou a Guerra Fria, em 1947, pôde contar com o apoio americano contra o Partito Comunista Italiano – o mais poderoso partido comunista da Europa Ocidental. Nesse mesmo ano, o líder da DC excluiu os partidos de esquerda do governo de coligação nacional italiano. Na Primavera de 1948, a Itália realizou as suas primeiras eleições parlamentares desde o estabelecimento do regime fascista de Mussolini. O resultado foi uma vitória da Democracia Cristã. Este partido governaria a Itália sem interrupção durante os 45 anos seguintes.

Foram os artifícios tradicionais da política baseada nos favores e na protecção que atraíram a máfia à DC. A DC siciliana acabaria por incluir inúmeras facções locais baseadas no clientelismo. Os líderes dessas facções podiam oferecer precisamente o tipo de relações pessoais que os mafiosos preferiam. As trocas entre políticos e criminosos que se haviam tornado tão difíceis sob o fascismo podiam finalmente ser restabelecidas: uma mão lava a outra, como diz o ditado siciliano.

A aliança entre homens de honra e políticos da DC não era propriamente um segredo. Pouco antes do grande dia das eleições de 1948, Don Calò e o seu *compare*, o chefe de Mussomeli, Giuseppe Genco Russo, participaram num sumptuoso almoço eleitoral da DC em Villa Igea, hotel de Palermo instalado num dos velhos palácios da família Florio. Os dois mafiosos sentaram-se à mesma mesa que algumas das principais figuras do partido. Em 1950, quando o filho mais velho de Genco Russo se casou, Don Calò foi uma das testemunhas na cerimónia, juntamente com o presidente democrata-cristão da assembleia regional da Sicília. Estes encontros não eram envergonhados e secretos. Quando os políticos e os chefes se encontravam nesta época, muitas vezes faziam questão de ser vistos na companhia uns dos outros, porque os seus encontros tornavam pública a solidez da aliança entre o poder informal da máfia e o poder oficial dos novos líderes políticos.

Foi a Democracia Cristã que finalmente, em 1950, resolveu o problema das terras na Sicília. A maneira como o fez era típica dos seus métodos. A redistribuição das restantes herdades foi confiada a um organismo que se tornou uma máquina de favores para políticos democratas-cristãos locais. A corrupção era endémica; um terço do orçamento ia para despesas de administração. Entretanto muitos proprietários rurais cederam ao inevitável e começaram a desfazer-se das suas terras. Vendiam-nas muitas vezes a mafiosos, incluindo a Don Calò, que depois obtinham lucros enormes revendendo lotes de terreno aos camponeses.

Em 1950, o governo anunciou também um gigantesco programa de investimento para a atrasada economia do Sul da Itália. Este levaria a uma mudança decisiva na história da máfia. A partir de então, sempre que a organização quisesse ter acesso às principais fontes de riqueza da Sicília, teria de recorrer a políticos profissionais e não aos latifundiários. A restauração do sistema democrático da Itália – e do papel da máfia como Estado informal da ilha – estava quase completa.

No entanto, apesar de todas estas provas, a dimensão exacta do poder de Don Calò dentro da sociedade honrada não é conhecida. Alguns desertores da máfia negaram mais tarde que ele alguma vez tivesse sido chefe de toda a Sicília. Com efeito, diz-se que Don Calò e o seu sucessor, Giuseppe Genco Russo, irritavam os outros chefes da máfia por causa da sua exagerada exposição mediática. «Viste a Gina Lollobrigida no jornal de hoje?», costumava dizer um mafioso, referindo-se a Genco Russo, notoriamente grosseiro e feio.

Não sabemos até que ponto a máfia era uma organização centralizada depois da libertação da Sicília. O mais provável é que, durante as primeiras aflições do seu renascimento após o fascismo, os chefes da máfia tenham primeiro restabelecido a comunicação entre si. Depois procuraram informações directamente dos lugares onde eram tomadas as decisões políticas e um chefe ou chefes com competência diplomática para trazer algum equilíbrio aos seus interesses concorrentes. Don Calò encontrava-se numa posição excelente para desempenhar esse cargo de transição.

Mas ele nunca o teria admitido, claro. Numa entrevista concedida a um jornal mesmo antes da sua morte, o velho e matreiro *capo* faz uma descrição modesta da sua função. «A verdade é que todas as sociedades precisam de uma categoria de pessoas cuja tarefa é resolver situações quando elas se complicam. Duma maneira geral essas pessoas são representantes do Estado. Mas em lugares onde o Estado não existe, ou não tem força suficiente, existem indivíduos que...»([92])

Intrigado, o entrevistador deixou escapar a palavra «máfia».

«A máfia!», murmurou Don Calò, com um sorriso. «Será que a máfia existe mesmo?»

Don Calò morreu tranquilamente nos braços do sobrinho no dia 10 de Julho de 1954. Segundo a imprensa, as suas últimas palavras foram: «Como a vida é bela». Diz-se que deixou uma fortuna de mil milhões de liras, embora seja impossível confirmar esse rumor; a verdadeira dimensão da riqueza da máfia durante a maior parte da sua história está destinada a permanecer um mistério. No sumptuoso funeral de Don Calò, uma multidão de dignitários políticos e criminosos seguiu um carro fúnebre puxado por quatro cavalos com plumas negras. A câmara municipal de Villalba e a sede da DC estiveram encerradas durante uma semana; uma elegia foi pregada à porta da igreja:

Humilde com os humildes,
Grande com os grandes,
Ele mostrou com actos e palavras
Que a sua *máfia* não era criminosa.
Simbolizava o respeito pela lei,
A defesa de todos os direitos,
A nobreza de carácter:
Era o amor.([93])

Durante a vida de Don Calò os camponeses de Villalba citavam muitas vezes a seu respeito um dístico muito mais terra a terra: *Cu avi dinari e amicizia, teni 'nculu la giustizia* – «Quem tem dinheiro e amigos, tem no cu a justiça».

---

([92]) Montanelli, pp. 282-283.
([93]) Marino, *I padrini*, p. 246.

# Conheça os Greco

A longo prazo, o futuro da máfia residia não na pequena Villalba, mas nos tradicionais redutos de mafiosos em redor de Palermo. A recuperação da máfia do golpe que recebera do «prefeito de ferro» Cesare Mori deve-se em grande parte ao facto de os seus métodos terem funcionado ao nível das bases nestas zonas. E esses métodos funcionaram em boa medida porque, numa sociedade instável, permitiram aos homens de honra trazer riqueza e prestígio às suas famílias.

Nos anos 1946 e 1947 a máfia conheceu uma guerra particularmente feroz em Ciaculli, aldeia da região dos citrinos situada na encosta voltada para o mar de uma cumeeira elevada a leste de Palermo. Como revelaria um subsequente inquérito parlamentar à máfia, a guerra colocou duas famílias do mesmo sangue uma contra a outra. Deste conflito surgiriam alguns dos mais poderosos mafiosos das décadas seguintes. À primeira vista, a guerra de Ciaculli de 1946-1947 parece retirada directamente do folclore siciliano. É o que as pessoas de fora muitas vezes esperam ouvir sobre a máfia: dívidas de honra que encerram as famílias numa espiral de contendas pagãs. Parece um caso de «sangue que lava o sangue», para citar um gasto ditado siciliano. Mas alguns dos factos dão-nos outra visão da história, e do que a «família» significa para a máfia.

Um nome de família inspirava respeito incondicional na zona de Ciaculli há várias gerações: Greco. Em 1946, homens com esse apelido governavam não só Ciaculli, mas também uma aldeia vizinha, Croce Verde Giardini. Os dois clãs Greco tinham provavelmente um antepassado comum na figura de Salvatore Greco, citado no relatório de Sangiorgi como *capomafia* em Ciaculli no princípio do século. Como se pretendessem mostrar os fortes laços que os uniam, os dois ramos da família escolhiam os nomes próprios dos filhos do mesmo pequeno leque de opções; entre eles havia três Francescos, três Rosas, três Girolamas, quatro Salvatores e quatro Giuseppes. As alcunhas eram essenciais. As boas relações entre as duas famílias haviam sido consolidadas quando o chefe de Ciaculli se casara com a irmã do chefe de Giardini.

A guerra que colocou os Greco de Giardini e Ciaculli uns contra os outros começou a sério no dia 26 de Agosto de 1946. As vítimas foram os dois patriarcas do ramo da família de Ciaculli, dois irmãos com 59 e 77 anos de idade. A ferocidade do ataque aos dois velhos mafiosos – foram usadas metralhadoras e granadas – não deixou qualquer dúvida quanto à sua importância.

Mais uma vez, ninguém seria condenado pelo duplo assassínio. Mas em Ciaculli toda a gente suspeitava de que o mentor do ataque fosse o chefe de Giardini, outro Greco; era conhecido por *tenente Piddu* devido ao seu passado militar. Os Greco de Ciaculli reagiram de acordo com as suas suspeitas alguns meses mais tarde. Dois homens do tenente Piddu foram vítimas de uma caçadeira de canos curtos siciliana chamada *lupara*. Para se vingar deste acto de vingança, a *cosca* de Giardini raptou dois dos seus inimigos. Apenas as suas roupas seriam encontradas. (Os Sicilianos referem-se a estes desaparecimentos como assassínios de *lupara bianca* – «caçadeira branca».)

A guerra entre os dois clãs Greco atingiu o auge durante um violento tiroteio na praça de Ciaculli a 17 de Setembro de 1947. Primeiro um importante membro da *cosca* de Giardini foi derrubado por uma rajada de tiros de metralhadora. A assistir de uma varanda estavam duas mulheres Greco: Antonina (de 51 anos de idade) e Rosalia (de 19 anos), a viúva e a filha de um dos chefes de Ciaculli assassinados no ano anterior. Quando viram que o homem em baixo não tinha morrido dos ferimentos, elas desceram à rua e liquidaram-no com facas da cozinha. (É extremamente raro as mulheres participarem nos aspectos militares da actividade da máfia desta maneira.) Antonina e Rosalia foram por sua vez alvejadas pelo irmão e irmã da primeira vítima; Antonina ficou ferida e a filha morreu. O atacante das mulheres foi então morto a tiro pelo filho de 18 anos de Antonina.

Os chefes de Palermo começaram a fazer pressão sobre o tenente Piddu para que este pusesse fim à carnificina. Incidentes clamorosos como a batalha de Ciaculli atraíam atenções públicas indesejadas para todo o sistema da máfia. Além do mais, com as mortes dos velhos irmãos Greco de Ciaculli, esperava-se que o tenente Piddu assumisse a responsabilidade pelo bem-estar de *ambos* os ramos da família em contenda. O seu prestígio entre os chefes dependeria em parte da forma como ele iria lidar com essa responsabilidade.

Piddu procurou a ajuda do chefe da vizinha Villabate, um *capo* temido e particularmente respeitado devido aos seus laços familiares com alguns importantes mafiosos americanos. Estava-se numa época em que a riqueza relativamente extravagante de muitos homens de honra americanos lhes conferia grande prestígio na Sicília. Um sinal dessa influência é que por volta dessa altura o termo «Família» foi importado da América como nome para organizações mafiosas (*cosche*) cujos membros não são, de modo nenhum, todos parentes uns dos outros. Joe Profaci, nascido em Villalba, era um *gangster* das docas de Brooklyn, citado mais tarde por Joe *Bananas* Bonanno como chefe de uma das cinco Famílias de Nova Iorque. Na altura da guerra entre os Greco, Profaci residia na Sicília e parece que teve um papel decisivo na pacificação de Ciaculli.

O tenente Piddu seguiu o conselho de Profaci. Dois dos seus sobrinhos órfãos receberam empregos no pomar que ele administrava; a herdade produzia as tangerinas que dariam fama a Ciaculli. Os primos Greco, que tinham estado em guerra, depressa se tornaram co-proprietários de uma firma de exportação de citrinos e também sócios numa empresa de autocarros. A paz trouxe prestígio ao tenente Piddu. O seu relacionamento com a máfia de Villabate foi formalizado quando o seu filho casou com a filha do chefe de Villabate.

A polícia fazia pouca ideia do que causara todo aquele derramamento de sangue entre os Greco. Desde o duplo homicídio inicial, uma muralha de *omertà* obstruíra as suas investigações. Os informadores da polícia em Ciaculli disseram que a confusão foi provocada por um antigo desejo de vingança com origem numa rixa entre primos sete anos antes, na Festa do Crucifixo. A festa realizava-se todos os anos em Ciaculli no dia 1 de Outubro. Nesse dia, em 1939, seis jovens de Giardini foram a Ciaculli ver o crucifixo ser exposto à adoração dos fiéis. Dois dos jovens eram filhos do tenente Piddu. Seguindo o exemplo das pessoas da terra, entraram na igreja e trouxeram para fora um banco para se sentarem. Seguiu-se uma discussão por causa do banco com rapazes de Ciaculli, que andavam pela mesma idade, entre eles um primo dos dois Greco de Giardini. A caminho de casa mais tarde, nessa noite, o grupo de Giardini deu subitamente de caras com um grupo dos Greco de Ciaculli armado de facas e revólveres. O filho do tenente Piddu, Giuseppe, de 17 anos, foi morto a tiro. O seu primo de Ciaculli ficou ferido; quatro anos depois morreria de causas naturais na prisão enquanto aguardava julgamento.

Assim, uma rixa de família, segundo os boatos em Ciaculli, foi a origem da guerra que iria eclodir em 1946. Mas os historiadores são hoje bastante cépticos em relação a essa teoria. Não está em causa o que realmente aconteceu. A questão está em saber se alguém teria mesmo permitido que esta briga de adolescentes se tornasse o estímulo para uma carnificina que pôs em risco os interesses da máfia em toda a zona leste de Palermo. Além disso, seis das vítimas da guerra não tinham o nome Greco. Em jogo estava o domínio do negócio dos citrinos numa altura em que a máfia se tentava reerguer após anos de repressão fascista. Por outras palavras, o que aconteceu foi provavelmente uma guerra entre *cosche* – ou facções dentro de uma *cosca* – motivada pelo poder e pelo dinheiro e não uma contenda entre famílias de sangue movida por questões de honra e vingança.

A hipótese mais provável é que o tenente Piddu tenha aproveitado a morte do filho em 1939 para mais tarde justificar a sua tentativa calculada de dominar toda a zona Ciaculli/Giardini em 1946-1947. Depois de eliminar os chefes de Ciaculli, Piddu pôs a máquina de boatos da máfia a funcionar para recontar a história da guerra; como se tudo tivesse começado com a briga entre os primos adolescentes por causa de um banco de igreja, como se tudo fosse um assunto de família. Quando um chefe é visto a cuidar da família, a sua honra e o seu prestígio de mafioso na comunidade são reforçados; torna-se conhecido como alguém cuja amizade vale a pena cultivar. Ao dar a impressão de que estava a defender a família com acérrimo, o tenente Piddu reforçava também a sua reputação de homem de negócios.

Por outras palavras, é provável que uma versão do mito do «cavalheirismo rústico» tenha sido mais uma vez usada como instrumento dos interesses da máfia. Havia um precedente para este tipo de engano na própria Ciaculli. Em 1916, o padre da aldeia foi morto a tiro. Os Greco, como principais membros da confraria religiosa de Ciaculli, organizaram o funeral e tiveram nele um papel de relevo. Ao mesmo tempo puseram a circular o boato de que o padre era um mulherengo que tinha sido morto por um marido que enganado – um crime passional e de honra «tipicamente siciliano», dar-se-ia a entender. Na realidade, o padre, um homem honesto e corajoso, estivera a tentar trazer à luz a administração corrupta dos Greco de propriedades e fundos de caridade da Igreja.

Devido a esta manipulação da verdade, quando os Greco de Giardini saíram vitoriosos da guerra de 1946-1947, puderam recordar o seu papel na mesma com maior tranquilidade. Podia dizer-se do tenente Piddu que tinha conciliado os seus deveres de pai com os seus deveres de *capo*. Ele é apenas um exemplo do cuidado a que os mafiosos se dedicam para gerir o delicado enredo de negócios e família. Grande parte desse cuidado manifesta-se em regras. Os regulamentos sobre o lugar dos membros da família no seio da organização da máfia são constantemente criados, contornados, infringidos e recriados: não mais do que dois filhos do mesmo pai podem ser admitidos numa Família; os filhos cujos pais mafiosos foram mortos numa luta pelo poder são impedidos de se tornar membros por receio de que possam procurar exercer a vingança.

Jogando as regras com cuidado, os homens de honra conseguem transformar as suas famílias de sangue em dinastias da máfia. Os Greco são o exemplo mais notável. Um dos filhos do tenente Piddu, Michele, tinha vinte e poucos anos durante a guerra de 1946--1947. Trinta anos depois, Michele Greco tornou-se chefe dos chefes. Foi o arquétipo perfeito de um *capo* da máfia: sisudo, taciturno, falando apenas em máximas e parábolas alusivas. Figuras importantes, desde banqueiros a aristocratas, eram convidadas a caçar e a jantar na sua herdade. Havia também uma refinaria de heroína nos terrenos e, numa célebre ocasião durante a guerra da máfia de 1982, dezenas de mafiosos – praticamente toda a Família da Cosa Nostra de Partanna Mondello – foram lá assassinados depois de um churrasco. Michele Greco vestia-se com roupas caras e conservadoras, comportando-se com uma dignidade quase eclesiástica; a sua alcunha era *o Papa*. Os seus modos não se deviam à reserva ou à afectação; faziam parte de um conjunto de habilidades profissionais transmitido pelos seus antepassados ao longo da maior parte de um século.

A guerra dos Greco em 1946-1947 pacificou Ciaculli. Mas a calma não regressaria ao resto da ilha antes de Salvatore Giuliano, o último bandido, ser abatido a tiro.

# O Último Bandido

Desde as suas origens nos anos 60 e 70 do século XIX, a máfia manteve sempre uma relação íntima e dúplice com bandidos; a sociedade honrada usava e protegia os bandidos quando precisava e depois denunciava-os à polícia assim que eles se tornavam inconvenientes. Este padrão de conduta foi repetido pela última vez nos anos 40 do século XX com Salvatore Giuliano, o bandido mais famoso e sanguinário de todos. Mas o caso de Giuliano é mais do que um epílogo macabro para a história do banditismo siciliano. Ele veio confirmar o ressurgimento da máfia de debaixo do da mão de ferro fascista e pode também ter assinalado o princípio do conluio do Estado italiano democrático com actos terroristas contra o seu próprio povo.

No auge da sua notoriedade, Salvatore Giuliano mostrou-se tão acessível aos fotojornalistas como esquivo às autoridades. Consequentemente, as suas feições são ainda imediatamente reconhecíveis na Itália. Numa das fotografias mais conhecidas, ele olha directamente para a máquina, tem os polegares enfiados no cinto que segura o coldre e o casaco preso atrás para revelar uma camisa larga e de colarinho aberto. Giuliano tinha aquilo a que se chama um semblante aberto. Segundo um cálculo recente, desde a sua morte foram escritas 41 biografias suas – mais do que de qualquer outra pessoa na história italiana do pós-guerra. Todos os livros prometem finalmente revelar os segredos ocultos por trás daquele rosto largo e bem-parecido.

Apesar de todos estes livros, foi o cinema que melhor fez perceber a verdade fundamental de que, na história de Giuliano, ver e compreender não são a mesma coisa. A obra-prima de Francesco Rosi, *Salvatore Giuliano*, foi realizada em 1961 – uma década depois da morte do bandido. Foi filmada nas montanhas em redor de Montelepre, o reduto de Giuliano; os figurantes eram camponeses da mesma zona; uma mulher que perdera o filho havia pouco tempo representou a mãe de Giuliano na cena em que ela identifica o seu corpo; Rosi até usou a verdadeira espingarda do bandido. Todo este cuidado em garantir a autenticidade do filme torna ainda mais notável o facto de o protagonista apenas ser mostrado de trás ou de um ângulo oblíquo; o seu famoso rosto esconde-se atrás de binóculos ou do xaile da mãe. Ele aparece com mais frequência ao longe, envergando um sobretudo claro, como se fosse um espaço em branco no centro da imagem, um ecrã vazio sobre o qual as outras personagens projectam a sua versão da história. A verdade acerca de Giuliano reside não na figura do próprio bandido, sugere Rosi, mas algures no labirinto de relações entre os bandidos, os camponeses, a polícia, o exército, os políticos e a comunicação social. No centro desse labirinto encontrava-se a máfia.

Salvatore Giuliano era o mais novo de quatro filhos de uma família de camponeses de Montelepre, aldeia situada a uns 15 quilómetros de Palermo, nas montanhas a ocidente. Quando era rapaz, adorava tudo o que fosse americano; este amor pela América foi também um dos poucos elementos constantes das suas confusas crenças políticas e românticas.

A carreira de Giuliano nos meandros do banditismo começou no Outono seguinte à invasão dos Aliados. Tinha 21 anos e trabalhava como paquete para uma companhia de electricidade quando os *carabinieri* o apanharam com um saco de cereais do mercado negro. Desembaraçou-se da situação aos tiros e fugiu para as montanhas, deixando para trás um *carabiniere* morto no chão.

Três meses depois matou a tiro de metralhadora a segunda das suas muitas vítimas entre as forças da ordem. Uma dúzia de parentes de Giuliano foi presa sob suspeita de lhe dar abrigo. No início de 1944, com a ajuda dele, realizaram uma fuga da prisão de Monreale, que não só reforçou o prestígio de Giuliano como lhe forneceu o núcleo do seu bando.

Durante o ano seguinte Giuliano dirigiu o seu bando da forma clássica: a maioria dos seus membros juntava-se para operações de contrabando, assaltos ou raptos e depois do trabalho feito voltava a misturar-se com a comunidade. O seu líder possuía um encanto rude e um dom para a publicidade; fez questão de cultivar uma fábula à «Robin dos Bosques» em torno da sua pessoa. Mas a intimidação e o suborno eram mais eficazes do que mitos antiquados para garantir o silêncio e a colaboração daqueles que o rodeavam. A execução sem piedade de qualquer pessoa suspeita de traição desmente a sua imagem de «príncipe salteador»; calcula-se que o número das suas vítimas tenha ascendido a uns desconcertantes 430.

A relação de Giuliano com a máfia também se enquadra num padrão clássico; ele não teria conseguido sobreviver a esses primeiros anos e transformado o seu bando no mais bem sucedido da Sicília sem a protecção dos homens de honra. Quando raptava alguém, os parentes do refém sabiam que tinham de recorrer ao chefe local, que asseguraria a libertação em troca de uma porção do resgate. Por outras palavras, a máfia «taxava» tanto o líder dos bandidos como as pessoas que este raptava.

Foi posteriormente revelado por um dos mais próximos colaboradores de Giuliano que este tinha sido submetido a um ritual de iniciação na máfia. O superdelator da máfia Tommaso Buscetta disse que foi apresentado a Giuliano como «a mesma coisa». Admitindo que seja verdadeiro, isso não significa necessariamente que o salteador fosse parte integrante da associação; a iniciação pode ter sido uma maneira de reforçar a sua fidelidade e vigiar as suas actividades.

O que distingue o último bandido dos seus antecessores é o facto de se ter envolvido na ideologia política. Os separatistas foram os primeiros a tentar recrutá-lo para a sua causa. Na Primavera de 1945, Giuliano encontrou-se com alguns líderes separatistas, incluindo o filho de Tasca Bordonaro, o antigo presidente da Câmara de Palermo durante o governo dos Aliados. O bandido exigiu 10 milhões de liras para se juntar ao planeado exército separatista.

Acabou por aceitar 1 milhão, mais o posto de coronel e a promessa de armas e uniformes. Como alguns outros chefes bandidos, Giuliano cumpriu a sua parte na malograda insurreição separatista atacando cinco quartéis de *carabinieri*. Mas a sua actividade criminosa de rotina não foi interrompida; o bando assaltou também o comboio Palermo-Trapani. Apesar dos esforços de Giuliano, noutros lugares as principais investidas da revolta separatista foram derrotadas.

O declínio do separatismo ameaçava deixar Giuliano politicamente órfão. Em 1946, as suas perspectivas não eram animadoras. O Estado organizava finalmente uma resposta militar eficaz aos bandos armados, e a máfia começava a abandonar os salteadores que tinha protegido. Um após outro, os bandidos eram ou mortos ou capturados. Muitas vezes eram os contactos entre a polícia e os mafiosos que conduziam às detenções. Como tantas vezes no passado, traçava-se uma linha conveniente entre os bandidos que podiam ser sacrificados e os mafiosos que se mantinham próximos do poder político. A polícia encontrou mortos alguns dos líderes dos bandidos – eliminados por forças desconhecidas. Nas comunidades da Sicília Ocidental a máfia, mais uma vez, fazia-se passar por uma força da «ordem».

Giuliano reagiu publicamente à crise com a sua habitual bravata, anunciando que pusera a cabeça do ministro do Interior a prémio. No entanto, também ele teria de conquistar novas amizades políticas para conseguir o seu objectivo de ser perdoado quando a Sicília alcançasse um acordo político definitivo. Decidiu então empenhar as suas armas na luta contra o comunismo. Através de um jornalista americano, enviou uma carta ao presidente Truman na qual se queixava do «insuportável latido dos cães comunistas» e anunciava o seu empenho na luta contra o perigo vermelho. Os resultados das eleições de Abril de 1947 para a nova assembleia regional siciliana foram um choque para Giuliano, como para muitos outros. Os partidos de esquerda, unidos num Bloco do Povo, conseguiram enormes ganhos; tiveram quase 30 por cento dos votos e tornaram-se o maior agrupamento político. Era o sinal para o chamado «Rei de Montelepre» cometer o seu crime mais infame.

O nome de Salvatore Giuliano estará para sempre associado na memória dos Italianos a um lugar – Portella della Ginestra. Hoje, nenhum outro local parece mais ermo e assombrado pela violência do que esse descampado num dos extremos de um vale entre Piana degli Albanesi e San Giuseppe Jato. Foi aí que os camponeses se juntaram para celebrar o primeiro de Maio em 1947. As famílias reuniram-se, ataviadas com as suas melhores roupas para fazer um piquenique, cantar e dançar; os burros e as carroças pintadas estavam decorados com bandeiras e fitas. Seria uma celebração do regresso das liberdades depois da queda do fascismo.

Às dez e quinze da manhã, o secretário do Bloco do Povo de Piana degli Albanesi levantou-se no meio das bandeiras vermelhas para inaugurar a festa. Foi interrompido por alguns estampidos ruidosos. No início muitas pessoas pensaram que se tratava de fogo de artifício, parte das celebrações. Depois, as balas disparadas pelos homens de Giuliano começaram a encontrar os seus alvos. Dez minutos de fogo de metralhadora das encostas circundantes deixaram 11 pessoas mortas, entre elas Serafino Lascari, com 15 anos de idade; Giovanni Grifò, 12 anos; e Giuseppe Di Maggio e Vincenzo La Fata, ambos com 7. Trinta e três pessoas ficaram feridas, incluindo uma rapariga de 13 anos que foi baleada no queixo.

O impacto da chacina sobre as comunidades locais foi profundo e duradouro. Quando Francesco Rosi quis filmar a cena de Portella della Ginestra para *Salvatore Giuliano*, pediu a 1000 camponeses para voltar ao local e representar exactamente o que eles, os seus amigos e parentes haviam sofrido 14 anos antes. Os acontecimentos quase escaparam ao controlo do realizador. Quando começaram os efeitos sonoros do tiroteio, a multidão entrou em pânico e derrubou uma das câmaras na pressa para escapar; mulheres choraram e ajoelharam-se a rezar; homens atiraram-se ao chão em desespero. Uma mulher de idade, toda vestida de preto, plantou-se diante da câmara e repetiu num pranto angustiado: «Onde estão os meus filhos?» Dois dos seus filhos tinham morrido às mãos de Giuliano e do seu bando.

Apesar da indignação pública causada pelos horrores de Portella della Ginestra, o «Rei de Montelepre» continuou em liberdade durante mais três anos. A seguir ao massacre, a lava incandescente do conflito social na Sicília do pós-guerra consolidou-se lentamente numa nova paisagem política dominada pelos democratas-cristãos. Foi esta mudança política, mais do que a fúria e a mágoa despertadas pelas acções de Giuliano, que começou a transformá-lo num anacronismo selvagem. As vitórias eleitorais conseguidas pela DC afastaram lentamente a necessidade deste tipo clamoroso de terror anticomunista.

Giuliano prosseguiu os seus ataques a instituições e activistas camponeses, mas os membros do seu bando foram caindo aos poucos nas mãos das autoridades – muitas vezes com a ajuda de informações fornecidas pela máfia. Ao mesmo tempo, tornava-se cada vez mais difícil compreender as acções de Giuliano. No Verão de 1948, matou cinco mafiosos, incluindo o chefe de Partinico. Não se sabe exactamente porquê. Não admira que muitas pessoas identifiquem esse momento como aquele em que o destino de Giuliano ficou traçado. No entanto, um ano depois detinha ainda poder suficiente para assassinar mais seis *carabinieri* numa emboscada em Bellolampo, mesmo às portas de Palermo.

Entretanto as investigações ao massacre de Portella della Ginestra arrastavam-se no meio de crescentes especulações de que alguém – possivelmente o ministro do Interior – pudesse ter ordenado a Giuliano para o perpetrar. O próprio bandido escreveu uma carta pública, assumindo plena responsabilidade pelos assassínios e negando que houvesse alguém por trás dele. Afirmava que apenas pretendera que os seus homens disparassem sobre as cabeças das pessoas; as mortes haviam sido um erro. Citava o facto de crianças terem morrido como prova de que se tratara dum acidente: «Acham que tenho uma pedra no lugar do coração?» Os 800 invólucros vazios encontrados no local são por si só suficientes para fazer este desmentido soar incrivelmente a falso.

Discursando em Portella della Ginestra no segundo aniversário do massacre, o líder comunista siciliano Girolamo Li Causi, que se tornara senador desde que sobrevivera ao ataque de granadas de Don Calò em Villalba, apelou publicamente a Giuliano para revelar nomes. O apelo conduziu a uma extraordinária troca pública de correspondência. Li Causi recebeu uma resposta escrita do líder dos bandidos: «Só homens sem vergonha divulgam nomes. Não um homem que pretende fazer justiça com as próprias mãos; que pretende manter elevada a sua reputação na sociedade e que preza esse objectivo mais do que a própria vida».

Li Causi respondeu a Giuliano lembrando-lhe que seria quase certamente traído: «Não compreende que Scelba (o ministro do Interior, um siciliano) vai mandar matá-lo?»([94])

Giuliano voltou a responder, aludindo aos poderosos segredos que possuía: «Eu sei que Scelba me quer mandar matar; ele quer matar-me, porque mantenho um pesadelo a pairar sobre ele. Eu posso garantir que ele responda por actos que, se revelados, destruiriam a sua carreira política e poriam fim à sua vida». Ninguém sabia até que ponto devia acreditar nestas palavras.

No Verão de 1950, os companheiros capturados de Giuliano foram finalmente apresentados em Viterbo, perto de Roma, para o julgamento que devia responder a todas as perguntas. Todavia, mal começaram as audiências, o mistério voltou a adensar-se, quando o corpo de Giuliano foi encontrado no pátio de uma casa em Castelvetrano – fora do seu domínio das montanhas.

O filme *Salvatore Giuliano* começa com imagens – baseadas meticulosamente na realidade – do cadáver do bandido estirado de cabeça para baixo no pequeno pátio em Castelvetrano. Enverga peúgas, sandálias e uma camisola interior encharcada de sangue; vê-se também um pequeno fio de sangue seco na terra batida por baixo dele. A mão direita, exibindo um anel de diamantes, estende-se na direcção de uma pistola-metralhadora *Beretta*. Na verdade, a cena está repleta de ironia; como Rosi bem sabia, a «verdadeira» cena da morte de Giuliano era tão falsa como a sua versão cinematográfica. Quando a imprensa veio fotografar o corpo do bandido, os *carabinieri* afirmaram que o tinham morto durante uma violenta troca de tiros. Mas um corajoso repórter de investigação depressa revelou a ficção do relato oficial; a manchete dizia: «A única coisa certa é que ele está morto». Com a versão oficial da sua morte desacreditada, surgiu um relato mais verosímil: Giuliano foi morto na cama, provavelmente pelo seu primo e tenente Gaspare Pisciotta – um agente dos *carabinieri*; os próprios *carabinieri* transferiram o corpo para o pátio para ser fotografado e ocultar o que realmente tinha acontecido. Exactamente o que estavam a encobrir permanece obscuro. Mas a verdade é que Giuliano foi morto quando muito provavelmente podia ter sido capturado. Existiam certamente polí-

---

([94]) Citado in Renda, *Salvatore Giuliano*, pp. 101-102.

ticos, polícias, *carabinieri* e mafiosos para quem ele era menos perigoso morto.

No tribunal de Viterbo, os membros do bando de Giuliano alimentaram o frenesi da suspeita pública. O ministro do Interior, Mario Scelba, foi mais uma vez apontado como tendo estado envolvido na conspiração para levar a cabo a chacina de Portella della Ginestra. As acusações eram muitas vezes contraditórias ou vagas – passar a responsabilidade para políticos e polícias servia evidentemente os interesses dos bandidos – mas ainda assim proporcionaram um espectáculo alarmante e desconcertante. No final o juiz concluiu que nenhuma autoridade superior tinha ordenado o massacre e que o bando de Giuliano agira de forma autónoma. O objectivo deste tinha sido punir os esquerdistas locais pelos recentes resultados eleitorais.

O veredicto deixou poucas pessoas satisfeitas, simplesmente porque existiam demasiadas peças do *puzzle* que não encaixavam. Embora seja inútil tentar hoje resolver os mistérios que envolvem Portella della Ginestra e Salvatore Giuliano, vale certamente a pena apresentar algumas das provas. Desde a morte de Giuliano, vários «dietrologistas» têm procurado montar um quadro coerente com estes e outros factos:

- Várias testemunhas lembraram-se de que Giuliano recebeu uma carta mesmo antes de ter cometido a atrocidade de Portella della Ginestra. Depois de a ler, destruíra-a com cuidado e dissera aos membros do seu bando: «Rapazes, aproxima-se a hora da nossa libertação»; em seguida, anunciou o plano para atacar a celebração dos camponeses. Nunca ninguém descobriu quem enviou a carta.
- Depois do massacre de Portella della Ginestra, o comandante da polícia da Sicília teve um encontro com eminentes mafiosos de Monreale na sua casa em Roma. Aí eles entregaram-lhe um depoimento escrito de Giuliano que ele por sua vez terá enviado para a direcção particular do procurador-chefe do Tribunal de Apelação de Palermo, homem que talvez também tivesse tido contactos com Giuliano. O depoimento nunca foi encontrado.
- O mesmo comandante da polícia mantinha uma correspondência regular com Giuliano através dos mesmos canais

mafiosos. Em pelo menos uma ocasião encontrou-se efectivamente com o chefe dos bandidos – partilharam *panettone* e dois tipos diferentes de licor.

O único homem capaz e possivelmente disposto a revelar a verdade sobre Portella della Ginestra era Gaspare Pisciotta, o primo janota de Giuliano que o traiu e provavelmente matou por conta dos *carabinieri*. Enquanto esteve integrado no bando, possuía uma licença, assinada por um coronel dos *carabinieri*, que o autorizava a circular livremente pela ilha. Tinha até consultado um médico acompanhado de outro oficial – Pisciotta sofria de tuberculose. Durante o julgamento de Viterbo, declarara: «Nós somos um único corpo: bandidos, polícia e máfia – como o Pai, o Filho e o Espírito Santo».

Na conclusão do julgamento de Viterbo, Pisciotta foi condenado a prisão perpétua pela sua participação nos acontecimentos de Portella della Ginestra. Enquanto esteve na prisão – passou o seu tempo a escrever uma autobiografia e a fazer bordados em seda – tornou-se evidente que as autoridades começavam a dar mais crédito a algumas das suas declarações. Ia haver um novo julgamento em que ele seria acusado do assassínio de Giuliano. Além disso, seriam levantadas acusações de falso testemunho, entre outras, contra polícias e *carabinieri*. Pisciotta contactou um juiz investigador e disse que tencionava revelar muito mais do que havia feito antes.

Na manhã de 9 de Fevereiro de 1954, Pisciotta preparou uma chávena de café. Depois adicionou-lhe o que ele julgava ser o medicamento para a tuberculose. Levou uma hora a morrer, atormentado pelas violentas convulsões características do envenenamento por estricnina. A sua autobiografia desapareceu.

Pisciotta foi envenenado na prisão de Ucciardone em Palermo – a universidade do crime da máfia desde meados do século XIX. É inconcebível que tenha sido morto sem pelo menos a aprovação da sociedade honrada. Qualquer que tenha sido o envolvimento da máfia nas intrigas por trás do massacre de Portella della Ginestra e do bando de Giuliano, foi ela que se encarregou de evitar que a toda a verdade fosse revelada.

7

# Deus, Betão, Heroína e a Cosa Nostra 1950–1963

# A Juventude de Tommaso Buscetta

Foi provavelmente no período a seguir à II Guerra Mundial que a máfia começou a referir-se a si mesma como Cosa Nostra – «coisa nossa». É possível que o mais recente dos muitos nomes da máfia seja uma importação americana. Uma teoria diz que a expressão teve origem nas comunidades de imigrantes sicilianos nos Estados Unidos; era «coisa nossa», porque não estava aberta a criminosos de outros grupos étnicos. Mas como a máfia não deixa actas escritas das suas densas e enigmáticas conversas internas, não é possível comprovar a origem da expressão «Cosa Nostra». Na verdade, mesmo que fosse, pouco ganharíamos com isso, porque os nomes não são muito importantes para a máfia siciliana. A maioria dos mafiosos talvez preferisse que a «coisa deles» não precisasse sequer de um nome, que a sua existência pudesse ser sugerida apenas pelo erguer de uma sobrancelha ou um olhar fixo e duro. Como no caso dos outros títulos que apareceram e desapareceram ao longo dos anos – a Irmandade, a sociedade honrada, etc. – o surgimento de «Cosa Nostra» não assinala qualquer mudança efectiva na estrutura ou métodos da organização.

O próprio Tommaso Buscetta acreditava que Cosa Nostra era um nome antigo. Não existem provas de que ele tenha razão, e essa teoria não terá provavelmente mais autoridade do que a sua crença de que a máfia siciliana tinha origens medievais. Buscetta pode ter sido um mau historiador, mas foi uma boa testemunha, e os depoimentos e memórias que deixou abrangem metade de um século. É depois da II Guerra Mundial que Buscetta entra na história da máfia. Entre 1945 e 1963 – o ano dramático em que ele, como muitos outros importantes mafiosos, fugiu para o estrangeiro – Buscetta assistiria em primeira mão a algumas importantes mudanças na Cosa Nostra. Foi entre 1950 e 1963 que a organização instituiu um novo órgão directivo – a Comissão ou Cúpula – e refez os laços com a Cosa Nostra americana que lhe permitiram infiltrar-se no tráfico transatlântico de heroína. Foi neste período que a Cosa Nostra descobriu o que seria não só uma fonte de rendimentos, mas também um vínculo na sua relação com o sistema político: o betão.

As opiniões de Buscetta nem sempre são de inteira confiança. Por exemplo, ele recordava os anos 50 como os «bons velhos tempos» da Cosa Nostra, em que reinavam o respeito e a honra e não a ganância e a violência. Como se verá, Buscetta estava longe de ter razão neste aspecto, por mais não fosse porque passou grande parte da sua carreira fora da Sicília. Por conseguinte, a história da máfia siciliana não é igual nem à história que Buscetta contou nem à história que ele viveu. Mas uma vez que Buscetta irá aparecer e reaparecer nestas páginas daqui em diante, é importante ficar com uma ideia tanto do homem como do mafioso.

Existe uma razão para que se conheça tanta coisa acerca da vida sexual de Tommaso Buscetta. O primeiro homem de honra a explicar as regras da Cosa Nostra ao juiz Giovanni Falcone foi também o primeiro em que os jornalistas italianos puderam testar uma teoria muito estimada: a de que os mafiosos eram exemplos perfeitos do arquetípico homem mediterrânico macho e sensual. As conhecidas feições de Buscetta – os lábios grossos e generosos e os olhos redondos e tristes – faziam-no parecer como se tivesse sido talhado para o papel.

Em 1986, Enzo Biagi, genial contador de histórias e o jornalista e apresentador de televisão mais conhecido de Itália, foi a Nova Iorque entrevistar o chefe mafioso mais célebre da Sicília. Para o fazer, teve de enfrentar uma complexa operação de protecção de testemunhas da DEA [Drug Enforcement Administration], a agência norte-americana de combate ao narcotráfico: um encontro no Hotel St. Moritz, junto a Central Park com um chefe de segurança conhecido apenas por «Hubert», uma longa viagem para norte, uma mudança de carros e uma revista completa. A recompensa de Biagi foi passar vários dias com Buscetta numa casa isolada que lhe conferia segurança temporária. Depois de conquistar a confiança do mafioso trocando impressões sobre a família e o futebol (Buscetta era adepto da Juventus), Biagi deixou escapar a pergunta que tanto ansiara fazer ao lendário «chefe de dois mundos», confesso autor de múltiplos assassínios e guardião de alguns dos mais obscuros segredos da história da Itália: «Lembra-se da primeira vez em que fez amor?»

Buscetta tinha todo o prazer em representar para o animado Biagi o que este designou por *gallismo meridionale*. Afinal, pouco tempo antes, Buscetta estivera a evocar recordações bem mais difíceis no vasto tribunal à prova de bomba na prisão de Ucciardone, em Palermo. As perguntas a que tivera de responder então diziam respeito ao tráfico internacional de droga e derramamento de sangue, e o seu auditório incluía mafiosos que tinham morto seis membros da sua família no espaço de três meses. Falar sobre as suas conquistas sexuais com Biagi era um passeio no parque por comparação. Também o levou a um dos seus temas preferidos, o seu próprio magnetismo: «A Mãe Natureza deu-me carisma, possuo qualquer coisa de especial». Era a sua explicação (muito pouco convincente) para o facto de outros homens de honra tanto o respeitarem.

Para que conste, Tommaso Buscetta perdeu a virgindade aos oito anos de idade. Foi a primeira e única vez em que teve relações sexuais com uma prostituta; a mulher em questão tinha também uma barraca à beira da estrada onde vendia azeitonas, queijo e anchovas, e pediu apenas uma garrafa de azeite em paga dos seus favores. A partir de então o «romance» desempenhou um importante papel na vida de Buscetta. Dos seus três casamentos – pontuados por inúmeras infidelidades – o primeiro foi contraído quando tinha 16 anos, o segundo coincidiu parcialmente com o primeiro e o terceiro foi com uma mulher 22 anos mais nova do que ele e filha de um eminente advogado brasileiro. Ao todo, Buscetta teve seis filhos. Foi também uma coisa muito rara, um «padrinho» na moda – pelo menos no que dizia respeito à roupa. Uma fotografia, tirada no Brasil em 1971 ou 1972 pouco depois de conhecer a terceira esposa, mostra um Buscetta sorridente de sapatos cremes, calças cremes e uma camisa pregueada aberta até à barriga para revelar um pendente delicado. Ele chegou mesmo a fazer uma cirurgia plástica no nariz – isto muito antes de as autoridades americanas terem pedido a cirurgiões para lhe alterar a aparência para sua protecção.

Apesar de Buscetta gostar de se apresentar como modelo do macho mediterrânico, ele não foi certamente um típico *Homo mafiosus* nesse aspecto. A infidelidade discreta não é crime para os homens de honra, mas maltratar uma esposa é-o seguramente. A história conjugal de Buscetta trouxe-lhe vários problemas dentro da Cosa Nostra. Nos anos 50, foi suspenso da associação durante seis meses por causa das suas infidelidades. Em 1972, quando foi extraditado do Brasil e encarcerado na prisão de Ucciardone, em Palermo, ficou a saber que o chefe da sua Família quisera expulsá-lo de vez da Cosa Nostra por ele ter desrespeitado as duas primeiras mulheres.

Buscetta nasceu em 1928, nos subúrbios a leste de Palermo, numa família sem ligações à máfia. Apesar de ter sido o décimo sétimo de dezassete filhos, ele não foi mais um garoto da rua atraído pelo crime por não ter outras oportunidades na vida. O pai tinha uma oficina e empregava 15 pessoas a fabricar e a vender espelhos decorativos. No entanto, como muitas famílias sicilianas, os Buscetta passaram por tempos difíceis durante a guerra, e o adolescente Tommaso tornou-se contrabandista. Começou também a roubar gasolina, compotas, manteiga, pão e salames aos Alemães, estabelecendo aos poucos uma vasta rede de relações no mundo do crime de Palermo. Depois da libertação da Sicília pelos Aliados, Buscetta juntou-se a um grupo de cerca de 50 jovens rebeldes que foram para Nápoles combater os nazis – em parte pela aventura e em parte na esperança de algum saque. Após dois ou três meses de sabotagens e emboscadas no continente italiano, voltou para a Sicília com a sua reputação bastante reforçada. Foi então que começou a ser abordado por «homens cautelosos e misteriosos que se exprimiam em alusões, *nuances* e insinuações». Buscetta percebeu que eles estavam a vigiá-lo, a avaliá-lo. Um deles em particular – um polidor de móveis – sondava-o sobre as suas atitudes para com a polícia e os juízes, a moral da família e a lealdade aos amigos.

O polidor de móveis, um tal Giovanni Andronico, acabou por propor a filiação de Buscetta na Família da Cosa Nostra de Porta Nuova em 1945. Uma vez apresentada a proposta ao *capo*, uma nota do nome de Buscetta foi enviada a todas as Famílias da zona de Palermo para que estas pudessem investigar a sua credibilidade e certificar-se de que nem ele nem ninguém da sua família tinha ligações à polícia. Depois de concluídas as investigações, foi o próprio Andronico quem picou o dedo de Buscetta com um alfinete durante a cerimónia de iniciação.

A Família de Porta Nuova a que Buscetta se juntou era relativamente pequena – incluía cerca de 25 homens de honra – mas muito selecta. Entre os seus membros, ele descobriu que havia quatro notáveis: o concessionário siciliano de uma famosa marca de cerveja, um deputado monárquico, um consultor em psiquiatria e Andrea Finocchiaro Aprile – o «amigo» da máfia que emprestava as suas inflamadas capacidades oratórias à causa do separatismo siciliano. (Esta história, como algumas das outras que Buscetta contou sobre este período, não foi corroborada a partir de outras fontes e deve por isso ser tratada com algum cepticismo. Não obstante, elas dão uma ideia do estilo do homem.)

Em 1947, outra figura célebre foi apresentada a Buscetta: Salvatore Giuliano, o último bandido. O jovem Buscetta ficou fascinado com a presença de Giuliano, com a «luz especial» que parecia emanar dele. Parece que se mostrou bastante menos impressionado com outro homem de honra que conheceu no início da sua carreira, Giuseppe Genco Russo, o chefe de Mussomeli, comparsa de Don Calò Vizzini e o homem a quem outros mafiosos se referiam como *Gina Lollobrigida* por causa da sua atracção pela publicidade. Para um janota urbano como Buscetta, Genco Russo personificava a vida grosseira do interior siciliano. Na altura Russo era já um latifundiário rico e político da DC, mas mantinha ainda a sua mula dentro de casa e a retrete no exterior (pouco mais do que um buraco no chão com uma pedra para assento, sem porta e sem paredes). Este pormenor impressionou particularmente Buscetta, porque, como mais tarde recordou horrorizado, Genco Russo sentou-se e usou de facto a «retrete» à sua frente durante uma conversa.

Buscetta depressa começou a viajar. Os seus primeiros anos no estrangeiro, entre 1949 e 1952, foram passados na Argentina e no Brasil. Em 1956 voltou de outra estadia na Argentina com planos para retomar o contrabando de tabaco no qual já se havia revelado um perito. A Palermo que encontrou no seu regresso começava a ser enterrada em betão – e esse «enterro» iria selar um novo tipo de pacto entre o crime organizado e o poder político.

# O Saque de Palermo

O «saque de Palermo» – o crescimento súbito da construção civil no final dos anos 50 e início do anos 60 – continua a inspirar uma certa melancolia nos habitantes de Palermo. Para compreendermos essa melancolia, basta dirigir-nos a noroeste pela principal artéria de Palermo a partir dos Quattro Canti, o cruzamento dos quatro bairros da cidade barroca. Caminhar ao longo da via Maqueda, passando pelos gigantes leões de bronze que guardam o Teatro Massimo, e continuar em frente para a via Ruggero Settimo, é seguir o trajecto da expansão de Palermo no final do século XIX. A via Ruggero Settimo, por sua vez, transforma-se na ampla avenida da via Libertà, onde os burgueses elegantes da época dos Florio se passeavam nas suas carruagens e construíram esplêndidas casas de estilo *art nouveau*. No lado sul da via Libertà, mesmo antes do Giardino Inglese, a estrada desemboca na Piazza Francesco Crispi, hoje com o centro dominado por gigantescos painéis publicitários. Quase perdidas sob os painéis estão as espirais e pontas enferrujadas de uma elegante grade de ferro forjado – uma vedação estranhamente requintada para o feio parque de estacionamento ao ar livre que fica por trás. A grade é, efectivamente, tudo o que resta de uma das jóias da Palermo da era dos Florio.

Em tempos erguera-se naquele espaço a *Villa* Deliella, rodeada de palmeiras. A sua torre de vigia, janelas estreitas, imponente varanda e telhados levemente inclinados tinham sido projectados numa sumptuosa homenagem à expressão arquitectónica da Renascença toscana. No dia 28 de Novembro de 1959 – um sábado – um projecto para demolir a *Villa* Deliella era apresentado ao conselho municipal. Seria aprovado a tempo de a demolição começar naquela mesma tarde e no final de domingo uma das casas mais belas da época *art nouveau* já havia sido reduzida a escombros. Um mês depois a *Villa* Deliella teria atingido os 50 anos e, por consequência, ficado protegida por lei. A perda de *Villa* Deliella é apenas uma tragédia menor das muitas que, juntas, constituem a história do saque de Palermo.

Quando terminou a II Guerra Mundial, Palermo era ainda, na sua essência, a mesma cidade que fora na época dos Florio. Depois da via Libertà, começava a Conca D'Oro, com as suas mansões e pomares de limoeiros. Toda a Palermo estava rodeada de campo. Mas apesar da sua beleza, era uma cidade que precisava urgentemente de ser renovada. Os bombardeamentos dos Aliados eram em parte responsáveis; tinham deixado sem casa cerca de 14 000 pessoas, muitas das quais passaram a viver em barracas no meio dos escombros do velho centro onde se haviam concentrado os estragos das bombas. A pressão para que se construíssem mais casas só aumentou nos anos 50 quando se deu um influxo de habitantes das províncias à procura de empregos no sector público, tornados disponíveis quando Palermo voltou a ser uma capital, sede do novo governo regional. Entre 1951 e 1961, a população aumentou 20 por cento, para 600 000.

Um crescimento súbito da construção no pós-guerra era inevitável – como foi em grande parte da Europa. Era também inevitável que as expectativas por vezes demasiado altas de um desenvolvimento urbano planeado redundassem na desilusão. Contudo, os resultados da expansão de Palermo nos anos 50 e 60 foram muito piores do que qualquer um podia ter imaginado. Quando o *boom* da construção chegou ao fim, uma boa porção do centro da cidade continuava em ruínas; outra grande parte era um bairro miserável meio abandonado; e algumas das suas mais belas casas particulares – tanto barrocas como *art nouveau* – tinham sido demolidas. A periferia verdejante desaparecera sob o betão; a maioria dos pomares de limoeiros da Conca D'Oro fora arrasada pelos buldózeres. Antes desta transformação, era difícil detectar os sinais do mundo do crime na rede de edifícios e ruas da cidade. O saque de Palermo conseguiu transformar cada palácio barroco arruinado, cada bairro social de má qualidade e cada ambicioso bloco de apartamentos, num monumento à corrupção e ao crime.

Mas a história do saque de Palermo é essencialmente política e não arquitectónica, e, como tal, começa noutra cidade. Quando os Italianos se queixavam de que a máfia era «dirigida a partir de Roma», estavam a exprimir a versão simplista de uma verdade inegável. Os políticos, empreiteiros e mafiosos responsáveis pelo saque de Palermo compunham apenas uma das extremidades de uma longa cadeia que conduzia directamente à sede da Democrazia Cristiana na Piazza del Gesù, em Roma. Foi aí que se desenvolveu toda uma nova estrutura de governo de clientelas para a era democrática.

O primeiro elo da cadeia era Amintore Fanfani, um professor universitário baixinho e emproado de Arezzo, na Toscana. Quando se tornou líder da DC em 1954, propôs uma modernização em grande escala do partido que visava colocar mais poder nas suas próprias mãos. Apesar de dominar o governo, a DC era susceptível à influência de poderes externos: acima dela, o Vaticano e os gigantes da indústria italiana; por baixo, os barões conservadores que angariavam votos nas vilas e aldeias. Havia pouco que garantisse o apoio desses poderes externos à DC. Para lidar com eles de igual para igual, pelo menos, Fanfani achava que o partido tinha de se tornar uma moderna organização de massas e um poder por direito próprio.

Na Sicília, como em grande parte do Sul de Itália, a revolução de Fanfani significou duas coisas. Em primeiro lugar, um novo tipo de gestor político – os «jovens turcos»(*) – surgiu de dentro do partido. Em segundo lugar, esses mesmos homens ocuparam todos os cargos disponíveis em governos locais ou nacionais, empresas públicas e companhias nacionalizadas. Assim, na nova DC, os velhos e carismáticos notáveis tiveram de dar lugar aos dinâmicos e jovens burocratas da corrupção que trataram de «ocupar o Esta-

(*)A expressão remete para um grupo de reformadores do Império Otomano de finais do século XIX, começo do século XX, que em 1908 levaram a cabo uma revolução e depuseram o sultão Abdulhamid II; por extensão, passou a designar jovens desejosos de mudança radical, que pretendem instituir uma nova ordem (*N. R.*)

do» em nome do partido e deles próprios. Os jovens turcos transformaram os recursos públicos em recursos da DC.

O jovem turco principalmente responsável por implementar o programa de Fanfani na ilha, e o elo seguinte na corrupta cadeia que uniu Roma à pilhagem de Palermo, foi Giovanni Gioia. Gioia não era uma grande figura pública – Tommaso Buscetta descreve-o apenas como possuindo um «temperamento glacial» – e nunca exerceu qualquer cargo na municipalidade, mas foi, apesar disso, fundamental para a história da cidade nesse período. As pessoas que lidavam com ele de perto chamavam-lhe «o vice-rei» e achavam que ele tinha o poder único de escolher os presidentes da câmara da cidade. Aos 28 anos, em 1954, Gioia tornou-se secretário da DC na província de Palermo e, igualmente importante, chefe do Departamento de Organização do partido, que supervisionava a admissão de novos membros. Gioia, ou um dos seus sequazes, iriam controlar o Departamento de Organização durante quase um quarto de século. Seria a partir dessa posição fulcral que o glacial Gioia reinventaria a política de clientelas da Sicília.

Sob as reformas de Fanfani, a Democracia Cristã instalaria pela primeira vez secções do partido por toda a Itália; havia 59 em Palermo, por exemplo. O objectivo, aparentemente, era aproximar a DC da comunidade, recrutando novos membros no processo. Os seguidores de Fanfani lançaram novos *slogans* partidários proclamando o fim da «política de *maccheroni*» – votos trocados por favores. Os mecanismos desta modernização política eram simples: na nova estrutura da DC os membros com cartão elegiam os líderes do partido; também votavam para os delegados que por sua vez escolhiam os candidatos às eleições. Essa, pelo menos, era a teoria. Na prática, em Palermo, o poder residia não nas mãos dos membros, mas em Gioia. Com Gioia no Departamento de Organização da DC, a filiação no partido era distribuída por amigos, parentes, pessoas falecidas e nomes tirados da lista telefónica. Quantos mais membros uma secção local do partido recrutava, mais delegados podia mandar para os congressos. Por outras palavras, quantos mais membros um chefe de partido local como Gioia pudesse ostentar, mais poder era capaz de oferecer ao chefe de uma facção nacional da DC como Fanfani. O aumento prodigioso do número de membros na ilha acabaria por dar à DC siciliana, e a Fanfani, uma influência desproporcionada dentro da DC a nível nacional.

(O mirradinho professor universitário da Toscana seria seis vezes primeiro-ministro.)

Todo este poder que o «vice-rei» Gioia conquistou *dentro* da nova Democrazia Cristiana na Sicília de nada valia por si; só compensava se o partido fosse capaz de distribuir os empregos, licenças, subsídios e outros bens valiosos que advinham do controlo do governo local e regional. O cenário estava montado para o saque de Palermo e para o surgimento dos seus dois principais vilões: Vito Ciancimino e Salvo Lima, ambos eleitos para o conselho municipal de Palermo pela primeira vez em 1956 e ambos apoiantes de Gioia. Seriam eles que transformariam a política de *maccheroni* na política do betão.

Como personagens, Ciancimino e Lima eram quase diametralmente opostos. Ciancimino nasceu filho de um barbeiro de Corleone. Era arrogante, boçal, esperto e ambicioso. Fotografias dele da época mostram um homem com cara de fuinha, de impecável fato completo, gravata berrante, cabelo liso puxado para trás e um bigode fino e escuro. Lima, filho de um arquivista municipal, era formado em Direito e começou a sua carreira no Banco da Sicília. Com olhos esbugalhados e caracóis bem penteados, era tão rechonchudo, educado e escorregadio como Ciancimino era magro, grosseiro e brusco.

Apesar de pertencerem ambos à facção de Fanfani na DC, Ciancimino e Lima tinham relações diferentes dentro da máfia. Por isso Tommaso Buscetta tinha uma visão contrastante dos dois, lembrando-se de Ciancimino como «um vigarista agressivo de Corleone» que apenas cuidava dos seus interesses e dos interesses dos homens de honra da sua cidade natal. Buscetta – adversário de longa data dos *corleonesi* – canalizava os votos sob o seu controlo para Lima. Os dois nunca foram propriamente chegados, e eram ambos homens de poucas palavras, mas a sua relação comercial baseava-se no que Buscetta chamava «respeito mútuo e cordialidade sincera». Conhecendo a paixão de Buscetta pela ópera, Lima certificava-se de que ele recebesse sempre bilhetes para o Teatro Massimo.

Entre si, Ciancimino e Lima transformaram o aparentemente modesto cargo municipal de Vereador das Obras Públicas na máquina de favores mais descarada e lucrativa da Itália. Entre 1959 e 1963 – os anos mais quentes da febre da construção, e em que primeiro Lima e depois Ciancimino estiveram na Divisão das Obras Públicas – a câmara municipal concedeu 80 por cento das 4205 licenças de construção a apenas cinco homens. A maior parte da economia de Palermo dependeu da neste período da construção financiada com dinheiros públicos. Assim, uma enorme percentagem da riqueza da cidade foi desbaratada através desses mesmos cinco homens.

Mas estes não eram, como seria de esperar, magnatas da construção de dimensão nacional. Na verdade, eram uns zés-ninguém. A Divisão das Obras Públicas só devia atribuir licenças a engenheiros civis qualificados para realizar as obras. No entanto, alguém tinha descoberto um regulamento datado de 1889 – antes de existirem as modernas qualificações de engenharia civil. Segundo esse regulamento, as companhias que recebiam uma licença para construir precisavam de ter um «mestre pedreiro» ou um «empreiteiro competente» nos seus livros. A câmara tinha listas destas pessoas autorizadas. Os cinco principais beneficiários das licenças do sistema Lima-Ciancimino constavam duma lista que remontava a 1924. Mesmo para essa altura as qualificações citadas parecem falsas; um dos cinco homens ao que parece era apenas um negociante de carvão. Outro, veio a saber-se, era afinal um antigo trolha, mais tarde empregado como porteiro num dos blocos de apartamentos cuja construção supostamente dirigira. Quando foi entrevistado, limitou-se a afirmar que era um homem que fazia o que tinha de fazer para sobreviver; ele tinha assinado as licenças como um favor a alguns «amigos».

Considerado do ponto de vista dos «amigos», e não da perspectiva dos políticos, o saque de Palermo começou na base, com os mafiosos que agora vigiavam os terrenos para construções como noutros tempos tinham vigiado os pomares de limoeiros. O vandalismo e o roubo podiam fazer parar qualquer projecto de construção se o chefe local assim o quisesse. O segundo nível de influência da máfia era constituído por uma densa fileira de pequenos subempreiteiros que forneciam a mão-de-obra e os materiais. Mesmo que Lima e Ciancimino não tivessem existido, os políticos e as empresas de construção teriam tido de lidar com o poder da máfia a este nível. No nível acima encontravam-se os grandes empresários da construção, homens ligados a redes corruptas de amigos, parentes, clientes e facções. Essas redes tornam-se cada vez mais densas à medida que as sondamos, ligando políticos locais, funcionários municipais, advogados, polícias, empreiteiros, banqueiros, homens de negócio e mafiosos.

No centro dessas redes estavam Gioia, Lima e Ciancimino. O método dos jovens turcos era uma forma de caos cuidadosamente orquestrado, como mostra a história do plano urbanístico de Palermo.

O plano teve o seu início ainda em 1954. Das duas vezes em que pareceu prestes a estar concluído, em 1956 e 1959, tiveram de ser feitas centenas de emendas em resposta a requerimentos de cidadãos privados, muitos deles políticos da DC, mafiosos ou seus parentes e sócios. O plano foi aprovado definitivamente em 1962. Mas nessa altura a Divisão das Obras Públicas já tinha concedido muitas licenças de construção com base na versão de 1959; existiam já prédios de apartamentos em muitas áreas que o plano devia regulamentar. Mesmo depois de 1962, pessoas com acesso a Gioia, Lima e Ciancimino conseguiam que o plano fosse alterado a seu favor ou que lhes fossem perdoadas retroactivamente infracções à lei do planeamento. Apenas num único caso foi ordenada a demolição de uma estrutura construída ilegalmente. Nenhuma companhia ousou apresentar-se para aceitar o contrato.

Existe, tem de se reconhecer, um certo engenho nestes métodos. O plano urbanístico, como as regras que estabeleciam quem podia receber alvarás de construção, destinava-se a evitar a construção ilegal. Sob os governos de Lima e Ciancimino, estas medidas serviram apenas para colocar firmemente nas mãos dos políticos o poder de construir ilegalmente. É um amargo paradoxo com o qual os Italianos já estão bastante familiarizados: quanto mais rígida é uma regra, mais alto o preço que um político pode exigir para encontrar uma maneira de a contornar.

Depois existe o factor do medo. O caso de Pecoraro dá-nos um vislumbre do medo que Ciancimino, o «vigarista agressivo de Corleone», era capaz de suscitar. Em Agosto de 1963, Lorenzo Pecoraro, sócio de uma firma de construção, enviou uma carta ao procurador-chefe de Palermo, acusando Ciancimino de corrupção. O caso tinha origem num incidente em que Ciancimino negara ilegalmente uma licença de construção à companhia de Pecoraro. Ao mesmo tempo, uma licença para construir num terreno adjacente fora concedida a outra companhia, Sicilcasa, apesar de essa proposta bem-sucedida infringir as regras de planeamento em vários aspectos.

A companhia de Pecoraro reagiu à interdição do seu projecto abordando Ciancimino através de um intermediário, o chefe da máfia da zona em que esperavam construir. A abordagem pareceu dar resultado; Ciancimino prometeu libertar a licença. Mas houve então um atraso provocado por uma greve dos trabalhadores da câmara. Quando esta terminou, Pecoraro já havia perdido, por razões que permanecem desconhecidas, o apoio do mafioso. Ciancimino tinha também adoptado uma nova estratégia: os executivos da companhia de Pecoraro foram informados de que só poderiam receber a licença se depositassem um grande suborno junto da Sicilcasa.

Na sua carta ao magistrado encarregue da investigação, Pecoraro citava uma testemunha que afirmara que Ciancimino era sócio secreto da Sicilcasa. Pecoraro dizia também que tinha uma gravação em que Ciancimino se gabava de que a Sicilcasa lhe oferecera um apartamento de graça. Noutra gravação em sua posse, afirmava ele, um notário confessava ser o canal através do qual enormes subornos pagos por alvarás de construção eram transferidos para a Divisão das Obras Públicas de Ciancimino. Entre os acontecimentos do caso da Sicilcasa e o relatório de Pecoraro ao procurador, o chefe da máfia e três sócios da Sicilcasa foram presos e acusados de homicídio.

Apesar de todas estas provas, o magistrado a quem Pecoraro enviara o seu relatório original não encontrou motivos para uma acção judicial. Só no ano seguinte é que o processo foi examinado por uma comissão parlamentar de inquérito. Todavia, quando isso aconteceu, Lorenzo Pecoraro enviou uma carta à comissão afirmando que as suas anteriores acusações contra Ciancimino eram «resultado de informações erradas». Além do mais, dizia, os boatos de que Ciancimino era corrupto eram provenientes de pessoas com rancores pessoais e políticos contra ele. Ciancimino, concluía Pecoraro, tinha sido «sempre exemplar pela sua decência e honestidade». O assunto ficou encerrado.

Ciancimino e Lima foram os políticos da DC mais infames do seu tempo, os viajantes mais lestos numa nova e tortuosa estrada para a riqueza e o poder. Durante décadas, um bando de políticos servis transformou a DC siciliana num labirinto de clientelas, cliques, facções, alianças ocultas e conflitos abertos. Mesmo jornalistas experientes viam-se desesperados para perceber o que se passava. No final dos anos 60, um desses jornalistas foi fazer uma reportagem sobre o que ele designou uma importante «personagem» da DC. Ao entrar no novo apartamento do político em Palermo, o jornalista deparou-se com

> um interior de mármore, quadros dos antigos mestres, móveis de todos os estilos, esplêndidos e antigos artefactos de ouro em perfeito estado de conservação; mostras de jóias, moedas, relíquias arquitectónicas; crucifixos de marfim de valor inestimável em promíscua companhia de budas barrigudos de jade. Fiquei estupefacto, como se tivesse encontrado por acaso o saque bem recheado de um corsário. A personagem em questão, vestido com um roupão comprido, estava na sala, conspirando com os chefes das máquinas eleitorais da região que tinham vindo visitá-lo. Era o mesmo homem que eu conhecera no início da sua carreira política, então pobre como Job. Não pude deixar de me interrogar que feitiço fizera brotar do chão à sua volta aquele rio de ouro.([95])

O poder que Ciancimino e Lima, juntamente com outros, criaram para si mesmos nos anos 50 duraria décadas. Só em 1984 é que Ciancimino seria preso, sendo finalmente condenado apenas em 1992 – o primeiro político na história de Itália a ser julgado com êxito sob acusações de trabalhar para a máfia. A 12 de Março do mesmo ano, Salvo Lima – na altura deputado do parlamento europeu – foi vítima de um sistema judicial muito menos moroso: morreu baleado perto de casa em Mondello, uma estância balnear nos arredores de Palermo. Não existem provas de que Lima tivesse sido de facto um homem de honra, como alguns «arrependidos» da máfia chegaram a afirmar. Buscetta achava pouco provável, mas disse que o pai de Lima fora membro de uma Família do centro de Palermo. Do que ninguém tem dúvidas é que foram os antigos amigos de Lima que puseram um fim abrupto à sua carreira política.

Como sempre, as histórias da máfia levantam questões sobre a Itália como um todo; neste caso, sobre por que razão a opinião pública italiana não ficou escandalizada com o que se estava a pas-

([95]) Farinella, p. 25.

sar na Sicília – e em grande parte do Sul de Itália – ao ponto de levar alguém a tentar fazer alguma coisa. As razões, escusado será dizer, estão relacionadas com o poder e o dinheiro.

Os anos mais frenéticos do saque de Palermo coincidiram com o «milagre» económico italiano. Nos finais dos anos 50 e princípios dos anos 60, a economia do país lançou-se na era da produção industrial em massa. As grandes quantias de dinheiro canalizadas para as mãos dos jovens turcos do Sul provinham dos lucros gigantescos obtidos pelas fábricas de Génova, Turim e Milão, no Norte. No entanto, a grande indústria não se mostrava muito inclinada a protestar contra o desperdício. Muitas das maiores firmas de construção pertenciam a homens do Norte. À indústria do Norte convinha também que o mercado de consumo do Sul da Itália fosse inundado de fundos públicos. Grande parte do dinheiro distribuído com tanta despreocupação por Palermo e Nápoles acabava por voltar para o Norte em troca de rádios, frigoríficos, vespas e automóveis. Como bónus político, o eleitorado democrata-cristão do Sul ajudava também a manter afastados os comunistas. Durante décadas, muitos Italianos preferiram seguir o princípio tornado explícito por um importante jornalista de direita nos anos 70: «Tapem o nariz e votem DC».

E depois, claro, ao longo de todas as mudanças dos anos 50 e 60, a DC pôde sempre contar com o apoio da Igreja. O cardeal arcebispo de Palermo entre 1946 e a sua morte, em 1967, foi Ernesto Ruffini, o homem que levou a Igreja da Sicília ao ponto mais baixo da sua cegueira criminosa perante a realidade do crime organizado e do conluio político. Ruffini era de Mântua, no Norte da Itália, mas foi mais Siciliano do que os Sicilianos no seu amor obstinado pela ilha. Na Sicília, imaginava Ruffini, a fé era mais profunda do que a crença pessoal; tinha sólidas raízes nos costumes dos camponeses e influenciava toda a vida política. A Sicília era o que mais próximo existia no mundo do ideal de uma sociedade plenamente cristã. Ser siciliano e ser crente eram condições inseparáveis. Se os Italianos tinham a missão de levar a mensagem de Cristo ao mundo, então o povo siciliano tinha uma missão especial na Itália: quando o Norte industrial desse mostras sucumbir ao materialismo, a ditosa ilha da fé daria o exemplo e seria uma fortaleza contra Mamona [o lucro], Marx e os maçons. Em suma, a ideia que Ruffini alimentava do mundo era completamente fantasista.

O cardeal arcebispo tinha verdadeiro horror ao comunismo e considerava a máfia uma invenção das estratégias de intimidação dos comunistas. Em 1947, quando o bando de Salvatore Giuliano massacrou a tiro de metralhadora famílias camponesas em Portella della Ginestra, o cardeal escreveu ao papa para explicar que, embora «certamente não pudesse concordar com a violência» de qualquer das partes, «a resistência e a revolta eram inevitáveis em face dos comunistas e das suas ameaças, mentiras e maquinações traiçoeiras, das suas teorias anti-italianas e anticristãs»([96]). Antes das eleições legislativas de 1953, anunciou que era o «sério dever» dos crentes colocar a sua cruz ao lado do símbolo da DC no boletim de voto. Mais do que isso, não votar contra o «perigo iminente criado pelos inimigos de Jesus Cristo» era efectivamente um pecado mortal. Apesar desta advertência e de cinco anos de governo democrata-cristão em Roma, a percentagem de votos obtida pela DC na Sicília diminuiu drasticamente, de pouco menos de 48 por cento para pouco mais de 36 por cento. Havia claramente uma grande maioria de pecadores na ilha.

Vivia-se o início de um período de rápidas mudanças sociais que só podia parecer uma longa vaga de catástrofes para um homem com as ideias de Ruffini. A «apostasia desenfreada» do comunismo espalhava-se por várias regiões da Itália numa densa rede de cooperativas agrícolas e de habitação. Depois, com o rápido crescimento económico do final dos anos 50 e início dos 60, muitos camponeses do Sul abandonaram as suas estruturas religiosas locais para ir trabalhar nos estaleiros de construção e fábricas de Génova, Turim e Milão. Além disso, nem mesmo a censura do governo e da igreja podia impedir Hollywood de iniciar os jovens nos hábitos da imoralidade e do consumismo.

Pior ainda, o partido da Democracia Cristã, a vanguarda escolhida da Santa Madre Igreja na cruzada contra a Esquerda ateia, parecia não estar à altura de cumprir a sua nobre missão. A desorganização da DC, as suas rancorosas lutas internas e o seu manuseamento descuidado dos dinheiros públicos começavam mesmo a tornar-se tema da crítica cautelosa de importantes homens da Igreja. Além disso, depois do seu revés nas eleições de 1953, a DC

---

([96]) Citado in Stabile, *La Chiesa*, p. 265.

foi obrigada a depender de aliados laicos à sua direita ou à sua esquerda para se manter no poder. Algumas das facções do partido tentavam afastar o Partido Socialista da sua aliança com os comunistas; os socialistas acabariam por formar um governo com a DC pela primeira vez em 1963. Ao mesmo tempo, os que a Igreja apelidava de «liberalóides» do mercado livre e «agnósticos» começavam a ganhar terreno dentro da DC à medida que esta se debatia com a realidade de gerir uma economia capitalista moderna.

Nenhum destes desenvolvimentos alterou o apoio de Ruffini à DC ou a sua luta constante para manter à distância o mundo contemporâneo. Mas ele não podia fugir à questão da máfia para sempre. No Domingo de Ramos de 1964, o cardeal Ruffini publicou uma carta pastoral intitulada «A verdadeira face da Sicília». Era a primeira declaração pública oficial da hierarquia eclesiástica sobre a máfia – noventa e nove anos depois de a palavra ter sido usada pela primeira vez. «A verdadeira face da Sicília» denunciava uma diabólica conspiração mediática para denegrir a ilha; era uma conspiração de três farpas. As duas primeiras eram as figuras mais célebres associadas à Sicília nas décadas de 50 e 60: Danilo Dolci, conhecido por «Gandhi siciliano», cujas campanhas não-violentas chamaram a atenção para as privações das comunidades piscatórias e camponesas da Sicília Ocidental; e o romancista aristocrático Giuseppe Tomasi di Lampedusa, autor de *O Leopardo* (1958), com o seu retrato sensual e desconsolado da história da ilha. A terceira farpa da ofensiva mediática contra a Sicília era a máfia, a qual, asseverava Ruffini, não era mais grave do que o mesmo tipo de crime que se encontrava noutros lugares da Itália e no resto do mundo.

# Joe Bananas Vai de Férias

Giuseppe *Joe Bananas* Bonanno teve o reinado mais longo de qualquer dos chefes das cinco Famílias da máfia de Nova Iorque. Nascido na pequena cidade litoral de Castellammare del Golfo em 1905, fugiu da Itália de Mussolini nos anos 20, lutou ao lado de Salvatore Maranzano, outro *castellammarese*, contra Joe *the Boss* Masseria e tornou-se *capo* da sua Família depois de Lucky Luciano ter pacificado a máfia de Nova Iorque em 1931. Durante as três décadas seguintes, Joe Bananas iria comandar o clã Bonanno de Brooklyn, a mais siciliana das Famílias de Nova Iorque. O dialecto da ilha era a língua de eleição; o próprio Bonanno sempre teve problemas com o inglês. Juntamente com os Magaddino, de Buffalo, de quem Joe Bananas era parente de sangue, a Família Bonanno manteve sempre ligações próximas à máfia de Castellammare del Golfo.

Em 1983, Joe Bananas publicou *A Man of Honour*, uma narrativa da sua vida, escrita por outra pessoa, recheada de alusões absurdamente justificativas à «minha Tradição» – isto é, à máfia. Um dos capítulos mais interessantes de *A Man of Honour* conta como, durante várias semanas em Outubro de 1957, o chefe de Brooklyn regressou em estilo ao local onde a sua «tradição» tinha nascido. O relato do que ele chama as suas férias na Sicília está repleto dos habituais disparates sobre uma antiga e venerável cultura siciliana da honra e da família. Bonanno voltava às suas raízes, ao pequeno mundo que ele abandonara na sua busca de liberdade e sucesso. À chegada, exprimiu a sua admiração pela «arte de viver» e «exuberante simpatia» dos Italianos. Com maior perspicácia, apelidou a máquina governamental italiana de «atroz». Por exemplo, quando aterrou pela primeira vez no aeroporto de Roma, ficou agradavelmente surpreendido com o tratamento VIP que recebeu do ministro democrata-cristão do Comércio Externo – outro natural de Castellammare. «Não teriam os meus amigos do FBI ficado espantados com esta recepção principesca?», foi o comentário de Bonanno. Embora não exista confirmação independente da história, ninguém que conheça a DC siciliana ficaria minimamente surpreendido se fosse verdade. Uma vez em Palermo, o padrinho visitante foi recebido por uma delegação de dignitários e homens de honra que lhe mostrou orgulhosamente as esplêndidas novas auto-estradas e edifícios de escritórios que cresciam como cogumelos em redor da cidade. Talvez não surpreenda que esta primeira visão do saque de Palermo não tenha figurado entre os pontos altos das duas férias.

Apesar de não se o depreender da mistificação do livro de Bonanno, as suas férias na Sicília assinalaram de facto uma importante mudança para a Cosa Nostra nos dois lados do Atlântico. Porque foi então que os mafiosos americanos alargaram as operações de tráfico de heroína aos seus primos sicilianos. Igualmente importante, durante a mesma viagem a máfia siciliana criou uma Comissão segundo o modelo daquela instituída em Nova Iorque no final da guerra *castellammarese*. Estes dois acontecimentos intimamente ligados estabeleceram o cenário para todos os dramas da história da máfia durante as quatro décadas seguintes. Tudo o que aconteceu até e além da desconcertante violência dos anos 80 e início dos anos 90 teve a sua origem na altura em que Joe Bananas fez a sua visita.

As informações disponíveis sobre o que de facto aconteceu durante essa viagem são parciais, mas bastante sugestivas. Tentar decifrar as provas, compreender não só o «quê» mas o «porquê», é um assunto delicado. Este é um daqueles casos em que os historiadores italianos da máfia acharam indispensável suplementar os factos disponíveis com uma série de suposições fundamentadas. O que se segue é por isso uma mistura de conhecimentos e conjecturas, uma mistura criada com um objectivo fundamental: penetrar na *política* da Cosa Nostra. A palavra «política» é importante e não é usada levianamente. Porque se o início do envolvimento da Cosa Nostra no tráfico da heroína foi uma questão de negócios, então a criação da Comissão foi o equivalente mafioso de uma política constitucional. Para os não-italianos já não existe qualquer escândalo na referência aos mafiosos como homens de negócios; o chefe da máfia, visto como o duplo sinistro do director executivo de uma companhia, é hoje um lugar-comum cinematográfico. No entanto, fora da Itália, os escritores ainda hesitam em dignificar as maquinações de assassinos e ladrões com a palavra «política». Mas como os que se esforçam por compreender a máfia siciliana na sua terra natal aprenderam ao longo das décadas, empregar qualquer outra palavra é subestimar seriamente a Cosa Nostra. Porque a máfia siciliana tem uma política num sentido muito literal. Como os juízes investigadores actuais não desistem de salientar, a Cosa Nostra nunca será derrotada se não se perceber que ela constitui um Estado-sombra, um organismo político que ou combate, ou subverte, ou se instala dentro do organismo do governo legal.

Durante a etapa de Palermo da sua excursão siciliana, num sumptuoso almoço de cinco horas no restaurante Spanò, à beira-mar, Joe Bananas conheceu Tommaso Buscetta – pelo menos segundo a versão dos acontecimentos do próprio Buscetta. Nessa altura, Buscetta – o futuro «chefe de dois mundos» e famoso desertor da máfia – era apenas um promissor soldado de Palermo. Assim, é compreensível que o encontro no restaurante tenha causado uma impressão muito maior nele do que em Joe Bananas, que não se deu ao trabalho de registá-lo entre as suas recordações das férias. Buscetta, pelo contrário, exprimiu efusivamente o «encanto» que sentiu quando falou intimamente com um homem que descreveu como «distinto, elegante, dotado de uma inteligência especial». Buscetta encontrara evidentemente o seu modelo.

Além da diferença em prestígio entre Buscetta e Bonanno na altura, existem muitas outras diferenças entre os seus dois relatos. Quando contou a sua história, Buscetta era já um *pentito* a viver sob um programa de protecção de testemunhas; quando Joe Bananas contou a sua, em 1983, ele estava, quando muito, na pré-reforma. Por essa simples razão, Buscetta é de longe o mais credível dos dois. (Embora convenha dizer que as autoridades americanas tomaram *A Man of Honour* suficientemente a sério para chamar o seu autor a depor perante um júri de acusação.)

É notável, mas não surpreendente, que ambos mafiosos tenham deixado exactamente a mesma – e muito significativa – lacuna nas suas histórias: os estupefacientes. Joe Bananas afirmava que nada tivera que ver com drogas, as quais eram, protestava, completamente estranhas à sua Tradição. Buscetta limitava-se a rir-se da ideia de que a visita de Bonanno tivesse alguma coisa que ver com heroína. Os dois homens estavam a mentir descaradamente. Mas estavam também a mentir de uma maneira mais interessante do que possa parecer a princípio. Não se tratava apenas de uma questão de dois criminosos a tentar proteger-se.

Buscetta foi sem dúvida um mentiroso mais interessante do que o seu modelo italo-americano. Até à sua morte continuou a negar que alguma vez tivesse ganho dinheiro com as drogas. Contradizendo-se, Buscetta afirmava também: «Não há ninguém na Cosa Nostra que não esteja ligado ao tráfico de droga». Estas afirmações exibem todos os sinais do tipo de mentira estratégica em que os homens de honra sicilianos eram particularmente hábeis. Na verdade, os sinais são *tão* evidentes que provavelmente eram intencionais. Buscetta assegurava-se assim de que qualquer pessoa que soubesse descodificá-lo – o juiz Falcone, por exemplo – perceberia muito bem *não só* que ele estava a mentir, *mas também* que não estava disposto a revelar mais sobre o que era evidentemente um assunto importante. Era uma mentira tão grande que se viu obrigado a lançar um cordão sanitário à sua volta para impedi-la de contaminar a credibilidade das outras coisas que tinha para dizer.

Todas estas mentiras tornaram-se necessárias, porque, na mesma altura em que Joe Bananas descia do avião em Palermo, a Cosa Nostra americana encontrava-se numa grande encruzilhada. De certo modo ela tinha de decidir até que ponto queria ser ilegal. A máfia americana sempre operara com mais à-vontade em mercados – como o álcool durante a Proibição ou as lotarias – que eram «quase» legais e que por isso não constituíam uma fonte de embaraço para os seus amigos políticos. O jogo era outro exemplo; os anos 40 e 50 foram um período em que o crime organizado investiu fortemente na florescente Meca das apostas de Las Vegas.

Os mesmos princípios de semi-ilegalidade aplicavam-se à intervenção da máfia nas relações laborais. Ela oferecia os seus serviços aos chefes para acabar com as greves; ou trabalhava com os sindicatos para extorquir dinheiro tanto aos trabalhadores como aos chefes. Em qualquer dos casos a Cosa Nostra não se afastava muito da sombra protectora de instituições legais e poderosos grupos de interesses.

O negócio da droga era diferente. Em 1950, o senador democrata do Tennessee, Estes Kefauver, resolveu actuar em consequência de informações alarmantes da Agência Federal de Estupefacientes (FBN – Federal Bureau of Narcotics) sobre a rede internacional de tráfico de droga da máfia. As audiências da «Comissão Especial do Senado para a Investigação da Criminalidade no Comércio Interestadual» presidida por Kefauver foram transmitidas pela televisão em 1951. Os Americanos viram dezenas de mafiosos invocar a 5.ª Emenda da constituição perante as perguntas de Kefauver. Frank Costello, o antigo contrabandista e rei das máquinas de jogo de Nova Iorque, não permitiu que as câmaras o filmassem acima dos ombros; mas o «*ballet* de mãos» que acompanhou a explicação duvidosa dos seus negócios tornou-se o facto emblemático das audiências para muitos telespectadores.

No seguimento das audiências de Kefauver, os Estados Unidos redescobriram o seu medo da máfia – medo que afectara a nação pela última vez quase meio século antes, no tempo do assassínio do «corpo no barril» e do tenente Joe Petrosino. Desta vez, o terror e fascínio despertados pela máfia foram também alimentados por um alarme em relação à droga. Seguiu-se uma campanha de propaganda com motivações políticas e um pequeno *boom* editorial; um escritor, inspirado em Kefauver, chamou à máfia «a maior ameaça da história à moral» e «a principal fonte de todo o crime no mundo». O longo romance da América do pós-guerra com a máfia tinha começado.

Apesar de todos os exageros e evidentes fantasias do novo alarme americano em relação à máfia, e apesar de J. Edgar Hoover, director do FBI, ainda se recusar a acreditar que a máfia existia, as consequências das audiências de Kefauver para os homens de honra foram bastante graves. O governo federal promulgou a Lei do Controlo de Estupefacientes em 1956, que estabelecia uma pena máxima de 40 anos para delitos relacionados com a droga. Segundo um cálculo da polícia americana, quando Joe Bananas foi para a Sicília «desopilar», como ele diz, um em cada três membros da Família Bonanno já havia sido preso por crimes ligados à droga. A situação das outras Famílias mafiosas de Nova Iorque era ainda pior; o clã Lucchese perdera cerca de 60 por cento do seu pessoal.

Como Buscetta e Bonanno explicaram mais tarde, a chefia da máfia americana resolveu interditar o tráfico de droga em resposta às medidas repressivas das autoridades. (Ambos também afirmam que apenas outros mafiosos violaram essa interdição, o que é altamente improvável.) Existem muitas outras fontes que confirmam que existiu de facto essa política; e todas também realçam que a regra era constantemente infringida. Tratava-se, na realidade, de uma fachada para criar a impressão de que a organização se distanciara das drogas. Mas só podia ser uma medida de remedeio.

Para complicar ainda mais as coisas, em 1956-1957, a mais importante base *offshore* da máfia para o seu contrabando de estupefacientes – a ilha de Cuba – começou também a fugir ao seu controlo. A corrupta e brutal ditadura de Fulgencio Batista y Zaldìvar desmoronava-se em face da mediática guerrilha de Fidel Castro e Ernesto «Che» Guevara na Sierra Maestra. Em 1958 os Americanos cortaram finalmente a ajuda militar a Batista, e Castro entrou em Havana em Janeiro do ano seguinte.

Não é assim preciso nenhuma «inteligência especial» para perceber por que razão Joe Bananas foi «desopilar» para a Sicília em 1957. A sua organização precisava de três coisas para o seu negócio de estupefacientes: uma fonte de mão-de-obra de confiança; um concessionário para um negócio que se tornara demasiado arriscado gerir sozinho; e uma nova base de transbordo.

Na Sicília dos anos 50, o domínio territorial da Cosa Nostra era muito mais completo do que nos Estados Unidos – daí o prazer de Bonanno perante o tratamento VIP que recebera. Mas os atractivos da Itália não se ficam pela sua vantajosa e «atroz» máquina governamental; o país tinha também uma insignificante taxa de consumo de drogas e por isso pouco ou nenhum interesse político em resolver o problema. Além disso, uma vez que os homens de honra sicilianos circulavam pelo Mediterrâneo nas suas operações de contrabando de tabaco, não teriam muitas dificuldades em recolher de passagem heroína refinada do Sul de França. Uma nova vaga de emigrantes sicilianos começava também a atravessar o Atlântico em direcção à América, levando os seus pertences em malas que constituíam o veículo perfeito para o transporte de drogas. Joe Bananas só não fez as suas férias mais cedo porque as audiências de Kefauver tinham levado à interrupção de contactos transatlânticos de alto nível entre as duas máfias.

Durante quatro dias em Outubro de 1957, Joe Bananas presidiu a uma série de reuniões entre mafiosos sicilianos e americanos no Grand Hotel des Palmes em Palermo. O hotel – o mais sumptuoso da cidade na altura – tinha sido uma das casas da família Whitaker antes de ser restaurada. Foi lá também que Richard Wagner orquestrou a sua última ópera, *Parsifal*, no Inverno de 1881-1882. O Hotel des Palmes é hoje o local onde a maioria dos jornalistas italianos fica hospedada quando vai a Palermo acompanhar o último escândalo ou julgamento da máfia.

Embora não existam relatos em primeira mão dessas reuniões, e apesar de a polícia ter mostrado pouco interesse pelo que se estava a passar no hotel, a lista de hóspedes proporciona-nos uma leitura bastante elucidativa. Entre os que foram vistos a entrar e a sair da *suite* de Bonanno, contavam-se o seu *consigliere*, Camillo «Carmine» Galante, e outros importantes membros da Família Bonanno de Brooklyn, incluindo Giovanni «John» Bonventre e o lugar-tenente do *capo*, Frank Garofalo, que se encontrava em Castellammare del Golfo desde o Verão. A delegação americana incluía também importantes membros da Família Magaddino de Buffalo, além de Lucky Luciano, a viver exilado em Nápoles depois de ter sido expulso dos Estados Unidos em 1946. A presença siciliana mais importante foi o chefe da Família de Castellammare del Golfo, um Magaddino, como os parentes de Joe Bananas em Buffalo. Os outros tinham também fortes laços transatlânticos com os Estados Unidos.

Há quem tenha sugerido que Buscetta também esteve presente. Ele foi categórico – e por isso suspeito – na negação de que o encontro alguma vez se tivesse realizado. Quer Buscetta tenha participado quer não, os nomes dos que certamente estiveram envolvidos dão-nos uma ideia bem clara de que tipo de encontro se tratava: a reunião no Hotel des Palmes voltou a forjar a relação entre as mais americanas das *cosche* sicilianas e as mais sicilianas das Famílias americanas. Por outras palavras, não foi uma conferência entre *a* máfia americana e *a* máfia siciliana como tal. Foi uma convenção de negócios e não uma cimeira diplomática. E o tráfico de drogas foi o negócio na ordem do dia.

O envolvimento da máfia siciliana no comércio de estupefacientes americano não era novidade em 1957. Nos anos 20 grandes quantidades de morfina já tinham sido contrabandeadas para os Estados Unidos em caixotes de laranjas e limões. Nick Gentile conta como a droga era escondida em carregamentos de queijo, azeite, anchovas e outros produtos sicilianos. A Companhia de Importação Mamma Mia, do chefe de Nova Iorque Joe Profaci, era uma das muitas fachadas comerciais para o tráfico de estupefacientes. Mas as estatísticas das prisões e apreensões de droga no período seguinte às férias de Joe Bananas na Sicília revelam um aumento acentuado do envolvimento siciliano e uma cooperação muito maior entre as duas margens criminosas do Atlântico; os resultados das decisões tomadas entre os tapetes vermelhos e os espelhos dourados do Hotel des Palmes são mensuráveis. Como diria mais tarde um procurador americano, toda a gente na reunião era uma «estrela da corrida aos estupefacientes». A heroína seria o novo desporto transatlântico dos homens de honra.

No Hotel des Palmes havia um hóspede que dava nas vistas. Era Giuseppe Genco Russo – a *Gina Lollobrigida* que em tempos despejara a tripa em frente de um jovem e incrédulo Tommaso Buscetta. Na altura da reunião no Hotel des Palmes, Genco Russo já tinha sucedido a Don Calò Vizzini como *capo* na Sicília central e gozava então da reputação imerecida de ser o «chefe dos chefes» de toda a máfia siciliana. Naquela época, como esclarece Buscetta, esse posto ainda não existia – e mesmo que tivesse existido, não teria sido ocupado por um homem de honra da isolada Mussomeli. Genco Russo esteve provavelmente no Hotel des Palmes apenas porque um dos mafiosos americanos presentes era seu parente. Russo não tinha o poder em Palermo, e muito menos em Nova Iorque, para contribuir com grande coisa para a discussão no Hotel des Palmes. Porém, dessa perspectiva algo distanciada, conseguiu mesmo assim identificar o problema político que acompanhava as propostas comerciais de Joe Bananas. Alguém o ouviu no vestíbulo do hotel a dizer: *Quannu ci sunnu troppi cani sopra un ossu, beato chiddu chi pò stari arrassu* – «Quando há muitos cães atrás de um osso, felizardo de quem se pode manter ao largo». Por outras palavras, o acesso ao mercado norte-americano da heroína à escala prevista por Joe Bananas iria com certeza desencadear muitas rivalidades.

Foi para gerir essas rivalidades comerciais que se instituiu a Comissão. Embora guarde um silêncio pouco credível sobre a questão das drogas, Tommaso Buscetta entra em pormenores sobre o modo como surgiu a ideia de uma Comissão. Ele explica que, depois da queda do fascismo e antes de 1957, as comunicações dentro da Cosa Nostra na Sicília eram intensas mas compartimentadas. Pequenos grupos de homens de honra muito influentes de diferentes Famílias reuniam-se para debater alguns assuntos no seu habitual modo telegráfico e alusivo; as decisões surgiam muito lentamente, após uma longa série de consultas.

A decisão para criar a Comissão surgiu precisamente dessa forma tortuosa. Foi durante o almoço no restaurante Spanò que Buscetta ouviu Joe Bananas sugerir pela primeira vez a criação de uma Comissão a três ou quatro homens de honra sicilianos sentados imediatamente a seu lado; é provável que tenha ventilado a ideia a muitos outros durante a sua visita. Toda a gente pareceu apreciá-la. Depois de se chegar a um consenso da forma habitual, o próprio Buscetta encarregou-se de transformar a proposta de Bonanno numa realidade efectiva. A ajudá-lo estiveram dois jovens mafiosos que desempenhariam um papel fundamental na futura história da Cosa Nostra: Gaetano *Tano* Badalamenti, subchefe de Cinisi – cuja *cosca* tinha relações próximas com a Família de Detroit; e Salvatore *Passarinho* Greco – assim chamado por causa da sua estatura pequena e delicada. O *Passarinho* era um dos Greco de Ciaculli que sobreviveram à guerra de 1946-1947. Todos os três viriam a ser importantes traficantes de droga.

Esta equipa instaladora de três homens – Buscetta, Badalamenti e *Passarinho* Greco – estabeleceu as novas regras fundamentais para a Cosa Nostra. Cada província da Sicília teria a sua própria Comissão. (Só em 1975 é que foi criada uma Comissão Regional ou Interprovincial para toda a ilha.) Na província de Palermo existiam demasiadas Famílias – cerca de 50 – para tornar viável um órgão consultivo no qual estivessem todas representadas. Assim haveria um nível intermédio, o *mandamento* (distrito), reunindo três Famílias vizinhas; juntas, as três famílias escolheriam um único representante para o seu *mandamento* com lugar na Comissão. Para evitar a concentração de poder nas mãos de poucas pessoas, ninguém podia exercer simultaneamente as funções de *capo* da sua Família e representante na Comissão. E a função principal da Comissão seria tomar decisões sobre assassinatos de homens de honra.

Logo, a Comissão de Palermo não era um conselho de administração do negócio internacional de heroína. Na verdade, tratava-se dum mecanismo representativo construído com muita cautela – um instrumento de política e não de negócios. Como tal, nada tinha de intrinsecamente inovador. Hoje sabe-se, graças ao relatório de Sangiorgi, que já no final do século XIX as *cosche* da zona de Palermo tinham reuniões formais de consultas e um sistema unificado de julgamentos. Assim – apesar do que Buscetta e Bonanno julgavam – a Comissão não era uma novidade completa na história da máfia; era uma nova solução para um problema tão antigo como a própria máfia: como conciliar o domínio territorial com o comércio ilegal. Dito isto, o estabelecimento da Comissão teve sem dúvida implicações políticas que marcaram uma época; na realidade, o poder de vida e de morte sobre outros mafiosos era retirado aos chefes das Famílias.

A questão é: «Porquê nessa altura?» Exactamente por que razão levou o início do envolvimento siciliano no comércio de estupefacientes à criação de um aparelho constitucional tão intrincado? A resposta que os historiadores italianos encontraram conduz ao âmago da relação entre o comércio e a política dentro da Cosa Nostra. E a melhor forma de a explicar é, mais uma vez, através da óptica de Tommaso Buscetta. Porque nesta questão, como em tantas outras, Buscetta é uma testemunha crucial, mas não totalmente objectiva – crucial, no fundo, pela mesma razão que não é objectiva.

Buscetta dá-nos uma descrição risonha da Comissão como «um instrumento de moderação e paz interna», «uma boa maneira de reduzir o medo e os riscos que todos os mafiosos correm». Esta descrição coincide bastante com o modo como ele gosta de apresentar a vida na máfia como um todo. Buscetta concebe a Cosa Nostra como uma nobre confraria e não como uma hierarquia; na sua opinião, os homens de honra são todos pares, e o laço que os une é o respeito mútuo e não a obediência a um *capo*. «Sentíamos todos que fazíamos parte de uma elite muito especial», afirma ele.

É uma visão nostálgica que se enquadra na imagem que Buscetta tenta dar de si mesmo – como uma espécie de embaixador itinerante do mundo do crime. Como tal, é tão cativante e pouco plausível como o comunicado político de um partido. Na realidade, Buscetta tinha razões estratégicas muito pragmáticas para desejar que a Comissão assumisse a forma que assumiu, razões que se explicam melhor examinando o trajecto da sua carreira.

Existem essencialmente dois tipos de carreira na Cosa Nostra; a política e a dos negócios. Um homem de honra pode ascender na escada da promoção interna do Estado-sombra tornando-se *capodecina*, *consigliere* e *capo*, até atingir o topo. Ou pode desenvolver os seus interesses comerciais fora do território da sua Família, percorrendo o mundo para aproveitar as oportunidades ímpares da rede criminosa da máfia. Buscetta, apesar do enorme respeito que inspirava dentro da Cosa Nostra, nunca subiu acima do posto de soldado, tendo viajado bastante ao longo de toda a sua vida de criminoso. Ele constitui assim um exemplo perfeito do mafioso que segue o segundo tipo de carreira. Como aliás Cola Gentile, o homem de honra siciliano-americano do início do século XX.

Lucky Luciano é um caso interessante na medida em que seguiu ambos os trajectos em fases diferentes da sua vida. Antes de ser preso por lenocínio em 1936, a sua autoridade era territorial; chefiava um bando criminoso que extorquia um «imposto» a negócios legais e ilegais numa determinada zona, exercendo por isso um poder político. Depois de ser expulso dos Estados Unidos em 1946, Luciano não se estabeleceu em Palermo como seria natural para um mafioso nascido na Sicília. Foi antes para Nápoles, no continente italiano, onde organizou vários tipos de tráfico ilegal, incluindo o de drogas. Durante o resto da sua vida, Luciano foi assim uma espécie de empresário criminoso, que se dedica ao comércio ilegal, mas não tem o poder de controlar território. Um bandido napolitano de segunda ordem demonstrou isso mesmo de forma dramática e em público, dando uma bofetada a Luciano, que nada podia fazer para vingar aquele *sfregio*.

O que se pretende demonstrar é que, como homem de honra mais do tipo empresário do que político, um comerciante de estupefacientes e não um extorsionário, Buscetta tinha todo o interesse em enfraquecer o poder dos chefes das Famílias, em conseguir mais autonomia comercial para homens de honra individuais. Com o aumento do tráfico de heroína entre a Europa e a América, os ambiciosos jovens traficantes de drogas como Buscetta, Badalamenti e «Passarinho» Greco não queriam ver a sua liberdade comercial limitada pelos chefes territoriais. A Comissão foi criada – com o apoio de Joe Bananas – como um novo mecanismo de governo da máfia. Mas o objectivo dos seus fundadores não era centralizar o domínio sobre a máfia; era aplicar regras gerais que dessem mais liberdade aos mafiosos. A Comissão devia tornar a máfia mais parecida com a associação de homens de honra autónomos que Buscetta achava que ela devia ser.

Contudo, no início dos anos 80 a Comissão transformou-se exactamente no oposto do que Buscetta pretendera. Ela acabaria por se tornar, nas mãos dos *corleonesi*, um instrumento de ditadura. E ainda antes de essa ironia histórica se manifestar, outra recairia sobre os planos de Joe Bananas para usar a máfia siciliana como mão-de-obra domesticada para a operação de tráfico de heroína da Cosa Nostra americana. Mesmo Buscetta, homem com grandes simpatias pela máfia americana, achava que os mafiosos americanos dos anos 50 e 60 tinham muitas vezes tratado os seus colegas do Velho Mundo com sobranceria, encarando-os como «primos pobres», chamando-lhes *zips* porque eles falavam o siciliano muito depressa. Mas quando foram admitidos no tráfico de heroína norte-americano, os *zips* não se revelaram tão obedientes como seria de esperar. Nos anos 70, os *zips* já controlavam a operação de tráfico de droga da outrora poderosa Família Bonanno.

Quando a Comissão foi fundada em 1957, tudo isto se situava ainda no futuro distante. E quando Joe Bananas entrou no avião para regressar a Nova Iorque, a luta permanente para conciliar negócios e política dentro da Cosa Nostra siciliana iniciou uma nova e turbulenta fase. Apenas seis anos depois da sua criação, a Comissão seria temporariamente dissolvida em circunstâncias bastante dramáticas.

# 8

# A «Primeira» Guerra da Máfia e suas Consequências 1962–1969

# A Bomba de Ciaculli

Ao lado de uma estrada que sobe através dos pomares de tangerinas de Ciaculli, ergue-se um monumento que comemora um dos piores dos muitos horrores perpetrados pela Cosa Nostra. O monumento não é muito atraente, o que talvez até seja apropriado: uma cunha alta de mármore cor-de-rosa encimada por sete estrelas de metal empoleiradas em fios de arame. Nele estão gravados os nomes de quatro *carabinieri*, dois engenheiros militares e um polícia. Uma rápida vista de olhos à lista revela que o pedreiro fez um pequeno erro quando começou o seu trabalho. Por baixo do primeiro nome – Mario Malausa, tenente dos *carabinieri* – podemos ver sinais de que o nome de outro homem com um posto mais baixo foi cuidadosamente apagado. Num gesto absurdo, mas de certo modo comovente, alguém deve ter observado que as hierarquias da vida militar têm de ser preservadas mesmo depois da morte.

O monumento situa-se num pequeno jardim de onde a vista é ao mesmo tempo deslumbrante e inquietante. Ali em Ciaculli, talvez mais do que em qualquer outro lugar da Sicília Ocidental, o poder da máfia é perceptível na paisagem. Com as costas viradas para o mar, podemos ver linhas de tangerineiras subindo em direcção ao cume recurvado do Monte Grifone. Voltando-nos para olhar para o terreno por baixo da base do monumento, descobrimos pequenos poços quadrados que desembocam em estreitos canais – as artérias dos pomares de citrinos, os pontos nevrálgicos que a máfia outrora comprimiu para exercer o seu domínio territorial. A partir daí, longas filas de árvores descem até Ciaculli e Croceverde Giardini, os feudos dos dois ramos da dinastia Greco que travaram a sua guerra em 1946-1947. Villabate, onde existe uma *cosca* desde os primórdios da máfia, fica no sopé da montanha. A oeste de Villabate vê-se Brancaccio, um novo bairro industrial e zona de acesso praticamente interdita às autoridades; o posto dos *carabinieri* no local é uma mansão confiscada à máfia local. O edifício encontrava-se de tal modo fortificado que os guardas pouco mais tiveram de fazer do que colocar um novo letreiro por cima da porta quando lá se instalaram. Do outro lado de Brancaccio e Villabate, o mar estende-se pelo plano médio, uma vastidão imensa e impossível de abarcar com um único olhar. Palermo fica mais adiante na linha da costa a ocidente; os seus braços de betão estendem-se para leste envolvendo o que outrora foram vilas e aldeias independentes do interior. Quando um jornalista interrogou um desertor da máfia de Brancaccio sobre como é que ele lidaria com a Cosa Nostra, a sua resposta foi simples: espalhem tropas ao longo das duas estradas que sobem para Ciaculli e comecem a disparar. «Eles estão lá todos», disse.

Além de nos proporcionar a vista de uma paisagem que a máfia ajudou a moldar, o monumento em Ciaculli assinala também um momento de ruptura na história da máfia. Exibe a data de 30 de Junho de 1963. A meio da manhã desse dia, um homem telefonou para o quartel-general da polícia de Palermo a informar que um automóvel tinha sido abandonado no seu terreno onde hoje se encontra o monumento. O automóvel, um *Alfa Romeo Giulietta*, tinha um pneu furado e as portas ainda abertas. A polícia percebeu logo o que isso poderia significar; na madrugada daquele mesmo dia, uma bomba tinha explodido num carro – outro *Giulietta* – em Villabate, matando um padeiro e um mecânico. Respondendo imediatamente à chamada, a polícia e os *carabinieri* forçaram os seus veículos pelo que na altura era um caminho cheio de buracos para encontrar o carro abandonado. No banco de trás, claramente visível, estava uma botija de gás butano com a ponta queimada de um rastilho presa à parte superior. Quando a viram, eles vedaram a zona envolvente e chamaram os engenheiros do exército. Duas horas depois, dois peritos em desactivação de explosivos chegaram ao local, cortaram o rastilho e anunciaram que o veículo já podia ser abordado em segurança. Mas quando se preparava para inspeccionar o conteúdo do porta-bagagem, o tenente Mario Malausa fez detonar a enorme quantidade de TNT que se encontrava lá dentro. Ele e seis outros homens ficaram desfeitos em bocados numa explosão que chamuscou e desfolhou as tangerineiras num raio de várias centenas de metros.

Já tinha havido derramamento de sangue nas ruas de Palermo antes de 30 de Junho de 1963, claro. Em 1956-1957, duas Famílias da máfia envolveram-se num violento conflito quando o mercado grossista da cidade foi transferido de um território para outro. Mas a maioria dos circunstantes mostrara-se relativamente indiferente. Como um jornal conservador de Roma comentou na altura: «Ao fim e ao cabo, a eliminação recíproca é um método que traz benefícios para a ordem pública em Palermo... Estes últimos resquícios do crime siciliano estão a destruir-se por iniciativa própria».

Depois da bomba de Ciaculli, ninguém podia encolher os ombros e afirmar que «eles só se matam uns aos outros» ou que a máfia estava a chegar ao fim. Os jornais chamaram-lhe, e bem, o pior crime desde o tempo do «último bandido», Salvatore Giuliano. A resposta da polícia foi imediata: Villabate e Ciaculli foram cercadas na noite de 2 de Julho, com as ruas iluminadas por foguetes luminosos; quarenta pessoas foram detidas e uma grande quantidade de armas apreendida. Era apenas o começo do que viria a ser a maior rusga de suspeitos desde o tempo do «prefeito de ferro». Três dias depois da tragédia em Ciaculli, sob um debilitante sol abrasador, cerca de 100 000 pessoas, incluindo o ministro do Interior, acompanharam os caixões quase vazios das sete vítimas até à catedral de Palermo. A pressão política para que o problema da máfia fosse levado a sério tornou-se irresistível.

A bomba de Ciaculli assinalou um «ponto de não-retorno» histórico. Até então, todas as gerações de italianos pareciam condenadas a «descobrir» a máfia como se nunca ninguém tivesse ouvido falar dela. O discurso de Tajani ao parlamento em 1875, o assassinato de Notarbartolo em 1893, a «cirurgia» fascista do prefeito de ferro: a cada escandalosa matança ou crise política, um novo entendimento do problema tinha de ser reconstruído a partir do zero. De todas as vezes, à medida que a apatia, a politiquice cínica e a cumplicidade criminosa se reafirmavam, esse entendimento voltava a desfazer-se numa ruína incoerente. Depois da bomba de Ciaculli, a Itália começou a recordar e – lenta, dolorosa e confusamente – a aprender.

A atrocidade de 30 de Junho de 1963 foi um momento de ruptura para a própria Cosa Nostra. Pôs termo àquela que viria a ser conhecida por «a primeira guerra da máfia» – o próprio título demonstra como é curta a memória histórica da Itália. As medidas repressivas que se seguiram dispersaram vários homens de honra não só por toda a Itália, mas também pelo mundo. No entanto, até hoje, ninguém sabe ao certo quem abandonou o *Giulietta* naquela manhã de 1963. Até hoje, ninguém foi levado à justiça pelo assassínio dos sete funcionários do Estado cujos nomes estão gravados em mármore cor-de-rosa acima de Ciaculli. Todavia, um homem continua a ser o principal suspeito do crime: Tommaso Buscetta.

# Como Chicago nos Anos 20? A Primeira Guerra da Máfia

Em finais de 1962 e inícios de 1963, explosões, perseguições de automóveis e tiroteios tornaram-se subitamente acontecimentos regulares em Palermo. Os jornais diziam – com uma ironia inconsciente – que a capital siciliana se tornara uma Chicago dos anos 20. À primeira vista, a guerra de 1962-1963 parece de facto um lugar-comum ao estilo de Chicago; podia ter saído de uma das enfadonhas histórias de *gangsters* que enchem as prateleiras dos policiais das livrarias britânicas e americanas. Por outras palavras, a primeira guerra da máfia assemelha-se ao ciclo habitual de assassínios alternados e vingativos. Mas os conflitos internos da máfia nunca são assim tão previsíveis. Porque dentro da Cosa Nostra, o engano e a política são tão importantes como as armas e as bombas. A primeira guerra da máfia pode na verdade ter sido a mais ardilosa de todas.

Um dos lugares-comuns de Chicago pode imediatamente ser posto de parte. Pensou-se durante muito tempo que, devido à identidade dos seus principais combatentes, a primeira guerra da máfia tivesse sido uma luta entre a «velha» máfia e a «nova» máfia, entre veneráveis chefes latifundiários e jovens audaciosos que haviam enriquecido precocemente à custa das drogas e do betão. Num dos lados, salientava-se, estava Salvatore *Passarinho* Greco, filho do chefe de Ciaculli assassinado pelo tenente Piddu Greco em 1946. Por outras palavras, o *Passarinho* era descendente da dinastia mais venerada da Cosa Nostra. Contra este sangue azul da máfia encontrava-se Angelo La Barbera, o *capo* de Palermo-Centro. Angelo e o seu irmão Salvatore vinham do nada; o pai de ambos fora vendedor de lenha. De criminosos de rua, subiram na organização e desempenharam um importante papel no saque de Palermo. O território de Angelo La Barbera compreendia grande parte da zona em redor da via Libertà onde se concentrou inicialmente o saque; ele tinha também uma boa relação de trabalho com Salvo Lima, o jovem turco da DC.

Vale a pena examinar com mais pormenor a figura de Angelo La Barbera para perceber se ele foi de facto um mafioso tão «novo» como parece. Foi efectivamente invulgar na medida em que, enquanto esteve detido numa ilha-prisão alguns anos depois dos acontecimentos do início da década de 60, concedeu uma série de fascinantes entrevistas a uma jornalista italiana que trabalhava na Grã-Bretanha, Gaia Servadio.

Servadio ficou logo impressionada com as feições finas, a elegância manhosa e os «dentes lupinos» de La Barbera. Mas o homem por trás desses traços físicos permaneceu insondável. Servadio é tão cativante e astuta como corajosa e se o seu retrato de La Barbera não pode ser rotulado de «íntimo», a culpa não é certamente dela. Nenhum bandido a ser julgado por homicídio, como La Barbera na altura das entrevistas, estaria disposto a revelar grande coisa; isso é compreensível. Mas existe, suspeita-se, uma razão mais profunda para a individualidade de Angelo La Barbera não ser apreendida pela pena de Servadio: ele, provavelmente, não tinha grande individualidade.

O mafioso era tão rigidamente estilizado no seu comportamento como um cortesão do império chinês. Tudo o que Servadio observou em La Barbera era amaneirado; tinha um andar lento e compassado, um evidente desdém pelo esforço físico e uma espécie de generosidade de rosto impassível; e referia-se constantemente a si mesmo na terceira pessoa. La Barbera era também o que a sua entrevistadora designou um «perfeito hipocondríaco» – um mau estado de saúde era uma boa estratégia dilatória nos julgamentos. Embora não haja certeza, parece que todos os seus maneirismos foram aprendidos de um reportório bem antigo. Só nos podemos interrogar até que ponto os modos de La Barbera teriam emulado o porte do «taciturno, pomposo e matreiro» Antonino Giammona dos anos 70 do século XIX. Angelo La Barbera pode ter sido um «novo» mafioso, mas provavelmente fazia questão de adoptar um «velho» estilo da máfia.

Não há também nada de novo na maneira como a Cosa Nostra funciona como escada de promoção social para jovens rufias de origens humildes como Angelo La Barbera. A máfia sempre foi uma meritocracia da violência. Na verdade, havia «sangue azul» e «gente simples» nos dois lados da primeira guerra da máfia. Um dos aliados de *Passarinho* Greco era Luciano Leggio, filho de uma humilde família de camponeses que subiu na escala da organização até assumir a chefia da Família de Corleone no final dos anos 50. Do lado dos irmãos La Barbera esteve Pietro Torretta, antigo membro do bando de salteadores de Salvatore Giuliano e que na altura da guerra era chefe de Uditore – o mesmo território dominado por Antonino Giammoma um século antes. Um Torretta é mesmo referido no relatório do comandante da polícia Sangiorgi de 1898. Por conseguinte, nenhum dos lados na primeira guerra da máfia tinha melhores antecedentes mafiosos do que o outro. A história de uma «nova» máfia que desafia uma «velha» máfia – a matéria-prima do género literário do crime real – oferece por isso um mapa enganador das linhas de batalha.

Mas passemos então aos relatos da guerra. A primeira guerra da máfia foi desencadeada quando alguém resolveu fazer uma vigarice com um negócio de drogas. Em Fevereiro de 1962, os irmãos La Barbera e os Greco eram todos membros de um consórcio que financiou uma remessa de heroína do Egipto. Esta foi descarregada na costa meridional da Sicília e um homem de honra, Calcedonio Di Pisa, foi encarregado de a expedir para Nova Iorque no transatlântico *Saturnia*. Mas os mafiosos que receberam a droga em Brooklyn descobriram que as embalagens não continham a quantidade de heroína esperada. O empregado de mesa do *Saturnia* a quem Di Pisa entregara a droga foi torturado, mas não revelou nada. As suspeitas começaram a recair sobre o próprio Di Pisa. Numa reunião da Comissão convocada para decidir sobre o caso, Di Pisa foi ilibado de ter roubado parte do carregamento de heroína. No entanto, os irmãos La Barbera tornaram bem claro o seu descontentamento com a decisão.

No dia 26 de Dezembro de 1962, Di Pisa foi morto a tiro na Piazza Principe di Camporeale na orla ocidental de Palermo. Tinha acabado de estacionar o carro e dirigia-se para uma tabacaria quando dois homens dispararam sobre ele com um revólver de calibre 38 e uma caçadeira de canos serrados. Outros membros da Família de Di Pisa foram também atacados. Depois, em Janeiro de 1963, começaram as represálias. Salvatore La Barbera foi vítima de um assassínio de «caçadeira branca»: apenas o seu *Alfa Romeu Giulietta* foi encontrado, incendiado. O irmão e *capo* Angelo também desapareceu, surgindo depois em Roma para dar uma conferência de imprensa; era uma maneira de dizer aos seus amigos que ainda estava vivo e ao mesmo tempo tornar-se um alvo demasiado público para que os seus inimigos não pudessem matá-lo com facilidade.

Angelo La Barbera estava decidido a continuar a guerra depois da morte do irmão. No dia 12 de Fevereiro, uma bomba enorme – num *Giulietta* – destruiu a casa de *Passarinho* Greco em Ciaculli. Apesar de sair ileso do ataque, *Passarinho* respondeu de forma igualmente espectacular. Às dez e vinte e cinco da manhã de 19 de Abril, um *Fiat 600* de cor creme parou à porta da peixaria Impero, na via Empedocle Restivo. Algumas das muitas donas de casa na rua na altura lembram-se de ter achado estranho que, estando a chuviscar, a capota do carro estivesse aberta. Antes que pudessem pensar mais no assunto, dois homens levantaram-se sobre os bancos do carro e crivaram a peixaria de balas de metralhadora. Morreram dois homens, incluindo o dono da peixaria, tido como um dos sicários de La Barbera; duas pessoas ficaram feridas, incluindo um transeunte. Quem quer que estivesse dentro da loja na altura – talvez Angelo La Barbera – estava claramente à espera de sarilhos, porque os ocupantes responderam com um revólver e uma caçadeira. Mais tarde, enquanto a polícia recuperava um arsenal de pequenas armas da loja destruída, activistas comunistas percorreram a zona de automóvel e com megafones exigindo uma resposta das autoridades.

Um aliado dos Greco foi a vítima seguinte. O chefe de Cinisi foi morto junto ao portão de ferro do seu pomar de limoeiros por uma bomba colocada, inevitavelmente, num *Alfa Romeo Giulietta*. Este elegante automóvel familiar de quatro portas era um dos símbolos do milagre económico da Itália – «esbelto, prático, confortável, seguro e conveniente», como proclamavam os anúncios. Todavia, à medida que as bombas iam explodindo em Palermo, o *Giulietta* começava rapidamente a simbolizar algo bastante mais perigoso e, aparentemente, atávico.

Os investigadores sugeriram mais tarde que este ataque à bomba num *Giulietta* em Cinisi foi uma tentativa derradeira e desesperada de Angelo La Barbera mostrar que podia ainda alcançar os seus inimigos. Se o foi, não resultou. La Barbera seria finalmente posto fora de combate na madrugada de 25 de Maio de 1963. O que impressionou a opinião pública italiana neste atentado não foi a sua ferocidade – dois carros pararam ao lado dele e os seus ocupantes dispararam repetidas salvas de tiros; nem tão-pouco o facto espantoso de La Barbera ter sobrevivido, apesar de ter sido atingido no olho esquerdo, no pescoço, peito, costas, perna e virilhas; nem sequer o facto de os médicos terem encontrado outra bala alojada na sua cabeça de um ataque anterior (afinal, talvez ele tivesse alguma razão para a sua «perfeita hipocondria»). O que realmente surpreendeu foi o local do incidente. La Barbera foi baleado na *viale* Regina Giovanna, uma rua residencial em Milão – a próspera cidade do Norte onde eram fabricados os *Giuliettas*. As manchetes do *Corriere della Sera* exprimiam essa surpresa e revelavam a atitude da cidade para com um comportamento «tipicamente siciliano»: «Guerra entre *cosche* da máfia transfere-se para Milão. Siciliano crivado por seis balas diz à polícia: "Não sei de nada"». Quando a máfia se estendia além da Sicília, o problema subia de nível no programa de acção política da nação.

Se efectivamente a primeira guerra da máfia não tivesse passado de uma série de assassínios retaliatórios praticada numa «Chicago» construída a partir de estereótipos da literatura policial, ela teria terminado quando Angelo La Barbera foi detido num hospital milanês; toda a publicidade que a guerra gerou teria esmorecido e a bomba de Ciaculli – que explodiu pouco mais de um mês depois do atentado a La Barbera em Milão – nunca teria acontecido. O desfecho brutal da guerra demonstra que se tratava de algo muito mais subtil. A maioria das subtilezas envolvia Tommaso Buscetta.

Existem dois relatos do papel de Buscetta na primeira guerra da máfia. O primeiro resulta das investigações da polícia na altura e baseia-se provavelmente em informadores anónimos da máfia;

o segundo é o do próprio Buscetta, escrito mais de duas décadas após os factos. A versão oficial é, duma maneira geral, mais credível. O relato de Buscetta deve ser tratado com a mesma reserva que as outras partes do seu testemunho que não foram comprovadas em tribunal. Ele apaga a droga da história e minimiza o seu papel astuto e agressivo no desenrolar das hostilidades. Mas como sempre, «o chefe de dois mundos» acrescenta não só clarividência mas também intriga à história.

As fontes oficiais sobre a primeira guerra da máfia colocam Buscetta do lado de La Barbera no início das hostilidades. É bem possível que Buscetta tivesse estado na peixaria que foi destruída a tiro de metralhadora pelos homens de Greco – ele era certamente uma visita assídua. Mas parece que quando os Greco começaram a dar sinais de que sairiam vitoriosos, tanto Buscetta como Pietro Torretta, o chefe de Uditore, decidiram mudar de partido; os mafiosos que percebem que estão a perder nunca são demasiado orgulhosos para tentar colocar um pé no pódio do vencedor.

No entanto, segundo a versão oficial, quando Angelo La Barbera foi baleado e preso em Milão, o resultado foi um vazio de poder na Família que ele governara, Palermo-Centro. Tanto Tommaso Buscetta como Pietro Torretta consideravam-se sucessores naturais de Angelo La Barbera; Torretta propôs-se para *capo* de Palermo-Centro e Buscetta para subchefe. Porém, os Greco achavam Buscetta, em particular, demasiado perigoso para o promoverem. A disputa prolongada que se seguiu reacendeu aos poucos as hostilidades entre Buscetta e Torretta, por um lado, e os Greco, por outro. Torretta e Buscetta agiram primeiro, emboscando dois dos seus inimigos na casa do primeiro. Uma nova vaga de violência estava prestes a começar quando, a 30 de Junho de 1963, o enésimo *Giulietta* recheado de TNT matou acidentalmente os sete membros das forças da ordem cujos nomes aparecem inscritos no monumento de Ciaculli. Os alvos pretendidos eram mais uma vez os Greco, mas um furo tinha impedido os assassinos de levar a cabo o ataque. Nunca se saberá se esses assassinos eram Buscetta e Torretta em pessoa ou apenas homens de honra obedecendo às suas ordens.

Previsivelmente, no seu relato da primeira guerra da máfia, Buscetta apresenta-se como um mediador imparcial e um bom amigo tanto de *Passarinho* Greco como de Salvatore La Barbera. É muito menos simpático para com o *capo* e irmão mais novo de Salvatore,

Angelo La Barbera, que ele responsabiliza pela escalada do conflito – descrevendo-o como «altivo e arrogante». Buscetta admite ter aceite um contrato para matar Angelo La Barbera, mas afirma que outra pessoa realizou o ataque em Milão antes de ele ter oportunidade para o fazer. Desconhece-se ainda se de facto esteve envolvido.

O lance principal da história de Buscetta é responsabilizar outro homem pela origem do conflito: Michele Cavataio, *a Cobra*, o novo *capo* da Família que perdera a favor dos Greco na guerra em torno do mercado grossista em meados dos anos 50. Foi Cavataio, conta-nos Buscetta, que levou a cabo o assassínio que desencadeou a guerra – o atentado ao traficante de droga Calcedonio Di Pisa junto da tabacaria. A teoria de Buscetta é que *a Cobra* matou Di Pisa plenamente consciente de que os La Barbera seriam culpados e de que uma guerra com os Greco seria o resultado. Segundo Buscetta, foi também Cavataio o responsável pela bomba de Ciaculli. A primeira guerra da máfia teria sido, no fundo, o resultado de um estratagema para jogar os La Barbera contra os Greco.

Ao ler estes relatos contraditórios, começamos a perceber por que razão as guerras da máfia raramente acabavam em condenações. Mas o que também se torna evidente é que é quase irrelevante tentar perceber quem assassinou quem ou, na linguagem comercial dos policiais «à Chicago», «revelar finalmente a escandalosa verdade» sobre os extravagantes tiroteios e atentados à bomba de 1962-1963. É mais importante perceber que mesmo os mafiosos envolvidos não sabiam realmente o que estava a acontecer. Tanto a história de Buscetta como o relato oficial mostram que uma das razões por que os chefes da máfia demoraram tanto tempo a escolher um novo *capo* para Palermo-Centro foi precisamente a sua dificuldade em compreender o que se estava a passar. A primeira guerra da máfia – como muitas guerras da máfia – foi um enorme jogo de assassínios às escuras.

Foi também um jogo de política às escuras. Buscetta afirma, astuciosamente, que a Comissão foi inventada para ser um parlamento de criminosos; ele apresenta-a como uma instituição imparcial destinada a trazer luz e integridade à escuridão e perfídia dos negócios da Cosa Nostra. Mas, à sua maneira, a Comissão foi tanto um instrumento de luta dentro da Cosa Nostra como os *Giuliettas* carregados de TNT. Ela foi criada para impor a toda a Cosa Nostra regras destinadas a facilitar a vida aos mafiosos «empresários» envolvidos no comércio transatlântico de heroína. Mas a Comissão depressa se tornou um poder independente. Começou, por exemplo, a funcionar como uma sociedade anónima para os traficantes de heroína; é pelo menos o que se deduz do facto de tanto os La Barbera como os Greco – mafiosos de lados opostos da cidade – estarem a financiar em conjunto um remessa de heroína em 1962. Assim, a crescente influência da Comissão começou a entrar em conflito com o poder exclusivo e estabelecido das Famílias.

Buscetta achava que por trás de Cavataio e La Barbera existia uma aliança de chefes do Noroeste de Palermo que não gostava do crescente poder da Comissão e da influência que por isso gozavam homens de honra do Sudeste de Palermo como *Passarinho* Greco. Entre a intriga e a confusão, a causa primordial da primeira guerra da máfia era um problema tão antigo como a própria máfia; o mesmo problema com que tivera de lidar quando os seus principais interesses eram os pomares de limoeiros e o gado e não terrenos para construção e heroína; isto é, o conflito entre o seu papel como governo-sombra e os interesses comerciais dos seus membros – entre a estrutura territorial das *cosche* e as redes de contrabando altamente lucrativas que ultrapassavam os domínios das Famílias.

Na verdade, o território e o negócio entram sempre em jogo nas guerras da máfia. E na década de 60 tudo o que acontecia dentro da Cosa Nostra siciliana tinha também implicações diplomáticas. Por volta da altura em que começava a primeira guerra da máfia, a Cosa Nostra americana sofria uma pressão sem precedentes da parte da administração Kennedy. Robert Kennedy construiu o seu perfil político através de um trabalho escrupuloso na comissão de inquérito do Senado à actividade sindical ilegal. Como ministro da Justiça, parte da sua função era procurar resolver o problema do crime organizado. Durante a administração Kennedy, as condenações de extorsionários por intermédio da Secção do Crime Organizado e da Divisão dos Impostos triplicaram entre 1961 e 1963; quase voltaram a duplicar em 1964. A legislação fiscal, o famoso instrumento usado três décadas antes para apanhar Al Capone, era ainda a principal arma contra o crime organizado.

Em 1962, confrontado com a cadeira eléctrica, Joseph Valachi, o soldado Gambino sob detenção, começou a falar. Quando depôs perante a comissão do Senado, Valachi não foi uma testemunha muito convincente. Foram várias as pessoas que se mostraram cépticas em relação às suas declarações. Mas Valachi conseguiu pelo menos levar o FBI de J. Edgar Hoover a encarar pela primeira vez o problema do crime organizado a sério. Em 1959, a secção do FBI de Nova Iorque tinha 400 agentes a investigar o comunismo americano e apenas quatro a trabalhar no crime organizado. Valachi provocou uma mudança de prioridades: em 1963, a secção de Nova Iorque tinha já 140 pessoas na sua equipa do crime organizado. Em 1964, os microfones ocultos do FBI apanharam o chefe do sindicato dos camionistas, Jimmy Hoffa, numa série de conversas de negócios com a máfia de Detroit.

Inevitavelmente, a campanha de Kennedy contra o crime organizado diminuiu a influência da máfia americana na Sicília. Logo, os chefes sicilianos cujos interesses se centravam na dimensão territorial das operações da Cosa Nostra talvez tivessem achado que aquela era uma boa altura para acertar contas na Comissão com os traficantes de droga que começavam a perder a protecção americana.

Provavelmente, é também bastante significativo que a primeira guerra da máfia tenha começado apenas alguns meses depois de Lucky Luciano morrer de ataque de coração enquanto esperava pelo avião do seu biógrafo no aeroporto de Nápoles. Sabia-se que Lucky era próximo dos irmãos La Barbera e existem fortes suspeitas de que essa relação se baseava nos estupefacientes. Com a morte de Lucky Luciano, Angelo La Barbera tinha de provar tanto às Famílias como à Comissão que o seu poder dentro da Cosa Nostra se baseava em algo mais do que as suas amizades americanas. Apesar de todos os *Giuliettas* carregados de TNT, não o conseguiu.

Em 1968, Angelo La Barbera foi condenado a 22 anos de prisão pela sua parte na primeira guerra da máfia. Em 1975, o representante da «nova» máfia sucumbia à mais tradicional das mortes da «velha» máfia: foi apunhalado no pátio de uma prisão.

Seja qual for a verdade por trás das intrigas da primeira guerra da máfia, as consequências da bomba de Ciaculli, que assinalou o seu fim, foram devastadoras. Houve perto de 2 000 detenções; «A polícia parecia ter enlouquecido», foi o comentário de Buscetta. Perante este revés, a máfia adoptou o mais simples dos métodos de autodefesa: escondeu-se. No Verão de 1963, a Comissão reuniu-se e decidiu dissolver-se. As Famílias dispersaram-se; segundo um *pentito*, nem sequer o dinheiro das extorsões foi recolhido em Palermo. Os crimes ligados à máfia caíram para quase zero durante os anos seguintes. Alguns dos principais chefes fugiram para o estrangeiro. *Passarinho* Greco foi primeiro para a Suíça e depois para a Venezuela. As viagens de Tommaso Buscetta levaram-no à Suíça, México, Canadá e depois aos Estados Unidos.

Como fizera Lucky Luciano quando foi expulso dos Estados Unidos em 1946, muitos homens de honra sicilianos limitaram-se a alterar o rumo das suas carreiras dentro da organização: de criminosos «políticos» – estadistas do governo-sombra da máfia – passaram a líderes de empresas, homens de negócios internacionais e paramilitares. Entretanto, o sistema político italiano tornava-se novamente o principal interveniente na história da máfia.

# A Antimáfia

Os anos que antecederam a bomba de Ciaculli foram uma época deprimente para qualquer pessoa disposta a falar publicamente contra a máfia. Com a Igreja e a DC decididas a negar não só a gravidade do problema, mas até a existência do mesmo, só vozes marginais conseguiam romper o silêncio. A mais importante foi uma voz colectiva; a luta para revelar a verdade sobre a máfia durante os anos 50 foi liderada pelo jornal independente de esquerda *L'Ora*. O diário iniciara a sua vida como órgão dos interesses dos Florio na Sicília no final do século XIX. Nas décadas de 50, 60 e início da década de 70 do século seguinte, *L'Ora* desenvolveu uma mistura engenhosa de inflamadas notícias desportivas e raparigas em biquíni com artigos sofisticados sobre literatura, música e arte. No entanto, apesar de todos estes atractivos, eram as suas corajosas reportagens de investigação ao crime organizado e corrupção que constituíam muitas vezes o seu principal ponto de venda. Quando em 1958 resolveu publicar os nomes, negócios e contactos políticos de importantes chefes da máfia, os seus escritórios foram alvo de um devastador ataque de dinamite. *L'Ora* recusou-se a vergar e prosseguiu a sua campanha. (No início dos anos 70, dois jornalistas de *L'Ora*, Mauro De Mauro e Giovanni Spampinato, pagariam com a vida pelo seu trabalho.)

Inspirado no exemplo fornecido pelas audiências de Kefauver ao crime organizado nos Estados Unidos, nos anos 50 o Partido Comunista italiano começou a apelar a um inquérito parlamentar à máfia siciliana. O atentado à bomba contra a redacção de *L'Ora* acrescentou algum alento a esses apelos, mas isso nunca seria suficiente enquanto o problema da máfia permanecesse apenas propriedade política da esquerda. Ainda em 1959, um secretário de Estado do Ministério do Interior, militante da DC, tinha rejeitado a necessidade de um inquérito parlamentar, atribuindo a culpa dos crimes da máfia à tendência dos ilhéus para «fazer justiça pelas próprias mãos devido a um despropositado sentido de honra».

Mas nessa altura o mapa político da Itália já começara a mudar; a DC encontrava-se dividida, e algumas das suas facções encaravam o Partido Socialista como potencial parceiro de coligação. Os socialistas eram inimigos históricos da máfia; não se haviam esquecido da matança de sindicalistas e outros militantes nos anos do pós-guerra. Nesse novo ambiente político, os pedidos de um inquérito parlamentar à máfia podiam encontrar uma recepção favorável mesmo dentro das fileiras da DC. Em Setembro de 1961, a Assembleia Regional da Sicília votou unanimemente um pedido ao parlamento italiano para a instauração de uma comissão de inquérito à máfia. Até os políticos da máfia votaram a favor, percebendo então que um inquérito era tão inevitável que qualquer oposição naquela fase seria ao mesmo tempo inútil e indiscreta.

À medida que o centro de gravidade política do país se inclinava lentamente para a esquerda, as vozes que se haviam pronunciado abertamente contra a máfia tornavam-se mais audíveis. Uma delas pertencia a Leonardo Sciascia, um professor primário da insignificante vila de Racalmuto, na região do enxofre perto de Agrigento. *O Dia da Vergonha* de Leonardo Sciascia, uma novela elegante e sombria sobre a investigação frustrada de um detective a um assassínio da máfia, foi publicado em 1961. *O Dia da Vergonha* – uma obra de ficção, convém salientar – foi o primeiro livro a dar um rosto e uma voz à máfia através da figura inesquecível de Don Mariano Arena.

Sabe-se hoje que no mesmo ano em que o romance de Sciascia foi publicado, houve uma reunião da Comissão da Cosa Nostra na província de Palermo para discutir a resposta da organização ao crescente interesse do Estado italiano pelo problema da máfia. Foi decidido reduzir os assassínios a um mínimo absoluto até os políticos perderem esse interesse. Mas as tréguas mantiveram-se apenas por um ano, até que as tensões latentes entre negócios e território levaram à eclosão da primeira guerra da máfia, em Dezembro de 1962. O novo surto de assassínios deu mais força política aos planos para um inquérito parlamentar.

Menos de uma semana depois da bomba de Ciaculli, a comissão parlamentar de inquérito iniciou finalmente os seus trabalhos. Era o primeiro inquérito oficial à máfia desde 1875, mas as condições políticas eram agora muito mais favoráveis a uma investigação séria do que no ano das revelações de Tajani ao parlamento sobre o conluio da polícia com criminosos em Palermo. O Partido Socialista ia entrar para o governo com a DC, empurrando-a na direcção das reformas e da transparência, como parecia demonstrar o apoio multipartidário ao inquérito parlamentar. As expectativas na sociedade eram elevadas: a opinião pública parecia disposta a responsabilizar os políticos pela maneira como respondiam à crise. Nestas condições, a Antimáfia – como a nova comissão de inquérito se tornou conhecida – começou a trabalhar a todo o vapor. Em menos de um mês tinha já feito numerosas recomendações incluindo, pela primeira vez na história da Itália, legislação penal dirigida especificamente à máfia. A democracia italiana parecia finalmente pronta para enfrentar o crime organizado na Sicília.

É demasiado fácil, no entanto, contar a história da Antimáfia como um enorme anticlímax. A indignação que se seguiu à bomba de Ciaculli em 1963 esmoreceu rapidamente. Com a máfia quase reduzida ao silêncio, existiam poucos escândalos que fomentassem o trabalho da Antimáfia. A corrida inicial da comissão de inquérito abrandou rapidamente para um furta-passo que perduraria durante 13 anos. A Antimáfia arrastou-se até se tornar no mais longo inquérito parlamentar da história da Itália. Acabou por parecer mais um elemento permanente e aborrecido da vida política italiana do que uma resposta a uma emergência.

O interesse pelo trabalho da Antimáfia renascia de quando em quando após alguma revelação particularmente sensacional, mas os efeitos nunca se traduziam em medidas políticas efectivas nem em acções judiciais. Mesmo a legislação penal aprovada em 1965 no seguimento das recomendações da Antimáfia revelou-se em parte contraproducente. A lei estipulava que pessoas suspeitas de pertencer à máfia podiam ser obrigadas a viver longe das suas casas. Era uma tentativa de romper as relações entre os mafiosos e a sociedade que os rodeava – como se a máfia surgisse de alguma exalação pouco saudável do solo da Sicília Ocidental. Dezenas de homens de honra foram colocados um pouco por toda a península sob essas medidas de «residência obrigatória». O resultado indesejado foi que a máfia adquiriu novas bases para as suas operações em toda a Itália.

Todas as fugas de informações ou escândalos que saíam da comissão sobre políticos com ligações à máfia pareciam ser atenuados por desmentidos e processos por difamação. Além disso, era extremamente difícil que os indícios de cumplicidade discreta e pessoal entre políticos e a máfia pudessem atingir os critérios de prova exigidos pela lei penal. Vito Ciancimino – o jovem turco da DC nas mãos da máfia de Corleone – foi obrigado a demitir-se em consequência de revelações feitas pela Antimáfia em 1964. Voltou a aparecer em 1970 quando, por incrível que pareça, se tornou presidente da Câmara de Palermo. O escândalo nacional que se seguiu terminou na sua demissão. Em 1975, ele enviou uma longa declaração de autodefesa à Antimáfia. A sua impressionante frase inicial, do tamanho de uma página, queixava-se da «publicidade difamatória», «sofismas corruptores», «rancor pessoal», «demagogismo subserviente» e «insulto a tradições jurídicas latinas» a que ele, como homem que se havia «sacrificado pela sociedade»([97]), havia sido sujeito. Ciancimino permaneceu uma influência nos bastidores da política de Palermo até ser finalmente preso em 1984.

Um dos problemas da Antimáfia era a rotatividade dos seus membros. Quando, em 1972, foi nomeado um novo presidente da comissão, este confessou que tudo o que sabia da máfia era o que lera no *Padrinho* de Mario Puzzo. Mas esta falta de continuidade dos mandatos dos membros da Antimáfia era apenas um sintoma do seu principal defeito: o sectarismo inveterado da vida política italiana. Além da herança do fascismo e do facto de a Itália estar na

---

([97]) Commissione parlamentare d'inchiesta sul fenomeno della mafia in Sicilia, Documentazione allegata, vol. 5, pp. 375-642; p. 375, datado de 29 de Outubro de 1975.

linha da frente da Guerra Fria, existiam também outras divisões, nomeadamente entre visões do mundo católicas e laicas e entre as diferentes regiões do país. Em vez de um «navio de Estado», muitas vezes a Itália parecia mais uma flotilha de barcos, cada um pilotado segundo um roteiro diferente, cada um a competir pelo acesso aos ventos mais favoráveis, mas todos com medo de se isolarem das outras embarcações. Como todas as instituições governamentais, a comissão parlamentar de inquérito tornou-se motivo de conflitos sectários, com cada grupo a tentar colocar os seus próprios membros nos lugares à mesa da Antimáfia. A palavra «máfia» continuava a ser a mesma arma política que sempre fora desde que entrou na língua italiana em 1865. Era uma arma que nenhum partido ou facção, e muito menos a DC, estava disposto a deixar em mãos alheias.

Entre os membros da comissão antimáfia encontaram-se algumas figuras ilustres como Franco Cattanei da DC e Girolamo Li Causi do Partido Comunista (o veterano da Resistência que sobreviveu ao ataque de granadas de Don Calò Vizzini na praça de Villalba em 1944). Foram políticos como estes que tentaram transformar a Antimáfia numa expressão imparcial do interesse nacional. A sua tarefa não foi fácil. Em 1972 entrou em funções um novo governo que atribui cargos ministeriais a dois «jovens turcos» de Palermo com ligações à máfia já reveladas pela comissão. Salvo Lima foi nomeado subsecretário de Estado no Ministério das Finanças e Giovanni Gioia, «o vice-rei», ministro dos Correios e Telecomunicações. Um dos apoiantes de Gioia foi mesmo colocado na comissão antimáfia; o homem em questão era conhecido não só por ter afirmado que a máfia não existia, mas também por ter sido investigado pela comissão numa fase anterior. O resultado foi um período de cinco meses de questiúnculas políticas em que o trabalho da Antimáfia esteve completamente parado. Este é apenas um exemplo de como o sectarismo corrosivo do sistema italiano minava a unidade e a autoridade da resposta do país à máfia.

Quando a Antimáfia concluiu finalmente os seus trabalhos em 1976, o seu maior legado foi uma montanha de papéis. Entre os «tomos» e «partes» da documentação que reuniu, os relatórios provisórios, o relatório final e os relatórios das minorias (porque não houve consenso político sobre as lições a ser tiradas), a Antimáfia legou 40 grossos volumes às poucas bibliotecas com espaço suficiente nas prateleiras para guardá-los. Qualquer pessoa com paciência para ler, por exemplo, a prosa bombástica do relatório provisório de 1972 – todas as suas 1262 páginas – ficará com uma excelente ideia da máfia. O relatório fala do uso sistemático de uma «violência sem paralelo e sedenta de sangue» por parte da organização, da sua relação parasitária com o comércio, das suas ligações ao governo local e nacional; explica que as *cosche* que dominam zonas diferentes mantêm um «acordo tácito» que não é violado nem mesmo quando se envolvem em lutas impiedosas. Os documentos da Antimáfia constituem uma vasta e rica fonte de informações para os historiadores. Tão vasta e rica, na verdade, que os seus milhares de páginas abafaram o «barril de pólvora» de revelações sobre conluios políticos que um dos primeiros presidentes da comissão havia prometido. Foi durante os longos anos da Antimáfia que a Itália do pós-guerra conheceu pela primeira vez o mal da «fadiga da máfia».

Os resultados da Antimáfia foram sem dúvida uma enorme decepção quando comparados às expectativas de 1963. Mas a comissão levou pelo menos a uma maior sensibilização da Itália para o problema. Algumas das histórias que surgiram das investigações instalaram-se na memória colectiva, como a da vila de Caccamo, onde, ao lado do lugar do presidente da Câmara na sala do conselho, havia sempre uma cadeira especial para o chefe da máfia. Depois da comissão de inquérito, através de autores bem informados como Michele Pantaleone (o activista de esquerda que se metera em confusões com Don Calò na sua Villalba natal), os estudos da máfia passaram a contar com um público pequeno mas sólido em Itália, como ainda contam nos dias de hoje. Em parte por causa disso, cada vez menos políticos tinham o descaramento – ou a «cara de bronze», como diz o ditado italiano – de negar completamente a existência da máfia. Esta deixou de ser uma questão do interesse exclusivo da esquerda. Em suma, a Antimáfia fez aumentar ligeiramente o preço (em termos de perda de credibilidade e influência nacional) que os políticos coniventes com a organização se arriscavam a pagar. Não era muito para 13 anos de trabalho. Mas era qualquer coisa, e essa «qualquer coisa» fora alcançada de forma democrática.

# «Um Fenómeno de Criminalidade Colectiva»

Em 1968, 117 combatentes da primeira guerra da máfia foram levados a julgamento em Catanzaro, na Calábria. Todavia, o veredicto pronunciado em Dezembro desse mesmo ano foi um anticlímax judicial tão grande como a Antimáfia fora um anticlímax político. Em Catanzaro, meia dúzia de importantes mafiosos foram condenados a longas penas de prisão: o chefe de Uditore, Pietro Torretta, recebeu a pena mais pesada – 27 anos – pelo assassínio dos dois homens em sua casa; Angelo La Barbera foi condenado a 22 anos e meio; *Passarinho* Greco e Tommaso Buscetta, ambos julgados *in absentia*, foram condenados a dez e catorze anos respectivamente. Mas a maior parte dos outros arguidos foi absolvida ou recebeu curtas penas por associação criminosa. Considerando o tempo que já tinha passado na prisão enquanto aguardava julgamento, a grande maioria foi imediatamente libertada.

O julgamento de Catanzaro é muitas vezes apontado como um exemplo perfeito de como o sistema legal italiano tem sido frouxo a lidar com os crimes da máfia. Em muitos aspectos parece uma repetição desanimadora do julgamento de 1901 baseado no relatório de Sangiorgi. Mas há uma diferença: neste caso, não existem suspeitas de conluio entre a magistratura e a máfia. Na realidade, Catanzaro é um exemplo de como era objectivamente difícil compor um retrato legalmente convincente da Cosa Nostra no período anterior à decisão de Tommaso Buscetta de colaborar com a justiça. Na Itália, os juízes elaboram um documento público para explicar as suas decisões. O parecer de Catanzaro, com 461 páginas, faculta um vislumbre fascinante do raciocínio por trás de uma grande acção judicial contra a máfia, e mostra como a Cosa Nostra podia ser escorregadia em face da lei mesmo quando o sistema judicial italiano funcionava bem.

Grande parte do trabalho que os membros da Cosa Nostra levaram a cabo para evitar a condenação em Catanzaro ocorreu bem antes de o processo chegar a tribunal. Como no tempo de Sangiorgi, a polícia descobriu que as testemunhas que surgiam das profundezas do ambiente da máfia para prestar depoimento nas primeiras fases das investigações retractavam-se depois numa fase posterior, ao serem tomadas pelo medo.

Um exemplo notável é o de Giuseppe Ricciardi, homem que sofreu uma longa série de injustiças às mãos dos irmãos La Barbera. Primeiro assassinaram-lhe o pai, um homem de honra. Depois forçaram-no a vender-lhes a empresa de camionagem do pai a um preço muito baixo. Posteriormente usaram-no – sem o conhecimento dele – para conduzir dois inimigos dos La Barbera à estação de Brancaccio em território dos Greco; Ricciardi viu Tommaso Buscetta levar os dois homens sob ameaça de uma arma para nunca mais serem vistos. Pouco depois de relatar estes acontecimentos aos magistrados, Ricciardi fez uma retractação completa, dando uma série desesperada de explicações para a sua reviravolta: ele não conhecia ninguém, ele estava doente, tinha perdido o seu emprego bem remunerado apenas por ser filho de quem era, tinha medo de tudo e todos e só queria ter uma vida sossegada. Declarou que a polícia lhe extraíra a confissão através da força, mas depois até essa acusação retirou – que o juiz considerou infundada. De pouco servia aos investigadores processar estes pobres indivíduos por sonegação de provas.

Como Sangiorgi, mais de 60 anos antes, a acusação em Catanzaro foi obrigada a contar com fontes anónimas para apresentar um mapa das linhas de batalha da guerra da máfia; essas fontes eram essenciais para fornecer um contexto que desse a entender o que de outro modo pareceria uma série aleatória de crimes. Quando se chegou ao julgamento, era impossível disfarçar o facto da escassez de provas em relação ao número de arguidos e à gravidade das acusações. Assim, os delegados do Ministério Público tiveram de apelar explicitamente a que fosse tido em conta o contexto mais amplo. Os cadastros dos arguidos, as suas temíveis reputações, os indícios de um plano deliberado para perverter as provas e intimidar testemunhas: tudo apontava para um padrão, e esse padrão era a organização conhecida por máfia.

Os advogados de defesa não podem ser censurados por argumentar que não existiam provas concretas suficientes para transformar esse padrão em pouco mais do que uma hipótese jurídica. Eles afirmavam que o padrão era na verdade inventado pelos advogados da acusação como forma de compensar as gritantes lacunas nas provas testemunhais. E se a máfia não fosse uma organização mas uma atitude siciliana generalizada de hostilidade para com a lei?

A corrupção, o conluio e a intimidação explicam muitas das absolvições por falta de provas que os mafiosos incluíam nos seus currículos. Mas o veredicto de Catanzaro sobre a primeira guerra da máfia mostra que no centro dos problemas que o sistema judicial tinha de enfrentar estava simplesmente o enigma da própria máfia. Tanto o juiz que fez a avaliação preliminar das provas da acusação como o juiz do julgamento rejeitavam a teoria de que a máfia era uma organização piramidal centralizada. Mas, ao fazê-lo, não eram capazes de perceber que a Cosa Nostra podia ser organizada sem ser uma rígida burocracia do crime. Os juízes também rejeitavam qualquer hipótese de que máfia tivesse «normas» e «critérios» comuns a todos os seus membros. O parecer final do juiz do julgamento admitia, palavrosamente, que a máfia podia de facto ser considerada «uma atitude psicológica ou a expressão típica de um individualismo exagerado». Mas salientava que esses factores sociais constituíam apenas o fundo do que era na realidade um «fenómeno de criminalidade colectiva». O cenário que ele tinha em mente não era o de uma associação criminosa, mas de muitos grupos independentes, quer fossem *cosche* locais, quer redes de traficantes. Em suma, o sistema judicial italiano encaminhava-se para uma aceitação do facto de que a máfia era uma coisa e não uma ideia, sendo no entanto ainda demasiado indistinta para ser apanhada nas malhas da lei.

Às dezoito e quarenta e cinco da tarde de 10 de Dezembro de 1969, cinco homens com uniformes da polícia roubados irromperam pelo piso único de um edifício de escritórios na *viale* Lazio, em Palermo, e começaram a metralhar os ocupantes. Seguiu-se uma furiosa troca de tiros durante a qual um dos atacantes foi morto; os seus companheiros atiraram-no para o porta-bagagem de um dos carros antes de se porem em fuga. Atrás de si deixaram quatro dos seus inimigos mortos, outros dois feridos e mais de 200 invólucros de balas. Assim que a polícia chegou, percebeu qual dos mortos era o alvo principal do ataque; ele foi encontrado com um revólver *Colt Cobra* ao lado, a sua imagem de marca. Era Michele Cavataio, o mafioso acusado por Buscetta de ter começado a primeira guerra da máfia.

Com as suas metralhadoras e carros de fuga, a matança da *viale* Lazio foi obra de *gangsters* altamente modernos. Ocorreu no novo escritório de uma empresa de construção num pretensioso bairro residencial construído durante o saque de Palermo. No entanto, o assassínio de Cavataio, *a Cobra*, foi uma execução colectiva exactamente do mesmo tipo que a realizada na mesma zona pelos homens de honra citados no relatório do comandante da polícia Sangiorgi 70 anos antes. Entretanto, alguns *pentiti* revelaram que os assassinos disfarçados de polícias eram representantes de diferentes Famílias mafiosas de Palermo e arredores.

Com efeito, é hoje evidente que o ataque da *viale* Lazio no final de 1969 foi o último acto da guerra de 1962-1963, o que acrescenta mais credibilidade à versão dos acontecimentos de Buscetta. Segundo os *pentiti*, o assassínio de Cavataio foi instigado por *Passarinho* Greco, que tinha vindo a aceitar a teoria de Buscetta sobre o deflagrar da primeira guerra da máfia. A sua proposta de matar *a Cobra* foi aceite por um painel improvisado de chefes eminentes (a Comissão seria reconstituída pouco depois). Assim, passado o perigo do julgamento de Catanzaro, o «fenómeno de criminalidade colectiva», que os juízes tanto se haviam esforçado por definir, decidiu esquecer os problemas dos meados dos anos 60 e voltar à acção.

# 9

# As Origens da Segunda Guerra da Máfia 1970–1982

# A Ascensão dos *Corleonesi*: 1 – Luciano Leggio (1943-1970)

Como a maioria dos filmes americanos sobre a máfia, *O Padrinho* de Francis Ford Coppola teve uma fraca recepção da crítica quando foi estreado na Itália, em 1972. Um crítico descreveu o filme como a «destilação de todos os lugares-comuns sobre bandidos italo-americanos». É uma opinião que talvez deva algo a um certo ressentimento italiano pela maneira como, através de Hollywood, os Estados Unidos têm apresentado a máfia como fenómeno seu. O mesmo crítico também achou o episódio siciliano de *O Padrinho* «ofensivamente estúpido», e nesse aspecto ele tinha razão: as cenas sicilianas do «padrinho» de todos os filmes americanos sobre a máfia são indiscutivelmente grosseiras. Numa cena, o Michael Corleone de Al Pacino vagueia pelas ruas da cidade com o mesmo apelido. Impressionado com as viúvas vestidas de luto e com os anúncios de funerais colados nas paredes, pergunta-se em voz alta para onde terão ido todos os homens. «Estão todos mortos», responde um dos seus guarda-costas locais, «por causa da *vendetta.*» Ele profere a palavra como se esta significasse uma medonha força da natureza, uma variante da Peste Negra que ceifasse apenas homens sicilianos.

Na altura em que o fictício Michael Corleone visitava a terra natal do pai, o tifo era um perigo muito maior para a população do que os crimes da máfia; cerca de 40 pessoas morreram no Verão de 1947 durante a epidemia. Corleone, com as suas estradas e sistemas de esgotos danificados pela passagem dos tanques americanos, era ainda um lugar extremamente pobre. Mas se a taxa de homicídios desses anos não atingia os níveis apocalípticos sugeridos por *O Padrinho*, era ainda assim impressionantemente elevada. Houve 11 homicídios em 1944, 16 em 1945, 17 em 1946, oito em 1947 e cinco em 1948. Como noutros lugares da Sicília Ocidental, estes foram os anos do ressurgimento da máfia e da sua resposta violenta à renovada militância camponesa. Mas em Corleone, retrospectivamente, as estatísticas dos homicídios adquiriram um significado bastante sinistro, porque entre eles incluem-se os primeiros crimes cometidos por Luciano Leggio, um mafioso que viria a exercer grande influência no seio da Cosa Nostra. Seguindo o exemplo de Leggio, o seu conterrâneo e discípulo preferido, Totò Riina, o *Baixo*, viria a orquestrar uma matança sem precedentes de homens de honra – ficaria conhecida como a segunda guerra da máfia de 1981-1983. Sob o poder de Riina, os *corleonesi* estabeleceriam uma ditadura sobre a organização e, ao fazê-lo, quase acabariam com a sua história. Ainda hoje, o sucessor de Riina como chefe dos chefes é um homem nascido em Corleone e ensinado por Luciano Leggio. Assim, apenas por acaso, quando Mario Puzzo, o autor do *Padrinho*, procurava uma terra natal para Don Vito Corleone (nascido Andolini), surgiu-lhe a cidade que deu ao mundo um dos mais temidos e poderosos homens de honra de todos os tempos.

As fotografias mais conhecidas de Luciano Leggio datam da sua presença num tribunal de Palermo em 1974. É difícil não deixar de concluir a partir das mesmas que ele decidiu adoptar para a ocasião um visual baseado no Don Corleone de Marlon Brando. E com o seu charuto, o seu queixo comprido e pesado e a sua pose arrogante, acabou efectivamente por consegui-lo; existe mais do que uma semelhança passageira entre os dois. Na realidade, o rosto de Leggio era já famoso na Itália antes de *O Padrinho* estrear. A análise de Leggio publicada pela comissão Antimáfia no mesmo ano em que estreou o filme não é um documento que se debruce sobre coisas tão frívolas como as aparências. No entanto, o «rosto largo, redondo e frio» de Leggio, assim como o seu semblante «irónico e desdenhoso», não deixaram de impressionar os autores do documento. Se o cinematográfico Don Vito era o rosto da máfia como ela gosta de o imaginar – judicioso e centrado na família –, então as feições de Leggio, pelo contrário, constituíam um emblema do terror caprichoso. Enquanto as pálpebras pesadas de Brando conferiam à sua personagem uma reserva quase nobre, os olhos esbugalhados de Leggio sugeriam apenas o capricho e a maldade. Um *pentito* disse que Leggio «tinha um olhar que metia medo mesmo a nós, mafiosos. A mais pequena coisa podia irritá-lo e então surgia-lhe uma luz estranha nos olhos que silenciava toda a gente à sua volta... Sentia-se a morte a pairar no ar»([98]). Este era o mesmo homem que um dia, segundo o mesmo *pentito*, matou um mafioso, a sua amante e a filha desta, de 15 anos de idade, depois de a violar.

Todavia, como tantas biografias de mafiosos verdadeiros, a história de Luciano Leggio só cai no lugar-comum da literatura policial quando contada no género «psicológico». Embora Leggio inspirasse um grande pavor, não foi por serem mais assustadores do que os outros mafiosos que ele e os seus seguidores se tornaram tão poderosos na Cosa Nostra. Foi porque conseguiram inventar novas tácticas mafiosas através de uma combinação de métodos antigos. Os *corleonesi* desenvolveram um sistema para dominar a máfia siciliana que se adaptava ao novo clima dos anos da Antimáfia, quando o Estado e a opinião pública se tornaram mais atentos ao problema e o negócio da droga exerceu novas pressões sobre a estrutura tradicional das Famílias. De certo modo, os *corleonesi* tornaram-se dentro do organismo da Cosa Nostra o que a Cosa Nostra era dentro do organismo da Sicília: um parasita secreto e mortífero. Para perceber como esses novos métodos se desenvolveram, convém acompanhar a ascensão dos *corleonesi* a partir dos primeiros assassínios de Leggio nos anos 40.

Luciano Leggio nasceu na pobreza em 1925. Quando a sociedade honrada voltou a erguer-se depois da invasão dos Aliados em 1943, Leggio, um mero ladrão na altura, foi recrutado por Michele Navarra, um médico que era também *capo* de Corleone. (Há uma longa tradição de doutores mafiosos como Navarra, que era médi-

([98]) Calderone e Arlacchi, p. 91.

co de clínica geral em Corleone; em 1946, tornou-se director do hospital quando o seu predecessor foi assassinado por desconhecidos.) Através do apadrinhamento de Navarra, Leggio, com apenas 20 anos, conseguiu um emprego como guarda numa herdade perto de Corleone. Desde antes do tempo do líder camponês assassinado, Bernardino Verro, que empregos como este eram controlados pela máfia de Corleone e usados para fazer contrabando, roubar, intimidar trabalhadores e extorquir dinheiro a latifundiários.

Em 1948, provavelmente às ordens de Navarra, Leggio levou a cabo um dos assassinatos políticos mais notórios dos anos do pós-guerra; os camponeses de Corleone teriam outro mártir socialista para chorar. Na noite de 10 de Março – não por coincidência, aproximavam-se as primeiras eleições legislativas da república italiana – Leggio conduziu o sindicalista e veterano da Resistência Placido Rizzotto para fora da cidade sob a ameaça de uma arma; depois obrigou-o a ajoelhar-se antes de lhe dar três tiros na cabeça à queima-roupa. Os restos mortais de Rizzotto, juntamente com dois outros esqueletos humanos, foram encontrados 18 meses mais tarde numa caverna com 60 metros de profundidade. Apenas alguns fragmentos de roupa e um par de sapatos americanos de sola de borracha permitiram que a mãe de Rizzotto o identificasse. Leggio nunca foi condenado pelo crime, apesar de dois homens que o tinham ajudado a realizar o rapto terem testemunhado e dito às autoridades onde encontrar o corpo da vítima. Placido Rizzotto nunca teve uma sepultura, mas um busto dele, inaugurado apenas em 1996, encontra-se hoje à porta da câmara municipal de Corleone.

Leggio fugiu à justiça pouco depois do assassínio de Rizzotto. Só voltou a ser capturado em 1964, mas desapareceu de novo em 1970 e foi encarcerado pela última vez em 1974. Andou fugido à justiça durante tanto tempo que adquiriu a alcunha de *Pimpinela Escarlate* de Corleone. Mas Leggio estava longe de ser a figura arrojada que este paralelo literário poderia sugerir; sofria de problemas crónicos na próstata e de espondilose, uma inflamação da coluna que o obrigava a usar uma cinta de cabedal. A sua débil saúde significou que grande parte do seu tempo «a monte» fosse na verdade passado em clínicas e termas caras. Convém dizer que não era invulgar para um mafioso viver escondido desta maneira durante algum tempo. Até mesmo um *don* gordo e velho como Calò Vizzini havia passado por isso. Mas a vida de esconderijo quase permanente de Leggio viria a estabelecer um padrão. Os *corleonesi* foram todos *Pimpinelas Escarlates*, invisíveis não só para as forças da lei e da ordem, mas também para mafiosos rivais. Esta invisibilidade seria parte de um novo modelo de poder da máfia; o chefe deixava de receber a uma mesa de café na praça da cidade. O único sinal manifesto de poder dos *corleonesi* seria a sua crueldade.

Em 1956, Leggio, ainda oficialmente em fuga, montou uma empresa de pecuária como fachada para as suas operações de roubo de gado. Seria a base para o desafio à autoridade do seu próprio chefe, Michele Navarra. Primeiro, Leggio obrigou um dos homens de Navarra a renunciar à sua parte na empresa de pecuária. Depois, quando um dos lugar-tenentes de Navarra comprou umas terras adjacentes, Leggio fez dele alvo de uma campanha de vandalismo. Como seria de esperar, em Junho de 1958, Leggio foi emboscado nos edifícios da sua herdade por assassinos de Navarra. Mas parece que estes temiam tanto a sua fama de bom atirador que abriram fogo de demasiado longe, permitindo que Leggio os rechaçasse sofrendo apenas uma arranhadela na mão.

Foi a última oportunidade do médico. Dois meses mais tarde, Navarra viajava de Lercara Friddi para Corleone com outro médico – um homem completamente inocente. Ao saírem de uma curva, depararam-se com o *Alfa Romeu 1900* de Leggio a bloquear a estrada. Quando a polícia e os jornalistas chegaram ao local algum tempo depois, descobriram que o carro das vítimas tinha sido empurrado para uma vala à beira da estrada; as dezenas de buracos de balas que o crivavam dariam uma excelente fotografia ao estilo de «Chicago». Foi o primeiro assassínio da máfia em Corleone a fazer as manchetes dos jornais desde o desaparecimento de Placido Rizzotto dez anos antes. A notoriedade de Leggio estendia-se agora muito além de Corleone.

O ataque a Navarra foi um acto de ousadia extraordinária. O médico corrupto de Corleone representava um modelo de estabilidade e protecção política que a Cosa Nostra sempre apreciou. Além de médico, era presidente da federação de camponeses de Corleone, administrador da união de agricultores e inspector do plano de seguros de saúde da região; tinha colocado os seus amigos em várias importantes empresas públicas e um dos seus irmãos geria a companhia regional de autocarros da Sicília que o próprio Navarra iniciara em 1943 com veículos militares abandonados. O médico de Corleone controlava também um pacote significativo de votos para a DC, tinha o apoio de outros chefes da máfia da região e no seu clã contava com homens de honra com muita experiência e relações nos Estados Unidos. Navarra fora até distinguido com o equivalente italiano do grau de cavaleiro pouco antes de morrer; isto apesar de um período de exílio interno por suspeita de envolvimento no assassínio de Rizzotto. Não admira que os camponeses da vila lhe chamassem *U patri nostru – Pai Nosso*. Os mafiosos raramente se mostram dispostos a permitir que um soldado raso como Leggio perturbe um prestígio tão pacientemente acumulado e lucrativo como o de Navarra.

Depois de assassinar o médico, o bando de Leggio não teve outra alternativa senão manter o ímpeto da sua ofensiva; naquela altura, a sobrevivência e a vitória acabavam por ser a mesma coisa. Um mês após a morte de Navarra, três dos soldados mais temidos do médico foram mortos a tiro numa batalha que envolveu dezenas de pistoleiros no centro de Corleone; vários transeuntes, incluindo crianças, ficaram feridos. Corleone ganhou a alcunha de *Tombstone*(*). Em Outubro do mesmo ano, 1958, *L'Ora* publicou uma relação de página inteira das actividades de Leggio. O título tinha apenas uma palavra: «Perigoso». Três dias depois a redacção do jornal sofria um atentado à bomba.

O golpe espectacular de Leggio contra os chefes estabelecidos de Corleone foi invulgar, mas não inaudito. De certo modo, tratou-se da confirmação do que provavelmente tem sido uma verdade ao longo da história da máfia. Embora a influência política seja importante, o poder decisivo da sociedade honrada reside na sua ala militar. A disposição de pagar um preço político temporário pelo uso da violência extrema, demonstrada por Leggio em 1956, seria uma característica dos métodos adoptados pelos *corleonesi* a partir de então.

Os tiroteios e raptos em Corleone continuaram durante cinco anos. O bando insolente de Leggio estava à beira da vitória total sobre a ordem estabelecida de Navarra quando, a 30 de Junho de 1963, a bomba de Ciaculli conduziu a uma série de prisões e quase fez parar toda a actividade da máfia na Sicília Ocidental. Em 1964

(*) Literalmente, «pedra tumular»; a referência alude à cidade do Arizona onde se travou o célebre duelo do OK Corral que opôs Wyatt Earp e os seus irmãos a um bando de foras-da-lei (*N. R.*)

o próprio *Pimpinela Escarlate* seria finalmente capturado em Corleone, na casa de uma solteirona de meia-idade aparentemente acima de qualquer suspeita por ser a antiga noiva do sindicalista assassinado Placido Rizzotto.

Quando 64 dos participantes na guerra entre os *leggiani* e os *navarriani* foram finalmente julgados em 1969, foram todos a absolvidos. Espantosamente, apesar de quase um quarto de século como assassino da máfia, Leggio tinha ainda apenas uma condenação no seu cadastro: pelo roubo de alguns feixes de trigo. O relatório final da comissão antimáfia viria a criticar os veredictos, atribuindo a culpa à forma como Leggio e os seus homens intimidaram as testemunhas e à tendência «inconsciente» do juiz para ser excepcionalmente rigoroso na avaliação das provas da acusação. Parece que Leggio também encontrou uma maneira de destruir provas materiais nalgum momento entre as investigações e o julgamento. Alguns fragmentos do farolim traseiro de um automóvel tinham sido encontrados no local do assassinato de Navarra; foram identificados na altura como pertencendo a um *Alfa Romeo* do mesmo modelo que o de Leggio. Quando o saco de provas foi aberto para nova inspecção muitos meses depois, descobriu-se que os fragmentos tinham sido substituídos por outros de um carro de marca diferente. O Ministério Público recorreu das sentenças, mas quando Leggio foi condenado a prisão perpétua num segundo julgamento, já tinha voltado a esconder-se.

A actividade da máfia recomeçou a sério em 1969 depois da absolvição de Leggio e dos seus homens. Quando isso aconteceu, tornou-se perceptível um novo mapa do poder da máfia. Entre os homens disfarçados de polícias que executaram Michele Cavataio, *a Cobra*, na *viale* Lazio, encontravam-se dois dos principais matadores de Leggio: Calogero Bagarella (o homem morto no assalto e atirado para o porta-bagagem do carro de fuga) e Bernardo Provenzano, *o Tractor*, (o chefe dos chefes no momento da escrita deste livro). O prestígio de que Leggio então gozava na Cosa Nostra seria confirmado quando a Comissão foi reinstituída pouco tempo depois. Como medida provisória, existiriam inicialmente apenas três membros. O primeiro era Gaetano *Tano* Badalamenti, um importante traficante de droga com sólidas ligações ao outro lado do Atlântico e um dos três homens da «equipa instaladora» que redigira as regras da Comissão. O segundo era Stefano Bontate, conhecido por *Príncipe de Villagrazia*, *capo* da maior Família de Palermo e descendente de uma prestigiosa dinastia da máfia – o pai dele fora um dos que transportaram o caixão no funeral de Don Calò Vizzini. O terceiro era o próprio Luciano Leggio, representado com frequência nas reuniões pelo seu substituto de confiança Totò Riina, conhecido por *u curtu* – *o Baixo*.

A composição deste triunvirato era já uma indicação de que a nova Comissão seria um órgão diferente daquele que fora criado após a visita de Joe Bananas à Sicília em 1957. A regra que impedia os chefes das Famílias de ter um lugar na Comissão desaparecera. Os membros do triunvirato passaram a ser, sem sombra de dúvida, os homens de honra mais poderosos da província de Palermo e, por conseguinte, de toda a máfia siciliana. A Comissão deixou de funcionar apenas como contrapeso à autoridade que os chefes das Famílias exerciam sobre determinados homens de honra, como Buscetta esperara que ela funcionasse em 1957, passando efectivamente a reactivar e a reorganizar as Famílias do topo para baixo. Quando em 1974 a Comissão começou a operar em pleno, a Cosa Nostra adoptou a estrutura de comando mais hierárquica que Tommaso Buscetta iria descrever a Giovanni Falcone, e que ainda hoje mantém.

A questão é saber como Luciano Leggio, oriundo da atrasada vila de Corleone, veio a ocupar um lugar entre a elite de Palermo. Apesar da notoriedade que tanto Leggio como Marlon Brando lhe conferiram, Corleone não é a «capital» da máfia. Muito antes de ser preso pela primeira vez em 1964, Leggio era mais do que o chefe da Família de Corleone, tendo já alargado a sua influência ao lugar que realmente interessava – a Palermo.

Foi em Palermo que Leggio passou a maior parte do seu tempo quando andava «a monte»; era para o mercado de carne da cidade que a sua pequena firma de transportes levava o seu gado ilegalmente abatido; era em Palermo que o «vigarista agressivo de Corleone», Vito Ciancimino, preparava a sua escalada ao poder no conselho municipal; era em Palermo que Leggio tinha uma empresa que alugava máquinas de jogos cheias de cigarros de contrabando; e era em Palermo que a máfia tinha as suas raízes, onde o poder da sociedade honrada estava ainda concentrado. Leggio tinha relações próximas com mafiosos que viriam a ser os principais combatentes na primeira guerra da máfia – La Barbera, Buscetta, Greco, Cavataio, Torretta. Palermo seria a presa da segunda guerra.

# A Crise Espiritual de Leonardo Vitale

A história da máfia siciliana não se faz apenas de alta política, grandes negócios e guerra. A década de 70 foi também o cenário de duas tragédias – contadas neste capítulo e no seguinte – que falam das profundas preocupações da vida quotidiana tal como afectaram os homens, mulheres e crianças que viviam embrenhados no sistema da máfia.

Por volta das onze horas da noite de 29 de Março de 1973, Leonardo Vitale entrou no quartel-general da brigada móvel da polícia de Palermo para declarar que estava a passar por uma crise religiosa e que pretendia começar uma vida nova. Tinha 32 anos e era homem de honra da Família da Cosa Nostra de Altarello di Baida, na qual detinha o posto de *capodecina* (chefe de dez). Na presença dos agentes estupefactos, Vitale confessou dois homicídios, uma tentativa de homicídio, um rapto e vários crimes menores. Indicou também os nomes de culpados de outros homicídios. Explicou como era organizada uma Família da máfia, quem eram os membros da sua própria Família e revelou a existência da Comissão da máfia. Embora tivesse um posto demasiado baixo na organização para saber exactamente quem estava na Comissão, contou que uma vez o membro do triunvirato de Corleone, Totò Riina, *o Baixo*, tinha vindo resolver uma disputa entre a Família dele e uma Família vizinha. Quando a notícia chegou à imprensa, Vitale foi apelidado de «o Valachi dos subúrbios de Palermo». Mais uma vez, muito antes de Tommaso Buscetta, um *pentito* revelava os segredos da máfia a quem estivesse disposto a ouvir.

Três semanas depois de Vitale se entregar, um juiz investigador convidou uma equipa de psiquiatras forenses à prisão de Ucciardone e pediu-lhes para averiguar se o *pentito* estava suficientemente são para constituir uma testemunha credível num julgamento. Alguns indícios de que o seu estado mental se encontrava debilitado já haviam sido detectados. No início do mesmo ano, quando esteve detido durante uma semana na ilha de Asinara por suspeita de participar num rapto, Vitale cobrira-se com os próprios excrementos. Aos psiquiatras explicou porquê:

> Fazer uma coisa assim ajudou-me a compreender de certa forma – a compreender que uma coisa assim não é má, mas que outras coisas *são* más. Uma coisa dessas não magoa as pessoas, mas outras coisas *são* más – as coisas que fiz antes.([99])

O gesto de Vitale de se cobrir com fezes foi muito mais eloquente do que as suas palavras – ele era um homem com pouca instrução. No entanto, apesar da sua dificuldade verbal, a história que contou aos psiquiatras forenses constitui uma das mais reveladoras perspectivas sobre o custo emocional de pertencer a uma associação que actua num ambiente de silêncio e morte.

O homem mais influente na vida de Vitale, em quem procurou o afecto que perdera depois da morte do pai, foi o seu tio, que viria também a ser o seu *capo*. «Ele era tudo para mim», disse Vitale. A principal ansiedade da sua vida girava em torno da sua ambígua masculinidade: «Achava que era pederasta, e sempre carreguei essa ideia comigo». Aos 14 anos deixou de ir à missa porque culpava Deus pelos «feios pensamentos» que lhe atravessavam o espírito. Tornou-se mafioso, confessou, «em protesto pela minha própria natureza, porque Deus me tinha dado aqueles complexos. Um protesto contra Deus, pelo complexo de não ser um homem»([100]).

Mas não era por causa de qualquer «complexo» que o destino de Leonardo Vitale já se encontrava traçado desde a infância. O sistema de valores da máfia havia sido transmitido a várias gerações da família de Vitale, que era provavelmente descendente de

---

([99]) Galluzzo, Nicastro, e Vasile, p. 106.
([100]) *Ibidem*, p. 107.

um assassino ilibado de trabalhar para Don Raffaele Palizzolo na última década do século XIX. Seguindo a tradição da família, quando o tio de Leonardo percebeu a admiração que o jovem por ele nutria, começou a pôr à prova a coragem do sobrinho, perguntando-lhe uma vez: «Estás a ver as minhas mãos? Estão manchadas de sangue, e as mãos do teu pai estavam ainda mais manchadas do que as minhas». O tio pediu-lhe para demonstrar a sua «valentia», primeiro matando um cavalo e depois, aos 19 anos, matando um homem; Leonardo foi levado num pequeno *Fiat 500* e quando passava ao lado do homem levantou-se no banco traseiro para disparar sobre ele com uma caçadeira. O prémio de Leonardo foi uma noite de pândega com o tio e depois a iniciação na Família de Altarello di Baida. No que hoje sabemos ter sido uma variante historicamente significativa do habitual rito de iniciação, o dedo dele foi picado com o espinho de uma laranjeira de Sevilha, cujo fruto amargo era apreciado pela sua essência desde o tempo dos árabes.

Envenenar cães de guarda, incendiar automóveis, vandalizar árvores de citrinos, matar um ladrão de limões, enviar cartas ameaçadoras com desenhos de caveiras, colocar bombas em escritórios, danificar máquinas em estaleiros de construção e muita vadiagem pelo meio: durante os 13 anos seguintes, Leonardo Vitale dedicou-se ao negócio quotidiano da extorsão, de «taxar» o território da sua Família às ordens do tio. Em 1969, Vitale ganhou mais honra quando matou outro mafioso. Em consequência disso, o tio começou a revelar-lhe mais segredos da organização, informando-o da existência da Comissão que tinha ordenado aquele último assassínio, e também o assassínio de Mauro De Mauro, o jornalista do jornal *L'Ora* que desapareceu em 1970. Vitale foi promovido e tornou-se *capodecina*, o que, além de lhe proporcionar uma maior fatia dos despojos, pouca importância tinha para ele.

Aos psiquiatras Vitale disse que tinha conseguido livrar-se da sua anterior personalidade e das suas ansiedades ao revelar os segredos da máfia. Era como se outra pessoa tivesse cometido os seus crimes, explicou. Ele tinha voltado a encontrar Deus, a sua paz interior, e com ela a garantia final de que não era, efectivamente, um pederasta. Contudo, à medida que revelava mais pormenores da sua história aos psiquiatras, notava-se que o seu estado de espírito se tornava mais abatido e imprevisível. Um dia apareceu com cortes nos braços que ele próprio infligira; depois começou a andar descalço e com uma longa barba, declarando: «Louco, eu era louco». Os magistrados começaram a interrogar-se se Leonardo estaria ainda a passar pela crise espiritual que o levara a desertar da máfia ou se tinha sido pressionado a exagerar a sua insanidade com o fim de subverter o seu testemunho. Quando o exame psiquiátrico ficou concluído, Vitale foi declarado «mentalmente semienfermo»; mas os especialistas decidiram também que o seu estado não diminuía a sua memória e, por conseguinte, a credibilidade do seu testemunho. A reacção escrita do próprio Vitale à forma como os psiquiatras o classificaram é comovente na sua lucidez forçada:

> Semienfermidade mental = doença psíquica. Máfia = doença social. Máfia política = doença social. Autoridades corruptas = doença social. Prostituição = doença social, sífilis, condiloma, etc. = doença física que influencia o espírito fraco logo desde a infância. Crise religiosa = doença psíquica que deriva dessas outras doenças. Estes são os males de que eu, Leonardo Vitale, ressuscitado na fé do verdadeiro Deus, fui vítima.([101])

O processo chegou a julgamento em 1977. Dos 28 arguidos, só Vitale e o tio foram condenados. A sua «semienfermidade mental» e o seu comportamento imprevisível tinham sido suficientes para ferir de morte o argumento da acusação logo à partida. Se estas absolvições são compreensíveis, o mesmo não se poderá dizer do modo como as valiosíssimas informações de Vitale sobre a natureza da máfia foram depois disso completamente ignoradas pelas autoridades. Vitale foi condenado a 25 anos de prisão. Passou a maior parte da sua pena em instituições psiquiátricas antes de ser libertado, em Junho de 1984. Pouco depois, muito do que ele tinha dito em 1973 foi confirmado quando Tommaso Buscetta começou a testemunhar para o Estado. A 2 de Dezembro de 1984, um domingo, Vitale regressava da missa com a mãe e a irmã quando um homem não-identificado o atingiu com dois tiros na cabeça. No final do ano seguinte, Giovanni Falcone e Paolo Borsellino apresentaram as suas provas em apoio do «teorema de Buscetta», em preparação para o megajulgamento. Iniciaram o documento contando a história de Leonardo Vitale, que concluíram da seguinte maneira: «Esperemos que pelo menos depois da sua morte Vitale receba o crédito que merecia».

---

([101]) Stajano, p. 14.

# A Morte de um «Esquerdista Fanático»: Peppino Impastato

Nos anos 70 – chamados os «anos de chumbo» – a democracia italiana conheceu o seu período mais negro desde a queda do fascismo. Mais uma vez, o combate à máfia, assim como o seu entendimento, não figuravam no topo da lista de prioridades da nação. A 12 de Dezembro de 1969, dois dias depois do atentado a Michele Cavataio, que marcou o reinício da actividade da Cosa Nostra após o sossego dos meados da década de 60, uma bomba explodiu num banco na Piazza Fontana no centro de Palermo; dezasseis pessoas morreram e dezenas ficaram feridas. Três dias depois, um anarquista inocente detido para interrogatório sobre a bomba da Piazza Fontana caiu da janela de um quarto andar da sede da polícia em Milão. Pouco depois começaram a surgir provas ligando grupos neofascistas ao massacre da Piazza Fontana. Outras provas ligavam elementos dos serviços secretos italianos a esses mesmos neofascistas. Os grupos militantes de esquerda anunciaram um novo *slogan*: «Foi um massacre de Estado». Não eram nem de longe os únicos a achar que se estava perante uma conspiração para subverter a democracia. Existem poucas dúvidas quanto à existência dessa conspiração; a única questão – ainda em aberto – é saber até que ponto ela envolveu as instituições do Estado. Era a famosa «estratégia da tensão»: um plano de atrocidades terroristas destinado a preparar o terreno para um golpe de Estado de direita.

A estratégia da tensão era uma resposta directa a uma sentida ameaça da esquerda. Os anos 1967-1968 assistiram a uma vaga de protestos estudantis que uma reacção política muitas vezes opressiva só serviu para radicalizar. Ainda mais grave foi a temporada de greves e manifestações que começou no «Outono quente» de 1969; durante algum tempo parecia que o movimento dos trabalhadores ia superar o Partido Comunista Italiano à esquerda.

A bomba da Piazza Fontana inaugurou um novo período de instabilidade e violência políticas. Ocorreram vários outros atentados terroristas de direita durante a década de 70 e início dos anos 80. A pior atrocidade foi a matança de 85 pessoas provocada por uma bomba colocada numa sala de espera de segunda classe na estação de Bolonha em Agosto de 1980. Mas a violência política não se confinava de modo algum à extrema-direita. Em meados dos anos 70, quando uma crise económica mundial contribuiu para acalmar a militância operária, o conjunto de partidos – bastante motivados, mas extremamente conflituosos – à esquerda do Partido Comunista começou a perceber que a revolução não estava ao virar da esquina, como se acreditava no final dos anos 60. Para uma pequena minoria desses militantes de esquerda, a acção armada, destinada a exacerbar os conflitos sociais e a preparar o terreno para uma sublevação da classe trabalhadora, era a resposta adequada à diminuição das acções grevistas e dos «massacres do Estado». As Brigadas Vermelhas declararam «um ataque ao coração do Estado» e, no final da década de 70 e início da década de 80, levaram a cabo espectaculares assassinatos de polícias, magistrados, empresários, jornalistas e até membros do Partido Comunista suspeitos de colaborar com o «Estado das multinacionais».

O envolvimento da máfia na estratégia da tensão e na conspiração da direita desde 1969 é um dos temas preferidos dos «dietrologistas». Há uma ou duas ligações inequívocas. Em Dezembro de 1970, um príncipe neofascista ocupou o Ministério do Interior numa tentativa de desencadear um golpe de Estado; rendeu-se pacificamente após algumas horas e o público só teve conhecimento do incidente passados vários meses. Posteriormente, Tommaso Buscetta e outros *pentiti* revelariam que a chefia da máfia tinha sido convidada a participar no golpe em troca da revisão de algumas importantes decisões judiciais. Buscetta e *Passarinho* Greco chegaram mesmo a atravessar o Atlântico para discutir o assunto com Leggio e outros numa série de encontros em Catânia, Roma, Milão e Zurique durante o Verão de 1970. Parece que muitos dos principais chefes hesitaram em aceitar a proposta. Um *pentito* comentou ironicamente que o Mundial de futebol estava a decorrer na altura e que, à medida que a Itália avançava na competição para defrontar o Brasil na final, muitos homens de honra pareciam mais interessados em assistir aos jogos na televisão do que em reunir-se para discutir uma revolução fascista. A máfia concordou em participar na revolta, mais por um desejo de vigiar de perto os acontecimentos do que por qualquer dedicação à causa. A repressão da máfia por Cesare Mori, o «prefeito de ferro», tinha deixado um legado de desconfiança entre a extrema-direita e a Cosa Nostra.

Além do abortado golpe de Estado em 1970, sabe-se também que a máfia ajudou terroristas de direita a colocar uma bomba num comboio entre Milão e Nápoles a 23 de Dezembro de 1984 – o engenho matou 16 pessoas. Episódios como estes contribuíram para alimentar especulações de que a Cosa Nostra era apenas um instrumento de figuras escusas nos corredores dos ministérios de Roma; de que por cima dos escalões mais altos da Cosa Nostra pairava a mão orientadora de alguém que puxava os cordelinhos. Isso pertence quase certamente ao mundo da fantasia. A história da Cosa Nostra sugere que quando a organização colaborava com subversivos violentos de direita, fazia-o apenas nas suas próprias condições, na esperança de obter concessões bastante precisas. A revisão de decisões judiciais é provavelmente um arquétipo do que a máfia poderia esperar de um acordo desse tipo.

Por trás das carnificinas e conspirações do final dos anos 60 e início dos anos 70, ocorreram mudanças muito menos visíveis no sistema judicial italiano que exerceriam profunda influência sobre a futura história da máfia. Na Sicília, como em muitas outras regiões de Itália, a velha guarda de magistrados e juízes era instintivamente conservadora. Parte dela estava intimamente ligada à classe política através de sociedades maçónicas e laços familiares. Mesmo que não tivessem existido indivíduos deliberadamente conluiados com a Cosa Nostra, era pouco provável que esse conjunto de homens – e eram todos homens – tivesse o ânimo necessário para atacar o problema do crime organizado ao mais alto nível.

Depois, na década de 60, o recrutamento foi alargado devido ao desenvolvimento do ensino superior; ao mesmo tempo a magistratura obtinha finalmente o seu próprio órgão regulador, e com ele um grau de independência perante o governo comparável ao de outros países europeus. No final da década, uma organização chamada Magistratura Democratica lançou uma iniciativa de jovens magistrados para reformar o esclerosado sistema judicial. Alguns magistrados da nova geração procuravam levar mais criminosos «de colarinho branco» – poluidores, especuladores imobiliários, políticos corruptos – à justiça.

À medida que os magistrados iam conquistando mais poder, tornavam-se também cada vez mais politizados, organizando-se em facções políticas. Em parte por causa disso, a suspeita de que as investigações eram iniciadas (e até veredictos pronunciados) por motivos partidários e políticos, tornou-se uma queixa crescente. No entanto, os grandes êxitos na batalha contra a máfia dos anos futuros teriam sido impensáveis sem essa lenta transformação do sistema judicial italiano. Mas eram mudanças que levariam anos a surtir os seus efeitos.

Houve momentos na década de 70 em que parecia que a democracia italiana não sobreviveria aos assaltos da estratégia da tensão e do terrorismo de esquerda. O momento mais preocupante surgiu a 16 de Março de 1978, quando as Brigadas Vermelhas raptaram a figura mais influente do partido da Democracia Cristã, o antigo primeiro-ministro Aldo Moro; toda a sua escolta e o seu motorista foram assassinados no ataque. Durante 55 dias a Itália susteve o fôlego enquanto políticos de todos os partidos discutiam se deviam resistir às exigências dos raptores ou negociar para tentar salvar a vida de Moro. No dia 9 de Maio, Aldo Moro foi assassinado e o seu corpo encontrado dentro do porta-bagagem de um *Renault* vermelho numa rua lateral de Roma a apenas algumas dezenas de metros das sedes da DC e do PCI.

Compreensivelmente, estes incidentes terroristas ajudaram a abafar as preocupações com o ressurgimento da máfia e com o seu regime de terror quotidiano na Sicília Ocidental. Não existe ilustração mais evidente desse facto do que uma história que surgiu no mesmo dia em que o corpo de Moro foi encontrado em Roma. O jornal conservador milanês *Corriere della Sera* publicou uma breve notícia de um incidente em Cinisi, uma pequena vila na costa ocidental da Sicília, longe do «coração do Estado». O título era: «Esquerdista fanático morto por própria bomba em via-férrea».

O «esquerdista fanático» era Giuseppe *Peppino* Impastato. Mas a sua morte, aos trinta anos de idade, não resultou nem de um ataque terrorista que correu mal, nem mesmo de um suicídio, como se afirmaria mais tarde. *Peppino* Impastato foi assassinado pela máfia de Cinisi. No entanto, seriam precisos quase um quarto de século e uma persistente campanha de amigos e parentes para que se fizesse justiça no seu caso. Para começar a perceber por que razão a sua história é historicamente significativa, basta olhar para a fotografia de um grupo de «homens de respeito» de Cinisi na secção de ilustrações deste livro; a fotografia foi tirada no início dos anos 50. Peppino é o mais pequeno dos dois rapazinhos de calções, o que tem a mão esquerda debaixo do braço direito do pai.

O rapazinho da fotografia veio de facto a ser um militante de esquerda; foi um rebelde inteligente e por vezes angustiado que dedicou metade da sua vida à causa da luta contra a opressão e o capitalismo. Como muitos jovens italianos na altura, participou apaixonadamente no que hoje nos parecem arcanos debates sectários conduzidos num enfadonho calão marxista. *Peppino* discutia todos os assuntos, desde a guerra do Vietname ao nudismo, segundo a sua posição ideológica; mudava constantemente de um pequeno partido revolucionário para outro, oscilando sempre entre a euforia e o desespero (ele achava difíceis as relações pessoais e sentimentais). Mas se as ideias políticas de *Peppino* são um ingrediente fundamental da sua história, ainda mais importante é o facto de a sua revolta ter ocorrido num dos ambientes familiares mais saturados pela máfia que é possível imaginar. O pai de Peppino era um mafioso, membro de patente inferior da Família de Cinisi. Existiam vários outros homens de honra na família, como tinham existido durante décadas. A rebelião de *Peppino* contra as suas origens não teve precedentes.

Alguns membros da família Impastato recordariam mais tarde um momento em 1963 como o primeiro sinal da revolta de *Peppino* contra a cultura da máfia que o envolvera durante toda a juventude. Quando *Peppino* tinha 15 anos, Cesare Manzella, o então chefe de Cinisi, também seu tio por afinidade, foi morto por um *Alfa Romeo Giulietta* carregado de TNT durante a primeira guerra da máfia. O adolescente *Peppino* ficou horrorizado. Como toda a vila sabia, fragmentos do corpo do tio foram encontrados colados aos limoeiros a centenas de metros da cratera onde tinha estado o carro. *Peppino* perguntou a outro tio: «O que terá ele sentido?» A resposta – «Acabou tudo num instante» – pouco fez para sossegar a ansiedade do rapaz.

Quando tinha 17 anos, Peppino era já um activista, discursando em comícios e co-redigindo um boletim, *A Ideia Socialista*. O seu confronto com a máfia foi imediato, directo e surpreendentemente corajoso, num local onde a repressão sangrenta do movimento campesino de esquerda nos anos do pós-guerra era ainda uma lembrança recente. Em 1966, Peppino escreveu um artigo intitulado «A máfia: uma montanha de merda». Depois de o ler, um dos seus muitos parentes mafiosos avisou o pai dele: «Se ele fosse meu filho, cavava uma vala e enterrava-o». Peppino foi banido da casa paterna.

Cinisi, a terra natal de Peppino Impastato, não era um posto menor da Cosa Nostra. Nos anos 60, tornou-se um dos mais importantes centros de actividade mafiosa da Sicília Ocidental. O novo aeroporto de Palermo – obviamente um alvo importante de operações de extorsão e contrabando – tinha sido construído na zona no final dos anos 50. Além disso, 80 por cento dos 8 000 habitantes de Cinisi tinha parentes nos Estados Unidos. Não foi por acaso que a vila se tornou um dos principais entrepostos do comércio transatlântico de heroína. O chefe de Cinisi, Don Tano Badalamenti, tinha fortes relações familiares com a máfia de Detroit, bases para as suas operações de tráfico de droga em Roma e Milão, e toda uma série de empresas de construção sob o seu domínio. Era também extremamente influente no seio da Cosa Nostra. Ajudara Tommaso Buscetta a elaborar as regras da primeira Comissão em 1957 e foi membro do triunvirato constituído em 1970. Segundo um *pentito*, depois de assumir o seu lugar no triunvirato, o primeiro acto de Badalamenti foi mandar matar um criminoso napolitano de segunda. Tratava-se do mesmo homem que, anos antes, esbofeteara Lucky Luciano no hipódromo de Nápoles. Assim, oito anos após a morte de Luciano, Badalamenti pôde informar as suas relações na Cosa Nostra americana que o insulto havia sido vingado. Quando em

1974 a Comissão começou a funcionar em pleno, foi Badalamenti que se sentou à cabeceira da mesa.

A revolta de Peppino exacerbou as tensões que já existiam na família Impastato. A mãe dele, Felicia Bartolotta Impastato, passou a dar-lhe comida às escondidas. Ela tinha casado com um mafioso, mas não vinha de uma família de homens de honra. O pai de *Peppino* era um homem autoritário e taciturno que só deixava a esposa sair para se encontrar com outras mulheres da máfia. Descarregava nela a «desonra» e ansiedade que a sua incapacidade de controlar o filho lhe havia trazido. «Era uma ditadura. Desespero... medo. Quando o ouvia chegar a casa, costumava mijar-me»([102]), contaria ela mais tarde. Embora Felicia tivesse medo de assistir aos comícios de *Peppino*, tentou convencer o filho a moderar o tom da sua campanha. «Giuseppe, escuta, eu também sou contra a máfia. Mas não vês como é o teu pai? Tem cuidado, meu filho.»([103])

Apesar das ameaças da máfia e dos receios da mãe, Peppino não desistiu. Nas palavras de Felicia, ele lutava por «coisas justas e precisas», coisas que quase sempre colidiam com os interesses da máfia. Esteve activamente envolvido numa campanha de apoio aos camponeses cujas terras iam ser expropriadas para que se pudesse construir uma terceira pista de descolagem para o aeroporto. Também lutou ao lado de trabalhadores da construção civil que eram explorados por chefes protegidos pela máfia. Grande parte do seu tempo em meados dos anos 70 foi passado a lutar contra o que o Partido Comunista Italiano (o PCI) chamava o seu «compromisso histórico» – a sua decisão de apoiar governos democratas-cristãos quando achava que estes estavam a avançar numa direcção progressista. Os esquerdistas clamaram contra essa traição, embora haja alguma razão na teoria de que o «compromisso histórico» salvou a Itália de um destino semelhante ao do Chile, onde o sangrento golpe militar de Pinochet derrubou um governo democrático em 1973. Quaisquer que tenham sido as razões da estratégia de moderação do PCI no resto da Itália, na Sicília Ocidental o compromisso com a DC significava a colaboração com a máfia, pelo menos aos olhos de *Peppino* e da sua rede de camaradas.

([102]) Vitale, p. 53.
([103]) Bartolotta Impastato, p. 30.

Peppino foi também severo na sua crítica ideológica aos *hippies*, que tinham montado a primeira comuna da Itália numa mansão abandonada dos Florio perto de Cinisi; achava desmoralizador que eles tivessem trocado a política pelo nudismo e pela canábis. Em 1977, fundou uma pequena rádio local, a Radio Aut. O seu ponto alto era um programa nocturno de música e sátira dirigida à «mafiopólis» e sua «mafiocipalidade» – por outras palavras, Cinisi e a sua câmara municipal dominada pela DC. Os *sketches* do programa criticavam a Família local e os seus negócios escusos enquadrando-os em versões grotescas da *Divina Comédia* de Dante ou do Oeste americano; o chefe da altura, Tano Badalamenti, era manifestamente ridicularizado como Tano Seduto («Tirano Sentado»). Num artigo de jornal, Peppino referiu-se também a Badalamenti como «um cara-pálida perito no tráfico de droga e no uso da caçadeira de canos serrados». Na Primavera de 1978, Peppino ajudou a montar uma exposição de fotografia na vila sob o tema «A máfia e a paisagem», que exibia os estragos feitos pela selvática construção de estradas; ao mesmo tempo, ele era escolhido como candidato às eleições locais. Existe uma fotografia sinistra de vários «homens de respeito» a examinar com atenção um dos painéis da exposição «A máfia e a paisagem»; foi tirada na véspera de *Peppino* ter sido assassinado.

*Peppino* Impastato sabia os riscos que corria. A mãe avisara-o de que os mafiosos eram «animais», para quem «apagar uma vela com os dedos não era nada». Ele provavelmente imaginou que estaria protegido até certo ponto pelo facto de o pai ser um homem de honra. Mas não consta que este tivesse corrido grandes riscos para proteger o filho da vingança de Badalamenti. Em Setembro de 1977, foi atropelado e morto por um carro. Durante muitos anos a família pensou que a sua morte tivesse sido um acidente, mas acreditam agora que ele foi assassinado. Seja qual for a verdade, com a morte do pai, *Peppino* ficou desprotegido. No funeral, *Peppino* recusou-se a apertar a mão aos mafiosos que vieram apresentar as suas condolências – um insulto retumbante; nem a sua campanha contra a máfia baixou de intensidade nos meses seguintes. Ele sabia quase de certeza que ia ser morto.

Na noite de 8 para 9 de Maio de 1978, *Peppino* foi raptado quando regressava da Radio Aut e levado no seu próprio carro para um casebre de pedra em ruínas a alguns metros da linha-férrea entre Palermo e Trapani, perto da vedação do aeroporto. Foi espancado e torturado antes de ser abandonado na linha com vários paus de dinamite amarrados ao corpo.

De manhã cedo, no dia seguinte, trabalhadores ferroviários deram notícia de que uma secção de cinquenta centímetros de via-férrea havia sido danificada. Quando os *carabinieri* chegaram ao local, encontraram o carro, as socas *Scholl* brancas e os óculos de *Peppino* perto do buraco feito pela explosão. Fragmentos do seu corpo e roupa encontravam-se espalhados num raio de mais de 300 metros em volta; só as suas pernas, partes do rosto e alguns dedos das mãos puderam ser identificados. A morte de *Peppino* era a repetição horrífica do modo como o seu tio mafioso havia morrido em 1963 – o mesmo assassínio que o levara a perguntar: «Que deve ele ter sentido?» e a iniciar a sua rebelião contra a máfia.

A 6 de Dezembro de 2000, 22 anos mais tarde, uma comissão parlamentar de inquérito publicou um relatório sobre a maneira como as autoridades tinham lidado com a morte de *Peppino* Impastato. Concluiu-se que a investigação fora realizada de forma insensível e descuidada, apoiando efectivamente as tentativas dos próprios assassinos de fazer a morte de Peppino parecer um ataque terrorista suicida. Os amigos e a família de Peppino sempre declararam que tinha havido um encobrimento dos factos.

Incrivelmente, apesar da conhecida campanha de *Peppino* contra a máfia, de Cinisi ser um notório reduto da máfia, das ameaças que os activistas tinham recebido e até do facto de os próprios *carabinieri* terem declarado anteriormente que *Peppino* e os seus camaradas eram «incapazes» de cometer actos terroristas, os primeiros investigadores da morte de *Peppino* nem sequer consideraram a possibilidade de ele ter sido assassinado, e muito menos por homens de honra. Algumas testemunhas que participaram na inspecção inicial do local, incluindo um armador fúnebre chamado para recolher o que fosse possível encontrar do corpo da vítima, têm a certeza de que existiam sinais de sangue bem visíveis dentro do casebre onde *Peppino* foi torturado. Uma vez que o casebre não tinha qualquer abertura para a via-férrea, as manchas de sangue não podiam lá ter ido parar em consequência da explosão. No entanto, o relatório inicial dos *carabinieri* sobre o caso nem sequer menciona o casebre de pedra, apesar de o carro de *Peppino* ter sido encontrado logo ao lado.

Na manhã seguinte ao assassinato, os *carabinieri* invadiram a Radio Aut e as casas dos amigos e parentes de *Peppino*. A casa da mãe foi revistada antes mesmo de a informarem da morte do filho. Na casa de uma tia, encontraram uma carta com a letra de *Peppino* datada de muitos meses antes; nela, aludia ao seu «fracasso como homem e revolucionário» e insinuava que poderia pôr fim à própria vida. Esta seria a débil base para a conclusão do «suicídio terrorista» a que chegou o relatório inicial sobre o incidente. A mesma história foi imediatamente passada à imprensa. Nos dias seguintes, à medida que surgiam provas das manchas de sangue no casebre, chegavam mais informações enganadoras aos jornais. Um artigo anónimo no *Giornale di Sicilia* noticiou que o sangue era menstrual, proveniente de pensos higiénicos encontrados nas proximidades. Na verdade, nunca foram encontrados quaisquer pensos higiénicos. Os amigos de *Peppino* visitaram o local e passaram um dia de uma angústia inconcebível enchendo vários sacos de plástico com bocados do corpo de *Peppino* que as autoridades se tinham esquecido de recuperar. No casebre encontraram também uma pedra coberta de sangue; quando a mostraram a um médico legista independente, descobriu-se que o sangue era do mesmo raro grupo sanguíneo que o de *Peppino*.

Nos dias que se seguiram, as casas dos amigos de *Peppino* foram alvo de misteriosos assaltos. Corriam boatos em Cinisi de que *Peppino* tinha um *dossier* sobre a máfia local e suas ligações políticas e comerciais – o próprio *Peppino* havia-o insinuado – mas nunca foi encontrado semelhante *dossier*. As tensões estavam ao rubro; no cortejo fúnebre de *Peppino*, cerca de 1000 activistas e amigos levaram faixas dizendo: «*Peppino* foi assassinado pela máfia», «Com as ideias e coragem de *Peppino* seguiremos em frente». Alguns reuniram-se mais tarde em frente da casa de Don Tano Badalamenti gritando: «Carniceiro».

O relatório do inquérito parlamentar do ano 2000 é um triste catálogo de omissões e suspeitas. O irmão de *Peppino* declarou aos comissários parlamentares que as relações entre a máfia local e os *carabinieri* pareciam ser boas antes do assassínio. «Via-os [os *carabinieri*] muitas vezes a caminhar de braço dado com Tano

Badalamenti e seus adjuntos. Não podemos confiar nas instituições quando vemos mafiosos de braço dado com *carabinieri*.»([104]) A comissão de inquérito concluiu que isso era um sintoma da maneira tradicional como as autoridades tinham procurado viver lado a lado com o poder informal da máfia em lugares como Cinisi.

Quaisquer que tenham sido as razões para a forma como as investigações foram conduzidas nas suas primeiras fases, quando o caso chegou às mãos de juízes investigadores mais competentes, as pistas já tinham desaparecido. Eles só puderam concluir, em 1984, que *Peppino* fora de facto assassinado pela máfia, mas que era impossível identificar os culpados individuais.

O processo foi reaberto oito anos depois em consequência de uma campanha levada a cabo por amigos e familiares de *Peppino*, em especial a mãe, o irmão e o historiador Umberto Santino. Todavia, mesmo em 1992, os investigadores tiveram de concluir que não existiam provas suficientes para uma acção judicial. Novos testemunhos de *pentiti* resultaram finalmente no julgamento de Don Tano Badalamenti em 1999; nessa altura já ele estava a cumprir uma longa pena numa penitenciária de New Jersey por tráfico de droga. Enquanto decorria o julgamento, e enquanto a comissão parlamentar investigava o caso, um filme comovente baseado na história de *Peppino* Impastato ganhava o Leão de Ouro no Festival de Cinema de Veneza; intitulava-se *I cento passi* – «Os Cem Passos» – porque era essa a distância exacta entre a casa de Peppino e a de Tano Badalamenti.

Finalmente, em Abril de 2002, Don Tano foi condenado a uma pena de prisão perpétua por ter ordenado o homicídio. A reacção de Felicia Bartolotta Impastato à sentença foi profundamente digna:

> Nunca tive quaisquer sentimentos de *vendetta*. Tudo o que fiz foi pedir justiça para a morte do meu filho. Tenho de confessar que, depois de tantos anos de espera, já tinha perdido a fé – nunca pensei que chegássemos a este ponto. Agora sinto muito contentamento, satisfação. Eu sempre soube o que aconteceu. Badalamenti costumava chamar o meu marido Luigi para se queixar de Peppino e o meu marido implorava-lhe para não matar o rapaz.([105])

([104]) Russo Spena, p. 170.
([105]) *La Repubblica*, 11 de Abril de 2002.

Estas palavras revelam a distância abismal que separa agora a mãe de Peppino e o sinistro ambiente doméstico de honra e *omertà* na qual estivera confinada durante tanto tempo. A sua experiência proporciona-nos um maior entendimento do papel das mulheres na máfia. Porque é através das mulheres das famílias próximas da Cosa Nostra que os valores da máfia – o código de honra, o desrespeito pela lei, a tolerância da violência – são ensinados aos mais jovens e transmitidos por várias gerações. Entrevistada em 2001, a mãe de *Peppino* demonstra a importância das mulheres para a máfia, assim como o orgulho que algumas mulheres de Cinisi tinham em auto-intitular-se *mafiose*. Ela ouviu uma dessas mulheres dizer: «Os meus irmãos nasceram mafiosos. Alguns nascem estúpidos e outros nascem mafiosos; os meus irmãos nasceram mafiosos!»

Os activistas antimáfia já não se encontram tão isolados e desligados das autoridades como *Peppino* Impastato. A Sicília tem hoje um conjunto variado de associações antimáfia. Felicia Bartolotta Impastato, como o filho, tornou-se um dos símbolos desse amplo movimento. No entanto, é sinal dos seus infortúnios que a Sicília precise ainda desses símbolos. E é difícil concluir que a justiça que finalmente conseguiu depois de um quarto de século seja de facto justiça.

# Heroína: o Caso das Pizarias

Os chefes que começaram a ser libertados da prisão depois dos veredictos do julgamento de 1968-1969 tinham perdido uma grande quantidade de dinheiro. As custas judiciais e as despesas com o apoio aos prisioneiros esvaziaram os seus cofres. Antonino Calderone, o homem de honra de Catânia que mais tarde veio a ser testemunha do Estado e falou ao juiz Falcone em 1987, tinha recordações bastante vivas desses momentos difíceis. Ele contou que Totò Riina, *o Baixo*, chorara, porque não podia pagar para a mãe ir visitá-lo enquanto ele aguardava julgamento. Calderone também se lembrava da rapidez com que a situação se alterou quando a máfia voltou a entrar em acção. «Tornaram-se todos milionários. Subitamente, em dois anos. Graças à droga.» A história da Cosa Nostra nos anos 70 desenrola-se sobre uma enchente de dinheiro proveniente da heroína. E foi essa enchente que acabou por conduzir ao conflito mais sangrento da história da máfia.

Mas nem todos os mafiosos de Palermo se encontravam na pobreza em 1970. A situação dos Greco, a família real da Cosa Nostra, era ainda mais do que confortável. Em Cinisi, os negócios transatlânticos de Don Tano Badalamenti não tinham sido prejudicados pelas consequências da primeira guerra da máfia. Mas muitos dos outros *capi* precisam desesperadamente de dinheiro, em especial os de Corleone. Estes voltaram-se então para os raptos como forma de suprir as suas carências básicas e acumular riqueza. Os alvos principais eram os filhos de eminentes homens de negócios de Palermo; os rendimentos obtidos eram depois transformados em capital inicial para negócios ilegais. A década de 70 assistiu a um rápido crescimento do contrabando de tabaco, centrado em Nápoles. Enquanto nos anos 50 Tommaso Buscetta traficava centenas de volumes de cigarros entre a Sicília e o continente, os contrabandistas napolitanos e os seus parceiros sicilianos negociavam agora em contentores inteiros. O chefe da Camorra, Michele Zara, o *Mad Mike*, admitiu mais tarde contrabandear 50 000 volumes de cigarros por mês. Cada vez mais mafiosos eram atraídos a Nápoles para compartilhar dos lucros.

Mas mesmo as enormes receitas do tabaco seriam rapidamente ultrapassadas pelos valores da heroína. O presidente americano Richard Nixon anunciou uma «guerra à droga» pouco depois da sua tomada de posse, em 1969. Como a maioria dessas guerras, esta acabou também por se revelar contraproducente. Ao provocar o encerramento das refinarias geridas pelos corsos em Marselha, a administração Nixon deu à Sicília a oportunidade para se tornar a nova base dessa etapa tão crucial da longa viagem da heroína dos campos de papoilas do Médio e Extremo Oriente até às ruas das cidades americanas. Em 1975, um traficante turco de droga e armas, que tinha sido o principal fornecedor de base de morfina das refinarias de Marselha, entrou directamente em contacto com a Cosa Nostra. Pouco depois começaram a aparecer laboratórios de heroína um pouco por toda a Sicília Ocidental, providos inicialmente dos químicos refugiados de Marselha. As estatísticas do consumo de heroína em toda a Europa Ocidental e América do Norte registaram um salto gigante em 1977, precisamente quando as refinarias da Sicília começaram a laborar. A quantidade de heroína apreendida em todo o mundo aumentou quase seis vezes e meia entre 1974 e 1982, período em que a máfia siciliana estabeleceu o seu domínio do mercado.

Mas os mafiosos da Sicília não se contentavam em ser refinadores e importadores de heroína; com a colaboração dos seus pares americanos, planeavam também controlar a sua própria rede de distribuição. Tommaso Buscetta montou a sua primeira pizaria em 1966, com um empréstimo da Família Gambino de Nova Iorque. No final dos anos 70, nove em cada dez sicilianos ilegais deportados dos Estados Unidos eram encontrados a trabalhar em pizarias. A importação e produção de géneros alimentícios italianos tinham sido importantes para a máfia americana desde o início do século. Assim, não admira que o fornecimento de ingredientes para a rede de restaurantes que surgiam um pouco por toda a América fosse monopolizado por empresas protegidas pela máfia. O caso das pizarias americanas de 1986 revelaria que grande parte desses estabelecimentos vendia muito mais do que apenas *pizze margherita* ou *quattro fromaggi*. As pizarias constituíam a rede transnacional de distribuição de heroína da máfia.

Estima-se que, em 1982, os mafiosos sicilianos controlavam já a refinação, transporte e grande parte da distribuição de 80 por cento da heroína consumida no Nordeste dos Estados Unidos. Os rendimentos canalizados de volta para a Sicília, dos quais nunca se terá um cálculo definitivo, por razões óbvias, rondavam certamente as centenas de milhões de dólares por ano. No final dos anos 70, a Cosa Nostra tornou-se mais rica e poderosa do que alguma vez fora.

O caso das pizarias implicou também um novo equilíbrio de poder entre os dois ramos da Cosa Nostra. Os Sicilianos – os *zips*, como os invejosos mafiosos americanos de menos importantes lhes chamavam – deixaram de ser apenas mão-de-obra barata para os chefes americanos. Estes já não podiam adoptar a atitude de superioridade para com os Sicilianos que Joe *Bananas* Bonanno adoptara nas suas férias de 1957. Com os seus rendimentos, a sua organização e o seu acesso a fornecimentos aparentemente ilimitados de heroína, os Sicilianos passaram a gozar de uma autonomia considerável nos Estados Unidos.

A avenida Knickerbocker, no território de Brooklyn da Família Bonanno, tornou-se uma colónia siciliana e um importante mercado de heroína. Um agente da DEA que se infiltrou na Família da Cosa Nostra de Filadélfia descobriu que

> Brooklyn significava a máfia siciliana, distinta da Cosa Nostra italo-americana dos Estados Unidos. Havia uma diferença nítida... Brooklyn controlava toda a heroína nos Estados Unidos... Os Sicilianos usavam os italo-americanos para distribuir a heroína.([106])

([106]) Sterling, p. 295.

Mas os *zips* não estabeleceram apenas uma organização de tipo empresarial nos Estados Unidos; começaram também a fazer sérias incursões no território político da Cosa Nostra americana. O agente especial Joseph D. Pistone (aliás, Donnie Brasco) esteve infiltrado na Família Bonanno, em Nova Iorque, por conta do FBI, entre 1975 e 1981. Ele gravou uma conversa ansiosa entre dois homens de honra americanos que tinham ouvido dizer que alguns dos sicilianos iam ser nomeados capitães:

– os tipos [os *zips*] querem tomar conta de tudo. Não podemos fazê-los capitães, de maneira nenhuma. Perderíamos toda a nossa força.

–... os *zips* não vão recuar perante ninguém. Dá-lhes o poder, se não te lixas agora, lixas-te daqui a três anos. Eles enterram-te. Não lhes podes dar o poder. Eles estão-se nas tintas. Não querem saber quem é o chefe. Não têm respeito nenhum.([107])

Em 1979, um homem de honra siciliano assumiu efectivamente o controlo de toda a Família Bonanno de Nova Iorque durante dois anos. Consta que se demitiu apenas porque achava difícil conduzir os negócios em inglês.

Mas os mafiosos sicilianos e americanos nem sempre eram rivais na indústria da heroína. Na verdade, muitos deles eram parentes. Um mafioso à procura de parceiros e trabalhadores de confiança para o seu negócio de droga recorre em primeiro lugar à sua família de sangue, de preferência a parentes com a garantia extra de serem iniciados na máfia. Quando o tráfico da heroína arrancou em força nos anos 70, muitos homens de honra encontravam-se na feliz posição de já terem negócios familiares transatlânticos que se podiam facilmente adaptar ao tráfico de qualquer mercadoria ilegal. Era sobretudo o caso dos mafiosos de vilas costeiras que mantinham relações mais próximas com os Estados Unidos. Um exemplo evidente é Cinisi, a vila de Don Tano Badalamenti. Outro é a vizinha Castellammare del Golfo, local de origem de dinastias criminosas siciliano-americanas como os Magaddino e os Bonanno. Palermo também tinha essas ligações; Salvatore Inzerillo, o *capo* da venerável Família de Passo di Rigano e importante negociante

([107]) Pistone, p. 388.

de heroína, era primo de Carlo Gambino, que chefiou a mais poderosa das cinco Famílias de Nova Iorque até à sua morte em 1976. Membros de clãs como os Inzerillo, os Badalamenti e os Magaddino estavam constantemente a atravessar o Atlântico; os primos dos Estados Unidos e da Sicília continuaram a casar-se uns com os outros ao longo de várias gerações. A árvore genealógica transoceânica dos Inzerillo levou o juiz Falcone a coçar a cabeça perante o «incrível emaranhado de laços de sangue».

O tráfico de droga depende essencialmente de contactos, da reunião de um conjunto de especialistas: investidores, fornecedores de base de morfina, técnicos capazes de refinar a droga, transportadores, pequenos traficantes que a coloquem nas ruas, financeiros com o conhecimento necessário para branquear os rendimentos e mantê-los fora do alcance da Guardia di Finanza (a polícia financeira italiana). Estas redes são internacionais e estendem-se do topo à base da sociedade. E *não* são a mesma coisa que a máfia.

Os mafiosos negoceiam em droga desde que esta começou a ser negociada. Mas a máfia *como tal* nunca foi um grupo empresarial da heroína. Como explicou Buscetta: «No tráfico de estupefacientes toda a gente era autónoma. As pessoas que tinham mais oportunidades económicas faziam mais trabalho». «Ter oportunidades económicas» significa criar redes de contactos com especialistas fora da organização.

Obviamente existem limites ao princípio da autonomia, e tudo o que um homem de honra faz pode ter implicações políticas dentro da Cosa Nostra. Uma Família tem o direito de taxar qualquer actividade económica desenvolvida no seu território, ou de exigir um tributo a qualquer dos seus homens de honra envolvidos em empreendimentos que ela não controla directamente. A maneira mais fácil de um chefe da máfia retirar lucro da droga é «proteger» os traficantes. Este método tem a vantagem adicional de manter o comércio de estupefacientes a alguma distância da Família; como os especialistas de que o comércio precisa não estão obrigados à *omertà*, trazem riscos mais elevados, porque podem revelar demasiado à polícia quando são presos.

Mas quando os rendimentos são tão grandes que geram rivalidades entre as Famílias, então é provável que a Comissão se envolva. E quando a Comissão se envolve, introduz o negócio em questão na estrutura da Cosa Nostra; é o equivalente criminoso de transformar uma empresa em sociedade anónima. Colocar um grupo de eminentes chefes a gerir um negócio é uma maneira de assegurar que todos eles fiquem a par do que se passa e que todos recebam uma parte dos lucros.

Um caso típico é o do contrabando de tabaco através de Nápoles nos meados dos anos 70. A Comissão começou a funcionar como consórcio ou sociedade anónima para comprar carregamentos de tabaco através de Michele Zara – exactamente como tinha feito para os negócios de heroína antes da primeira guerra da máfia. Em 1974, Zara e vários outros importantes membros da Camorra foram mesmo convidados a entrar para a Cosa Nostra, como forma de bajulá-los e mantê-los sob controlo. No entanto, a Comissão não monopolizou, nem podia monopolizar, nem o contrabando de cigarros nem o tráfico de heroína da máfia. Entre outras razões, porque representava a província de Palermo e não a ilha inteira. Grande parte do tráfico da heroína permaneceu longe do conhecimento e do controlo da Comissão. O resultado foi a mesma mistura volátil de negócios, política e suspeitas que tinha conduzido à primeira guerra da máfia.

# Banqueiros, Maçons, Cobradores de Impostos, Mafiosos

Os lucros do tráfico de droga provenientes dos Estados Unidos colocaram torneiras de ouro em pequenas casas de camponeses, construíram prédios de apartamentos e mansões à beira-mar, esvaziaram as prateleiras das florescentes lojas de luxo de Palermo e foram reinvestidos em negócios legais e ilegais por toda a Itália e Europa. Os dólares da heroína chegaram às bases do sector financeiro (nos anos 70, um grupo de bancos privados e cooperativos locais duplicou a sua participação no mercado de investimentos siciliano) e ao topo do sistema bancário italiano, onde se misturaram com os rendimentos da corrupção política. Seguindo o dinheiro, os mafiosos alcançaram como nunca os escalões mais elevados da sociedade.

Giovanni Falcone chegou ao Palácio da Justiça de Palermo em 1978. Em menos de dois anos o «método Falcone» conseguiu um grande avanço num processo que atingiu o âmago do negócio transatlântico de droga da Cosa Nostra; ligava Salvatore Inzerillo, chefe de Passo di Rigano; os chamados «Gambinos de Cherry Hill», de Brooklyn; Rosario Spatola, magnata da construção civil e o maior contribuinte da Sicília; e Stefano Bontate, antigo membro do triunvirato – todos parte de uma ampla rede de alianças conjugais.

Falcone estava também a trabalhar com magistrados de Milão num processo de fraude e homicídio que ameaçava revelar o pior da sociedade italiana em termos de corrupção, influência da máfia e conspiração antidemocrática aos mais altos níveis das instituições políticas e financeiras.

O processo centrava-se no banqueiro Michele Sindona. No início dos anos 70, Sindona era a figura das finanças mais influente da Itália. Geria um dos maiores bancos dos Estados Unidos, controlava os investimentos estrangeiros do Vaticano e era um importante financiador de políticos democratas-cristãos. Além disso, era um dos principais suspeitos de branquear dinheiro para a Cosa Nostra. Contudo, em 1974, o seu império financeiro ruiu entre várias acusações de fraude e ele fugiu para os Estados Unidos. A partir daí, em 1979, contratou um mafioso para matar o advogado encarregado de liquidar os seus negócios italianos. Quando as autoridades de ambos os lados do Atlântico começaram a apertar o cerco, Sindona pediu então a ajuda dos mesmos mafiosos envolvidos na rede de contrabando de heroína de Inzerillo-Gambino-Spatola-Bontate para encenar o seu próprio rapto às mãos do «Comité Proletário Subversivo para uma Vida Melhor» (um grupo terrorista de esquerda inexistente). Ele passou quase três meses na Sicília nas mãos dos «terroristas» e chegou mesmo a arranjar maneira de ser anestesiado e baleado na coxa esquerda para provar os desígnios mortíferos dos seus supostos raptores. O verdadeiro objectivo do rapto era enviar mal disfarçados bilhetes de chantagem aos antigos aliados políticos de Sindona na esperança de que estes pudessem ainda engendrar a salvação dos seus bancos – e, por consequência, do dinheiro da Cosa Nostra. O plano falhou; Sindona foi «libertado» pelos seus raptores e entregou-se ao FBI; morreu na prisão, em 1986, depois de beber café misturado com cianeto.

No Verão de 1982, outro banqueiro italiano caído em desgraça, Roberto Calvi, foi encontrado enforcado debaixo da ponte de Blackfriars, em Londres. A carreira de Calvi parece uma cópia da de Sindona: uma ascensão rápida, fortes laços com o Vaticano, verbas canalizadas para partidos políticos no governo e uma súbita ruína financeira seguida de tentativas desesperadas para se salvar através da chantagem a políticos. Foi preciso esperar até Abril de 2002 para que se confirmasse – na mente das autoridades italianas, pelo menos – que Calvi não atentara contra a própria vida, como primeiro se julgara, mas que tinha sido «suicidado»; a língua italiana transforma «suicidar» num verbo transitivo para descrever tais casos. No momento da escrita deste livro, um chefe da máfia próximo dos *corleonesi* parece prestes a ser julgado por alegadamente ter encomendado o assassínio de Calvi. A tese da acusação, baseada no testemunho de um *pentito* da máfia, diz que Calvi estava a reciclar dinheiro proveniente da droga para os *corleonesi*, como Sindona fazia para o grupo Inzerillo-Gambino-Spatola-Bontate, e que foi assassinado porque também ele deixou de inspirar confiança. Prevê-se que o homem de honra em questão negue todas as acusações.

Os dois «banqueiros de Deus» eram membros de uma loja maçónica conhecida por Propaganda 2 ou P2. Em Março de 1981, os magistrados de Milão que estavam a investigar o falso rapto de Sindona descobriram uma lista de 962 membros da P2 no escritório do seu grão-mestre, Licio Gelli. Entre os homens que haviam prestado juramento encontravam-se toda a chefia dos serviços secretos, 44 deputados e uma série de importantes homens de negócios, figuras militares, polícias, funcionários públicos e jornalistas. O inquérito parlamentar à P2 concluiu que o objectivo desta era corromper a vida pública e subverter a democracia, embora nem todos os membros da loja tivessem conhecimento dos seus fins ocultos; o seu grão-mestre andava por certo a guardar documentos secretos sobre os membros para fins de chantagem. O alcance exacto da influência da P2 é ainda desconhecido.

A relação entre a máfia e outros grupos maçónicos é mais fácil de definir. Nos anos 70, alguns importantes homens de honra juntaram-se a lojas maçónicas com o fim de estabelecer contactos com homens de negócios, burocratas e políticos. Como explicou um *pentito*: «Através dos pedreiros-livres, podia estabelecer-se contactos abrangentes com homens de negócios, com as instituições, com homens que detinham um poder diferente do poder punitivo da Cosa Nostra»([108]).

Um exemplo demonstra como estas redes podem constituir uma influência insidiosa: o inquérito parlamentar ao caso de Sindona

([108]) Leonardo Messina in Commissione parlamentare d'inchiesta, *Mafia, politica, pentiti*, p. 523.

descobriu que o cirurgião plástico que anestesiou e feriu Michele Sindona durante o falso rapto era, segundo a sua própria definição, «um maçon internacional sentimental» com fortes ligações não só a mafiosos, mas também ao grão-mestre da P2. Durante 19 anos foi também médico interno na sede da polícia de Palermo e é possível que tenha tido amigos no governo americano.

Seria um erro presumir que os maçons «de colarinho branco» eram os parceiros dominantes neste tango mercenário com os facínoras da Cosa Nostra. Isto porque, entre outras razões, não havia qualquer problema de conflito de lealdades para os homens que fossem membros de ambas sociedades secretas. Os interesses da Cosa Nostra estavam sempre em primeiro lugar, como explicou um *pentito*: «O juramento [maçónico] é uma ficção, porque nós só temos um juramento que respeitamos – o que prestamos na Cosa Nostra»([109]).

Sabe-se hoje que os dois homens mais ricos da Sicília nos anos 60 e 70 prestaram ambos os juramentos, o maçónico e o mafioso. Eram os primos Salvo, Nino e Ignazio. Nino Salvo era um homem de honra rude e comunicativo da Família de Salemi na província de Trapani. Em 1955, casou-se com uma mulher cujo pai geria uma das pequenas firmas que detinham os contratos de cobrança de impostos. Na Sicília tanto os impostos directos como os indirectos eram pagos através de firmas privadas num sistema a que o principal historiador de Palermo chamou «uma infernal máquina de comer dinheiro». Juntamente com o cunhado e o seu primo mais delicado, Ignazio, Nino viria a formar um cartel que em 1959 assegurava já o direito de cobrar 40 por cento dos impostos da Sicília. Em 1962, com a ajuda do «jovem turco» Salvo Lima, a companhia dos primos Salvo ganhou o contrato para cobrar os impostos em Palermo – um negócio que sozinho gerava mais de dois milhões de dólares (valores da década de 60) por ano em lucros. O seu domínio sobre o sistema de cobrança de impostos cresceu ainda mais nos meados dos anos 60 e duraria até ao início da década de 80. Enquanto empresas semelhantes noutros lugares de Itália ficavam normalmente com 3 por cento do que cobravam, os Salvo conseguiam uns constantes 10 por cento. Os primos completavam os

---

([109]) Leonardo Messina in Pezzino, *Mafia*, p. 346.

seus rendimentos com enormes subsídios do governo italiano e da União Europeia para as agro-indústrias que haviam montado com os despojos da cobrança de impostos.

Evidentemente, este nível de depredação não poderia ter sido mantido sem um sólido e amplo apoio político, em particular na Assembleia Regional da Sicília. Na realidade, um curto-circuito corrupto entre os Salvo, a máfia e secções da DC pervertia todo o sistema político siciliano. Era já suficientemente grave que fundos dos Salvo retornassem aos políticos em troca de apoio para renovar os contratos de cobrança de impostos ou combater as tentativas periódicas de colocar esse valioso serviço sob o domínio público. Mas o problema era muito mais complicado do que isso. Na Assembleia Regional, como em câmaras municipais por toda a ilha, muitos políticos eram na verdade recrutados e escolhidos pela máfia após consultas com os principais líderes da DC.

Em 1982, o juiz Falcone submeteu os negócios dos primos Salvo a uma auditoria – um gesto inaudito de lesa-majestade. O seu confronto directo com a Cosa Nostra estava apenas a começar. Porém, nessa altura o *boom* dos estupefacientes já tinha começado a mergulhar a máfia siciliana no maior banho de sangue da sua história.

# A Ascensão dos *Corleonesi*: 2 – A Caminho da *Mattanza* (1970-1983)

A segunda guerra da máfia de 1981-1983 é conhecida na Itália por *la mattanza*, expressão usada na indústria da pesca. Na impossibilidade de viajar até ao velho porto de pesca dos Florio em Favignana para assistir a uma *mattanza*, a melhor maneira de ficar com uma ideia da força desta metáfora é ver como Roberto Rossellini registou o impacto de uma verdadeira *mattanza* sobre o rosto da sua amante e actriz principal, Ingrid Bergman, na cena mais famosa do seu filme de 1950, *Stromboli*. Bergman desempenha o papel de uma refugiada lituana que casa com um pescador siciliano pobre para escapar a um campo de concentração. A dura realidade da vida do marido desenrola-se diante dos seus olhos quando os pescadores de atum arrastam a sua captura para uma baía calma, colocam os barcos em círculo e entoam um canto fúnebre e rítmico enquanto puxam as redes cheias de peixes enormes e agitados para a superfície. Depois Bergman assiste chocada enquanto os atuns são golpeados e içados para bordo com medonhos arpões de gancho, transformando a água num mar de sangue e espuma.

A selvagem carnificina da máfia de 1981-1983 não surgiu sem anúncio. Três anos antes do início da matança, os *carabinieri* receberam um mapa preciso das linhas de batalha e uma descrição da estratégia dos vencedores – os *corleonesi*. Em Abril de 1978, Giuseppe Di Cristina, um homem de honra, combinou um encontro secreto para falar com um capitão dos *carabinieri* numa casa de campo isolada. Di Cristina era um informador de patente muito superior à do pobre Leonardo Vitale. Além de ser chefe de Riesi, no Centro-Sul da Sicília, foi alegadamente um dos homens de honra que se disfarçaram de polícia para participar no massacre da *viale* Lazio em 1969; a sua presença nessa simbólica e importante execução colectiva destinava-se a provar que esta era desejada por toda a Cosa Nostra, não apenas pela máfia de Palermo. Di Cristina, em suma, encontrava-se no centro do sistema da máfia. No entanto, os *carabinieri* presentes no encontro disseram que ele parecia um animal acossado.

O homem que inspirou tanto medo a Di Cristina foi Luciano Leggio. Como explicou Di Cristina, Leggio era então um multimilionário. O antigo *Pimpinela Escarlate* de Corleone estivera preso durante quatro anos, mas continuara a gerir os negócios a partir da cadeia através dos seus avatares Totò Riina e Bernardo Provenzano; Di Cristina calculava que estes dois, conhecidos como «as bestas», fossem culpados de pelo menos 40 homicídios cada um. As fontes de rendimento de Leggio incluíam raptos levados a cabo no continente italiano. Em 1973, Eugene Paul Getty III, o neto de 17 anos de um dos homens mais ricos do mundo, foi raptado em Roma. Só seria libertado cinco meses depois em troca de um resgate de 2,5 milhões de dólares; uma orelha e uma madeixa de cabelo do rapaz tinham sido enviadas a um jornal como prova da determinação dos raptores. Segundo Di Cristina, foi tudo obra de Leggio.

Mas mais importantes até do que as suas revelações sobre Luciano Leggio, foi o quadro que Di Cristina traçou das divisões políticas no seio da Cosa Nostra. A organização estava a dividir-se em duas facções. O líder incontestado da primeira era Luciano Leggio. Contra ele estava uma facção chefiada por Don Tano Badalamenti, o *Tirano Sentado* de Cinisi (e, por acaso, compadre de Leggio).

O que Di Cristina tinha percebido era que os *corleonesi* vinham a seguir uma estratégia de longo prazo para encurralar a facção adversária. Estavam a alistar apoiantes, um a um, das Famílias que dominavam as pequenas vilas na província de Palermo e no resto da Sicília. Como fiel seguidor de Stefano Bontate, antigo membro do triunvirato – e elemento importante da facção de Badalamenti – Di Cristina era um dos últimos obstáculos provinciais que os *corleonesi* tinham de remover antes de poderem concluir o seu plano de guerra com um assalto à própria Palermo. (Por ser tão próximo de Bontate, Di Cristina foi muito menos expansivo sobre a facção de Badalamenti, não referindo que esta contava também com dois dos mais importantes traficantes de heroína da Cosa Nostra: o chefe de Passo di Rigano, Salvatore *Totuccio* Inzerillo e, ainda na prisão, Tommaso Buscetta.)

Como quase todos os mafiosos que falaram com a polícia em diferentes momentos da história da organização, Di Cristina tinha poucas alternativas. Leggio comandava um pelotão de elite de 14 homens com bases não só na Sicília, mas também em Nápoles, Roma e noutras cidades italianas. Os *corleonesi* tinham-se infiltrado nas Famílias dos seus inimigos. (Veio a saber-se mais tarde que estavam também a reunir um exército secreto iniciando homens de honra sem informar os outros líderes.) A única esperança de Di Cristina era que os *carabinieri* pudessem agir contra os *corleonesi* primeiro, talvez capturando Provenzano, foragido da justiça há 15 anos. Di Cristina contou aos *carabinieri* que *o Tractor* fora visto muito recentemente perto de Bagheria, num Mercedes branco conduzido pelo jovem Giovanni Brusca, *lo Scannacristiani*. Os Brusca de San Giuseppe Jato incluíam-se entre os aliados mais antigos de Leggio – eram a pedra angular da facção dos *corleonesi* na província de Palermo. Não é por acaso que Totò Riina foi o padrinho de *lo Scannacristiani* quando este entrou para a máfia em 1976.

Di Cristina concluiu a sua conversa com os *carabinieri* em tom de reflexão: «No final da próxima semana vou receber um automóvel à prova de bala que comprei... Sabem, tenho alguns pecados veniais na consciência. E alguns mortais também»([110]). Semanas depois pagaria pelos seus pecados ao ser morto a tiro em Passo di Rigano nos arredores de Palermo. Se tivessem sabido interpretar a morte de Di Cristina, os *carabinieri* teriam obtido mais uma confir-

---

([110]) Stajano, p. 23.

mação de como a futura guerra se iria desenrolar, porque Passo di Rigano era o feudo de Salvatore *Totuccio* Inzerillo, um dos membros mais importantes da facção inimiga dos *corleonesi*. Dificilmente poderia haver um *sfregio* mais flagrante do que este: o assassínio de um *capo* cometido sem autorização no território de outrem.

Milhares de pessoas assistiram ao funeral de Di Cristina – praticamente toda a vila de Riesi. Por volta da mesma altura os *carabinieri* apresentaram um relatório bastante lúcido sobre a importância do seu depoimento:

> As informações fornecidas por Di Cristina revelam uma verdade oculta e deveras paradoxal; revelam a assustadora realidade de que, paralelamente à autoridade do Estado, existe um poder mais incisivo e eficiente que actua, movimenta-se, ganha dinheiro, assassina e até faz julgamentos – tudo nas costas das autoridades.(111)

Não se seguiu qualquer acção judicial.

Desde Di Cristina, e desde a *mattanza*, mais desertores da máfia têm ajudado a reconstituir os desenvolvimentos políticos que antecederam a segunda guerra da máfia. Os *corleonesi* começaram as suas manobras para estabelecer o domínio sobre a Cosa Nostra logo após a organização ter voltado à actividade sob o triunvirato de Bontate-Badalamenti-Leggio em 1970. Militarmente fortes mas financeiramente fracos nessa fase, Leggio e as suas «bestas» transformaram o rapto num gesto destinado a redistribuir a riqueza e a demonstrar o seu poder. Uma das suas vítimas foi o filho de Don Ciccio Vassallo, o principal magnata da construção civil durante o saque de Palermo. Tanto Badalamenti como Bontate eram próximos de Vassallo, mas nenhum foi capaz de fazer algo para libertar o refém. Quando passados cinco meses as negociações deram resultado e o resgate foi pago, Totò Riina distribuiu-o pelas Famílias mais necessitadas da zona de Palermo; os *corleonesi* estavam já a pensar no futu-

(111) Stajano, p. 19.

ro, investindo nos seus aliados dentro da estrutura política da Cosa Nostra e não em novos empreendimentos comerciais.

Em 1975, Riina infligiu uma humilhação ainda mais grave a Stefano Bontate, sequestrando e matando o sogro de Nino Salvo – um dos primos que geriam o império privado de cobrança de impostos da Sicília. Apesar das suas relações políticas, riqueza e prestígio como homens de honra, nem Bontate nem Salvo conseguiram recuperar o corpo do velhote. Riina negou simplesmente ter alguma coisa que ver com o rapto, mas, como Buscetta contou mais tarde, *o Baixo* estava a enviar um sinal «do tamanho de uma casa». Outros mafiosos, percebendo não só o poder e arrogância de Riina, mas também a impotência e cegueira de Badalamenti e Bontate, tiraram as conclusões apropriadas sobre para que lado saltar quando a guerra rebentasse.

Em 1977, os *corleonesi* expulsaram Don Tano Badalamenti da Cosa Nostra. A acusação era de que ele estava a enriquecer com dinheiro proveniente da droga sem dar conhecimento aos outros chefes – foi pelo menos essa a explicação que saiu da Comissão. Tratava-se de uma demonstração extraordinária do poder que os *corleonesi* detinham então na Comissão que o *Tirano Sentado* de Cinisi chefiara depois da sua reinstituição em 1974. Apesar da sua expulsão, Badalamenti continuava a possuir uma formidável base de poder em Cinisi e arredores, embora vivesse a milhares de quilómetros de distância nos Estados Unidos. No entanto, a humilhação que os *corleonesi* lhe infligiram mostrava que o seu poder dentro das instituições da Cosa Nostra estava no fim. O substituto de Badalamenti como chefe titular da Comissão foi Michele Greco, *o Papa*, filho do «tenente» *Piddu*. Era a confirmação de uma sólida aliança entre a mais poderosa dinastia mafiosa dos arredores de Palermo, os Greco, e os rebeldes da vila provinciana de Corleone – sendo estes claramente o parceiro mais forte. Foi esta aliança que entrou em guerra em 1981.

Através do assassínio de Giuseppe Di Cristina, os *corleonesi* estabeleceram a sua autoridade sobre a província de Caltanissetta, no centro da Sicília. Alguns meses mais tarde, mataram Pippo Calderone, que em 1975 tinha fundado a Região, o órgão dirigente da máfia para toda a Sicília. A Família de Catânia, antes liderada por Calderone, foi colocada nas mãos de um aliado dos *corleonesi* e um dos seus principais fornecedores de droga e armas – Nitto

Santapaola, o *Caçador*. Com a posse de Santapaola, a maior parte da estrutura da Cosa Nostra fora de Palermo passou a estar sob o domínio dos *corleonesi*.

Por volta desta altura, o comando da facção de Leggio passou para as mãos do seu discípulo Totò Riina, secundado por Bernardo Provenzano. Um desertor da máfia que conhecia bem Riina descreveu mais tarde como o comportamento dócil e humilde deste último contrastava com o feitio caprichoso de Leggio: «Nunca o vi zangado». Era uma conduta enganosa que ele tentou transmitir aos seus seguidores: «Eles tinham sempre um sorriso nos lábios. Riina escolhia pessoas assim e ensinava-lhes que tinham de sorrir – mesmo se houvesse um terramoto»([112]).

De uma certa perspectiva, Bontate, Inzerillo e Badalamenti detinham ainda muito mais poder do que os sorridentes *corleonesi*. Eram todos *capi* de Famílias, bem relacionados nos Estados Unidos e traficantes de droga espectacularmente ricos, podendo evocar protecção política ao mais alto nível; Bontate era também o eixo mais importante entre a máfia e o mundo das sociedades secretas maçónicas. Mas grande parte desse poder residia agora *fora* da Cosa Nostra. Os *corleonesi*, pelo contrário, foram afastados dos principais canais do comércio transatlântico de estupefacientes. No entanto, à medida que desenvolviam a sua estratégia ao longo dos anos, cultivavam pacientemente o poder *dentro* da Cosa Nostra. Investiam secretamente dinheiro e honra na conquista das Famílias e da Comissão, no domínio político da organização e não na procura de enormes ganhos provisórios através de actividades económicas. Ao assumir o controlo da Comissão, os *corleonesi* assumiam também o controlo do aparelho de tomada de decisões colectivas da Cosa Nostra, do seu sistema judicial, do seu serviço de propaganda e, mais importante do que tudo, da sua máquina militar. Se a Cosa Nostra é uma espécie de Estado, então os *corleonesi* estavam prontos para lançar um golpe de Estado militar.

Tommaso Buscetta saiu da prisão em 1980. Antes de se juntar à sua jovem esposa na América do Sul, passou vários meses em Palermo, passeando por um mundo de luxo e poder faraónicos que

---

([112]) Gaspare Mutolo in Commissione parlamentare d'inchiesta, *Mafia, politica, pentiti*, p. 1232.

estava prestes a afundar-se em sangue. Ficou durante algum tempo num hotel dos primos Salvo; Nino pediu-lhe para agir como contrapeso a Riina, mas Buscetta pressentiu o que se avizinhava e manteve os seus planos de ir para o estrangeiro. Viveu também com Bontate e Inzerillo, achando-os insensíveis à iminente carnificina e completamente absortos na indústria da heroína, que se encontrava então no seu auge. Todos os dias, entre cinquenta e cem automóveis estacionavam à porta da mansão de Inzerillo, transportando os operários do comércio das drogas – soldados da máfia, refinadores e correios de heroína. «[Bontate e Inzerillo] falavam de vivendas à beira-mar e nas montanhas, de milhares de milhões de liras, iates e bancos – como se tivessem a falar das compras de alimentos de uma manhã.»([113]) Buscetta resistiu aos apelos para ficar e juntar-se à abundância; eles até lhe puderam oferecer um presente de despedida de 500 000 dólares, afirmou. Em Janeiro de 1981, o «chefe de dois mundos» apanhou um avião para o Brasil, com intenções de nunca mais voltar.

A *mattanza* que Giuseppe Di Cristina tinha previsto e para a qual os *corleonesi* se haviam preparado durante tanto tempo começou por fim no dia 23 de Abril de 1981. A primeira vítima foi Stefano Bontate, o *Príncipe de Villagrazia*. Ele conduzia o seu novo *Alfa Romeo* vermelho de série limitada no regresso da sua própria festa de aniversário quando foi alvejado e tornado irreconhecível por uma rajada de metralhadora junto a um semáforo. Duas semanas e meia depois, Salvatore Inzerillo conhecia o mesmo destino. Tinha também adquirido recentemente um *Alfa Romeo*, uma versão blindada, mas os seus assassínios atingiram-no quando ele ia a sair de casa da amante e antes de chegar ao carro.

Com Tommaso Buscetta e Tano Badalamenti no Brasil e nos Estados Unidos, respectivamente, os *corleonesi* decapitavam simplesmente a facção adversária eliminando Bontate e Inzerillo. A ousadia do ataque parecia espantosa. A maioria dos observadores da máfia esperava uma reacção feroz do grupo Bontate-Inzerillo.

([113]) Buscetta e Arlacchi, p. 219.

Mas o que se seguiu foi a execução em massa dos seus apoiantes. O lado perdedor ficou completamente desorientado. O que o juiz Falcone apelidou de um «exército-fantasma» de assassinos dos *corleonesi*, recrutados nas pequenas vilas da província de Palermo, aparecia na cidade, matava e voltava a desaparecer. Um mês depois da morte de Inzerillo, Tommaso Buscetta telefonou para Palermo do Brasil para falar com um empresário da construção próximo de Bontate e Inzerillo. O homem suplicou a Buscetta que voltasse para organizar a resistência aos *corleonesi*. Mas o «chefe de dois mundos» sabia que não devia dar a vida por uma causa perdida. Tal como tinham feito em 1958 com o assassínio do Dr. Michele Navarra, os *corleonesi* apostavam uma esmagadora força militar contra a riqueza e a influência política. Não tinham adversários à altura.

Nas semanas e meses que se seguiram, 200 homens da facção Bontate-Inzerillo foram mortos na província de Palermo – contando apenas os corpos que foram efectivamente encontrados. Mais desapareceram, vítimas de assassínios de «caçadeira branca». Só no dia 30 de Novembro de 1982, 12 homens de honra foram mortos a tiro em alturas e locais diferentes da cidade. A maior parte dos inimigos dos *corleonesi* foi morta antes mesmo de saber que corria perigo, traída por homens das suas próprias Famílias que se haviam juntado secretamente aos *corleonesi*; alguns foram mesmo eliminados pelos seus próprios homens e apresentados como sacrifício aos vencedores. As Famílias e os *mandamenti* dos líderes assassinados eram imediatamente entregues a partidários dos *corleonesi*.

A *mattanza* chegou mesmo aos Estados Unidos. John Gambino terá sido enviado de Nova Iorque a Palermo para descobrir o que se estava a passar. Voltou com instruções precisas: todos os esforços deviam ser feitos para encontrar e matar Tommaso Buscetta; todos os mafiosos sicilianos da facção perdedora que tentaram salvar a vida fugindo para o outro lado do Atlântico deviam ser eliminados. Pouco depois, o irmão de Inzerillo foi encontrado morto em Mount Laurel, New Jersey, com cinco notas de um dólar enfiadas na boca e outra nos órgãos sexuais.

Os *corleonesi* não estavam a matar apenas os seus inimigos, estavam a eliminar todos os homens de honra cuja lealdade absoluta estivesse minimamente em dúvida. Impunham também um brutal cerco de terra queimada a qualquer membro da facção Bontate-Inzerillo que resolvesse esconder-se. Todos os amigos, parentes ou sócios que lhes pudessem dar abrigo eram eliminados.

O caso emblemático é o do fiel soldado de Bontate, Salvatore Contorno, que escapou de forma dramática a um atentado de metralhadora cuidadosamente planeado na rua principal de Brancaccio, povoação a leste de Palermo. Um número incrível de 35 dos seus parentes foram então assassinados. Contorno começou a dar informações oficiosas à polícia. Quando ouviu dizer que Buscetta se tornara testemunha do Estado no Verão de 1984, só acreditou quando se encontrou face a face com «o chefe de dois mundos». Nesse encontro, Contorno ajoelhou-se diante de Buscetta e recebeu a sua bênção antes de tomar a decisão de testemunhar para o juiz Falcone. O seu testemunho seria quase tão importante para o megajulgamento como o de Buscetta.

A *mattanza* parecia arrastar-se interminavelmente; na verdade, nunca houve um final preciso, porque depois de despachar os seus inimigos e outros elementos indecisos, Totò Riina voltou-se contra os aliados que tinham começado a mostrar sinais de pensamento independente. A vítima mais notável desta nova fase da carnificina foi Pino Greco, *o Sapato*, subchefe da Família de Ciaculli e o principal assassino dos *corleonesi* nas fases iniciais da *mattanza*. *O Sapato* era membro do pelotão de execução que tinha assassinado tanto Bontate como Inzerillo. Matou depois o filho adolescente de Inzerillo quando o rapaz jurou vingar a morte do pai. Os rumores dentro da Cosa Nostra eram de que *o Sapato* tinha decepado o braço do rapaz antes de o matar para demonstrar a inutilidade da revolta contra o poder dos *corleonesi*. No Outono de 1985, *o Sapato* foi morto a tiro pelos seus próprios homens às ordens de Riina.

A estratégia que os *corleonesi* desenvolveram ao longo de mais de três décadas acabou por se concretizar: o estabelecimento de uma ditadura sobre a Cosa Nostra baseada num programa de execuções permanentes. Ao fazê-lo não traíram o sistema de valores da Cosa Nostra, como muitos desertores afirmaram mais tarde; revelaram antes a sua verdadeira essência.

10

# Terra Infidelium
# 1983–1992

# A Minoria Virtuosa

Um historiador britânico analisou as «minorias virtuosas» no interior do Estado italiano. Poucos países têm a sorte de tomar algumas coisas como certas, como a ideia de que todos são iguais perante a lei, ou de que o Estado deve servir os interesses de todos os cidadãos, e não dos amigos e da família de quem detém o poder num dado momento – seja num ministério ou na administração de um hospital local. Em Itália – e não só – estes valores têm muitas vezes de ser conquistados, dia após dia, por uma minoria virtuosa de pessoas originárias de todos os estratos sociais e convicções políticas. Isto não significa, obviamente, que a maioria dos Italianos seja corrupta, ou que a vida pública italiana esteja completamente podre. Tal como acontece, sem dúvida, na maioria das sociedades do planeta, a maioria opta por se adaptar, de forma a sobreviver ao ambiente com o qual se depara.

As minorias virtuosas de Itália raramente se viram tão sitiadas como durante a década de 80. A emergência terrorista desvaneceu-se lentamente, o movimento operário bateu em retirada, o apoio ao PCI diminuiu e um novo ciclo de crescimento económico começou a fazer-se sentir. No entanto, ao mesmo tempo, a corrupção entranhou-se no tecido social de uma forma nunca antes vista. O Partido Socialista, que se tornara um membro permanente das coligações governamentais, abandonou por completo os seus objectivos reformistas e dedicou-se a «ocupar o Estado», tal como os democratas-cristãos haviam feito durante a década de 50. Estes foram os anos da chamada «partidocracia», nos quais todos os funcionários públicos, desde os membros dos conselhos de administração de bancos nacionalizados até aos contínuos das escolas, pareciam ter sido escolhidos com base na filiação partidária. Para os negócios nas vilas e cidades, a vitória num qualquer concurso público implicava inevitavelmente o pagamento de contrapartidas a intermediários do partido.

Dados os constantes conluios entre as diversas facções no parlamento, e com uma opinião pública cada vez mais resignada e desiludida, seria muito pouco provável que a classe política italiana da década de 80 abandonasse o seu hábito secular de tratar a sociedade siciliana como se esta não fosse mais do que um amontoado de políticos desordeiros, susceptíveis de serem subornados. É trágico que tenha sido exactamente esta classe política a ser chamada a confrontar a Cosa Nostra numa altura em que esta se tornou mais rica e sedenta de sangue do que nunca.

A máfia siciliana sempre despertou o melhor e o pior do Estado italiano, os seus vilões mais desonestos e as mais virtuosas das suas minorias. No ano anterior à sua morte, Giovanni Falcone deu uma série de entrevistas a um jornalista francês, nas quais afirmou que não era uma espécie de Robin dos Bosques em versão suicida: «Estou apenas a servir o Estado na *terra infidelium*» – a terra dos infiéis. Num país que estava na altura em condições de se assumir como a quinta maior economia industrial do mundo, a Sicília encontrava-se ainda na zona de fronteira do Estado de Direito.

Em muitos aspectos, Falcone era o estandarte das minorias virtuosas de Itália, e não seria um exercício de hagiografia afirmar que ele encarnava as virtudes destas minorias no seu estado puro: a coragem, obviamente, mas também a dedicação à sua função e uma capacidade lendária para não virar as costas ao trabalho. Além disso, Falcone era escrupulosamente honesto e correcto na sua relação com as pessoas; este era aliás um traço de carácter que, por vezes, o fazia parecer demasiado rígido e pouco amigável. No entanto, mais do que uma faceta de personalidade, tratava-se de um mecanismo de defesa calculado – para ele e para aqueles que o rodeavam. Qualquer pessoa que tivesse acesso a ele, mesmo o mais leal dos seus amigos, era um canal potencial de aproximação da Cosa Nostra.

Francesco La Licata, um jornalista que entrevistava regularmente Falcone, sentiu na pele este tipo de abordagens. O seu encontro bizarro com a máfia começou quando se encontrava um dia a tomar café num bar e alguém lhe perguntou: «Lembras-te de mim?». Era Gregorio, um homem do mesmo bairro onde La Licata tinha crescido; Gregorio vivia nas margens do crime organizado. «Vamos dar uma volta e conversar sobre como as coisas eram quando éramos miúdos», sugeriu Gregorio. Não muito convencido, La Licata concordou em entrar no *Volkswagen* vermelho de Gregorio, mas logo após se ter sentado reparou na coronha de uma pistola, colocada no bolso do assento. «Umas pessoas querem falar contigo, mas não te preocupes. Está tudo bem», disse Gregorio com um sorriso.

Durante a viagem, La Licata tentou calcular as probabilidades de ser assassinado. Após uma mudança de viatura, foi levado para o interior de um pomar de limoeiros, situado no que restava da Conca d'Oro. Aí deparou com um *capofamiglia*, que reconheceu de uma fotografia policial. O chefe disse: «Por favor, queira desculpar-nos pela forma como o convidámos até aqui. Mas, como sabe, estou fugido às autoridades. Ouvimos falar de si. Sabemos que é uma pessoa fiável e que faz o seu trabalho honestamente». O mafioso começou então um discurso circular e sentimental em sua defesa. Enquanto isso, La Licata tentava compreender o que estava a ouvir, ao mesmo tempo que lançava olhares nervosos às águas profundas de uma cisterna que se encontrava nas proximidades do local.

Por fim, o chefe chegou à questão: «Sabemos que pode falar com o Juiz Falcone. Sabe o que se está a passar, sabe que somos apenas chefes de família que estão a ser vítimas de uma difamação vergonhosa. Só precisa de transmitir o que eu acabei de lhe dizer»([114]). Esta era uma jogada de abertura clássica. Estabelecer uma ligação comprometedora com um juiz, por mais vaga que fosse, abria as portas à troca de favores, à chantagem ou à intimidação.

([114]) La Licata, p. 77.

La Licata sabia que uma recusa em servir de intermediário poderia revelar-se fatal. Reflectindo freneticamente e falando com grande cortesia, explicou que qualquer pessoa que estabelecesse contactos com Falcone em nome de um mafioso seria provavelmente colocada sob investigação; sugeriu que, em vez disso, o chefe poderia transmitir a sua mensagem através de uma entrevista a um jornal. «Não estou autorizado», foi a resposta. «Não fazemos esse tipo de coisas.» A segunda sugestão de La Licata – um memorando enviado a Falcone e à imprensa através de advogados – foi recebida de melhor forma. «Boa ideia! Assim o Falcone não se vai ofender. Ele tem um feitio tramado»([115]).

Durante esta breve troca de palavras, La Licata arriscou a sua vida na reputação de Falcone de honestidade rigorosa e correcção processual – o que o mafioso designou «feitio tramado». Sentindo-se como se tivesse sobrevivido a um desastre de avião, o jornalista foi levado, sem quaisquer ferimentos, para o bar onde havia estado algumas horas antes. Só alguns anos mais tarde contaria a Falcone a história do seu rapto. Em resposta, Falcone confirmou que o teria de facto colocado sob investigação. Os dois tornaram-se amigos.

([115]) La Licata, p. 77.

# Os Cadáveres Ilustres

Emanuele Notarbartorolo, um banqueiro e antigo presidente da Câmara de Palermo, esfaqueado até à morte num comboio em 1893; e Joe Petrosino, um polícia de Nova Iorque morto na Sicília em 1909: no primeiro século da sua existência, a máfia siciliana matou apenas duas figuras do sistema, dois homens cujo estatuto no mundo dos negócios, da política, da administração, do jornalismo, da justiça ou da autoridade policial lhes dava um carácter de *cadaveri eccellenti*. A partir do final da década de 1970, e à medida que o poder dos *corleonesi* aumentou, registaram-se dezenas destes «cadáveres ilustres». Alguns deles eram amigos que não respeitaram os acordos com os seus chefes, mas a grande maioria é composta por inimigos da Cosa Nostra. Depois de 1979, a violência tornou-se a nota dominante do dueto da máfia com o mundo das entidades oficiais. E essa violência foi crescendo à medida que Falcone e outros membros da minoria virtuosa alcançaram progressos nunca antes vistos na luta contra a Cosa Nostra.

Olhando em retrospectiva, o primeiro sinal desta nova agressividade remonta a 1970, com o desaparecimento do repórter de investigação Mauro De Mauro, do jornal *L'Ora*. Ainda não se sabe ao certo o que De Mauro tinha descoberto – talvez provas do tráfico de heroína ou do golpe neo-fascista desse mesmo ano, do qual a Cosa Nostra tinha sido convidada a fazer parte. Em 1971,

Pietro Scaglione, o promotor público de Palermo, foi morto após uma visita à campa da sua mulher. Nessa altura, Scaglione estava rodeado de suspeitas – uma das razões da suspeição era o facto de jogar regularmente póquer com Vito Ciancimino. Por essa razão, a sua morte foi vista nalguns círculos como nada mais do que um assunto interno da máfia. Até mesmo o assassinato, em 1977, de um coronel dos *carabinieri* perto de Corleone podia ainda ser tratado como uma anomalia. Em 1979, no entanto, o novo padrão táctico da máfia tornou-se claro. Nesse mesmo ano, como que para demonstrar quão abrangente era o seu ataque às instituições da sociedade, a Cosa Nostra assassinou um jornalista (o especialista em criminalidade do *Giornale di Sicilia*), um político (o líder dos democratas-cristãos de Palermo), um polícia (o chefe da brigada de acção rápida de Palermo) e um magistrado (Cesare Terranova, o homem que conduziu as investigações sobre a primeira guerra da máfia). A mensagem da máfia tornava-se agora clara: independentemente da sua proeminência, qualquer figura pública que se interpusesse no caminho deste «Estado dentro do Estado» seria assassinada.

O atrevimento e a brutalidade que caracterizaram estes crimes dos *corleonesi* continham também a sua própria mensagem. Terranova morreu à porta da sua casa de Palermo; apesar de correrem o risco de ser vistos, os três assassinos dispararam mais de 30 tiros de pistola e metralhadora, e ainda tiveram tempo para se aproximar do velho magistrado e lhe dar um «golpe de misericórdia». Uma e outra vez, à volta dos cadáveres ilustres surgiam os cadáveres dos seus guarda-costas, condutores, familiares, amigos e até transeuntes. A temeridade selvagem da Cosa Nostra aumentava. No ano seguinte, em 1980, registaram-se três cadáveres ilustres: o capitão dos *carabinieri* em Monreale, o presidente da Região Siciliana e o promotor-geral de Palermo. Este último foi assassinado em pleno centro da cidade, perto do Teatro Massimo; isto é o equivalente siciliano a executar alguém em Piccadilly Circus ou Times Square. (Este assassinato foi, na verdade, ordenado por Bontate e Inzerillo, como forma de mostrar que conseguiam tratar os cadáveres ilustres com o mesmo desplante dos *corleonesi*.)

Em 1981, iniciou-se a *mattanza*, que constituiu um espectáculo quase diário de assassinatos; corpos eram deixados perto de esquadras da polícia ou simplesmente queimados na via pública. Uma das vítimas mais proeminentes da máfia foi abatida no decorrer desta matança. Pio La Torre era um activista camponês, um orador sem rodeios que chegara a deputado pelos comunistas e a líder do PCI na Sicília, sendo ainda um dos membros mais activos da comissão de inquérito Antimáfia. Em Abril de 1982, foi vítima de uma emboscada cuidadosamente planeada, uma vez mais numa movimentada rua de Palermo.

A resposta do Estado italiano foi a nomeação do general Carlo Alberto Dalla Chiesa como novo chefe da polícia da capital siciliana. Dalla Chiesa tinha uma longa história de luta contra a máfia, tendo chegado a servir em Corleone aquando da ascensão de Luciano Leggio. Mais importante do que isso, o general tinha granjeado a fama de herói nacional ao obter importantes vitórias na luta contra o terrorismo de esquerda. Antes de partir para Palermo, Dalla Chiesa afirmou perante os seus superiores em Roma que não tinha qualquer intenção de ser condescendente para com o braço político da máfia. Poucos meses depois da chegada de Dalla Chiesa a Palermo, um esquadrão de cerca de uma dúzia de mafiosos bloqueou a marcha do seu carro na Via Carini e metralhou-o, à sua jovem mulher e à sua escolta. No dia seguinte, alguém escreveu numa parede perto do local: «Aqui morreu a esperança de todos os sicilianos honestos». O funeral foi transmitido em directo para todo o país, e a Itália viu uma multidão furiosa a atirar moedas aos ministros presentes.

Os políticos não tinham dado a Dalla Chiesa os poderes que ele desejava, e uma campanha mediática hostil criou a impressão de que ele se encontrava isolado, como explicou o seu filho cinco dias depois do atentado:

> Durante a luta contra o terrorismo, o meu pai estava acostumado a ser apoiado, a ter todos os partidos políticos constitucionais do seu lado – a começar pela DC. Desta vez, assim que chegou a Palermo, apercebeu-se de que uma parte da DC não estava preparada para o apoiar. Mais do que isso, tinha uma atitude activamente hostil.([116])

Com este tipo de apoio titubeante ao general Dalla Chiesa, a Cosa Nostra sentiu-se no direito de tratar a sua nomeação como mais um gesto sem significado, e calcular que o preço político da

---

([116]) Lodato, p. 107.

sua execução não seria elevado. É tentador ver as tácticas da máfia do início da década de 80 como acções terroristas – com a ressalva de que os grupos terroristas se consideram normalmente representantes dos oprimidos, resistentes solitários contra um Estado todo-poderoso, dotados apenas das armas próprias dos fracos e desesperados. Pelo contrário, a Cosa Nostra, com o dinheiro da heroína e o seu passado de impunidade, limitava-se a não levar a sério o Estado italiano. Mais do que uma campanha de terror, esta era uma campanha de escárnio.

Não tardaram a ser adicionados mais nomes ao rol de cadáveres ilustres. Ao olhar para este catálogo de atrocidades, é possível entrever como se sentiria na altura um número crescente de sicilianos, a sua esperança exasperada de que um destes assassinatos significasse finalmente o ponto de viragem, o momento em que o Estado italiano se decidiria a enfrentar a ameaça mafiosa. Houve alturas em que o governo chegou a responder. Após a morte do general Dalla Chiesa, uma lei proposta pelo então assassinado Pio La Torre foi finalmente aprovada; pela primeira vez na história, era crime pertencer a uma «associação de tipo mafioso», ou seja, uma associação criminosa baseada na intimidação sistemática, na *omertà* e na infiltração da economia através de extorsão efectuada territorialmente. Este era o equivalente italiano das medidas RICO (*Racketeer Influenced and Corrupt Organizations*, Organizações Corruptas e de Extorsão), aprovadas em 1970 nos Estados Unidos da América. A lei permitia ainda a apropriação por parte do Estado dos bens ilícitos dos mafiosos. Estes novos instrumentos legais constituíam armas extremamente importantes na luta para trazer a Cosa Nostra perante a justiça. No entanto, os sinais vindos dos círculos políticos continuaram a ser ambíguos. Nunca foi o «Estado italiano» enquanto tal a fazer face à Cosa Nostra. O ponto de viragem nunca chegou. A batalha contra a máfia continuou a ser travada por uma minoria heróica de magistrados e polícias, apoiados por uma minoria de políticos, administradores, jornalistas e membros da sociedade civil.

A 29 de Julho de 1983, a Cosa Nostra utilizou um carro-bomba para matar o superior hierárquico de Falcone, o juiz de instrução Rocco Chinnici; os seus dois guarda-costas e o porteiro do prédio onde Chinnici vivia também morreram na explosão. Durante a primeira guerra da máfia, os jornalistas haviam comparado Palermo à Chicago do período da Lei Seca; agora, Beirute parecia ser a única cidade comparável a Palermo. Um polícia anónimo descreveu ao *L'Ora* o sentimento de desespero que se instalou entre os investigadores:

> Estamos em guerra, mas para o Estado e para as autoridades desta cidade e desta ilha, é como se nada estivesse a acontecer... Os mafiosos estão a atacar com metralhadoras e TNT. Nós só podemos ripostar com palavras. Eles são milhares, e nós, umas poucas centenas. Fazemos grandes bloqueios de estrada no centro da cidade, e eles passeiam tranquilamente em *corso* dei Mille, Brancaccio e Uditore.([117])

Na verdade, a morte de Chinnici levou a um acto extraordinário de coragem, típico da forma como a minoria heróica travava a sua batalha contra a máfia. A notícia da morte de Chinnici teve um efeito profundo em Antonino Caponnetto, um magistrado tímido e pálido, cujo *hobby* era a criação de canários. Caponnetto era um siciliano com um posto seguro e prestigiado em Florença, e estava a aproximar-se da idade da reforma. No entanto, poucos dias depois do assassinato de Chinnici, candidatou-se para tomar o seu lugar. Como explicaria mais tarde, «foi um impulso, em parte derivado do espírito de missão que sempre motivou o meu trabalho. Por outro lado, também se ficou a dever à minha identidade siciliana». Quando entrou no seu novo gabinete no Palácio da Justiça de Palermo, encontrou um telegrama de felicitações na secretária. O telegrama deveria dizer «Desejo que tenha sucesso», mas tinha sido adulterado para «Desejo que morra»([118]). Para sua própria segurança, Caponnetto passou quatro anos e meio a viver num quarto minúsculo no quartel dos *carabinieri*.

Imediatamente após a sua chegada, Caponnetto juntou uma pequena equipa de magistrados que iria infligir danos colossais na máfia siciliana. A sua ideia, retirada da campanha contra o terrorismo de esquerda, era formar uma «rede» de juízes especializados na luta contra a máfia, de forma a trocar informação e reduzir o risco de represálias. Caponnetto escolheu a sua equipa de forma a obter uma imagem «orgânica e completa» do problema da máfia;

---

([117]) Lodato, p. 132.
([118]) Caponnetto, p. 24.

a rede incluía Giovanni Falcone, Paolo Borsellino, Giuseppe Di Lello e Leonardo Guarnotta. No ambiente de tranquila determinação instituído sob a liderança de Caponnetto, estes juízes começaram então a trabalhar.

A opinião pública só se apercebeu do extraordinário sucesso desta rede quando Caponnetto deu uma conferência de imprensa no Palácio da Justiça a 29 de Setembro de 1984. O velho magistrado anunciou que Tommaso Buscetta, o «chefe de dois mundos», estava a colaborar com a justiça, e em resultado disso tinham sido emitidos 366 mandatos de captura. Até Vito Ciancimino, o «burlão agressivo» dos *corleonesi*, tinha sido notificado das investigações que sobre ele pendiam; Buscetta revelou que Ciancimino estava nas mãos dos *corleonesi*. (Mais tarde, Ciancimino e os primos Salvo, os barões do sistema privatizado de cobrança de impostos, seriam detidos.) Muitos dos acusados encontravam-se já em situação de fuga à justiça, mas a verdade é que a polícia de Palermo esgotou as algemas quando foi prender todos os arguidos. Com um grande sorriso na sua cara magra, Caponnetto explicou a importância das provas que tinham sido acumuladas:

> Não estamos perante uma série de casos de máfia: a máfia *como tal* vai responder perante o tribunal. Assim, não é exagero afirmar que se trata de uma operação histórica. Conseguimos por fim penetrar no coração da estrutura da máfia.([119])

O grande julgamento a que Caponnetto se estava a referir destinava-se a provar que a máfia era uma estrutura única e unificada – o «teorema Buscetta», como os jornais lhe chamaram. Esta era uma verdadeira revolução copernicana na reflexão sobre a sociedade de honra.

Os *corleonesi* responderam às notícias da defecção de Buscetta com ataques aos *pentiti* e aos seus familiares: Leonardo Vitale, o *capodecina* que se tinha entregue à polícia durante a sua crise espiritual, foi morto em Dezembro, tal como o cunhado de Buscetta. (A Itália ainda não tinha nada que se parecesse com um verdadeiro programa de protecção de testemunhas.) Quando a polícia se aproximou da captura dos chefes que ainda estavam a monte, a Cosa

([119]) *La Repubblica*, 30 de Setembro de 1984.

Nostra retaliou imediatamente. No final de Julho de 1985, Beppe Montana, o oficial da brigada de acção rápida responsável pela caça aos mafiosos fugitivos, foi alvejado e morto no subúrbio costeiro de Porticello. Apesar de não se encontrar em serviço, Montana estava a usar a sua pequena lancha a motor para espiar as casas de férias dos mafiosos. Dizia-se que a polícia tinha decidido que dois dos principais assassinos da máfia não iriam ser capturados vivos. Ao matar Montana, a Cosa Nostra deu uma resposta perversa a este desafio: os assassinos usaram balas expansivas de tipo "dum-dum". A namorada de Montana, que estava a poucos metros quando ele foi abatido, foi deixada viva para correr de casa em casa, tentando desesperadamente encontrar um telefone à medida que as ruas da povoação se esvaziavam e as persianas eram fechadas. Não poderia haver uma imagem mais clara do medo e da *omertà* que asfixiavam a parte ocidental da Sicília.

Montana foi o terceiro membro da sua unidade a morrer. Em protesto, o sindicato dos polícias afirmou que, na Sicília, o Estado só se tornava visível nos funerais dos agentes abatidos pela máfia. No entanto, os problemas da polícia só aumentaram quando foi capturado um jovem futebolista semiprofissional, pescador nas horas vagas, que se acreditava ter colaborado com os assassinos; enquanto estava sob custódia policial, foi torturado e espancado, e quando finalmente foi levado ao hospital, já era demasiado tarde. Após o falhanço de algumas tentativas para encobrir esta sórdida ocorrência, a morte do suspeito foi recebida com fúria. O Ministro do Interior reagiu com uma dureza pouco habitual, e desmantelou o grupo de polícias e *carabinieri* que havia sido responsável pela maioria das vitórias contra a Cosa Nostra nos últimos anos.

Menos de 24 horas depois do anúncio desta decisão, um outro oficial da brigada de acção rápida, Ninni Cassarà, foi emboscado e morto. A violência da sua morte constituiu um choque, mesmo para os padrões horrendos de Palermo nos anos 80. Um pelotão de 12 a 15 assassinos ocupou o edifício em frente da casa de Cassarà e abriu fogo quando ele saía do seu carro à prova de bala. A sua mulher não pôde fazer mais do que presenciar da varanda as 200 rajadas disparadas sobre ele, que acabaram também por matar um polícia de 23 anos chamado Roberto Antiochia, que, sabendo da vulnerabilidade do seu superior, regressara mais cedo de férias para oferecer protecção. Poucos dias antes, Cassarà dera uma entrevista em que afirmara que «qualquer pessoa que leve o seu trabalho a sério acaba por ser morta mais cedo ou mais tarde».

A sensação de isolamento da polícia explodiu em raiva. Membros da brigada de acção rápida ameaçaram pedir transferência em massa. Queixavam-se da falta de testemunhas, e começaram a mandar embora as pessoas que vinham aos quartéis pedir a renovação dos seus passaportes; um cidadão telefonou com uma questão rotineira e foi-lhe dito para «se lixar». No funeral de Antiochia, a presença do Ministro do Interior e do Presidente da República quase provocou um motim policial às portas da catedral centenária de Palermo. Os colegas do oficial morto cuspiram nos dois políticos, gritando insultos: «Sacanas! Assassinos! Palhaços!». Rebentou uma escaramuça entre a brigada de acção rápida e os *carabinieri*. Um oficial expressou a sua fúria a um jornalista:

> Estamos fartos disto. Não precisamos destes funerais. São sempre as mesmas caras, as mesmas palavras, as mesmas condolências. Dois dias depois a opinião pública acalma-se... e tudo continua como dantes. E nós, os parvos, a sermos mortos porque somos atacados pela máfia e pelos nossos líderes.([120])

Nunca houve qualquer sugestão de que os dois políticos nos quais a polícia escolheu descarregar a sua raiva fossem culpados de cumplicidade com a Cosa Nostra. No entanto, a mensagem foi clara: não era a Itália que estava a lutar contra a máfia; era uma minoria sob cerco, unida pelo sentido de dever e por um espírito de equipa tenaz.

---

([120]) *La Repubblica*, 8 de Agosto de 1985.

# Espreitando a Tourada

Giovanni Falcone e Paolo Borsellino eram velhos amigos na altura em que prepararam o caso de acusação do megajulgamento (a sua função não requeria que estivessem presentes no tribunal). Tinham praticamente a mesma idade e haviam sido criados no mesmo bairro do centro de Palermo, por pais originários da classe média; o pai de Falcone era químico e o de Borsellino era farmacêutico. Os dois partilhavam a mesma dedicação ao dever e a mesma fé inabalável na justiça. Porém, eram também muito diferentes, nomeadamente no que dizia respeito à formação política. Sem nunca se ter associado a qualquer partido político, Falcone tinha inclinações de esquerda. Borsellini estivera ligado, na sua juventude, a um grupo neofascista, e manteve uma fé católica muito mais forte do que a do seu colega. Os dois magistrados sempre resistiram meticulosamente a qualquer tentativa dos partidos políticos de tirarem proveito das suas reputações.

Falcone e Borsellino tinham também atitudes muito diferentes face à cidade onde viviam e trabalhavam. Falcone, talvez devido à sua personalidade mais acanhada, era mais pessimista acerca da forma como Palermo via e apoiava os seus esforços. Todos os dias, ia para o seu local de trabalho acompanhado por uma escolta a alta velocidade, composta por quatro veículos blindados cheios de agentes com metralhadoras e coletes à prova de bala; um helicóptero vigiava todo o percurso. A julgar pelas cartas dos leitores do *Giornale di Sicilia*, alguns residentes de Palermo achavam que os engarrafamentos causados por estas escoltas constituíam um problema muito mais sério do que a máfia. Falcone ficou particularmente aborrecido quando um dos seus vizinhos lhe escreveu a sugerir que deveria ser obrigado a mudar-se para os subúrbios. Borsellino, mais extrovertido e com uma tendência saudável para o hedonismo, era mais positivo: «Estão a incentivar-nos».

Os dois iam buscar forças à crescente importância do movimento antimáfia da Sicília. Os estudantes efectuavam manifestações contra a máfia nas ruas da cidade. Alguns activistas tinham fundado um centro de estudos com o nome de *Peppino* Impastato. Além disso, a Sicília tinha agora, em Salvatore Pappalardo, um cardeal patriarca que não tinha medo de utilizar a palavra «máfia» ou de denunciar a inoperância do Estado face ao massacre. Em consequência disso, em 1983, a missa de Páscoa do cardeal na prisão de Ucciardone foi boicotada pelos reclusos. Alguns clérigos mais próximos das populações eram muito mais directos na sua oposição à máfia.

O ímpeto de mudança verificava-se até na *Democrazia Cristiana*. Leoluca Orlando, o presidente da Câmara de Palermo eleito em Julho de 1985, era um democrata-cristão que se opunha explicitamente à máfia, tendo assegurado que o município seria representado como «queixoso civil» no megajulgamento. Dirigiu os destinos da cidade no que ficou conhecido como a «Primavera de Palermo» – um período que contrastou em muito com o escuro Inverno de conluios e maquinações que caracterizara a câmara de Palermo desde a II Guerra Mundial. No entanto, a atitude da maioria dos habitantes de Palermo face à batalha travada pelos magistrados continuou a ser de neutralidade ansiosa. Nas palavras de Falcone: «Parece-me que a cidade está a olhar pela janela, à espera de ver como termina a tourada».

O megajulgamento começou a 10 de Fevereiro de 1986; arrastar-se-ia por quase dois anos. Quando começaram as audiências, uma acalmia tensa abateu-se sobre Palermo. Os assassinos da Cosa Nostra tiveram de se resignar, à medida que a acção se deslocava das ruas da cidade para um *bunker* de cimento iluminado artificialmente, contíguo à prisão de Ucciardone – o local onde se situava a sala de tribunal, especialmente construída para este julgamento. O *bunker* mostrou que a irritação popular face à sucessão de cadáveres ilustres tinha finalmente obrigado o Estado italiano a demonstrar de uma forma palpável a sua determinação em combater a Cosa Nostra. Porém, o que se apresentava aos olhos da opinião pública estava longe de ser tranquilizador; um jornalista disse que era como se uma gigantesca nave espacial judicial tivesse aterrado em Palermo. A sala principal era verde e octogonal, com trinta celas em redor, destinadas aos 208 arguidos mais perigosos. Do total de 474 homens acusados, 119 estavam ainda a monte, sendo os mais importantes os «animais» de Luciano Leggio, o *Baixo* Riina e o *Tractor* Provenzano. O próprio Leggio, vestido com um fato de treino azul e ténis brancos, foi o primeiro a tomar a palavra, a partir da cela número 23; anunciou que conduziria a sua própria defesa contra a acusação de que teria dirigido a facção Corleone a partir da prisão.

Quando o julgamento começou, os jornalistas auscultaram os sentimentos do público. Muitas pessoas nas ruas de Palermo mostraram-se relutantes em falar. Algumas pronunciaram-se abertamente contra o julgamento, dizendo que havia mais desemprego desde que a máfia estava numa posição defensiva. A maioria estava céptica: «É uma farsa. Só serão apanhados os que esticaram o pescoço para fora da toca. Os manda-chuvas da política é que irão decidir como termina o julgamento». Buscetta já tinha afirmado que não acreditava que a Itália estivesse preparada para ouvir todos os seus segredos; guardava para si tudo o que sabia sobre as ligações da máfia aos grandes homens do Estado. Muitas pessoas acreditavam que os mafiosos que tinham combatido durante a *mattanza* eram apenas bandidos, e que a verdadeira máfia era constituída pelos que puxavam os cordelinhos nos bastidores.

Porém, as dúvidas face ao megajulgamento não se limitavam a estas opiniões expressas em entrevistas de rua. Alguns dos fazedores de opinião mais influentes da Sicília não conseguiam compreender o verdadeiro significado do julgamento. Por um lado, a própria dimensão do processo era desencorajadora – o cardeal Pappalardo chamou-lhe «um espectáculo opressivo». Numa entrevista polémica, dada pouco tempo antes de o julgamento começar, o cardeal pareceu recuar face às suas anteriores posições de firmeza perante a máfia. Disse que o aborto matava mais pessoas do que a máfia, e afirmou estar preocupado com os efeitos de toda esta atenção mediática sobre a imagem de Palermo. Quando lhe perguntaram se se definia como um prelado antimáfia, respondeu de uma forma significativa: «Não se pode construir nada com uma atitude puramente negativa. Não é suficiente ser anti-qualquer coisa.»

Muitas pessoas temiam que o megajulgamento fosse uma tentativa de administrar a justiça por atacado, e que seria impossível avaliar de uma forma rigorosa a culpabilidade ou inocência de cada um dos arguidos. Alguns suspeitavam de que a dimensão do julgamento reflectia apenas a dimensão dos egos dos juízes.

As provas fornecidas pelos *pentiti* também levantavam dúvidas. Muitos observadores tinham grandes preocupações sobre a fiabilidade dos seus testemunhos. Em 1985, uma personalidade televisiva de relevo fora vítima de um grave erro judicial, na sequência de provas falsas apresentadas por um *pentito* da Camorra napolitana. Para muitos observadores, recorrer ao testemunho de Tommaso Buscetta comportava os mesmos riscos, mas a uma escala muito maior.

Durante os meses do megajulgamento não houve espaço para neutralidades. O teorema de Buscetta desafiava os pressupostos, profundamente radicados, acerca da máfia e do significado de ser siciliano. Compreender as suas implicações requeria um gigantesco salto mental – um salto que mesmo alguns dos inimigos mais declarados da máfia não tinham capacidade para fazer. Um nome conhecido e surpreendente acabou por se tornar o símbolo da dificuldade sentida por muitos Sicilianos em aceitar o que Falcone e Borsellino estavam a fazer, vendo-os como parte da solução e não do problema: Leonardo Sciascia.

Sciascia era o escritor que, durante a década de 50 e início da década de 60, tanto fizera para chamar a atenção pública para a máfia. Ainda hoje, é a romances como *O Dia da Vergonha* que muitos não-italianos recorrem quando querem saber mais sobre a máfia. Tudo no contexto de vida de Sciascia, na sua escrita e na sua concepção de identidade siciliana, o tinha feito confrontar a máfia ao longo de três décadas. Tragicamente, em Janeiro de 1987, as mesmas forças levaram-no para o lado errado da barricada, numa cidade dividida e perplexa com o megajulgamento.

Onze meses depois de começarem as audiências, Sciascia escreveu um artigo para o *Corriere Della Sera* que iria prejudicar seriamente a sua reputação de opositor da máfia. O artigo foi motivado por dois acontecimentos: a publicação de um livro sobre a cruzada do «prefeito de ferro» contra o crime organizado, durante os anos do fascismo; e a promoção de Paolo Borsellino. (Borsellino fora nessa altura colocado à frente de um gabinete de investigação em Marsala, a zona mais ocidental da Sicília, onde os *corleonesi* tinham fortes aliados.) Sciascia defendeu apaixonadamente que, tal como o fascismo, o megajulgamento ameaçava as liberdades civis. Insurgiu-se contra um clima – a que agora chamaríamos "politicamente correcto" – no qual qualquer crítica aos magistrados antimáfia era vista como um sinal de cumplicidade com os chefes. Concluiu a sua polémica acusando Borsellino de carreirismo: "Não há nada melhor para avançar na magistratura do que fazer parte dos julgamentos da máfia".

O artigo de Sciascia causou um profundo choque em Itália, um país onde o público tende a olhar para os escritores e intelectuais em busca da liderança moral que os políticos não conseguem providenciar. Este era um papel que Sciascia levava muito a sério; à sua maneira, via-se como a voz da razão na *terra infidelium*, tão solitário e racional quanto os detectives nos seus romances, que tentavam, sem sucesso, encontrar fissuras na muralha da *omertà*. Mais razões para Borsellino se ter sentido profundamente magoado pelo artigo do *Corriere della Sera*; chegou a afirmar que Sciascia fora uma espécie de pai espiritual para ele. Alguns dos representantes da máfia tiveram um prazer trocista em citar o escritor contra os magistrados que por ele tinham sido inspirados.

Na altura em que redigiu o seu ataque aos juízes antimáfia, o autor de *O Dia da Vergonha* sofria de uma doença terminal. Durante muitos anos de solidão, dedicara todas as subtilezas da sua arte a compreender os padrões de pensamento da máfia, e melindrava-se com a propaganda antimáfia que agora abundava. No entanto, a polémica protagonizada por Sciascia era mais do que a explosão de um velho teimoso e moribundo. Era a voz de uma desconfiança que gerações de Sicilianos pareciam nutrir face à máfia e ao Estado italiano.

Sciascia era o filho autodidacta de um homem que trabalhara nas minas de enxofre da província de Agrigento. Quando era rapaz, tinha testemunhado a brutalidade e a hipocrisia do regime fascista; depois da guerra, vira muitas vezes a máfia a matar líderes sindicais nas minas de enxofre. A lição que retirara da sua vida e da história da Sicília era que a ilha não podia esperar das autoridades mais do que sarilhos. O pessimismo de Sciascia face ao Estado só era comparável ao seu fatalismo em relação à Sicília. Há muito que acreditava que a raiz profunda da máfia não era uma organização autoconsciente, mas sim uma desordem mental que aprisionava mesmo a mais racional das mentes sicilianas:

> Quando me insurjo contra a máfia, isso também me faz sofrer, porque dentro de mim, tal como dentro de qualquer siciliano, ainda está vivo um resíduo de mafioso. Assim, quando luto contra a máfia estou também a lutar contra mim próprio; é como uma cisão, uma laceração.([121])

Felizmente para a ilha, Caponnetto, Borsellino, Falcone e muitos outros não estavam preocupados com a «laceração» de Sciascia e tinham uma ideia muito diferente acerca do significado de ser siciliano.

---

([121]) Sciascia, *La Sicilia*, p. 74.

# O Destino do Megajulgamento

O veredicto do megajulgamento foi anunciado a 16 de Dezembro de 1987. Dos 474 acusados, 114 foram absolvidos; 2665 anos de cadeia foram repartidos entre os culpados. A mensagem dos números era clara: o tribunal apoiara o «teorema de Buscetta», mas tinha demonstrado não aplicar a justiça por atacado, como temiam muitos activistas dos direitos cívicos. Até Luciano Leggio foi absolvido por falta de provas; não fora possível provar que ele continuara a dar ordens na prisão.

Nos dias que se seguiram ao veredicto, os jornais que haviam apoiado os magistrados proclamaram o fim do mito de que a máfia era uma parte inseparável e invencível da cultura siciliana. Foi uma reacção prematura, com mais esperança do que convicção. O veredicto do megajulgamento seria ainda sujeito a um longo processo de recurso até se poder tornar uma verdade estabelecida, e a sua confirmação não era um dado adquirido. Leonardo Sciascia manteve a sua atitude céptica, mostrando-se incapaz de aceitar o «teorema de Buscetta»: «A minha opinião sempre foi que a de que a máfia é na verdade uma confederação de máfias». Dois anos mais tarde, Sciascia morreria, recusando até ao fim admitir que alguma vez ele e a Sicília pudessem deixar a máfia para trás.

Falcone viu o veredicto como uma confirmação de que «respeitando as regras da democracia podemos alcançar resultados importantes contra o crime organizado». Sabia que estavam a ser dados passos notáveis na luta contra a máfia. Antes de o megajulgamento ter sequer terminado, as investigações à Cosa Nostra tinham produzido outros dois casos de grande dimensão; os três megajulgamentos foram geridos em conjunto pela rede de Caponnetto. Um novo e importante *pentito*, Antonino Calderone, estava a fornecer provas que deveriam levar a um quarto megajulgamento; 160 detenções foram efectuadas em Março de 1988. Magistrados de outras cidades sicilianas estavam a juntar as peças a outras acusações relacionadas com estas. No meio de tudo isto, Falcone tentava a todo o custo relembrar que o megajulgamento não era mais do que um bom ponto de partida numa longa luta contra a Cosa Nostra.

Falcone ter-se-ia comportado de forma ainda mais reservada se tivesse sabido o que os *pentiti* revelaram mais tarde. «Tínhamos a certeza de que o megajulgamento acabaria por resultar em nada. As sentenças finais não iriam aceitar o teorema de Buscetta»([122]). No interior da Cosa Nostra, dizia-se que o megajulgamento era apenas um espectáculo político, criado para responder aos anos sangrentos que se haviam registado desde o início da *mattanza*. Teria de haver condenações no primeiro julgamento, mas estas seriam gradual e silenciosamente anuladas nos recursos; no fim, a normalidade seria restabelecida.

Durante algum tempo, foi exactamente isto que pareceu estar a acontecer. Devido ao facto de o sistema legal italiano demorar tanto tempo a produzir veredictos definitivos, tinha sido introduzida legislação para impedir que os presos passassem muito tempo na cadeia a aguardar o desfecho dos seus casos. Ora, devido à sua complexidade, os casos da máfia eram particularmente lentos. Desta forma, os arguidos da máfia estiveram entre os principais beneficiários da legislação: no início de 1989, apenas 60 dos 342 condenados de Dezembro de 1987 ainda se encontravam atrás das grades.

Então, em 1990, o Tribunal de Apelação de Palermo reverteu algumas das condenações do megajulgamento e – no que constituiu uma decisão crucial – não deferiu a trave-mestra do teorema de Buscetta: a ideia de que os membros da Comissão, em virtude da sua posição, eram culpados de terem ordenado os principais assassinatos levados a cabo pela Cosa Nostra. O processo foi en-

([122]) Leonardo Messina in Commissione parlamentare d'inchiesta, *Mafia, politica, pentiti*, p. 542.

tão enviado para a primeira secção do Tribunal de Cassação, presidido pelo juiz Corrado Carnevale, que adquirira a alcunha de «assassino de sentenças» devido ao hábito de absolver mafiosos por pequenas questões processuais. (Em Outubro de 2002, o Tribunal de Cassação anulou a condenação do juiz Carnevale por «cooperação externa no crime de associação mafiosa». Pode concluir-se que, tal como sempre tinha dito, o juiz estava meramente a aplicar a lei com particular formalismo.)

De dentro do próprio sistema judicial, tornava-se agora evidente uma insidiosa oposição a Falcone. Após o veredicto do megajulgamento, o fundador da rede de juízes antimáfia, Antonino Caponnetto, decidiu regressar a Florença. Falcone, que chorou na festa de despedida de Caponnetto, era o candidato óbvio para ocupar o lugar de líder do gabinete de investigação. No entanto, depois de uma história sórdida de politiquice, intriga de bastidores e inveja profissional, mascarada por ataques a um «culto de personalidade» que supostamente estaria a ser construído à volta de Falcone, o cargo foi atribuído a Antonino Meli, um juiz a dois anos da reforma que nunca investigara qualquer caso relacionado com a máfia. Falcone sentiu-se não só humilhado e devastado, mas também assustado. «Sou um homem morto», disse aos amigos. Ele sabia muito bem que a Cosa Nostra iria interpretar qualquer sinal de que o Estado não o apoiava como uma indicação de que se encontrava numa situação de vulnerabilidade.

Meli, um desconhecido do público, começou a distribuir pelos magistrados as investigações sobre a máfia de uma forma aparentemente aleatória, sobrecarregou os membros da rede com casos nãorelacionados com a máfia, adicionou novos membros à rede sem consultar ninguém acerca da sua adequação e dividiu os casos de máfia, distribuindo os diversos componentes por investigadores de diferentes cidades italianas. Nunca se levantaram quaisquer dúvidas acerca da integridade de Meli; o problema é que o seu método ia contra o princípio fundamental da actuação de Falcone: a ideia de que a Cosa Nostra era uma organização unificada e que, como tal, exigia uma resposta judicial coordenada.

Alarmado com estes desenvolvimentos, Borsellino, falando do seu novo posto em Marsala, sentiu a necessidade de tornar públicas as suas preocupações. «Tenho a horrível sensação de que alguém quer fazer o relógio andar para trás», confessou. A reacção política não se fez esperar, e o organismo nacional responsável pela magistratura, o CSM, reuniu-se em sessão extraordinária e decidiu fazer um inquérito sobre as declarações de Borsellino. Falcone emitiu uma declaração, explicando que, sob a liderança de Meli, as investigações antimáfia tinham parado. À medida que as audiências (supostamente confidenciais) das investigações do CSM chegavam aos ouvidos dos grupos pró-Falcone e anti-Falcone, e à medida que eram trocadas as habituais acusações de ingerência política e «culto de personalidade», perdia-se a noção das prioridades. Falcone apresentou e retirou a sua demissão. Após uma longa e desmoralizadora querela, o CSM limitou-se a pedir a ambos os lados que chegassem a acordo sobre as suas divergências, o que veio enfraquecer ainda mais a posição de Falcone. O Palácio da Justiça de Palermo ficou conhecido como o «Palácio do Veneno».

A história dos sarilhos de Falcone às mãos de alguns dos seus colegas juízes, na sequência do megajulgamento, é uma demonstração deprimente de como as instituições públicas italianas podem ser individualistas. Aos olhos de muitos políticos e dos seus aliados na magistratura, a rede antimáfia não era vista como um instrumento mais ou menos útil para executar as tarefas do sistema judicial: proteger os inocentes e punir os culpados do mundo real. Em vez disso, era vista como mais uma «arena de poder», a partir da qual se podia exercer influência sobre os rivais no interior do Estado. Ao tentarem defender o Estado de Direito, Falcone e Borsellino davam por vezes a impressão de serem entidades com três dimensões que tinham sido obrigadas a explicar o seu raciocínio aos habitantes de um mundo a duas dimensões. Os dois magistrados podiam lutar com todas as suas forças para chamar a atenção para a terceira dimensão da legalidade, mas a própria noção da existência dessa dimensão era incompreensível para pessoas cujas únicas coordenadas eram a pequena política e a trica processual.

Em Junho de 1989, os renovados receios de Falcone relativamente à sua vulnerabilidade foram confirmados quando um saco desportivo *Adidas*, carregado de explosivos, foi encontrado numas rochas ao lado da casa de praia que tinha alugado com a sua mulher nos arredores de Palermo. Como era hábito, falou abertamente das suas suspeitas de que determinados políticos (por ele desconhecidos) com ligações à Cosa Nostra estariam a atentar contra a sua vida. Nos meses seguintes, questões relacionadas com o Palácio do Veneno foram mais uma vez levadas ao CSM, depois de Falcone ter sido vítima de uma campanha de cartas anónimas difamatórias, provavelmente escritas por um dos seus colegas. A principal acusação era que ele tinha usado um arrependido da máfia para travar uma guerra suja contra os *corleonesi*. No mês de Janeiro seguinte, Leoluca Orlando, o autarca antimáfia da cidade de Palermo que chegara a aliar-se com os comunistas para mudar o ambiente de governação autárquica, foi deposto pela liderança da DC em Roma, que o via como um rebelde político. Para Falcone e para todo o movimento antimáfia, as perspectivas eram de facto negras.

Porém, em Fevereiro de 1991, Falcone, tantas vezes vítima do oportunismo político, tornou-se o seu beneficiário. Esta foi uma altura em que o destino do movimento antimáfia deu uma reviravolta profunda. Na sequência da queda do Muro de Berlim em 1989, a conjuntura política italiana do pós-guerra começou a desmoronar--se. O PCI foi dissolvido e reconstitui-se como um partido social--democrata; os Italianos tinham agora muito menos razões para «engolir o sapo e votar DC». Além disso, a DC também parecia mais vulnerável nos seus redutos do Nordeste de Itália; nesta zona, a agressividade da Liga do Norte estava a enfraquecer o partido católico com diversas denúncias de corrupção em Roma e no Sul. A reforma estava no ar. Uma onda de criminalidade e a revolta nalguns sectores da opinião pública face ao desenlace do megajulgamento deram a um ambicioso ministro socialista da Justiça – anteriormente crítico dos juízes antimáfia – a oportunidade de aumentar o seu prestígio enquanto paladino da lei e da ordem. Convidou Falcone para o cargo de Director de Assuntos Penais no ministério, com a responsabilidade de coordenar a nível nacional a luta contra o crime organizado.

Apesar das sérias desconfianças de alguns dos seus pares, Falcone aceitou ocupar o posto. Em pouco mais de um ano, aproveitou-se da inesperada alteração no clima político para mudar por completo a direcção da luta contra a máfia. O seu principal objectivo foi criar dois organismos nacionais que ainda hoje constituem os pilares da luta contra o crime organizado em Itália: a DIA (Direzione Investigativa Antimafia), que congrega os esforços dos *carabinieri*, da polícia e de outras forças da autoridade envolvidas na luta contra organizações de tipo mafioso – uma espécie de FBI italiano; e a

DNA (Direzione Nazionale Antimafia), um gabinete de procuradoria nacional antimáfia, que coordena 26 gabinetes distritais nas principais cidades do país; cada uma é obrigada por lei a manter uma base de dados informatizada sobre crime organizado. Desta forma, Falcone conseguiu, a partir de Roma, fazer o que não tinha conseguido em Palermo: criar uma perspectiva unificada, não só da Cosa Nostra, mas de todo o submundo italiano.

Entretanto, o destino do megajulgamento encontrava-se ainda por decidir. Totò Riina, *o Baixo,* tudo fez para que, ao longo do demorado processo de recurso, o julgamento não deixasse de ter a sua dose de sangue. Antonio Saetta, juiz do Tribunal de Apelação de Palermo, e o seu filho portador de deficiência mental foram assassinados em Setembro de 1988. O procurador do Tribunal de Cassação, Antonio Scopelliti, foi morto em Agosto de 1991 pela máfia da Calábria (a 'Ndrangheta), em nome da Cosa Nostra. (Três semanas mais tarde, os mafiosos assassinaram ainda Libero Grassi, um homem de negócios de Palermo que liderava uma campanha pública contra a extorsão – actividade que, segundo as estimativas da altura, fornecia um rendimento de 25mil milhões de dólares a várias organizações criminosas de toda a Itália.)

Estas mortes ajudaram a reforçar politicamente as reformas de Falcone. De certa forma, estes atentados eram uma demonstração de fraqueza, um sinal de que o desprezo dos *corleonesi* pelo Estado italiano estava finalmente a virar-se contra eles. Por outro lado, tal como pretendido por Falcone, fizeram com que o chamado «assassino de sentenças», o juiz Corrado Carnevale, não fosse nomeado para presidir à audiência crucial do Tribunal de Cassação relativa ao megajulgamento. Assim, a 31 de Janeiro de 1992, após um processo de dois meses, o Tribunal de Cassação anulou a sentença do Tribunal de Apelação sobre o megajulgamento e confirmou as três ideias centrais do caso de acusação de Falcone e Borsellino: a Cosa Nostra existia e era uma organização única e unificada; os membros da Comissão eram todos responsáveis pelos assassinatos levados a cabo em nome da organização; as provas apresentadas pelos arrependidos da máfia eram válidas. O «teorema Buscetta» era agora um facto, e os líderes da Cosa Nostra foram condenados a prisão perpétua.

Cento e trinta anos depois, o Estado italiano declarava finalmente que a máfia siciliana era uma ameaça organizada e mortífera no seu poder; esta foi a mais pesada derrota em toda a história da associação criminosa mais famosa do mundo. Muitas pessoas esperavam agora que Falcone assumisse o controlo sobre a nova procuradoria-geral, com os poderes necessários para aproveitar a vantagem conquistada na Sicília. Um pouco por todo o país, e mesmo a nível internacional, acreditava-se que a máfia não tardaria a sofrer novas derrotas. Falcone parecia ter todos os poderes necessários para empreender a redenção definitiva da *terra infidelium*.

11

# Bombas e Submersão
# 1992–2003

# A Casa de Campo de Totò Riina

O Colégio de Agronomia de Corleone é um edifício curioso, bastante diferente do que seria de esperar de uma instituição estatal de educação. Completamente novo, com três andares e situado numa zona residencial, possui estacionamento subterrâneo, elevadores, ar condicionado e aquecimento em toda a sua área e um jardim bem cuidado. Na fachada, está sobrecarregado com uma panóplia de ferro forjado, varandas e parapeitos, um portão imponente e candeeiros com armação de ferro. No interior, as secretárias, os quadros e os computadores parecem não combinar com o piso de mármore negro e vermelho, com as pesadas portas de madeira e as paredes revestidas de estuque. De facto, o Istituto Professionale di Stato per l'Agricoltura de Corleone não foi construído como um colégio mas sim como o que parece ser: uma casa de campo luxuosa para um homem «feito», um tal de Totò Riina, *o Baixo*.

Nunca ninguém perguntou a Riina o que pretendia fazer com uma casa que não chegou a ocupar. É provável que aqui pretendesse juntar toda a família quando a sua longa carreira chegasse ao fim. Este era o retiro que Riina construíra, na ideia de que conseguiria fazer com que o veredicto do megajulgamento fosse anulado, permitindo-lhe voltar para casa e desfrutar dos frutos da sua actividade. Assim, embora seja fácil dar umas gargalhadas à custa do mau gosto da casa de campo de Riina, é difícil não ficar impressionado com a confiança que esta demonstra, bem como a simples incapacidade de Riina de compreender que o Estado poderia de facto ter objecções relativamente a uma fortuna construída a partir de décadas de homicídios.

Felizmente, a confiança de Riina acabou por se revelar infundada. No final de 1995, cerca de 180 milhões de euros, a maioria em propriedades, tinham sido confiscados ao chefe dos chefes. É quase certo que este valor extraordinário não representa a totalidade da fortuna de Riina. A sua casa de campo em Corleone foi confiscada em 1992; em 1997, passou para as mãos da localidade, na sequência de um processo civil desencadeado por um jovem e corajoso autarca antimáfia. A população de Corleone sabia o que estava a fazer quando transformou a casa de campo de Riina em algo tão normal – uma instituição escolar pública. Independentemente da sua importância para as pessoas, a riqueza pública – sistema de abastecimento de água, estradas, hospitais, escolas – é vista pela Cosa Nostra como um local potencial de pilhagem. Em resultado disso, ao longo de várias gerações, a máfia tem vindo a negar às famílias sicilianas que não entram na sua órbita o acesso a estas formas banais, mas essenciais, de progresso. E quando o Estado faz coisas boas com as propriedades da máfia, o prejuízo dos homens de honra não é apenas financeiro; estas acções atingem em cheio a justificação das actividades criminosas. Com a traição e a morte por todo o lado, os homens de honra podem agarrar-se à crença de que estão apenas a velar pelos interesses dos seus entes queridos.

A partir do momento em que Buscetta se transformou numa prova do Estado, em 1984, Riina começou a prometer aos seus homens que, se a intimidação e a corrupção não conseguissem travar a oposição judicial à Cosa Nostra em Palermo, os seus contactos políticos iriam travá-la em Roma. O problema destas promessas foi o facto de a relação entre a Cosa Nostra e a DC se ter deteriorado rapidamente. Os actos inqualificáveis cometidos durante a década de 80 tiveram como consequência directa uma legislação antimáfia que a Cosa Nostra tentava a todo o custo anular. Riina precisava agora de influenciar as políticas governamentais, e não apenas de conseguir favores por portas travessas. À medida que o número de «cadáveres ilustres» aumentava, mais relutantes se mostravam os políticos em se exporem em defesa da máfia.

O problema tornou-se especialmente agudo quando, em 1991, Falcone foi para Roma. Os mafiosos interpretaram a sua mudança para a capital como um sinal de que em breve Falcone se afogaria no pântano da política italiana, saindo desacreditado e impotente. Os êxitos de Falcone no Ministério da Justiça vieram contradizer de forma cabal estas expectativas. Era na verdade uma visão assustadora para muitos mafiosos, que estavam acostumados a ver os partidos do governo como parceiros passivos na fuga à lei: o inimigo mortal da Cosa Nostra a desenvolver as políticas criminais de um ministro socialista da Justiça, sob o auspício de um primeiro-ministro democrata-cristão. Entre as muitas mudanças registadas, 1991 ficou marcado por novas leis que vieram ajudar ao impedimento de lavagem de dinheiro e à colocação de mafiosos sob escuta telefónica, passando ainda o governo a poder dissolver as autarquias infiltradas pelo crime organizado.

Por mais preocupantes que estes desenvolvimentos fossem para a Cosa Nostra, as bases da organização continuaram a acreditar que o juiz Carnevale, o «assassino de sentenças», serviria, em última instância, como garantia de que as coisas iriam acabar por ficar na mesma. Desta forma, o veredicto do Tribunal de Cassação em Janeiro de 1992 constituiu um duro golpe, não só para os planos de Riina no respeitante à sua vida familiar, mas também para o seu próprio prestígio no seio da Cosa Nostra. O chefe mais poderoso da história da máfia transformara a organização num órfão político.

A própria sobrevivência de Riina estava em risco. Como explica o juiz de instrução Guido Lo Forte, «na máfia não se pode apresentar a demissão. É-se simplesmente eliminado. [Para Riina e seus homens] tratava-se de escolher entre aceitar a eliminação ou tentar reafirmar o seu próprio poder aos olhos de toda a organização»([123]). Riina optou por reafirmar o seu poder através de uma escalada impressionante do conflito da Cosa Nostra com o Estado italiano. Mais do que nunca, a máfia precisava de influenciar o processo político, mas restava-lhe apenas um instrumento: a violência. O objectivo era bombardear o Estado até que este recuasse nas coisas

([123]) Lo Forte, entrevista com o autor.

que mais importavam para Riina e seus comparsas: a sentença do megajulgamento e a lei de 1982 que permitia às autoridades a confiscação da riqueza da máfia. «Devemos fazer a guerra de forma a podermos moldar a paz», alguém ouviu Riina dizer. As sentenças de morte contra Falcone e Borsellino – há muito conhecidas – foram reactivadas poucos dias depois do acórdão do Tribunal de Cassação.

Estes anos, 1992 e 1993 – o período subsequente à decisão histórica do Tribunal de Cassação – foram os mais dramáticos em toda a história da máfia siciliana. O confronto de Riina com o Estado tornou-se numa campanha terrorista em larga escala, direccionada à zona continental italiana. Esta acção militar sem precedentes terminaria numa derrota tão conclusiva que, pela primeira vez desde Mussolini, a própria sobrevivência da organização ficou em risco. A Cosa Nostra e a Itália ainda vivem as consequências do falhanço dos planos de reforma de Riina.

# Depois de Capaci

«Vito, querido Vito. Meu anjo. Mataram-te. Nunca mais poderei beijar-te. Nunca mais poderei abraçar-te. És só meu.»

No funeral, com honras de Estado, das vítimas do atentado de Capaci, foi a viúva de Vito Schifani, uma mulher pequena e pálida chamada Rosario, a dar um retrato pungente de desolação e a demonstrar toda a raiva de uma cidade. Na companhia dos também polícias Antonio Montinaro e Rocco Di Cillo, o seu marido encontrava-se no carro que apanhou toda a violência da explosão que vitimou o juiz Falcone. Em pé junto ao púlpito, olhando para os fiéis que se juntaram no funeral e perante as câmaras de todas as televisões nacionais, Rosario disse: «Aos homens da máfia – que estão também nesta igreja – quero dizer uma coisa. Tornem-se cristãos outra vez. Peço-vos por Palermo, uma cidade que vocês transformaram numa cidade de sangue». Antes que o cardeal tivesse acabado de dizer a missa, as famílias e colegas dos agentes mortos deslocaram-se para junto dos caixões, de forma a impedirem os dirigentes políticos de se aproximarem – «São nossos os mortos, e não deles», alguém disse. Rosaria Schifani, ainda a chorar convulsivamente, deixou cair uma garrafa de água que lhe tinha sido dada, e que se estilhaçou no chão da igreja; sem parecer reparar na ocorrência, implorou uma vez mais à congregação: «Homens da máfia: eu perdoo-vos, mas tereis de vos ajoelhar.»([124]) Estas palavras foram repetidas vezes sem conta nos relatos noticiosos.

Era impossível resistir à pressão moral colocada sobre os políticos italianos para que provassem que não eram cúmplices no assassinato de Giovanni Falcone em Capaci. Nos dias que se seguiram ao funeral, algumas das pessoas que tinham aguentado as intensas chuvadas para apinhar as ruas em redor da igreja de San Domenico, que tinham visto os olhos chorosos de concidadãos desconhecidos e que neles haviam sentido a mesma determinação desesperada, começaram a dar o seu contributo para tentar transformar o luto em mudança. Um pouco por todo o centro da cidade, lençóis com *slogans* eram pendurados das janelas: «Falcone está vivo», «Palermo quer justiça», «Máfia fora do governo», «Parem de matar esta cidade». Um «Comité dos Lençóis» tornou-se uma das muitas organizações populares antimáfia. As palavras de Rosaria Schifania – «Mafiosos: ponham-se de joelhos» – foram impressas em *T-shirts* utilizadas num cordão humano que se estendeu por toda a cidade um mês depois do atentado. Uma árvore situada no exterior da casa de Falcone – por amarga ironia, Falcone vivia numa rua chamada Emanuele Notarbartolo – foi transformada num sacrário adornado de flores, fotografias e mensagens.

Inconcebivelmente, a 19 de Julho de 1992 a Cosa Nostra mostrou que o Estado nem sequer conseguia proteger o homem que tinha ocupado a posição de Falcone, Paolo Borsellino. A explosão que o matou, e a cinco membros da sua escolta, pôde ser ouvida em metade da área da cidade. Três dias depois da morte de Borsellino, Rita Atria, uma adolescente de uma família da máfia que tinha começado a colaborar com este magistrado depois de o seu pai e irmão terem sido assassinados, atirou-se da varanda da casa de Roma onde se encontrava sob protecção. A sua carta de suicídio dizia apenas que já não havia mais ninguém para a proteger. Este foi um Verão em que, como escreveu um activista, Palermo parecia uma tragédia sangrenta e muito mal escrita: «Queremos sair do teatro, mas fomos trancados lá dentro».

Apesar da consternação e do choque, muitos habitantes de Palermo conseguiram encontrar forças para protestar. Entre as várias imagens inesquecíveis, retiradas das muitas concentrações e

([124]) *La Repubblica*, 26 de Maio de 1992.

manifestações desse período, conta-se a de um pequeno rapaz que participou numa marcha entre o centro da cidade e o local da morte de Borsellino: o rapaz levava duas placas de madeira, uma à frente e outra atrás, uma com as palavras «Quero ser digno de Falcone» e a outra «Quero ser digno de Borsellino». Durante alguns meses verdadeiramente extraordinários, a minoria virtuosa apoderou-se de Palermo e convenceu grande parte da população da urgência da causa antimáfia.

A situação na Sicília era, de facto, de calamidade pública. Sete mil soldados foram enviados para a ilha de forma a libertar a polícia dos assuntos mais corriqueiros, possibilitando uma gigantesca caça ao homem contra Riina e suas equipas de assassinos. Os oficiais de polícia que não tinham conseguido proteger os dois magistrados foram afastados. O responsável máximo pela procuradoria de Palermo, um homem que tinha tivera vários choques com Falcone, pediu para ser transferido. No que constituiu um novo acto de excepcional coragem pessoal, Gian Carlo Caselli, um juiz da cidade de Turim, no Norte de Itália, voluntariou-se para ocupar o posto de Palermo e dar um novo alento à luta contra a Cosa Nostra. Seguiram-se dezenas de detenções. Foi aprovada uma nova lei de protecção aos *pentiti*, que passaram a poder mudar de identidade. A DIA e a DNA, as instituições nacionais antimáfia criadas por Falcone, foram chamadas a dar o seu contributo. Foi atribuído à polícia o poder de infiltrar a máfia, recorrendo a simulações de negócios de droga ou de operações de lavagem de dinheiro. Mais importante do que isso, foram estipuladas novas e mais rígidas condições prisionais, para que os mafiosos não pudessem continuar a gerir os seus impérios a partir da cadeia, como tinham feito no passado.

Porém, como aconteceu tantas vezes na história da Cosa Nostra, estes sucessos foram paradoxais. Em 1992-1993, o mesmo sistema político que parecia ter finalmente encontrado a determinação necessária para abordar o problema da máfia encontrava-se na verdade em desagregação, na sequência de um gravíssimo escândalo de corrupção. Tudo começara em Fevereiro de 1992, quando um político socialista de Milão foi apanhado a tentar mandar 30 milhões de liras em dinheiro de subornos pela sanita abaixo. A «Operação Mãos Limpas», como ficou conhecida, rapidamente se estendeu a outros partidos e cidades, à medida que os investigadores revelavam um intrincado sistema de pagamentos que incluía empresas, a administração e o sistema político. A «partidocracia» estava a ser deposta. No final do ano de 1993, um terço dos membros do parlamento italiano encontrava-se sob investigação por corrupção, e os dois principais partidos de governo – a DC e os socialistas – tinham deixado de existir. O povo italiano assistia, incrédulo e por vezes divertido, enquanto uma revolução decorria nos seus televisores.

O ambiente no seio de partes da Cosa Nostra, se não chegava a ser revolucionário, encontrava-se também em profunda transformação. Mesmo antes de Capaci, e sentindo o que se aproximava depois do veredicto final do Tribunal de Cassação relativo ao megajulgamento, muitos homens de honra tinham começado a entregar-se à polícia. Nunca se vira nada assim. Quando Riina deu sinais de não querer mudar de táctica depois dos assassínios de Falcone e Borsellino, o número de mafiosos a querer colaborar com o Estado aumentou ainda mais. Gaspare Mutolo fora iniciado pelo próprio Riina em 1973, tornando-se posteriormente um importante traficante de heroína. Foi ele quem, em Outubro de 1992, explicou aos juízes que a Cosa Nostra tinha subestimado por completo os danos que Falcone lhe poderia infligir a partir da sua posição no Ministério da Justiça, e que tinha sido a decisão do Tribunal de Cassação em Janeiro a desencadear os assassinatos de Falcone e Borsellino. Os magistrados tinham agora uma visão muito clara das motivações de Riina.

Foram as informações de um mafioso que fugia da vingança de Riina que levaram directamente à captura do chefe dos chefes em Janeiro de 1993. A identificação de Riina era o principal problema: a última fotografia sua de que as autoridades dispunham datava de 1969. No entanto, Balduccio di Maggio, um homem de honra capturado pelas autoridades, apanhara o jardineiro de Riina, o seu filho e a sua mulher num vídeo de uma casa de campo sob vigilância dos *carabinieri*, que suspeitavam de que esta estivesse a ser utilizada por um membro da Comissão. Bem cedo na manhã seguinte, uma brigada de intervenção encontrava-se já a postos quando Riina saiu num discreto carro familiar. Quatro homens precipitaram-se sobre ele e sobre o seu condutor num semáforo perto da Piazza Einstein; Riina não ofereceu resistência e mostrou claros sinais de medo, só dissipados quando lhe foi dito que era prisioneiro dos *carabinieri* e não dos seus inimigos na máfia. No dia seguinte, Luciano Leggio, o seu mentor e padrinho, morreu de ataque cardíaco numa prisão da Sardenha.

Por fim, a Itália podia juntar uma cara ao odiado nome de Totò Riina. Na primeira página de uma revista surgiram as suas feições rudes, os seus olhos papudos, debaixo do título «O Diabo». O próprio Riina fingia não acreditar na imagem satânica que a opinião pública tinha dele. Quando foi colocado frente a frente com Buscetta no tribunal, recusou-se a falar com o seu acusador devido às infidelidades matrimoniais deste: «Na minha terra, em Corleone, vivemos de uma forma moralmente correcta».

No entanto, mais desconcertantes ainda do que o espectáculo circense protagonizado por Riina eram as questões que a sua captura deixava por responder. Riina tinha estado fugido da justiça desde finais da década de 60. Desde essa altura, casara-se, tivera filhos, obtivera assistência médica para o seu problema de diabetes, mandara as suas crianças para a escola e dominara com mão-de-ferro uma imensa organização criminosa. A casa de campo onde Riina se escondera nos últimos cinco anos da sua vida de fugitivo localizava-se em Uditore – a mesma *mafiosissima borgata* que fora a base da *cosca* de Antonino Giammona na década de 1870. Como foi possível que Riina não tivesse sido capturado muito tempo antes? Uma sombra de suspeição foi lançada sobre a operação de captura quando se soube que a casa de campo de Palermo fora deixada sem vigilância durante o período de tempo necessário para que um grupo de mafiosos a limpasse – retirando dinheiro, documentos, contas, os casacos de pele da mulher de Riina. Ao chegarem à propriedade para proceder a uma inspecção, os magistrados descobriram que esta tinha sido redecorada. Está em curso um inquérito para descobrir como foi possível que isto acontecesse.

Depois da detenção de Riina, a liderança da Cosa Nostra passou para as mãos do seu cunhado e sócio de há muitos anos, Leoluca Bagarella. Depois de quase 20 anos de domínio de Riina, a Cosa Nostra não reagiu bem ao controlo de Bagarella. Mesmo os *corleonesi* mais indefectíveis, como Giovanni *lo Scannacristiani* Brusca, que era agora um *capomandamento* de pleno direito, acharam a passagem de testemunho pouco tranquilizadora:

> Depois da prisão de Riina, não havia a mesma tranquilidade de antes... Os vários chefes começaram a gerir os seus próprios *mandamenti* como bem entendiam, em proveito próprio. Não havia a mesma homogeneidade de antes, quando havia, bem, podíamos chamar-lhe o pai de família, o *capo* de todos.([125])

([125]) Dino, *Mutazioni*, p. 183.

O que não mudou foi o apoio tenaz, por parte do núcleo fundamental do grupo de Corleone, ao que ficou conhecido como a estratégia de massacre. O *Tractor* Provenzano afirmou numa reunião: «Tudo o que o Tio Totò [Riina] fez é para ir para a frente; não vamos parar». Um mês depois da detenção de Riina, invocando a regra da Cosa Nostra que estipula que os mafiosos têm a liberdade de organizar quaisquer actividades no exterior da ilha, independentemente da vontade do resto da organização, Bagarella, Brusca e outros chefes importantes de Palermo e Trapani reuniram-se para discutir várias propostas acerca da melhor forma de prosseguir a guerra contra o Estado. De acordo com o relato de Brusca, chegou-se rapidamente a acordo relativamente à organização de um atentado contra Maurizio Costanzo, o importante apresentador televisivo que tinha exprimido o desejo de que um mafioso que estivesse no hospital com uma doença falsa contraísse um tumor verdadeiro. Discutiram a colocação de uma bomba debaixo da Torre de Pisa, o envenenamento de lanches de crianças nos supermercados e a colocação de seringas infectadas com sida nas praias. Em cada um dos casos, seria emitido um aviso de forma a evitar mortes. O objectivo era gerar o alarme entre a população e levar o Estado até à mesa de negociações.

No final, foi decidido que não valia a pena a Cosa Nostra preocupar-se com este tipo de gentilezas. No dia 14 de Maio de 1993, em Roma, uma bomba explodiu quando o carro de Maurizio Costanzo se aproximava; devido a um golpe de sorte extraordinário, o apresentador não sofreu qualquer ferimento. A 27 de Maio, um carro-bomba explodiu na via dei Georgofili, no coração de Florença; cinco transeuntes morreram e 40 ficaram feridos. Registaram-se outras cinco vítimas de uma bomba detonada a 27 de Julho na via Palestro, em Milão. A 31 de Outubro, uma bomba foi colocada na via dei Gladiatori, perto do Estádio Olímpico de Roma; estava temporizada para explodir no final da partida de futebol entre a Lazio e a Udinese, com o objectivo de matar o maior número possível de *carabinieri*. A bomba não chegou a explodir.

Foi durante o ano de 1993 que se tornou claro que, ao confrontar directamente o Estado, a Cosa Nostra tinha ganho na Igreja Católica um novo inimigo. Em Novembro de 1982, em plena *mattanza*, João Paulo II visitara a Sicília sem sequer mencionar a palavra «máfia». Em Maio de 1993, visitou pela primeira vez a ilha desde as mortes de Falcone e Borsellino. No decurso da sua visita de três dias, o jornal do Vaticano – o *Osservatore Romano* – convidou a viúva de Borsellino, Agnese, a escrever uma carta. Agnese recordou a fé «simples e profunda» do seu marido e apelou à oração, para que a Igreja «não comprometesse os ensinamentos genuínos de Cristo com qualquer tipo de conluio». Na sequência disto, um grupo de intelectuais católicos escreveu uma carta ainda mais directa ao *Giornale di Sicilia*, denunciando «as escandalosas ligações entre representantes da Igreja Católica e expoentes do poder da máfia».

Dois dias mais tarde, o Sumo Pontífice escolheu o cenário simbólico do Vale dos Templos, em Agrigento, um local onde monumentos gregos de valor incalculável são enquadrados numa paisagem arruinada por construções ilegais patrocinadas pela máfia, para deixar de parte o sermão que havia preparado e lançar-se numa condenação avassaladora e extemporânea da «cultura da máfia... uma cultura de morte, profundamente desumana e antievangélica». Visivelmente emocionado, lançou um pedido para a conversão dos mafiosos: «Um dia, o julgamento de Deus virá!». A resposta da Cosa Nostra surgiu a 27 de Julho: bombas explodiram nas igrejas de San Giovanni, em Laterano, e de San Giorgio, em Roma; não se registaram vítimas. A 15 de Setembro, em Brancaccio, um subúrbio oriental de Palermo, o padre Pino Puglisi, o melhor representante da tradição aguerrida de padres locais antimáfia, foi assassinado à porta de sua casa. Um dos assassinos confessaria mais tarde que o padre Puglisi lhes sorrira antes de ser baleado: «Estava à espera disto», declarara.

Na sua reacção bárbara à sentença do Tribunal de Cassação de Janeiro de 1992, a Cosa Nostra demonstrava claramente já não estar preocupada com a perpetuação da ambiguidade acerca da sua própria existência. No entanto, estava ao mesmo tempo a afastar-se dos seus próprios recursos vitais, das suas ligações políticas, da pseudo-religião que muitos dos seus membros professavam, da própria noção de que a máfia era inseparável da cultura siciliana. Em consequência disto, a organização sofreu uma sangria de centenas de arrependidos; em 1996, o número de *pentiti* atingiu um recorde de 424. Apanhados entre o regime abominável dos *corleonesi*, no seio da Cosa Nostra, e a vida de isolamento a que as novas condições prisionais os votavam, mesmo os homens de honra mais antigos, membros do núcleo dos *corleonesi*, começaram a colaborar com a justiça.

Um exemplo paradigmático é o de Salvatore Cancemi, um *capomandamento* que fazia parte da Comissão quando esta aprovou a decisão de matar Falcone e Borsellino. Tinha sido cúmplice directo da equipa que colocou e detonou a bomba em Capaci. Algo começou a mudar nele no dia em que ouviu o plano de Riina para lidar com o número crescente de arrependidos: «O problema são estes *pentiti*, porque se não fossem eles, nem o mundo todo unido nos poderia tocar. É por isso que temos de os matar, a eles e aos seus familiares até ao vigésimo grau de parentesco, a começar pelas crianças com mais de seis anos». No entanto, foi apenas no Verão seguinte, em 1993, em plena campanha de atentados à bomba, que Cancemi se dirigiu ao quartel dos *carabinieri* para se entregar. Entregou também toda a sua fortuna, que estimou em cerca de 45 milhões de euros. Quando se encontrou com Tommaso Buscetta num julgamento (os dois estavam na mesma Família e tinham-se tornado amigos na prisão, na década de 70), confessou ter estrangulado dois dos filhos deste. Buscetta abraçou Cancemi e disse-lhe: «Não podias ter recusado a ordem. Perdoo-te porque sei o que significa fazer parte da Cosa Nostra».

Armados com as provas fornecidas por estes novos *pentiti*, os investigadores rapidamente descobriram quem tinha levado a cabo os atentados contra Falcone e Borsellino, os atentados à bomba no continente, o assassinato do padre Puglisi e muitos outros crimes. Entretanto, os *corleonesi* continuavam a espalhar o terror no interior da Cosa Nostra, de forma a desencorajar qualquer oposição à sua estratégia de massacre. Porém, um por um, caíam vítimas da última arma no arsenal de um mafioso: a colaboração com o Estado. Leoluca Bagarella foi capturado em Junho de 1995 num apartamento no centro de Palermo – o segundo chefe dos chefes a ser detido em menos de três anos. Finalmente, no mês de Maio do ano seguinte, quatro meses depois de, às suas ordens, o pequeno Giuseppe di Matteo ter sido estrangulado e dissolvido em ácido, os *carabinieri* entraram na casa, situada nas imediações de Agrigento, onde Giovanni *lo Scannacristiani* Brusca se escondia com a sua família. Por altura da detenção de Brusca, a estratégia de massacre havia sido abandonada e a máfia siciliana atravessava a pior crise da sua história. A Cosa Nostra encontrava-se finalmente à beira da derrota.

# O Tio Giulio

Com a sua resposta selvagem ao veredicto final do Tribunal de Cassação relativo ao megajulgamento, a Cosa Nostra colocou em causa o seu próprio futuro. No entanto, no final da década de 90, o público italiano estava mais atento ao passado da máfia. Os acontecimentos dramáticos de 1992 e 1993 ameaçavam expor um sinistro legado de ligações obscuras entre políticos e mafiosos. Aos olhos da opinião pública, a crua verdade da história italiana parecia estar prestes a ser revelada no *bunker*/sala de julgamentos de Palermo. Aí, em Setembro de 1995, aquele que tinha sido o político mais poderoso do país durante um quarto de século foi julgado por trabalhar para a máfia: Giulio Andreotti, o líder democrata-cristão, sete vezes primeiro-ministro de Itália. A imprensa referiu-se várias vezes a este acontecimento como o julgamento do século.

O drama de Andreotti começou a 12 de Março de 1992, com o assassinato de Salvo Lima. É altamente significativo que a primeira baixa na guerra de Riina contra o Estado italiano, semanas antes da morte de Falcone e Borsellino, não tenha sido um magistrado ou um membro da polícia, mas sim um político democrata-cristão. Lima – o «jovem turco» democrata-cristão que presidira ao saque de Palermo e que costumava arranjar bilhetes de ópera a Tommaso Buscetta – foi vítima de uma execução terrivelmente eficiente. O seu carro entrava em Palermo, vindo de sua casa em Mondello, uma vila costeira nos arredores daquela cidade, quando o pára--brisas e um dos pneus foram atingidos por balas disparadas pelo pendura de uma mota. As últimas palavras de Lima foram: «Eles estão a voltar! *Madonna santa*! Eles estão a voltar!». Fugiu a correr do carro, mas conseguiu percorrer apenas 30 metros antes de o assassino, já a pé, o ter alcançado, atingindo-o com um tiro nas costas e, em jeito de golpe de misericórdia, outro na nuca.

Um *pentito* explicou mais tarde a sua interpretação da morte da eminência parda da DC siciliana:

> Lima garantiu que tudo se resolveria em Roma... As razões do assassinato de Salvo Lima deveram-se a ele não ter cumprido as promessas que tinha feito em Palermo, ou porque alguém não deixou que as cumprisse. Durante algum tempo, pelo menos de acordo com o que ouvi, Salvo Lima estava até a dizer às pessoas para não se preocuparem.([126])

Este «tudo» que Lima garantiu resolver em Roma era o veredicto do megajulgamento. Não se sabe ao certo se ele chegou de facto a fazer estas promessas de forma explícita. O que é importante nesta história é o facto de Riina ter levado os seus apaniguados a acreditar que tinham sido dadas garantias. Muitos dos *pentiti* que surgiram durante a campanha de terror de 1992-1993 confirmariam o grau de envolvimento de Lima com a máfia. Desde os tempos dos irmãos La Barbera, na década de 50, que Lima tinha sido o intermediário entre o submundo siciliano e as autoridades locais e nacionais. Assim, na mente dos homens de honra, o funeral de Lima significava o enterro do pacto entre a Cosa Nostra e a DC, formada nos tempos de Don Calò Vizzini e do bandido Salvatore Giuliano.

No dia em que Lima foi a enterrar, foi publicada uma caricatura na primeira página do diário de maior tiragem de Itália, o *La Repubblica*, que sugeria que o sensacional assassinato tinha um significado político bastante claro. A caricatura mostrava um homem com um fato escuro, deitado no chão de cara virada para baixo, com uma lima a sair da pronunciada corcunda nas suas costas. Quaisquer dúvidas que pudessem surgir relativamente à identidade deste homem eram dissipadas pela orelha de morcego, pendente, que não deixava margem para qualquer engano: era Giulio Andreotti, que estava então no fim do que seria o seu último man-

([126]) Gaspare Mutolo in Commissione parlamentare d'inchiesta, *Mafia, politica, pentiti*, pp. 1255, 1288.

dato como primeiro-ministro. O significado da caricatura não era muito mais difícil de desvendar; sugeria que o verdadeiro alvo do ataque a Salvo Lima era o primeiro-ministro Giulio Andreotti. Por outras palavras, a caricatura pretendia dizer que a Cosa Nostra tinha apunhalado um amigo pelas costas.

Aquando do seu assassinato, Lima dirigia-se para o Hotel Palace, onde iria dar os últimos retoques numa grandiosa recepção em honra de Andreotti. Desde 1968, quando Lima se tornara deputado e se desentendera com o «vice-rei» Giovanni Goia, o seu imenso séquito siciliano marchava debaixo do estandarte da facção de Andreotti na DC. Antes de 1968, Andreotti tinha ocupado postos governamentais, de forma ininterrupta, desde o final da década de 40, mas o apoio de Lima na Sicília constituiu o momento decisivo na sua ascensão política. Sem Lima, é provável que Andreotti nunca tivesse chegado a primeiro-ministro. Com Lima do seu lado, Andreotti tornou-se o político mais influente do país. Nenhum governo podia ser formado sem a sua aprovação.

Um grande número de notáveis da DC não foi a Palermo no dia do funeral de Lima, tal como os outros líderes partidários, o Presidente da República em exercício e os presidentes de ambas as câmaras do parlamento. Alguns jornais interpretaram este gesto como um sinal de que as instituições públicas estavam a afirmar de uma forma clara que o controverso Lima não fazia parte do seu universo. De facto, o assassinato de Lima não poderia ter surgido num momento político mais delicado. Estavam marcadas eleições gerais para o dia 5 de Abril, uma votação que, na opinião de todos, iria provavelmente ser decisiva para a Itália do pós-Guerra Fria. Andreotti era considerado o favorito para se tornar o novo Chefe de Estado, pelo que é compreensível que tivesse atraído uma grande atenção por parte dos meios de comunicação social quando compareceu no funeral do seu amigo siciliano. Normalmente impassível e irónico, surgiu pálido e visivelmente abalado. Perante as câmaras de televisão, defendeu a viva voz a reputação da Sicília: «A ilha não é a máfia». Em entrevistas, deu uma explicação confusa para o assassinato de Lima, uma mistura de «análise de bastidores» e de variantes do mito da *Cavalleria rusticana*. Defendeu que, tal como a Sicília, Lima era vítima de uma campanha de difamação. «Os difamadores são piores que os assassinos. Ou pelo menos são tão maus como os assassinos. O meu amigo Salvo Lima foi difamado durante décadas.» Os ataques à reputação de Lima tinham sido o prelúdio de um assassinato com motivações políticas, segundo afirmou; o seu objectivo poderia ser a preparação de uma tomada de poder por forças totalitárias. Quando lhe perguntaram se este assassinato poderia ser um aviso dirigido a ele, Andreotti disse que não sabia: «Muitas vezes, as coisas que acontecem na Sicília são de todo incompreensíveis».

A «incompreensão» de Andreotti em relação ao que se passava na Sicília tornar-se-ia em pouco tempo no objecto de um sensacional julgamento no tribunal *bunker* de Palermo. Um ano depois da morte de Lima, e com o país em efervescência na sequência das mortes de Falcone e Borsellino e da erupção do escândalo de corrupção «Mãos Limpas», o gabinete da procuradoria de Palermo pediu autorização ao Senado italiano para iniciar um procedimento criminal contra Giulio Andreotti, «por ter contribuído de uma forma não ocasional para a protecção dos interesses e para a prossecução dos objectivos da associação criminal conhecida como Cosa Nostra». Emocionado com as mortes de Falcone e Borsellino, Tommaso Buscetta juntou-se a outros *pentiti* mais recentes, começando a falar sobre as ligações políticas da máfia. Dois nomes eram recorrentes nos testemunhos dos arrependidos: Salvo Lima e Giulio Andreotti.

As acusações contra Andreotti eram graves. Alegava-se que o político italiano mais poderoso das décadas de 70 e 80 tivera encontros de negócios com mafiosos dos calibres de Stefano Bontate, Tano *Tirano Sentado* Badalamenti e Michele, o *Papa*, Greco; Stefano Bontate ter-lhe-ia alegadamente oferecido uma pintura como presente. A maior parte da atenção dos meios de comunicação social centrou-se na acusação de que Andreotti teria chegado a beijar Totò Riina durante um encontro secreto. Dizia-se que Andreotti era conhecido no interior da Cosa Nostra como *Tio Giulio*. Mais grave ainda, afirmava-se que tentara mover influências para que o «assassino de sentenças», o juiz Carnevale, presidisse à audiência final do megajulgamento. A acusação concluiu o seu caso, argumentando que Andreotti, «num negro delírio de poder, fez um pacto com a máfia», tendo sido o seu falhanço em cumprir as promessas efectuadas que fez com que os homens da violência se virassem, em primeiro lugar, contra o seu aliado, Salvo Lima, e depois contra ele; alguns *pentiti* disseram que Riina estava a planear a morte de Andreotti ou de um dos seus filhos.

Em Outubro de 1999, Andreotti foi absolvido. Os testemunhos dos arrependidos da máfia foram considerados demasiado vagos e contraditórios para permitir uma condenação segura. No entanto, a explicação que os juízes produziram para fundamentar a sua decisão não constitui uma apologia dos princípios morais de Andreotti. Mais do que isso, vem levantar questões perturbadoras acerca do passado da Itália. A defesa de Andreotti baseava-se essencialmente na afirmação de que este não tinha um interesse directo nos assuntos da Sicília, de que deixava a Lima, o seu «difamado» braço-direito, a condução da política local – enquanto ele se movia pelas arenas nacionais e internacionais, desconhecendo por completo o ambiente de perigo e crime onde Lima e os do seu género se moviam. Por outras palavras, um dos estadistas mais poderosos e sagazes de Itália via a Sicília como algo de «incompreensível».

Os juízes acharam esta defesa pouco credível e, em algumas situações concretas, falsa. O nome de Lima fora mencionado dezenas de vezes nos documentos da comissão de inquérito antimáfia. O veredicto dos juízes determinou que, antes e depois de se ter juntado à facção de Andreotti, em 1968, Lima afirmou a um membro do círculo restrito de Andreotti que tinha ligações a Tommaso Buscetta. Em 1973, Andreotti tinha feito grandes esforços para ajudar Michele Sindona, o «banqueiro de Deus», a salvar os seus bancos e a escapar aos procedimentos criminais que sobre ele pendiam, tanto na Itália como nos Estados Unidos. O facto de Vito Ciancimino, o «burlão agressivo *corleonese*», se ter juntado em 1976 à facção de Andreotti constituía uma outra prova da sua falta de escrúpulos. Os juízes determinaram que Andreotti «mostrou-se repetidamente indiferente aos laços que claramente ligavam [Ciancimino] à estrutura criminal».

O tribunal encontrou ainda provas da desonestidade de Andreotti no tocante à colecta de impostos dos primos Salvo, Ignazio e Nino – ambos «organicamente inseridos na Cosa Nostra», nas palavras dos juízes. (Nino morreu de causas naturais durante o megajulgamento; Ignazio recebeu uma pena leve, mas foi depois assassinado em Setembro de 1992 por ordem de Riina, por não ter protegido a Cosa Nostra do juiz Falcone.) A afirmação de Andreotti de que nem sequer conhecia os primos Salvo foi «contrariada inequivocamente» pelas provas; por exemplo, apareceram durante o julgamento fotografias em que surgiam todos juntos. Os juízes sugeriram que a interpretação mais favorável da relutância de Andreotti em assumir as suas ligações aos Salvo era a intenção de salvaguardar a sua própria imagem. No entanto, as contradições de alguns aspectos da defesa de Andreotti não foram consideradas suficientes para provar a acusação de que ele estivesse a trabalhar de uma forma sistemática e deliberada para prosseguir os interesses da Cosa Nostra.

Na sequência de um recurso da acusação, o veredicto de inocência foi confirmado em Maio de 2003. Em finais de Julho, a explicação dos juízes para esta segunda absolvição foi arquivada na chancelaria de Palermo. De acordo com excertos publicados na imprensa nacional – as únicas partes do documento disponíveis na altura em que este livro foi escrito – os juízes afirmavam que Andreotti «se tinha disponibilizado aos mafiosos de uma forma autêntica, estável e amigável até à Primavera de 1980». Até essa data, tivera «relações amigáveis e directas [com homens de honra], propiciadas pela sua ligação a Salvo Lima e aos primos Salvo». Registou-se uma relação «baseada na troca e no apoio eleitoral à facção de Andreotti [da DC]». Após 1980, Andreotti demonstrou «um compromisso mais incisivo para com a causa antimáfia», o que veio colocar em perigo a sua vida e a vida da sua família. (Como sublinhou frequentemente Andreotti, era ele o primeiro-ministro quando Falcone trabalhou no Ministério da Justiça, em 1991 e 1992.)

O momento de viragem na relação de Andreotti com a Cosa Nostra, na opinião dos juízes de recurso, surgiu na sequência do período de «cadáveres ilustres», em especial com o assassinato do presidente da DC para a Região Siciliana, Piersanti Mattarella, em Janeiro de 1980. Mattarella tinha sido ligado a Stefano Bontate e a outros mafiosos. (De facto, o pai de Mattarella fora um democrata-cristão bastante próximo da máfia: fora ele o ministro que alegadamente organizara a recepção de tapete vermelho a Joe Bananas, no aeroporto de Roma em 1957.) No entanto, à medida que a violência da máfia aumentava nos finais da década de 70, Piersanti Mattarella começou a aperceber-se da perigosidade das ligações do seu partido ao crime organizado. Mais importante ainda, tentou libertar da influência da máfia o sistema de concessão de contratos públicos locais. Segundo os juízes, quando Andreotti soube do plano para assassinar Mattarella, encontrou-se com Bontate e com outros homens de honra influentes, pedindo-lhes que não levassem a intenção avante. Após a morte de Mattarella, Andreotti encontrou-se uma vez mais com Bontate, tendo-lhe sido dito de forma clara que a Cosa Nostra se considerava para lá da sua influência. Segundo o veredicto dos juízes, em nenhuma altura Andreotti comunicou estas conversações às autoridades, fosse para tentar salvar a vida de Mattarella, fosse para fazer com que os responsáveis pela sua morte respondessem perante a justiça. Quando confrontado com estas conclusões por um jornalista, Andreotti sublinhou a necessidade de estas serem consideradas no contexto geral do veredicto.

O que livrou Andreotti de ser condenado pelo seu padrão de relações com a Cosa Nostra foi o facto de o sistema judicial italiano contemplar a prescrição de crimes: tudo acontecera muito tempo antes. Os juízes limitaram-se a comentar que Andreotti teria de «responder perante a História» pelo que fizera. O antigo primeiro-ministro respondeu que, «num julgamento, estou apenas interessado no resultado final. E neste caso o resultado foi positivo. No que toca ao resto, Ámen». Os seus advogados terão agora de decidir se interpõem recurso junto do Tribunal de Cassação, de forma a salvar a sua reputação.

Ambas as decisões judiciais indicam de uma forma bastante clara que, longe de achar a Sicília incompreensível, Andreotti a compreendia o suficiente para se manter fiel aos seus aliados políticos, mesmo estando consciente de algumas das atrocidades que eles cometiam. É muito preocupante para a democracia italiana que os eleitores estivessem, durante tanto tempo, dispostos a depositar a sua confiança numa pessoa que, mesmo antes do seu julgamento, era fortemente suspeita de utilizar a máfia, de forma tradicional, como instrumento de governação local.

Na altura em que este livro foi escrito, Andreotti tinha sido, num outro julgamento, condenado a 24 anos de prisão por ter pedido à máfia que matasse um jornalista que, em 1979, o estava a chantagear. O antigo primeiro-ministro, agora senador vitalício, não irá para a cadeia até que a sua condenação seja confirmada pelo Tribunal de Cassação, que irá apreciar um recurso entretanto interposto. Muitos observadores que tiveram oportunidade de analisar as provas consideram improvável que o veredicto de condenação seja confirmado.

Os anos de julgamento de Andreotti foram marcados pelo silêncio em redor da Cosa Nostra. A Itália fora acordada do seu torpor pelas atrocidades ocorridas durante o início da década de 90. Depois, foi apaziguada pela captura de Riina, Bagarella e Brusca. Agora, parece ter sido adormecida de novo com a absolvição de Andreotti. Quando não se registam assassinatos de pessoas de relevo, a Sicília parece estar muito longe de Milão ou de Roma. No entanto, a Cosa Nostra começou a reestruturar-se por entre o silêncio. Depois da captura de *lo Scannacristiani*, a Itália deu-se ao luxo de desperdiçar uma oportunidade histórica de derrotar a máfia.

# Entra o *Tractor*

Bernardo Provenzano detém um recorde. Tem estado a monte(*), procurado por homicídio, desde o dia em que participou num ataque em Corleone contra um dos últimos soldados de Michele *Pai Nosso* Navarra – nada mais, nada menos que 10 de Setembro de 1963. Quarenta anos a fugir à justiça – um período de tempo sem igual, e que continua a aumentar. Tal como Riina, Provenzano tem, muito provavelmente, passado grande parte do tempo na zona ocidental da Sicília. A Itália conhece-o através de um retrato-robô, já que a última foto que dele se conhece mostra um jovem de 26 anos, com um ar desconfortável e brilhantina no cabelo – foi tirada em Setembro de 1959. Não existe melhor prova do que significa na prática o controlo territorial da máfia do que a capacidade de Provenzano de continuadamente evitar a captura pelas autoridades.

Ao longo das últimas quatro décadas, o papel de Provenzano no interior da Cosa Nostra tem sido muito subestimado; a certa altura, chegou a pensar-se que estava morto. De facto, um sinal de como Provenzano tem sido mal interpretado é a sua alcunha,

(*) Provenzano foi finalmente capturado, após 43 anos em que esteve a monte, em Abril de 2006 (*N. R.*)

*o Tractor*. O mundo soube desta alcunha através do testemunho de Antonino Calderone, um dos principais *pentiti* da década de 80, que, do seu poiso distante em Catânia, na parte oriental da ilha, pensava que Provenzano era pouco mais do que um assassino implacável, muito menos astuto do que Riina. Arrependidos mais bem informados vieram entretanto mudar esta imagem; *o Tractor* é mais frequentemente conhecido pelos *corleonesi* como *o Contabilista* ou *zu Binnu – Tio Bernardo*. Segundo estes testemunhos, Provenzano tem um faro para a política e para os negócios muito mais vivo do que Riina. Gioachinno Pennino, médico, político da DC, *bon vivant* e homem de honra que se tornou colaborador do Estado em 1994, afirmou que foi principalmente Provenzano a controlar a carreira política de Vito Ciancimino. Uma vez, em 1981, Pennino afirmara estar a pensar em afastar-se do grupo de Ciancimino na autarquia de Palermo. Foi chamado a comparecer perante o *Tio Bernardo* que, sem esperar uma explicação, lhe disse de forma clara para estar quieto e calado.

Durante muitos anos, Provenzano manteve-se na sombra de Riina. Enquanto Riina estava ocupado a travar uma guerra com o Estado, Provenzano cultivava silenciosamente as redes de amizades políticas e empresariais que sempre constituíram a principal fonte de rendimentos da máfia. Começou a sua carreira de negócios como cobrador de impostos numa empresa de empréstimos montada por Luciano Leggio para lavar dinheiro da droga, e desde então tem vindo a especializar-se na saúde, na construção e – Tony Soprano gostaria com certeza de saber – na gestão de resíduos. Tal como a maior parte da economia siciliana, estas são actividades dominadas pelo sector público e, por conseguinte, por empresas com boas ligações aos políticos.

Porém, o *Tio Bernardo* está longe de ser uma pessoa pacífica. Fazendo há muito tempo parte da Comissão, Provenzano tem vindo a acumular, à revelia, penas perpétuas por alguns dos assassinatos dos «cadáveres ilustres», incluindo Falcone e Borsellino, e pela organização da campanha de atentados à bomba no continente italiano, em 1993. No início da década de 90, Provenzano encarregou-se pessoalmente da guerra entre a Cosa Nostra e uma federação de *gangs* que surgira no Sul e no Leste da Sicília, e que era originalmente composta por homens de honra renegados; auto-intitulavam-se os *stidda*, uma palavra que significa «estrela brilhante» e «má sorte». Muitas das vítimas da campanha de Provenzano – 300 em três anos, só na província de Agrigento – eram adolescentes contratados por tuta-e-meia pelos *stiddari*.

A partir do momento em que se tornou chefe dos chefes, depois da captura de Leoluca Bagarella em 1995, Provenzano mudou a estratégia da Cosa Nostra. Os magistrados dão o nome de «submersão» a esta nova estratégia, porque o seu objectivo principal é manter a Cosa Nostra abaixo do alcance do radar da discussão pública. Nesse sentido, a partir do momento em que Provenzano tomou as rédeas, não se registaram quaisquer assassinatos de altos representantes do Estado. As mortes registadas – é significativo, aliás, que sejam quase todas de homens de negócios – ocorrem longe das grandes cidades. Mesmo a pequena criminalidade em Palermo e Catânia conheceu uma diminuição acentuada desde que Provenzano se tornou líder. Roberto Scarpinato, um magistrado especializado nas relações entre o crime organizado, o mundo dos negócios e a política, afirma que o *Tio Bernardo* compreendeu uma regra fundamental da sociedade pós-moderna: «O que não existe na comunicação social, não existe na realidade».

Antigos mafiosos que conheceram Provenzano dizem que ele tem um estilo de gestão muito mais conciliador do que Riina, muito mais disposto a partilhar os lucros obtidos. No interior da máfia, é associado à expressão *mangia e fai mangiare* – «come e deixa comer». Foram interceptadas algumas das cartas do chefe dos chefes, que dão uma ideia da sua forma de lidar com as coisas: «Termino dizendo-lhe que estou à sua inteira disposição. Desejo-lhe o melhor e envio os meus mais respeitosos cumprimentos a si e ao seu pai. Que Deus o abençoe e proteja». A Cosa Nostra continua a estar centralizada, mas deixou de ser a ditadura que caracterizou o período de Riina. A prioridade de Provenzano é a estabilidade interna.

A Cosa Nostra do *Tio Bernardo* regressou também à estratégia de desenvolver a sua actividade de extorsão. A pressão colocada sobre os negócios legais para o pagamento do *pizzo* tem aumentado consideravelmente nos últimos anos. Os «impostos de protecção» adequam-se bem à estratégia de submersão, na medida em que raramente exigem a sanção última, e facilmente detectável, do assassinato; um incêndio, um espancamento ou uma série insistente de assaltos são normalmente suficientes para convencer qualquer pessoa que mostre alguma relutância em abrir a carteira.

A protecção constitui ainda a base tradicional do acesso da máfia aos contratos para obras públicas. Em Julho de 2002, a autoridade nacional para a regulação das obras públicas publicou dados que mostravam que o sistema de propostas não identificadas, instituído como forma de prevenir a corrupção, estava a ser sistematicamente desrespeitado na Sicília. O procurador-geral de Palermo estimou que 96% dos contratos governamentais eram combinados antecipadamente.

Grande parte do investimento público na Sicília vem da União Europeia, em Bruxelas, e não do governo italiano, em Roma. A Agenda 2000 é o plano da UE para a promoção do desenvolvimento nas zonas mais pobres da Europa. O plano regional para a Sicília contempla gastos na ordem dos 7586 milhões de euros em seis anos – de 2000 a 2006 – destinados a «reduzir de forma significativa e sustentável o atraso económico e social, aumentar a competitividade a longo prazo e criar as condições para um acesso pleno e livre ao trabalho, com base nos valores ambientais e na igualdade de oportunidades». Naturalmente, a nova e submersa Cosa Nostra não partilha esta visão de um crescimento equilibrado e sustentado na Sicília, pelo menos a avaliar pelas escutas telefónicas realizadas no Verão de 2000: «Estão a aconselhar toda a gente a não fazer barulho e a não chamar a atenção, porque temos de deitar as mãos a esta Agenda 2000». Vale a pena recordar que Salvo Lima fora membro do Parlamento Europeu durante 12 anos, antes de ser assassinado.

Já não existem refinarias de heroína na Sicília. A tendência recente vai no sentido da produção da droga nos próprios locais de cultivo das papoilas. No entanto, a Sicília continua a ser uma porta importante para o mercado norte-americano. Depois de terem eliminado os principais traficantes na *mattanza* de 1981-1982, os *corleonesi* atribuíram imediatamente uma «licença» aos traficantes que restavam, para que estes prosseguissem com a actividade em seu nome. Existem provas de ligações de tráfico de droga entre a máfia siciliana e as novas organizações criminosas da Europa de Leste. Os serviços secretos italianos e russos tiveram conhecimento do primeiro encontro entre os principais homens de honra e membros da máfia russa, realizado em Praga em 1992. Entretanto, parece ter havido um segundo encontro – também relacionado com o tráfico de droga e armas – realizado na Suíça, e que terá contado com a presença de mafiosos americanos.

Os lucros de todas estas actividades ilícitas são agora mais fáceis de disfarçar, lavar, mover e investir do que nos dias de Stefano Bontante, Totò Riina e os «banqueiros de Deus». A máfia sempre conseguiu tirar o melhor partido dos conhecimentos especializados, fosse no comércio de citrinos ou nos mercados financeiros internacionais. Agora, mais do que nunca, os filhos e as filhas de homens de honra são educados para se tornarem advogados, banqueiros e negociantes de propriedades.

O maior êxito de Provenzano foi ter estancado a sangria de arrependidos da Cosa Nostra. A política de extermínio dos *pentiti* e das suas famílias foi abandonada, com o objectivo de incentivar aqueles que começaram a colaborar com o Estado a recuarem e regressarem ao seio da organização. Ao mesmo tempo, Provenzano voltou a colocar a assistência aos prisioneiros no seu tradicional lugar cimeiro na lista de prioridades da Cosa Nostra. Durante o caos de meados da década de 90, muitos homens de honra que se encontravam detidos não recebiam os seus salários. A partir dos seguintes excertos das cartas de prisão escritas pelo chefe de Brancaccio a um dos seus lugar-tenentes, podemos ter uma ideia de como os chefes começaram a responder à crise:

> Há 20 dos nossos que estão arruinados por causa dos julgamentos. E não têm quaisquer meios de enfrentar a situação. O objectivo é arranjar 3 ou 4 apartamentos a cada um para que possam ter um futuro económico seguro – eles e as suas famílias
>
> Os tipos na prisão estão sempre a perguntar-me porque é que o pagamento mensal foi cortado desde que fui preso... Quer dizer, dois milhões [870 euros] por mês não é quase nada... eu costumava pagar cinco milhões [2100 euros]... Peço-te que faças pelo menos tanto quanto eu fiz... Quando estava a monte, amealhávamos um mínimo de duzentos milhões [95 mil euros] por ano, mais extras à volta do mil milhões, mil e quinhentos milhões [475-720 mil euros]... Os construtores têm de fazer esses apartamentos... Se houver atrasos, alguém tem de os fazer pagar. Qualquer pessoa que se aproveite dos tipos presos é escumalha desonesta.([127])

Sob a liderança de Provenzano, o fundo da Cosa Nostra para os prisioneiros, que se baseia num imposto sobre os rendimentos de toda a organização, foi reactivado. Consequentemente, como

([127]) Dino, «La mafia del Gattopardo», p. 206.

afirmou o influente juiz Guido Lo Forte, «entre os benefícios oferecidos pelo Estado e aqueles que a máfia garante, os prisioneiros estão a escolher os últimos».

Durante a crise de meados da década de 90, quando parecia que a Cosa Nostra estava à beira da derrota, os pais mafiosos mostravam-se relutantes em autorizar os seus filhos a aderir à organização. Hoje em dia, as iniciações recomeçaram, embora sejam mais selectivas do que antigamente. Os jovens originários de famílias com fortes ligações à máfia são agora preferidos, como forma de impedir o aparecimento de *pentiti*. Como diz Scarpinato: «Os laços familiares são um anticorpo à colaboração com o Estado».

Provenzano juntou à sua volta uma geração de chefes mais velhos do que os jovens assassinos que andavam à volta de Riina, sendo o caso mais emblemático o de Giovanni *lo Scannacristiani* Brusca. Os juízes responsáveis pelas investigações referem-se por vezes à Comissão de Palermo, agora presidida por Provenzano, como «o Senado», devido à idade dos seus membros, que se situa, com poucas excepções, acima dos cinquenta e muitos, sessenta anos. Uma vez mais, é o receio dos *pentiti* a motivar estas mudanças. Os homens de honra mais velhos tendem a ter uma visão a longo prazo: têm filhos em quem pensar, e patrimónios a passar-lhes.

As comunicações no interior das Famílias e *mandamenti* tornaram-se também muito mais compartimentadas, com poucos homens de honra a servirem de canais de comunicação. Parece ser prática comum que os homens de honra escondam o seu estatuto, mesmo de outros mafiosos.

A resposta de Provenzano à crise provocada pelos arrependidos resultou. Desde 1997, houve apenas um homem de honra de relevo a colaborar com o Estado (abordarei este caso mais tarde) e, entretanto, os legisladores impuseram controlos rígidos à utilização de *pentiti*. O *pentitismo*, como é conhecido, continua a ser uma arma bastante controversa no arsenal dos magistrados. A sentença do primeiro julgamento de Andreotti fortaleceu os argumentos daqueles que consideram os *pentiti* pouco fiáveis. Durante esse caso, gerou-se uma grande controvérsia quando um importante *pentito* matou outro mafioso enquanto se encontrava sob protecção policial. Desde então, os benefícios que os juízes podem oferecer aos arrependidos da máfia têm vindo a ser cortados. Para além disso, qualquer prova que os *pentiti* forneçam mais de seis meses depois da sua captura é considerada inválida; o problema é que seis meses constituem um período de tempo demasiado curto para que um homem de honra comece a fornecer informações detalhadas acerca de uma vida inteira de crime.

Provenzano estabeleceu uma *pax mafiosa*, enquanto a sua organização reconstrói as redes de apoio danificadas durante a década de 80 e inícios da década de 90. Devido ao facto de as armas da Cosa Nostra se terem calado durante algum tempo, alguns chegaram a sugerir que a máfia está moribunda, que o novo mundo da Internet e da globalização é demasiado moderno para um brutamontes semianalfabeto como Provenzano o conseguir entender. No entanto, ao longo do último século e meio, a máfia tem sabido responder aos grandes desafios da modernidade: o capitalismo, o Estado-nação, a democracia, a ascensão e queda das grandes ideologias do socialismo e do fascismo, a guerra global, a industrialização e a desindustrialização. Ao longo dos séculos XIX e XX, nada houve que pudesse parar a Cosa Nostra. De igual modo, não há nada que nos indique que a máfia não conseguirá enfrentar os desafios do século XXI. Se for deixada como está, a Cosa Nostra não irá entrar em declínio. O juiz Scarpinato descreve-a como um «cérebro colectivo, capaz de aprender com os seus erros, de se adaptar e de contrariar as diferentes medidas usadas para a combater»([128]).

O destino este «cérebro colectivo» está ainda em aberto. A resposta das autoridades à Cosa Nostra está agora mais coordenada e eficiente do que nunca. Em Julho de 2002, por exemplo, recorrendo a microemissores GPS colocados em viaturas de suspeitos, a polícia prendeu o que diz ser a totalidade da Comissão da Cosa Nostra para a província de Agrigento – 15 homens, incluindo um médico, aristocrata e membro do conselho provincial; os chefes ter-se-iam alegadamente reunido para eleger um novo *capo*.

No entanto, como tem acontecido tantas vezes no passado, o destino da máfia siciliana irá depender menos das autoridades do que da política – ou seja, do equilíbrio de poder no seio da organização e da sua relação com os representantes eleitos pelas populações. Bernardo Provenzano enfrenta um desafio político crucial.

---

([128]) Scarpinato, entrevista com o autor.

Terá de encontrar uma forma de solucionar os conflitos entre os chefes que ainda andam a monte e a liderança histórica dos *corleonesi*: homens como Riina e Bagarella que não aceitaram colaborar com o Estado e que estão agora a entrar na primeira década de sentenças perpétuas irreversíveis, no contexto de um regime prisional bastante duro. Os chefes no exterior necessitam de paz e de «submersão» para implementar uma estratégia de reconstrução a longo prazo. Os chefes no interior necessitam urgentemente de alterações legislativas: em primeiro lugar, uma reforma das condições prisionais – consubstanciadas na Lei 41-bis – que os impedem de comandar a partir do cativeiro; mas também alterações às leis que permitem ao Estado a confiscação de propriedades da máfia, e mesmo uma anulação dos precedentes estabelecidos com o mega-julgamento – possivelmente através de leis retroactivas que enfraqueçam o valor das provas fornecidas por *pentiti*. Por outras palavras, as exigências que levaram ao ataque ao Estado nas décadas de 80 e 90 ainda não foram satisfeitas.

Agora, uma década depois das mortes de Falcone e Borsellino e das bombas no continente italiano, alguns observadores temem que a Cosa Nostra tenha encontrado alguém no governo que está preparado para lhe dar o que ela deseja.

# O Mordomo e o Homem dos Anúncios

Antonino Giuffrè, conhecido como *Manuzza* («Mãozinha»), figura de proa do *mandamento* Caccamo da Cosa Nostra, foi capturado a 16 de Abril de 2002. A alcunha de Giuffrè deve-se à deformação na sua mão direita, estropiada num acidente de caça. Diz-se que, desde esse acidente, aprendeu a carregar e disparar uma caçadeira apenas com a mão esquerda. Na casa rural abandonada onde Giuffrè se escondera (com uma pistola carregada, 6 mil euros em dinheiro e imagens do Padre Pio, do Sagrado Coração e de Nossa Senhora) estava um saco de plástico cheio de cartas de Bernardo Provenzano. Parece que alguns empresários escreviam ao *Tio Bernardo* em papel timbrado das empresas, a pedir favores.

Em Junho, sentindo que tinha sido atraiçoado pelo seu líder, Giuffrè começou a colaborar com os juízes de investigação: «Eu era o principal colaborador de Provenzano e a minha função era tentar reestruturar a Cosa Nostra em larga escala». Porém, a sua afirmação mais inquietante relacionava-se com os «contactos directos» que a Cosa Nostra tivera em 1993 com representantes de Silvio Berlusconi, o famoso magnata da comunicação social, de bronzeado permanente e sorriso de cantor romântico.

Recorde-se que 1993 tinha sido o ano em que a Cosa Nostra desencadeara a campanha de atentados à bomba contra a zona continental italiana. Nesse mesmo ano, Berlusconi encontrava-se no processo de formar um novo partido político, destinado a responder à crise resultante das investigações de corrupção «Mãos Limpas». O tema da reunião entre os representantes de Berlusconi e a Cosa Nostra fora, segundo Giuffrè, o estabelecimento de uma aliança entre a máfia e o novo partido de Berlusconi, que seria, pouco tempo depois, baptizado de Forza Italia.

No ano seguinte, Berlusconi liderou uma aliança eleitoral até à vitória. No entanto, a aliança mostrou-se frágil e caiu antes do final de 1994. Em Maio de 2001, um ano antes da captura de Giuffrè, a Forza Italia conheceu um novo triunfo eleitoral e Berlusconi tornou-se primeiro-ministro com uma sólida maioria parlamentar a apoiá-lo. O homem que gosta de ser conhecido como *il cavaliere* – «o cavaleiro» – é também o mais rico de Itália, com uma fortuna estimada de 10,3 mil milhões de dólares aquando da eleição de 2001; entre muitas outras coisas, é detentor das três maiores estações de televisão privada do país e de um império da imprensa. Desde Mussolini, nunca ninguém tinha tido tanto poder sobre Itália e mesmo sobre a Sicília; a aliança liderada pela Forza Italia conquistou a totalidade dos 61 lugares parlamentares da ilha.

Existem muitas indicações de que, desde 1994, homens de honra têm vindo a dizer aos seus apaniguados para votarem em candidatos da Forza Italia. Tendo em conta a forma como a máfia funcionou no último século e meio, não há nada de necessariamente surpreendente ou escandaloso nisto: os políticos com maior poder são, inevitavelmente, os mais vulneráveis às pressões colocadas pelo crime organizado. Sabe-se que, devido à sua crescente insatisfação com a DC durante a década de 80, a Cosa Nostra estava à procura de um novo veículo político para os seus interesses. No final da década de 80, foram feitas algumas aproximações aos socialistas. Então, no início dos anos 90, Riina começou a discutir, com os seus contactos políticos e empresariais na Maçonaria, a possibilidade de um novo movimento separatista siciliano. Nas palavras de um arrependido, proferidas nessa altura: «A Cosa Nostra está uma vez mais a viver o sonho de se tornar independente, de liderar uma parte de Itália, o seu próprio Estado, o nosso próprio Estado»([129]).

([129]) Leonardo Messina in Commissione parlamentare d'inchiesta, *Mafia, politica, pentiti*, p. 522.

Acredita-se que, nas mentes dos chefes mais influentes da Cosa Nostra, a ascensão da Forza Italia em 1993-1994 tenha oferecido uma solução ainda melhor: uma relação estreita com o partido que se preparava para assumir um papel central na política nacional, tal como a DC no seu tempo.

Há muitas razões para se ter cautela com as afirmações do *Mãozinha* e para se evitar uma identificação entre a Forza Italia na Sicília e a Cosa Nostra. Ninguém em Itália pode afirmar com seriedade que Berlusconi é um mafioso ou que as suas vitórias eleitorais são um resultado directo da influência da máfia. A esse respeito, as lições da história da máfia são claras: mesmo durante o seu apogeu nas décadas de 70 e 80, a Cosa Nostra nunca controlou os votos suficientes para assegurar uma vitória tão retumbante ao seu partido político favorito. O triunfo de Berlusconi deveu-se mais à insatisfação com os seus antecessores, a uma campanha eleitoral eficaz e às promessas de investimentos públicos.

As alegações de Giuffrè poderão revelar-se fantasiosas, talvez mesmo uma forma de propaganda alimentada pelos líderes da Cosa Nostra e direccionada aos seus membros. Os advogados de defesa chamam às afirmações deste *pentito* «uma antologia de ouvir dizer». No entanto, os magistrados de investigação de Palermo levam Giuffrè muito a sério, porque, alegadamente, as suas afirmações poderão revelar o desenlace de uma história de mais de três décadas, que liga um dos assessores de Berlusconi directamente à Cosa Nostra.

Em 1974, Berlusconi estava à procura de um moço de estrebaria e de um mordomo para a sua propriedade de Arcore, perto de Milão. Pediu conselhos a Marcello Dell'Utri que, após uma ascensão prodigiosa no meio financeiro da Sicília, se mudara para Milão para se tornar o «pau para toda a obra» de Berlusconi. (Mais tarde, Dell'Utri tornar-se-ia o líder da Publitalia, o altamente lucrativo braço publicitário do império de Berlusconi; foi dele a ideia da Forza Italia em 1993.) A recomendação de Dell'Utri para a posição de mordomo foi um palermitano, Vittorio Mangano, que ocupou o lugar durante dois anos. Mangano morreu recentemente de cancro, poucos dias depois de ser condenado a prisão perpétua por dois homicídios. Este «mordomo» era na verdade um homem de honra da Família Porta Nuova da Cosa Nostra.

A história do mordomo e do homem dos anúncios está neste momento a ser alvo de um processo judicial que tem vindo a arrastar-se há tanto tempo no Tribunal de Palermo que a maioria dos italianos já se esqueceu da sua existência. (Note-se que Berlusconi não é arguido; o seu envolvimento é apenas como testemunha.) A acusação alega que os receios de Berlusconi de que os seus filhos poderiam ser raptados levou Dell'Utri a pedir protecção a Mangano. Dell'Utri respondeu a estas acusações, dizendo que não sabia inicialmente do cadastro de Mangano, tendo-o despedido assim que soube a verdade. Em vez disso, a acusação defende que 1974 constituiu o início de uma longa relação entre Dell'Utri e a máfia siciliana – uma acusação que Dell'Utri nega veementemente. Ainda segundo a acusação, Dell'Utri admitiu ter dito a um dos seus associados que fizera de intermediário entre Berlusconi e a Cosa Nostra, de forma a evitar que o seu superior fosse vítima de um rapto; Dell'Utri vem dizer agora que estava apenas a gabar-se sem razão.

Existe uma longa lista de acusações contra Dell'Utri, baseadas nas suas supostas relações regulares com homens de honra; alegadamente, Dell'Utri lavava dinheiro do tráfico de droga, e Stefano Bontate teria até considerado iniciá-lo na máfia em 1980. Além disso, Dell'Utri teria também intermediado entre a Cosa Nostra e empresas do grupo de Berlusconi: por um lado, asseguraria a transmissão dos pagamentos de protecção das empresas detidas por Berlusconi a funcionar na Sicília; por outro lado, seguiriam alegadamente os investimentos da máfia nas empresas de Berlusconi a funcionar em Milão. Na sequência da *mattanza* do início da década de 80, Totò Riina teria supostamente monopolizado os contactos entre Dell'Utri e a máfia, de forma a tirar partido, através de Dell'Utri, da relação estreita entre Berlusconi e o Partido Socialista.

A acusação afirma ainda que Dell'Utri tentou extorquir 50% do valor de um contrato de patrocínio entre uma marca de cerveja e o proprietário de um clube de basquetebol de Trapani, no início da década de 90. Alegadamente, terá ameaçado o proprietário quando este se recusou a pagar: «Aconselho-te a pensar melhor. Temos os homens e os meios para te fazer mudar de opinião»([130]). Dell'Utri, que rejeita estas acusações, é ainda acusado de ter tentado persua-

([130]) As acusações referidas no parágrafo que começa com: «O Ministério Público alega também que...» encontram-se em *La Repubblica*, <http://www.repubblica.it/online/fatti/utri/accuse/accuse.html>. Presumo que este artigo seja um resumo sério e correcto.

dir dois arrependidos da máfia a desacreditar os juízes de investigação e outros três *pentiti*; o objectivo seria «expor» uma conspiração fictícia desses juízes, destinada a comprometer Berlusconi e Dell'Utri. Esta acusação, tal como as outras, é fortemente rejeitada pela defesa.

O caso de Dell'Utri é longo e complexo; o seu resultado depende da avaliação de provas que remontam ao início da década de 70. Ao mesmo tempo, trata-se de um processo bastante mais abrangente do que as alegações de Antonino Giuffrè. Todas as acusações estão, claro está, a ser avaliadas pelo tribunal, sendo possível que, no final do processo, acabem por se revelar sem fundamento. No entanto, têm inevitavelmente alimentado uma grande especulação acerca de um veredicto que, seja qual for o seu conteúdo, assumirá um papel crucial. Se Dell'Utri for considerado inocente, muitas pessoas irão concluir que, tal como tantas outras vezes no passado, as acusações de cumplicidade com a máfia foram utilizadas como arma política – nesta ocasião, os verdadeiros alvos eram Berlusconi e a Forza Italia. Este resultado infligiria graves danos na credibilidade dos magistrados e dos *pentiti*.

Se Dell'Utri for considerado culpado, a sua relação estreita com Berlusconi, não só nos negócios mas também na política, irá levantar questões acerca das decisões deste. Se Giuffrè tiver razão, em 1993, por intermédio de Marcello Dell'Utri, a Cosa Nostra tentou obter garantias de que quando a Forza Italia formasse governo iria ser dada prioridade às exigências da máfia: os veredictos do megajulgamento, a lei relativa à confiscação de bens da máfia e o duro regime prisional imposto pela 41-bis. Com base nisto, alguns activistas antimáfia concluirão, talvez apressadamente, que o «venerável entendimento» entre a máfia siciliana e o sistema político italiano foi mais uma vez renovado. No mínimo, se Dell'Utri for condenado, a questão de se saber se Berlusconi estava ao corrente das ligações entre o seu homem dos anúncios e os homens de honra irá provavelmente entrar na agenda política e até judicial.

No entanto, mesmo que as afirmações de Giuffrè acerca do «contacto directo» entre a Forza Italia e a Cosa Nostra em 1993 se revelem infundadas, e mesmo que Dell'Utri seja absolvido, a Cosa Nostra teve razões para ficar satisfeita com a ascensão ao poder da Forza Italia, devido à grande hostilidade de Berlusconi face os magistrados, que ele considera presunçosos e politicamente motivados. O envolvimento de Berlusconi em processos judiciais relativos a acusações de suborno a funcionários fiscais, contabilidade paralela e fraude, tem sido presença constante nos meios de comunicação social. Na altura em que este livro foi escrito, Berlusconi fizera aprovar uma lei que conferia imunidade às cinco maiores figuras do Estado italiano, incluindo o primeiro-ministro, de qualquer procedimento judicial enquanto decorressem os seus mandatos. A primeira consequência desta lei foi travar um julgamento no qual o próprio Berlusconi era acusado de ter subornado juízes para obter uma decisão favorável num conflito de privatizações. Para Berlusconi, um conjunto de juízes «vermelhos» está a levar a cabo uma campanha concertada para o desacreditar, recorrendo aos mesmos métodos que, na sua opinião, foram utilizados para destruir partidos democraticamente eleitos durante o processo «Mãos Limpas».

Esta é uma das razões da prioridade dada pela Forza Italia à reforma do sistema judicial. O programa político anunciado pelo ministro da Justiça Roberto Castelli defende que «nos últimos anos, elementos da magistratura têm tentado ocupar um terreno que pertence à justiça», e tentaram «transformar a justiça num espectáculo». O objectivo do ministro é «chamar a responsabilidade da política judicial, em especial na área do direito criminal, de volta à órbita da soberania democrática». Os opositores de Berlusconi temem que o plano seja o de colocar a justiça sob controlo governamental.

Na sua batalha com os magistrados, a ênfase de Berlusconi é colocada sobre Milão, onde estão concentrados os seus interesses empresariais, e não sobre Palermo. No entanto, a sua polícia judicial poderá ter efeitos importantes – ainda que não pretendidos – na outra ponta da península. É muito provável que algumas medidas venham colocar obstáculos à identificação das operações financeiras da Cosa Nostra, em especial uma lei que dificulta em muito a obtenção de provas a partir de contas bancárias no estrangeiro, para sua posterior utilização em julgamentos domésticos.

Para além destas reformas legais, a máfia vê com bons olhos os planos de investimento público de Berlusconi, em particular o projecto que visa construir uma ponte entre a Sicília e a zona continental italiana. Ao que parece, Provenzano diz muitas vezes: «Merda! Se eles construírem a ponte, haverá algo para toda a gente». Embora a Cosa Nostra sempre tenha sido um adepto entusiasta do investimento público, independentemente de quem esteja no governo, os opositores de Berlusconi defendem que algumas declarações dos membros da sua equipa têm o efeito de encorajar o Tio Bernardo. Em Agosto de 2001, Pietro Lunardi, ministro das Obras Públicas, causou uma tempestade política quando afirmou que a Itália tinha de «aprender a viver com a máfia; cada um deve lidar com o problema do crime à sua maneira».

Alguns membros do partido de Berlusconi têm expressado hostilidade para com os *pentiti* da máfia; acusam-nos de serem instrumentos nas mãos de juízes politizados, ou então de serem peões num plano secreto destinado a destabilizar o sistema político italiano. Em nome de um sistema prisional mais humano, outros políticos originários de partidos da coligação governamental têm vindo a defender a possibilidade de se oferecer aos mafiosos condições prisionais mais ligeiras, em troca da sua «dissociação» da Cosa Nostra, mas sem que isso implique uma colaboração com o Estado. Existem razões para se acreditar que a ala de Provenzano na Cosa Nostra gostaria muito de ver implementado um acordo desse tipo. Pietro Aglieri, um chefe que está a estudar teologia na prisão e que é conhecido por ser muito próximo de Provenzano, escreveu a procuradores antimáfia em Março de 2002 para propor negociações: a sua proposta passava pela concessão de penas mais leves aos homens de honra que reconhecessem a existência da Cosa Nostra e a autoridade do Estado italiano. Os magistrados vêem essa proposta como uma armadilha; para eles, Provenzano quer resolver os conflitos de interesses no interior da Cosa Nostra, fazendo concessões meramente simbólicas às autoridades. Embora as questões simbólicas sejam importantes no mundo da Cosa Nostra, a consequência final da «dissociação» seria apenas a continuação da estratégia de «submersão» da máfia, que continuaria assim confiante de que a opinião pública a considerava uma coisa do passado.

Independentemente das intenções do governo Berlusconi, não restam dúvidas de que a Cosa Nostra aprecia muitos dos sinais que têm emanado de Roma desde as últimas eleições gerais. No entanto, os principais chefes parecem ter convencido as bases da organização, e talvez eles próprios, de que têm o direito a esperar mais do que sinais do governo da Forza Italia, de que foram feitas promessas concretas e de que um programa governamental de alterações legislativas servirá para sanar as divisões internas da máfia.

Assim, os opositores de Berlusconi têm estado muito atentos à sua governação, de forma a poderem detectar qualquer indicação de concessões às bem conhecidas exigências da máfia. É tranquilizador dizer que, até agora, não se registou qualquer concessão. De facto, seria sempre provável que os chefes ficassem desiludidos com as suas expectativas de manobrar o processo político para servir os seus interesses. Os mafiosos têm um grande interesse em encontrar políticos amigáveis, mas isso não significa necessariamente que compreendam a política italiana. O que alguns poderão não apreciar são os obstáculos praticamente intransponíveis que se colocariam a um primeiro-ministro que, hipoteticamente, tivesse como absoluta prioridade o cumprimento das vontades da máfia siciliana – e ninguém acredita que seja essa a vontade de Silvio Berlusconi. Os espíritos de Borsellino e Falcone montaram guarda sobre leis como a 41-bis, e exigiriam um preço político bastante elevado antes de permitirem que alguém lhes tocasse. Qualquer partido no governo que tentasse abertamente desmantelar os pilares da legislação antimáfia estaria a dar o ouro aos seus opositores e, tão importante quanto isso, aos seus aliados de coligação. (Todos os governos em Itália são governos de coligação, e as rivalidades entre parceiros de coligação são quase sempre tão ferozes quanto as lutas entre os partidos no governo e a oposição.)

Por mais que alguns chefes tenham sentido grandes esperanças quando a Forza Italia chegou ao poder há mais de dois anos, a Cosa Nostra começa agora a sentir-se desiludida com uma coligação governamental que, acertadamente ou não, a máfia acredita conter alguns elementos amigáveis. Por um lado, a proposta da «dissociação» não foi transformada em política. A «dissociação» é vista como uma ideia de Bernardo Provenzano para o estabelecimento de um compromisso entre a Cosa Nostra e o Estado, por um lado, e os mafiosos na prisão e a monte, por outro. Em Julho de 2002, Leoluca Bagarella, que foi chefe dos chefes entre 1993 e 1995 e que se pensa ser hostil a qualquer tipo de acordo de compromisso, mostrou que a sua paciência estava muito perto de se esgotar; aproveitou uma audiência de tribunal para avisar que os prisioneiros da máfia que estavam a viver sob as condições rígidas do regime 41-bis se sentiam «cansados de serem usados, humilhados, oprimidos e tratados como mercadoria pelos diferentes partidos políticos». Um homem como Bagarella nunca se entregaria a tiradas puramente retóricas. Os especialistas interpretaram as suas palavras como uma ameaça, propositadamente imprecisa, dirigida talvez a membros desconhecidos da coligação governamental, ou mesmo ao governo em geral. À maneira da máfia, as pessoas que deviam compreender iriam compreender. Em Outubro de 2002, o director dos serviços secretos italianos afirmou haver um «risco concreto» de que a desilusão da Cosa Nostra levasse a uma nova campanha de assassinatos.

No final de 2002, registou-se uma decisão crucial contra a máfia, quando o governo Berlusconi converteu a 41-bis, um decreto renovado anualmente, numa lei permanente. Um senador da Forza Italia, que vinha defendendo há muito a codificação definitiva da lei 41-bis, comentou que o parlamento dera «a única resposta possível às preocupantes declarações de Bagarella». Portanto, aos olhos de homens como Bagarella, e por mais iludidos que estejam, a Forza Italia falhou escandalosamente no cumprimento do seu compromisso mais importante. Não foi preciso esperar muito por um sinal de como a Cosa Nostra via esta contrariedade. Pouco tempo depois do voto parlamentar que consagrou a 41-bis, os juízes viram, alarmados, uma faixa num desafio de futebol no estádio de Palermo, que dizia: «Estamos unidos contra a 41-bis. Berlusconi esqueceu-se da Sicília». Este acontecimento foi visto por muitos como um aviso dirigido aos políticos da Sicília. A *pax mafiosa* poderá estar perto do fim. O paradoxo destes tempos de tensão na Sicília é o seguinte: se a Cosa Nostra enveredar de novo pela violência, isso significará muito provavelmente que está perto da derrota. Não admira que o *pentito* Salvatore Cancemi tenha dito recentemente: «Considero este silêncio mais assustador do que as bombas».

Em Abril de 2000, aos 72 anos, Tommaso Buscetta morreu de cancro na sua pátria adoptada, nos Estados Unidos da América. Nos 40 anos em que estivera ao serviço da Cosa Nostra, e nos 16 que passara a tentar desmantelá-la, Buscetta assumira perto de 200 pseudónimos. Alguns meses antes da sua morte, na sua última entrevista de fundo, Buscetta reflectiu sobre a sua vida única. As esperanças que ele e Giovanni Falcone tinham alimentado em 1984 eram agora uma memória amarga:

No final da minha primeira entrevista, Giovanni Falcone e eu iludimo--nos a pensar que dessa vez a máfia seria derrotada. Que não haveria mais máfia na nossa terra. Agora... tenho de admitir que a minha previsão estava errada.([131])

Para Buscetta, a Cosa Nostra venceu: «A máfia é inata em todos os Sicilianos». Assim, no seu pessimismo, o homem que deu um contributo inigualável para expor a falsidade dessa crença que fazia equivaler a máfia ao carácter siciliano terminou a sua vida a reiterá-la.

Estes são dias de preocupação para os inimigos da máfia. No entanto, ainda não chegou a altura de partilhar o fatalismo de Tommaso Buscetta. Mesmo num país tão amnésico como a Itália, é pouco provável que as suas revelações partilhem o mesmo destino do relatório Sangiorgi. O mito da *cavalleria rusticana* está morto. O segredo que a máfia siciliana conseguiu esconder durante tanto tempo, o segredo da sua existência, foi revelado – e de uma forma definitiva. No entanto, ao longo deste tempo todo, forças mais poderosas do que a mitologia contribuíram para manter a máfia forte. Os próximos meses e anos prometem revelar qual o caminho que a Cosa Nostra irá tomar. Ninguém fora da organização conhece a profundidade da divisão entre os chefes na prisão e os chefes a monte; de igual modo, ninguém sabe qual a força relativa das duas facções. Poderão unir-se numa nova ofensiva contra os magistrados, e em acções de vingança contra os políticos que, na sua opinião, os terão desiludido. Poderão afundar-se numa guerra civil, levando a organização à beira da destruição. Bernardo Provenzano poderá ainda conseguir apaziguar ou isolar os chefes na prisão. Se o fizer, a Cosa Nostra continuará a reestruturar-se silenciosamente, reforçando os seus pactos com elementos no interior do Estado, preparando-se para uma nova fase da sua história selvagem – uma história que podia, e devia, ter terminado há muito tempo.

---

([131]) Buscetta e Lodato, p. 14.

Em Junho de 2007, a Cosa Nostra levou a cabo a sua primeira execução pública em Palermo em quinze anos. Nicolò Ingarao, um chefe da máfia e *capo-mandamento* da Porta Nuova, foi assassinado numa rua apinhada de gente, no seu próprio território. Foi um trabalho muito profissional: dois assassinos numa mota dispararam-lhe quatro tiros no peito e, depois, o golpe de misericórdia, um tiro na cabeça. Na mesma altura, parecia que se iria reacender uma guerra aberta pelo controlo da máfia siciliana que muitos haviam previsto aquando da prisão do chefe dos chefes, *capo di tutti i capi*, Bernardo Provenzano, *o Tractor*.

Mas nas semanas que antecederam o assassinato de Ingarao os acontecimentos tinham-se desenrolado céleres na Sicília. No fim de contas, esta morte não era o começo de uma luta pelo poder, mas o fim. Pelo menos, durante uns tempos. Os investigadores julgavam que a morte de Ingarao fora o acto que consolidara a liderança do sucessor de Provenzano na Cosa Nostra.

O primeiro *capo di tutti i capi* da era pós-*corleonesi* era o favorito de quem quer que acompanhasse o fenómeno da máfia: Salvatore Lo Piccolo, conhecido como o Barão. Crescera na família Partanna Mondello, sob a tutela de um chefe chamado Saro Riccobono. Este finara-se em Novembro de 1982, garrotado após um banquete (provavelmente pelo próprio Totò Riina), durante a *matanza* que deu aos *corleonesi* o domínio completo sobre a máfia. Na altura, o Barão era um mafioso demasiado subalterno para ser executado a par do seu chefe e com a liderança da *cosca* de Partanna Mondello. Depois disto, e o que não surpreende, ele distinguiu-se pela sua lealdade inabalável para com o eixo Riina-Provenzano, e assim construiu a sua carreira.

O assassinato de Ingarao permitiu a Lo Piccolo restabelecer a paz interna de que a Cosa Nostra necessitava para implementar a sua estratégia de recuperação de médio prazo inicialmente gizada por Provenzano; pôr fim à guerra declarada com o Estado; consolidar os esquemas de extorsão que asseguravam um rendimento certo; um retorno às velhas amizades com políticos e empresários. Uma estratégia suave; em suma, «em pezinhos de lã», como lhe chamou um dos homens da velha guarda de Provenzano. O novo elemento que Lo Piccolo trouxe a esta política foi restabelecer os laços com a família Gambino da Cosa Nostra americana, laços esses que haviam sido quebrados há vinte e cinco anos, quando os *corleonesi* haviam chegado ao poder.

Mas a brava polícia siciliana e os juízes de instrução estão a dar o seu melhor para frustrar esses intentos. Actualmente, quase não há mês sem notícias de mais um golpe infligido à estrutura da Cosa Nostra. E o maior deles foi a captura do próprio Barão, a 5 de Novembro de 2007.

Esta detenção, muito mediatizada, foi um golpe terrível contra uma organização criminosa que estava com dificuldade em encontrar um líder carismático que a guiasse em tempos de mudança. Actualmente (2007), a máfia siciliana vive uma crise de liderança sem precedentes na sua longa história. Após a captura de Lo Piccollo, Piero Grasso, o chefe do DNA, o organismo montado pelo magistrado Giovanni Falcone (assassinado pela máfia) para coordenar o combate judicial contra o crime organizado a nível nacional, comentou que os membros da Comissão de Palermo da Cosa Nostra estavam mortos ou presos. Dos chefes principais que se refugiaram na clandestinidade no início da década de 90, quando a Cosa Nostra lançou o seu ataque contra o Estado italiano, só Matteo Messina Denaro estava a monte. Este é actualmente a maior autoridade dos *cappi* da Cosa Nostra, mas ainda está para ver se alguém sem uma base de poder na cidade e na província de Trapani pode gerir o centro do mundo da máfia, em Palermo.

Alguns dos duzentos e poucos papelinhos que foram encontrados na posse de Lo Piccolo só podem ter agravado a crise na Cosa Nostra, pois a polícia e os magistrados ficaram com imensas pistas para seguir. Na mala de cabedal de Lo Piccolo estava uma lista de negócios que pagavam por protecção: as quantias extorquidas iam dos € 500 por loja até aos € 10 000 por firma de construção. Havia notas sobre assassinatos e amizades políticas. E um mapa actualizado das famílias da máfia da região de Palermo. A mala continha uma imagem sagrada com a inscrição de um juramento que os membros prestavam quando eram admitidos na organização: «Juro ser fiel à Cosa Nostra. Se alguma vez a trair, que a minha carne arda como arde agora esta imagem». De modo ainda mais notável, a mala continha uma folha dactilografada, com o título «Direitos e Deveres», que detalhava os «Dez Mandamentos» a seguir pelo mafioso perfeito.

O conteúdo destes «Direitos e Deveres» não será surpreendente para quem se tiver dado ao trabalho de ler este livro desde o princípio. A 1.ª Regra, por exemplo, estipula que «ninguém está autorizado a apresentar-se [como mafioso], sozinho ou a um amigo, a não ser que esteja presente uma terceira pessoa [*i. e.* um mafioso conhecido de ambos] para o fazer». A 8.ª Regra estabelece que todos os homens de honra devem dizer a verdade quando a tal forem instados. Várias outras regras proscrevem o comportamento «imoral»; nenhum mafioso estava autorizado a olhar para as mulheres dos «nossos amigos» ou a desrespeitar a sua própria mulher; e ninguém estava autorizado a ser iniciado na Cosa Nostra se tivesse na família mais próxima alguém com «traições sentimentais». Hoje em dia, tal como ao longo da história, a máfia siciliana tem o cuidado de assegurar que as questões do coração não interferem com as questões das armas. O que é bizarro nesta lista de regras, é claro, não é tanto os princípios veneráveis que consagram, mas o facto de Lo Piccolo ser suficientemente temerário para as bater à máquina.

Os magistrados que dirigiram a operação Lo Piccolo são os primeiros a salientar que a Cosa Nostra está longe de estar derrotada. Prender os seus líderes é como podar os ramos mais altos de uma árvore. Com o tempo, voltarão a crescer. Para derrotar a máfia siciliana, as raízes terão de ser destruídas. E estas raízes são os esquemas de extorsão – o imposto-base do «Estado-sombra» da ilha.

Nos últimos meses, tem havido progressos notáveis na luta contra o *pizzo*. O *Addiopizzo*, um grupo com sede em Palermo e fundado em 2004, tem vindo a crescer gradualmente: na última contagem, 211 homens de negócios haviam aderido ao compromisso anti-extorsão. Em Setembro de 2007, a delegação siciliana da Confindustria (a confederação patronal) anunciou que expulsaria qualquer membro que se viesse a descobrir que pagava dinheiro de protecção ou que não colaborasse com as autoridades. Só poderia ser um gesto simbólico, pois a Confindustria não tem a capacidade de investigar os negócios dos seus membros. Mas, mesmo assim, foi um sinal notável de uma mudança de ambiente. Poucos dias após a detenção de Lo Piccolo foi inaugurada num encontro no auditório do Teatro Biondo, em júbilo e à pinha, uma nova associação anti-extorsão, baptizada *Libero Futuro*. O objectivo de todas estas iniciativas é ajudar a gente comum a tomar a decisão, com perigo da própria vida, de se revoltar contra o regime de extorsão da máfia – decisão que não se espera que ninguém tome sozinho.

Há ainda um longo caminho a percorrer. Os 211 membros do *Addiopizzo* representam apenas uma pequena fracção dos cerca de 80% empresários de Palermo que se estima que paguem aos mafiosos uma verba mensal em dinheiro vivo. Todavia, no final de Novembro de 2007, quando levou a cabo um acto clamoroso de intimidação, a Cosa Nostra revelou o quão preocupada estava. Os escritórios da Confindustria em Caltanissetta, uma cidade no centro da Sicília, foram vandalizados e roubados vários CD com os nomes e as moradas dos seus membros. A primeira coisa que os homens que se preparam para ocupar os lugares na cúpula da Cosa Nostra terão de fazer é demonstrar a sua capacidade para gerir os esquemas de extorsão de protecção. Já antes da detenção de Lo Piccolo havia relatos de uma abordagem mais agressiva à extorsão. Em Palermo, um número desconhecido de empresários recebeu uma carta impressa que avisava: «Procure um amigo e acautele-se» (1) – sendo o «amigo» em questão um *mafioso* ou, o mais provável, alguém que conhecesse um. Mas caso alguém julgasse que a frase era ambígua, vinha acompanhada pela figura de um cartucho de dinamite aceso. A protecção é o mais importante campo de batalha entre a máfia e os seus inimigos.

---

(1) «Cercati l'amico e mettiti a posto.», Attilio Bolzoni, «I nuovi bossi si sfidano sul "pizzo" e i negozianti continuano a pagare, *La Repubblica*, 18 de Setembro, 2007.

Ao escrever estas páginas, baseio-me no trabalho de muitos jornalistas corajosos e perspicazes que se esforçam para manter os Italianos informados sobre a Cosa Nostra e para abalar a complacência que parece abater-se sobre a opinião pública logo que uma operação importante como a detenção de Provenzano ou Lo Piccolo desaparece das primeiras páginas. Trata-se de homens e mulheres que sabem qual o verdadeiro significado de «direitos» e «deveres». Por isso, é de toda a justiça que eu termine com uma citação de um deles – uma citação que se refere a outro mundo que a máfia deturpou em proveito próprio.

Lirio Abbate era o único jornalista presente quando a polícia irrompeu pelo último refúgio do Tractor, em Corleone. Em Setembro de 2007 dois desconhecidos puseram-lhe uma bomba debaixo do carro. Por sorte, e porque ele já fora alvo de ameaças da máfia, Abbate tinha escolta policial e os seus guarda-costas detectaram o engenho. Quando lhe perguntaram porque mesmo assim se recusava a deixar a sua ilha natal, após uma tentativa de assassinato, ele respondeu:

> Pela honra. Sim, honra! Não pela honra monstruosa, louca, ridícula com que os mafiosos enchem a boca, fracos com os fortes e fortes com os mais fracos, mas por esta honra que me pede que tenha respeito por mim mesmo, que me impede de me vergar à força e ao medo, e de fazer um pacto com o que desprezo. O tipo de honra que muitos sicilianos se esqueceram de cultivar.(2)

Gostaria de agradecer em especial aos seguintes jornalistas: Lirio Abbate, Enrico Bellavia, Attilio Bolzoni, Giuseppe D'Avanzo, Francesco La licata, Salvo Palazzolo, Francesco Viviano e Alessandra Ziniti.

John Dickie
Dezembro de 2007

(2) «Per onore. Sì, per onore! Non per il mostruoso, folle, ridicolo onore di cui si rempiono la bocca mafiosi deboli con forti e forti con i più deboli, ma per quell'onore che mi chiede di avere rispetto di mi stesso, che mi impedisce di inchinarmi alla forza e alla paura, di scendere a patti con ciò che disprezzo. Quell'onore che molti siciliani hanoo dimenticato de coltivare.» Giuseppe D'Avanzo, «Vita sotto assedia di un cronista a Palermo «Sotto scorta in una Sicilia senza onore», *La Repubblica*, 5 de Setembro, 2007.

# Agradecimentos

Qualquer pessoa que esteja familiarizada com a pesquisa académica sobre a máfia siciliana realizada nos últimos 15 anos irá reconhecer a grande dívida que tenho para com os grandes especialistas italianos nesta área. Espero que eles compreendam que, se optei por não os mencionar no texto, isso deve-se apenas ao meu desejo de não sobrecarregar um público não italiano com uma quantidade de nomes que vão para além do estritamente necessário para contar a história. O que primeiro despertou em mim a vontade de escrever este livro foi um desejo de transmitir o entusiasmo intelectual que eu próprio senti quando li os trabalhos de Alessandra Dino, Giovanna Fiume, Diego Gambetta, Rosario Mangiameli, Francesco Renda, Paolo Pezzino, Umberto Santino e, particularmente, Salvatore Luppo, cuja *Storia della Mafia* constituiu, em vários aspectos, a principal inspiração para o que aqui escrevi. Beneficiei ainda de ter podido, em várias ocasiões, discutir pessoalmente este projecto com Salvatore Luppo e Giovanna Fiume. Espero sinceramente que eles achem que os meus esforços valeram a pena.

O facto de ter conhecido os magistrados antimáfia Antonio Ingroia, Guido Lo Forte, Gaetano Paci e Roberto Scarpinato teve um grande impacte em mim e neste livro – um impacte que é muitíssimo maior do que aparece explicitado no texto. Francesco

Petruzzella e Margherita Pellerano, no Palazzo di Giustizia de Palermo, foram sempre prestáveis quando lhes pedi ajuda.

Nino Blando merece uma palavra especial de gratidão: foi uma excelente companhia, deu-me ideias cruciais e uma orientação importantíssima numa visita de estudo em Janeiro de 2003. Tenho de agradecer também aos pais de Nino pelo dia maravilhoso que me proporcionaram em Gangi, a Ina e Tulio por me receberem em Brancaccio, e a Pippo Cipriani por ter disponibilizado em Corleone mais tempo do que eu poderia esperar. Também em Corleone, Rosanna Rizzo teve a bondade de partilhar comigo alguns dos resultados da sua pesquisa e da sua experiência. Não teria sido possível escrever este livro sem a hospitalidade de outros amigos italianos: Marina e Lorenzo em Milão, Hugo, Stefania e Savina em Roma, Igor e Alessandro em Palermo. Uma palavra de agradecimento também para Nick Dines e Antonio Orlando, pela ajuda de última hora com algumas ilustrações, e para Alessandro Fucarini da agência Labruzzo, cujas magníficas fotografias merecem uma maior divulgação.

Muitos amigos leram partes do livro em diferentes fases de preparação, e ao fazê-lo ajudaram-me a levar a cabo a difícil tarefa de transformar um texto académico numa obra com um estilo mais acessível. As seguintes pessoas não necessitarão de provar a sua paciência de outra forma: Prue, Lucy, Clara, Rob, Rebecca, Doug, Emma, Nick, Sham, Claire, Pai, Sarah M., Dave, Jackie, Tommo, Jay, Claire H., Sam, Andrew H., Caz, Cat, Tio John, Andy, Sarah, Charles, Irina, Rosie, Rosa, Naomi. Um agradecimento especial a Radoyka Miljevic e a Robert Gordon, por terem lido a versão final em tão pouco tempo. Sarah Penny leu atentamente as provas. Tive ainda a sorte de beneficiar dos conhecimentos de Mark Donovan, Christopher Duggan, Lucy Riall, Malvyn Stokes e Michael Woodiwiss. Gaia Servadio, Pino Adriano e David Critchley também forneceram informações úteis.

Ombretta Ingrascì fez um trabalho fantástico na procura de ilustrações. Os seus conselhos e críticas durante a fase de escrita foram também muito importantes. Incentivo os leitores a tomarem contacto com o seu fascinante trabalho sobre as mulheres e a máfia.

Desde que comecei a trabalhar neste livro, tenho tido conversas praticamente constantes com John Foot. Independentemente das suas falhas, este livro melhorou muito com a sua contribuição e apoio.

O Departamento de Italiano da UCL e o Comité Editorial da *Modern Italy* merecem a minha gratidão por me terem dado tempo para escrever. Pela sua amizade e profissionalismo, o pessoal de Humanidades 2 da BL mereceria um aumento de salário.

Os meus editores na Hodder – Roland Philipps, Helen Garnons-Williams e Rupert Lancaster – têm sido fantásticos colegas de trabalho. A Helen merece um agradecimento especial pela sua intervenção determinante numa fase crucial do desenvolvimento do livro. Toda a equipa da Hodder demonstrou uma boa disposição e um profissionalismo exemplares. Catherine Clarke, a minha agente «alquimista» na Felicity Bryan, ajudou a tornar o processo divertido.

Todas as traduções são minhas, a não ser que tal seja indicado.

Dedico este livro ao Oscar e à Beth.

Foram feitos todos os esforços para reconhecer os direitos de autor dos materiais incluídos neste volume. Qualquer erro que possa ter ocorrido terá sido não-intencional e será corrigido em futuras edições, se para tal for notificado o autor.

Por me terem dado autorização para fazer citações de várias obras publicadas, gostaria de agradecer: à Rubbettino Editore por Comissione parlamentare d'inchiesta sul fenomeno della mafia e sulle altre associazioni criminali similari, *Mafia, politica, pentiti*; a Enrico Deaglio pela entrevista com Andrea Camilleri no *Diario*; à RCS. Libri S.p.A. por Giovanni Falcone e Marcelle Padovani, *Cose di Cosa Nostra*, e por Saverio Lodato, *Venti anni di mafia*; à Tulio Pironti Editore S.r.l. por Lucio Galluzzo, Franco Nicastro, Vincenzo Vasile, *Obiettivo Falcone*; às Edizione La Zisa S.r.l. por Alessandra Dino, *Mutazioni. Etnografia del mondo di Cosa Nostra*, e por Dino Paternostro, *L'antimafia sconosciuta. Corleone 1893-1993*; e aos Editori Riuniti por Corrado Stajano, *Mafia. L'atto d'accusa dei giudici di Palermo.*

# Créditos das fotografias

1. Reproduzida com autorização do *La Repubblica*, Roma, e da British Library (Newspaper Library). 2. *Copyright* desconhecido. 3. Olympia, Milão. 4. John Dickie. 5. Reproduzida por cortesia do Barão Alessandro de Renzis Sonnino. 6. John Dickie. 7. Retirado do *L'Ora*, 3-4 de Maio de 1901, reproduzido com autorização da Biblioteca Nazionale, Milão. 8. Colecção privada. 9. Biblioteca Nazionale Braidense, Milão. 10. Archivio di Stato, Palermo. 11. Palladium/Tipografia Ferdinando Cortimiglia, Corleone.12. Rubettino, Soveria Mannelli (CZ). 13. *Copyright* desconhecido. 14. Retirado do *New York Herald*, 16 de Abril de 1903, reproduzido com autorização da General Research Division, New York Public Library, Astor, Lenox e Tilden Foundations. 15. *Copyright* desconhecido. 16. Dario Flaccovio Editore, Palermo. Reproduzido com autorização da British Library, YA1990.a.12670. 17. Olympia, Milão. 18. S.A.C. spa, Milão. 19. Labruzzo, Palermo. 20. Labruzzo, Palermo. 21. *Copyright* desconhecido. 22. John Dickie. 23. Labruzzo, Palermo. 24. Labruzzo, Palermo. 25. *Copyright* desconhecido. 26. Labruzzo, Palermo. 27. Labruzzo, Palermo. 28. Labruzzo, Palermo. 29. Reproduzido por cortesia de Giovanni Impastato. 30. Labruzzo, Palermo. 31. Olympia, Milão. 32. *Copyright* desconhecido. 33. *Copyright* desconhecido. 34. Labruzzo, Palermo.

# Bibliografia

## Geral

### *Estudos genéricos*

Os seguintes livros foram uma companhia constante durante a escrita de *Cosa Nostra*:

AYMARD, M., e Giarrizzo, G., (orgs.), *La Sicilia*, Turim, 1987.
CANCILA O., *Palermo*, Bari, 2000.
GAMBETTA, D., *The Sicilian Mafia*, Londres, 1993
LUPO, S., *Storia della mafia*, Roma 1993 e 1996
MANGIAMELI, R., *La mafia tra steruotipo e storia*, Caltanisseta, 2000.
PEZZINO, P., *Una certa reciprocitámdi favori: mafia e modernizzazione violenta nella Scilia postunitaria*, Milão, 1990.
PEZZINO, P., *Mafia: industria della violenza*, Florença, 1995.
RENDA, F., *Storia della mafia*, Palermo, 1997.
SANTINO, U., *La mafia interpretata,* Soveria Mannelli, 1994
SANTINO, U., *Storia del movimento antimafia*, Roma, 2000.

### *Testemunhos de pentiti*

BRUSCA, G., e LODATO, S., *Ho ucciso Giovanni Falcone*, Milão, 1999.
BUSCETTA, T., e ARLACCHI, P., *Addio Cosa Nostra*, Milão, 1994.
CALDERONE, A., e ARLACCHI, P., *Gli unomini del disonore*, Milão, 1992
CANCEMI, S., *Riina mi fece i nomi di...*, Bolsena, 2002.
Commissione parlamentare d'inchiesta sul fenomeno della mafia e sulle altre associazioni criminali, *Mafia, politica, pentiti: la relazione del presidente Luciano Violante e le deposizioni di Antonio Calderone, Tommaso Buscetta, Leonardo Messina, Gaspare Mutolo*, Soveria Mannelli, 1993.

### *Fontes de Arquivo*

A maioria das fontes de arquivo foi incluída em baixo sob os capítulos apropriados. Contudo, os documentos da primeira comissão parlamentar de inqué}rito foram importantes para muitos períodos da história da máfia siciliana:

Commissione Parlamentare d'inchiesta sul fenomeno della mafia in Sicilia, *Documentazione allegata alla relazione conclusiva della Commissione*

*parlamentare d'inchiesta sul fenomeno della mafia in Sicilia*, 34 vols., Roma, 1976-1985 (referida adiante como *Documentazione allegata*).
*Testo integrale della Relazione della Commissione Parlamentare d'inchiesta sul fenomeno della mafia*, 3 vols., Roma, 1973.

## Jornais e Revistas

*Avanti!* (Milão)
*Corriere della Sera* (Milão)
*Diario* (Milão)
*Domenica del Corriere* (Milão)
*Giornale d'Italia* (Roma)
*Giornale di Sicilia* (Palermo)
*Illustrazione Italiana* (Milão)
*L'Ora* (Palermo)
*La Nazione* (Florença)
*New York Herald* (Nova Iorque)
*Il Precursore* (Palermo)
*La Repubblica* (Roma)
*Resto del Carlino* (Bolonha)
*Sicília Nuova* (Palermo)
*Il Teatro Illustrato* (Milão)
*The Times* (Londres)
*La Tribuna* (Roma)
*L'Unità* (Roma)

## Entrevistas com magistrados antimáfia

Antonio Ingroia
Guido Lo Forte
Gaetano Paci
Roberto Scarpinato
Todas realizadas em Abril de 2002, no Palazzo di Giustizia, Palermo.

## Prólogo/Introdução/Homens de Honra

BIANCONI, G., e SAVATTERI, G., *L'attentatuni*, Milão, 1998.
CAPELLANI, N., *Vita di Giovanni Verga*, Florença, 1972
CATANZARO, R., *Il delito come impresa*, Pádua, 1988
DINO, A., *Mutazioni*, Palermo, 2002
FALCONE, G., e PADOVANI, M., *Cose di Cosa Nostra*, Milão, 1991
FLURY, R., *Pietro Mascagni: a Bio-Bibliography*, Londres, 2001
FULVETTI, G., «Tra silenzio e collusione», in *Novecento*, 5, 2001
LEWIS, N., *The Honoured Society*, Londres, 1964
LO FORTE, G., «L'atteggiarsi delle associazioni mafiose sulla base delle esperienze processuali acquisite: la mafia siciliana», dissertação não publicada, 1996
MASCAGNI, P., *Epistolario*, vol. I, Lucca, 1996
NICEFORO, A., *L'Italia barbara contemporanea*, Milão, 1898
SIEBERT, R., *Le donne: la mafia*, Milão, 1994
STILLE, A., *Excellent Cadavers*, Londres, 1995

## 1. As Origens da Máfia 1860-1876

ABBA, G. C., *Da Quarto al Volturno*, Bolonha, 1960
ALATRI, P., *Lotte politiche in Sicilia sotto il governo della Destra (1866--74)* Turim, 1954
BIUNDI, G., *Dizionario siciliano-italiano*, Palermo, 1857
Brancati, E., e MUSCETTA, C., *La letteratura sulla mafia*, Roma, 1988
CARBONE, S., e GRISPO, R., (orgs.), *L'inchiesta sulle condizioni sociali ed economiche della Sicilia (1875–1876)*, 2 vols., Bolonha, 1968-1969
CRISANTINO, A., *Della segreta e operosa associazione*, Palermo, 2000
D'ALESSANDRO, V., e GIARRIZO, G., *La Sicilia dal Vespro all'Unità d'Italia*, Turim 1989
DA PASSANO, M., (org.), *I moti di Palermo del 1866: verbali della Commissione parlamentare di inchiesta*, Roma, 1981
DAVIS, J. A., *Conflict and control*, Londres, 1988
DE MATTEI, R., «L'inchiesta siciliana di Franchetti e Sonnino», in *Annali del Mezzogiorno*, 1953
DI BELLA, S., *I mafiusi della Vicaria di Palermo*, Consenza, 1991
DUMAS, A., *The Garibaldians in Sicily*, Londres, 1861
FIUME, G., *Le bande armate in Sicilia (1819–1849): violenza e organizzazione del potere*, Palermo, 1984
FRANCHETTI, L., *Condizioni politiche e amministrative della Sicilia*, vol. I de L. Franchetti e S. Sonnino, *Inchiesta in Sicilia*, 2 vols., Florença, 1974
FRANCHETTI, L., *Politica e mafia in Sicilia*, Roma, 1995
HAY, D., *Albion's Fatal Tree: Crime and Society in Eighteenth-Century England*, Harmondsworth, 1975
LA MOTTA, M., «Le inchieste del 1875-76 nell'opinione pubblica siciliana», in *Nuovi Quaderni del Meridione*, 51-52, 1975
LOSCHIAVO, G. G., *Centro anni de mafia*, Roma, 1962
LUPO, S., *Il giardino degli aranci*, Veneza, 1990
LUPO, S., «Nei giardini della Conca d'Oro», in *Italia Contemporanea*, 156, 1984
MAISON, É., *Journal d'un volontaire de Garibaldi*, Paris, 1862
MANGIAMELI, R., «Banditi e mafiosi dopo l'Unità», in Mangiameli, R., *La mafia tra stereotipo e storia*, Caltanissetta, 2000
MAURICI, A., *La genesi storica delle rivolta del 1866 in Palermo*, Palermo, 1916
MORVILLO, A., *Storia e processo della tortura del sordo-muto Antonio Cappello*, Palermo, 1864
NIEVO, I., *Lettere garibaldine*, Turim, 1961
NOVACCO, D., «Considerazioni sulla fortuna del termine "mafia"», in *Belfogar*, 14, 1959
ONOFRI, M., *Tutti a cena da don Mariano: letteratura e mafia nella Sicilia della nuova Italia*, Milão, 1995
RECUPERO, A., «Ceti medi e "homines novi": alle origini della mafia», in *Polis*, I (2), 1987
RIALL, L., *Sicily and the Unification of Italy: Liberal Policy and Local Power, 1859–1866*, Oxford, 1998
SANTINO, U., *La cosa e il nome: materiali per lo studio dei fenomeni premafiosi*, Soveria Mannelli, 2000

SCIASCA, L., *Il mare colore del vino*, Turim, 1973
SONNINO, S., *I contadini in Sicília*, vol. 2 de L. Franchetti e S. Sonnino, 2 vols, *Inchiesta in Sicilia*, Florença, 1974
SONNINO, S., *Lettere ad Emilia Peruzzi*, 1872-1878, Pisa, 1998
THOMPSON, E. P., *Whigs and Hunters: the Origin of the Black Act*, Londres, 1975
TRAINA, A., *Nuovo vocabolario siciliano-italiano*, Palermo, 1868
TREVELYAN, G. M., *Garibaldi and the Thousand*, Londres, 1909
TREVELYAN, G. M., *Garibaldi and the Making of Italy*, Londres, 1920
TURRISI COLONNA, N., *Pubblica sicurezza in Sicilia nel 1864*, Palermo, 1988

## 2. A Máfia Introduz-se no Sistema Italiano 1876-1890

ALONGI, G., *La maffia nei soui fattori e nelle sue manifestazioni: studio sulle classi pericolose della Sicilia*, Turim, 1886
ALONGI, G., *Manuale di polizia scientifica*, Milão 1898
Archivio Centrale dello Stato, Direzione generale affari penali; misc. 1863--1925, b. 44, f. 558. 1877: relatórios do procurador-chefe ao Ministério da Justiça
*Atti Parlamentari: Camera dei deputati, Sessione 1874-75*, Roma
BERSELLI, A., «Il governo dei moderati e la Sicilia», in *Quaderni del Meridione*, I, 1958
BONOMO, G., *Pitrè, la Sicilia e i siciliano*, Palermo, 1989
BUTITTA, A., *Ideologie e folklore*, Palermo, 1971
CAICO, L., *Sicilian Ways and Days*, Londres, 1910
CARDULLO, F., *Le vie dello zolfo in Sicilia: storia ed architettura*, Roma, 1991
COLACINO, T., «La Fratellanza: associazione di malfattori», in Rivista di *Discipline Carcerarie*, 5-6, 1885
CUTRERA, A., *La mafia e mafiosi*, Palermo, 1900
DE NICOLÒ, M., *Trasformismo, autoritarismo, meridionalismo: il Ministro dell'Interno Nicotera, Giovanni*, Bolonha, 2001
GENCO M., *Il Delegato*, Palermo, 1991
GENTILE, G., *Giuseppe Pitrè*, Florença, 1940
LESTINGI, F., «L'associazione della Fratellanza nella provincia di Girgenti», in *Archivio di Psichiatria, Scienze Penali ed Antropologia Criminale*, 5, 1884
LOMBROSO, C., *L'uomo delinquente*, 4ª ed., Turim, 1889
LOMBROSO, C., *La donna delinquente, la prostituta e la donna normale*, Turim, 1893
MARINO, G. C., *L'opposizione mafiosa 1870-1882*, Palermo, 1964
PEZZINO, P., «Stato violenza società: nascita e sviluppo del paradignma mafioso», in Pezzino, P., *Una certa reciprocità di favori: mafia e modernizzazione violenta nella Sicilia postunitaria*, Milão, 1990
PEZZINO, P., «"La Fratellanza" di Favara», in *Pezzino, Una certa reciprocità di favori*, Milão, 1990
PITRÈ, G., *Usi e costumi, credenze e pregiudizi del popolo siciliano*, 4 vols., Palermo, 1889
RUSSO, N.(org.), *Antologia della mafia*, Palermo, 1964
SETON WATSON, C., *Italy from Liberalism to Fascism*, 1870-1925, Londres, 1967

## 3. A Corrupção nas Altas Esferas 1890-1904

Archivio Centrale dello Stato, DGPS, aa.gg.rr. Atti speciali (1898-1940), b. I, f. I, «O Relatório de Sangiorgi»
BARONE, G., «Egemonie urbane e potere local (1882-1913)», in Aymard, M., e Giarrizzo, G.(orgs.), *La Sicilia*, Turim, 1987
BARONE, G., «Il tramonto dei Florio», in *Meridiana*, 1991, 11–12, pp. 15-46
*Dizionario Biografico degli Italiani*, Roma, 1960: verbetes sobre a família Florio
CANDELA, S., *I Florio*, Palermo, 1986
DE FELICE GIFFRIDA, G., *Maffia e delinquenza in Sicilia*, Milão, 1900
GRANCI, S. M., *Il commissariato civile per la Sicilia del 1896*, Palermo, 1958
LENTINI, R., e SILVESTRI, P.(orgs.), *I Whitaker di villa Malfitano: seminario di studi – Palermo 16-18 de Março de 1995*, Palermo, 1995
LUPO, S., «"Il tenebroso sodalizio": un rapporto sulla mafia palermitana di fine Ottocento», in *Studi Storici*, 2, 1988
MARCHESANO, G., *Processo control Raffaele Palizzolo & C. Arringa dell'avv. G.M.*, Palermo 1902
NICOLOSI, P., *Palermo fin de siècle*, Milão, 1979
NOTARBARTOLO, L., *Memorie della vita di mio padre*, Pistoia, 1949
POMA, R., *Onorevole alzatevi!*, Florença, 1976
RENDA, F., *Socialisti e cattolici in Sicilia (1900-1904)*, Caltanissetta, 1972
SANDERSON WHITAKER, R., *Whitaker of Hesley Hall, Grayshoot Hall, Pylewell Park and Palermo*, Londres, 1907
TREVELYAN, R., *Princes Under the Volcano*, Londres, 1972

## 4. O Socialismo, o Fascismo e a Máfia 1893-1943

ANDREUCCI, F., e DETTI, T., *Il movimento operaio italiano: dizionario biografico (1853–1943)*, Roma, 1976-8
ANSELMO, N., *La terra promessa: vita e morte di Bernardino Verro e del movimento contadino nel feudo*, Palermo, 1989
ANSELMO, N., *Corleone Novecento*, 4 vols.: vol I, Corleone, 1998
Archivo di Stato di Palermo, Prefettura Gabinetto 1906-25, b. 267, fasc. «Omicidio Verro Bernardino», Rapporto del Capitano dei RR.CC., del Delegato di P.S. e del Commissario di P.S., Corleone, datado de 4 Novembro de 1915
Archivo di Stato di Pavia, *Carte Mori*, «Relazioni, pubblicazioni, studi e discorsi (8)»
BLOK, A., *The Mafia of a Sicilian Village, 1860-1960: a Study of Violent Peasant Entrepreneurs*, Oxford, 1974
CALDERONE, A. e ARLACCHI, P., *Gli uomini del disonore*, Milão, 1992
CAPPELLINI, A., *Polesani illustri*, Génova, 1938
CARARRUBEA, G., *I fasci contadini e le origini delle sezioni socialiste della provincia di Palermo*, Palermo, 1978
CICALA, A., «Il movimento contadino in Sicilia nel primo dopoguerra (1919--1920)», in *Incontri Meridionali*, 3-4, 1978
COLLETTO, G., *Storia di Corleone*, Siracusa, 1936
DUGGAN, C., *Fascism and the Mafia*, Londres, 1989

Loschiavo G. G., «Il reato di associazione per delinquere nelle province siciliane» in *100 anni di mafia,* Roma, 1962
Lupo, S., «L'utopia totalitaria del fascismo (1918-1942)», in Aymard, M., e Giarrizzo, G.(eds.), *La Sicilia*, Turim, 1987
Mangano, S., *Bernardino Verro socialista corleonese*, Palermo, 1974
Marchese, A. G., *Inventario corleonese*, Palermo, 1997
Marino, G. C., *I padrini*, Roma, 2001
Mori, C., *Tra le zagare oltre la foschia,* Florença, 1923
Mori, C.,*Con la mafia ai ferri corti, Milão*, 1932
Mori, C., *The Last Struggle with the Mafia,* Londres, 1933
Paternostro, D., *L'antimafia sconosciuta: Corleone*, 1893-1993, Palermo, 1994
Paton, W. A., *Picturesque Sicily*, Londres, 1898
Petacco, A., *Il prefetto di ferro,* Milão, 1975
Porto, S., *Mafia e Fascismo,* Palermo, 1977
Raffaele, G., *L'ambigua tessitura*, Milão, 1993
Renda, F., *I Fasci siciliani* (1892-94), Turim, 1977
Rizzo, R., *Bernardino Verro e il movimento contadino a Corleone*, tese não publicada, Universidade de Palermo, 1998
Romano, S. F., *Storia dei fasci siciliani*, Bari, 1959
Rossi, A., *Un italiano in America*, Milão, 1892
Rossi, A., *L'agitazione in Sicilia*, Milão, 1894
Spanò, A., *Faccia a faccia con la mafia*, Milão, 1978

## 5. A Máfia Instala-se na América 1900-1941

Albini, J. L., *The American Mafia: Genesis of a Legend*, Nova Iorque, 1971
Archivio di Stato di Palermo, Archivio Generale – Questura di Palermo, b. 1584, f. 196, f. 352, relatórios da polícia sobre o assassínio de Petrosino
Asbury, H., *The Gangs of New York*, Garden City, Nova Iorque, 1928
Blok, A., *East Side, West Side: Organizing Crime in New York 1930--1950*, Cardiff, 1980
Carey, A. A., *Memories of a Murder Man*, Garden City, Nova Iorque, 1930
Deaglio, E., «Se vince lui, ma forse no», entrevista com A. Camilleri in *Diario* em: <http://www.vigata.org/rassegna_stamp/2001/Archivio//Into_Cam_mar2001_Diario.html>
Gabaccia, D.R., *From Sicily to Elizabeth Street: Housing and Social Change among Italian Immigrants*, 1880-1930, Albany, Nova Iorque, 1984
Gentile, N., *Vita di capomafia,* Roma, 1993
Gildeer, R. W., «The housing problem – America´s need of awakening», *The American City,* I, 1909
Haller, M. H., «Illegal enterprise: a theoretical and historical interpretation», in *Criminology*, 28, 2, 1990
Henderson, T. M., *Tammany Hall and the New Immigrants*, Nove Iorque, 1976
Landesco, J., *Organized Crime in Chicago*, Chicago, 1968
Lawes, L. E., *Life and Death in Sing Sing*, Garden City, Nova Iorque, 1928
Lupo, S., «Cose nostre: mafia siciliana e mafia americana» in P. Bevilacqua *et al* (orgs.), *Storia dell´emigrazione italiana*; 3 vols., vol. 2, *Arrivi*, Roma, 2002
Maas, P., *The Valachi Papers*, Londres, 1971
Nelli, H. S., *The Business of Crime: Italians and Syndicate Crime in the United States*, Nova Iorque, 1976

Nelli, H. S., *From Immigrants to Ethnics: the Italian Americans*, Oxford, 1983
Petacco, A., *Joe Petrosino*, Milão, 2001
Pitkin, T. M., e Cordasco, F., *The Black Hand: a Chapter in Ethnic Crime*, Totowa, Nova Jersey, 1977
Reid, E., *Mafia*, Nova Iorque, 1964
Rossi A., *Impressioni italo-americane*, Roma, 1907
Rossi, A., «Per la tutela degli italiani negli Stati Uniti», in *Bolletino dell'Emigrazione*, 16, 1904
Rossi, A., «Vantaggi e danni dell'emigrazione nel Mezzogiorno d'Italia», in *Bolletino dell'Emigrazione,* 13, 1908
Sciarrone, R., *Mafie vecchie, mafie nuove*, Roma, 1998
Smith Jr., D. C., *The Mafia Mystique*, Nova Iorque, 1975
Sori, E., *L'emigrazione italiana dall'Unità alla seconda guerra mondiale*, Bolonha, 1979
Strokes, M., «The gangster cycle, the impact of the Depression, and cultural struggles of the early 1930s», in *Le crime organisé à la ville et à l'écran*, Tours, 2002
Weissman Joselit, J., *Our Gangs: Jewish Crime and the New York Jewish Community, 1900-1940,* Bloomington, 1983
Woodiwiss, M., *Organized Crime and American Power: a History*, Toronto, 2001

## 6. A Guerra e Ressurgimento 1943-1950

Adriano, P., *Indagine conoscitiva dell'Archivio della Commissione Alleata di Controllo – Governo Militare Alleato in Italia,* relatório não publicado, 2001
«Allied to the mafia», BBC2 *Timewatch*, documentário emitido pela primeira vez a 13 de Janeiro de 1993
Campbell, R., *The Luciano Project,* Nova Iorque, 1977
Casarrubea, G., *Salvatore Giuliano*, Milão, 2001
Di Lello, G., «La vicenda di Salvatore Giuliano», in Violante, L.(ed.), *La criminalità*, Turim, 1997
Di Matteo, S., *Anni roventi: la Sicilia dal 1943 al 1947*, Palermo, 1967
Gaja, F., *L'esercito della lupara,* Milão, 1962
Harris, C. R. S., *Allied Military Administration of Italy 1943-1945*, Londres, 1957
Kezich, T., *Saltore Giuliano*, Roma, 1991
Lumia, L., *Villalba, storia e memoria*, Caltanissetta, 1990
Mangiameli, R., «Gabelloti e notabili nella Sicilia dell'interno», in Mangiameli, R., *La mafia tra stereotipo e storia*, Caltanissetta, 2000
Maxwell, G., *God Protect me from my Friends*, Londres, 1957
Meyer, K., e Parssinen, T., *Webs of Smoke,* Nova Iorque, 1998
Montanelli, I., *Pantheon minore (incontri)*, Milão, 1955
Naro, C., *La chiesa di Caltanissetta tra le due guerre*, Caltanissetta e Roma, 1991
Pantaleone, M., *Mafia e politica 1943-1962*, Turim, 1962
«Relazione sull'indagine sui casi di singoli mafiosi», in *Testo integrale*, vol. I
Renda, F., *Salvatore Giuliano,* Palermo, 2002
Romano, S. F., *Storia della mafia*, Milão, 1963
*Sicily. Zone Handbook* (Ministério dos Negócios Estrangeiros), Londres, 1943

## 7. Deus, Betão, Heroína e a Cosa Nostra 1950-1963

BARRESE, O., *Complici*, Milão, 1973
BIAGI, E., *Il Boss è solo*, Milão, 1987
BONANNO, J., *A Man of Honour: the Autobiography of a Godfather*, Londres, 1983
CHUBB, J., *Patronage, Power and Poverty in Southern Italy*, Cambridge, 1982
FARINELLA, M., *Diario Siciliano*, Palermo, 1977
KENNEDY, M., *Robert Kennedy in His Own Words*, Londres, 1988
Pantaleone, M., *Mafia e droga*, Turim, 1966
«Relazione sull'indagine sui casi di singoli mafiosi», in *Testo integrale*, vol. I
SANTINO, U., e La Fiura, G., *L'impresa mafiosa*, Milão, 1990
STABILE, F. M., *La Chiesa nella società siciliana*, Caltanissetta, 1992
STABILE, F. M., *I consoli di Dio*, Caltanissetta, 1999
STERLING, C., *The Mafia*, Londres, 1990
THOMAS, E., *Robert Kennedy. His Life*, Nova Iorque, 2000

## 8. A «Primeira» Guerra da Máfia e as suas Consequências 1962-1969

BLANDO, N., «Di cosa parliamo quando parliamo di Regime mafioso?», artigo de conferência não publicado, 2002
DEAGLIO, E., *Raccolto rosso: la mafia, l'italia e poi venne giu tutto*, Milão, 1995
DI LELLO, G., *Giudici: cinquant'anni di processi di mafia*, Palermo, 1994
NISTICÒ, V., *Accadeva in Sicilia*, Palermo, 2001
«Relazione sullíndagine sui casi di singoli mafiosi», in *Testo integrale*, vol. I
SCIASCIA, L., *Il giorno della civetta*, Turim, 1961
«Sentenza, emessa il 22 dicembre 1968 dalla Corte di Assise di Catanzaro, nei confronti di Angelo La Barbera ed altri, imputati di vari omicidi, sequestri di persone, violenza privata ed altri reati», in *Documentazione allegata*, vol. 4, tomo 17
SERVADIO, G., *Angelo La Barbera: the Profile of a Mafia Boss*, Londres, 1974
TRANFAGLIA, N., *Mafia, politica e affari, 1943-2000*, Roma-Bari, 2001

## 9. As Origens da Segunda Guerra da Máfia 1970-1982

ANSELMO, N., *Corleone Novecento*, 3 vols.: vol. 3, Corleone, 2000
ARLACCHI, P., *Mafia Business*, Londres, 1986
BARTOLOTTA IMPASTATO, F., *La mafia in casa mia*, Palermo, 1987
DALLA CHIESA, C. A., *Michele Navarra e la mafia corleonese*, Palermo, 1990
DINO, A., «Ritorno a Mafiopoli», in *Meridiana*, 40, 2001
GALLUZZO, L., Nicastro, F., e Vasile, V., *Obiettivo Falcone*, Napoles, 1989
PARLAGRECO, S., *L'uomo di vetro*, Milão, 1998
PISTONE, J. D., *Donnie Brasco*, Nova Iorque, 1989
RUSSO SPENA, G., *Peppino Impastato: anatomia di un depistaggio*, Roma, 2001

Santino, U., «Peppino Impastato: la memoria difficile», In *Meridiana*, 40, 2001
Silj, A., *Il malpaese*, Roma 1994
Stajano, C.(org.), *Mafia: l'atto d'accusa dei giudici di Palermo*, Roma, 1986
«Testo della requisitoria consegnata alla Commissione dal dottor Giovanni Pizzillo, Procuratore della Republica presso il Tribunale di Palermo», in *Documentazione allegata*, vol. I
Vitale, S., *Nel cuore dei coralli*, Soveria Mannelli, 2002

## 10. *Terra Infidelium* 1983-1992

Caponnetto, A., *I miei giorni a Palermo*, Milão, 1992
Caruso, A., *Da cosa nasce cosa*, Milão, 2000
Corte Suprema di Cassazione, *Sentenza sul ricorso proposto da Corrado Carnevale*, Roma, 30 de Outubro de 2002
Ginsborg, P.(org.), *Le virtù della Repubblica*, Milão, 1994
Ginsborg, P., *Storia d'Italia 1943-1996: Famiglia, Società, Stato*, Turim, 1998
La Licata, F., *Storia di Giovanni Falcone*, Milão, 2002
Lodato, S., *Venti anni di mafia*, Milão, 1999
Pansa, G., *Carte false*, Milão, 1999
Schneider, P., e J., «Il caso Sciascia», in J. Schneider (ed.), Italy's «*Southern Question*», Oxford, 1998
Sciascia, L., *La Sicilia come metafora*, Milão, 1979
Sciascia, L.,*A futura memoria*, Milão, 1989
Stille, A., *Excellent Cadavers*, Londres, 1995

## 11. Bombas e Declínio 1992-2003

Alajmo, R., *Un lenzuolo contro la mafia*, Palermo [sem data]
«Antimafia», edição especial de *Meridiana*, 25, 1996
Buscetta, T., e Lodato, S., *La mafia ha vinto*, Milão, 1999
Caselli, G. C., e Ingroia, A., *L'eredità scomoda*, Milão, 2001
Catanzaro, R., «Un anno di svolta nella mafia e nell'antimafia», in S. Hellman e G. Pasquito (orgs.), *Politica in Italia '93*, Bolonha, 1993
Deliziosi, F., *Don Puglisi*, Milão, 2001
Dino, A., «La mafia del Gattopardo» in *Micro Mega*, 4, 2001
Grasso, P., e Lodato, S., *La mafia invisible*, Milão, 2001
Jamieson, A., *The Antimafia: Italy's Fight against Organized Crime*, Londres, 2000
Lo Forte, G., «L'evoluzione della "politica" di Cosa Nostra dal 1996 ad oggi», dissertação não publicada, 2001
Lupo, S., *Andreotti, la mafia, la storia d'Italia,* Roma, 1996
Oliva, E., e Palazzolo, S., *L'altra mafia*, Soveria Mannelli, 2001
Procura di Palermo, Direzione Distrettuale Antimafia, *L'onore di Dell'Utri*, Milão, 1997
Torrealta, M., *Ultimo*, Milão, 1995
Torrealta, M., *La trattativa*, Roma, 2002
Tranfaglia, N., *La sentenza Andreotti*, Milão, 2001

Os seguintes *sites* da *internet* encontram-se entre as melhores fontes de informações sobre desenvolvimentos contemporâneos:

<http://www.antimafiaduemila.com>
O *website* da revista *Antimafia 2000.*
<http://www.interno.it/dip_ps/dia/home.htm>
Inclui os relatórios semestrais que a Direzione Investigativa Antimafia envia ao parlamento.
<http://www.centroimpastato.it/index.php3>
O *website* do Centro Siciliano di Documentazione «Giuseppe Impastato», dirigido por Umberto Santino e Anna Puglisi.

Os relatórios da actual comissão parlamentar de inquérito à mafia encontram-se nos seguintes *sites*:
<http://www.liberliber.it/biblioteca/i/italia/verbali_della_commissione_parlamentare_antimafia/html/>
<http://www.camera.it/_bicamareli/antimafia/home.htm>

# Índice Remissivo

DC = Democrazia Cristiana
PCI = Partido Comunista Italiano
Apenas algumas vilas e aldeias sicilianas foram incluídas.